KB263279

이 책을 펴고 있는 그대를 환영합니다.

밑줄을 긋고
형광펜을 칠하고
메모를 하고
틀리고 맞고를 반복할 그대

쿵. 쿵. 쿵
알아가는 즐거움으로
심장이 벅차게 뛰기를

이 책을 펴고 있는 그대를 응원합니다.

BETTER CONTENT BETTER LIFE

통합사회1

WRITERS

강윤식 영동일고 교사
김승미 검단고 교사
최종현 세마고 교사

COPYRIGHT

인쇄일 2024년 11월 11일(1판1쇄)
발행일 2024년 11월 11일

펴낸이 신광수
펴낸곳 ㈜미래엔
등록번호 제16-67호

교육개발1실장 김용균
개발책임 김문희
개발 이환희, 공햇살, 권오수

디자인실장 손현지
디자인책임 김기욱
디자인 페이퍼눈

CS본부장 강윤구
CS지원책임 강승훈

ISBN 979-11-7311-131-0

* 본 도서는 저작권법에 의하여 보호받는 저작물로, 협의 없이 복사, 복제할 수 없습니다.
* 파본은 구입처에서 교환 가능하며, 관련 법령에 따라 환불해 드립니다. 단, 제품 훼손 시 환불이 불가능합니다.

통합사회1

핵심 개념과 필수 자료로 완성하는 개념 학습

꼭! 알아야 할 개념을 파악하고,
꼭! 챙겨야 할 자료와 연관지어 학습할 수 있습니다.

교과서 핵심 개념 정리

핵심 개념을 쉽게 이해할 수 있도록
일목요연하게 정리하였습니다.

자료 Pick

개념 이해에 도움이 되는 자료를
Pick하여 분석하였습니다.

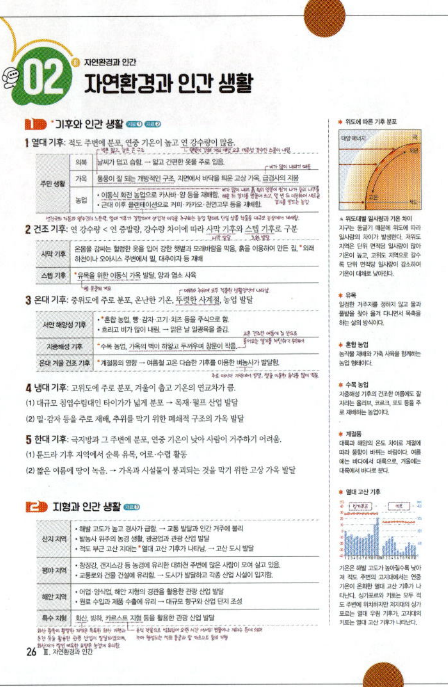

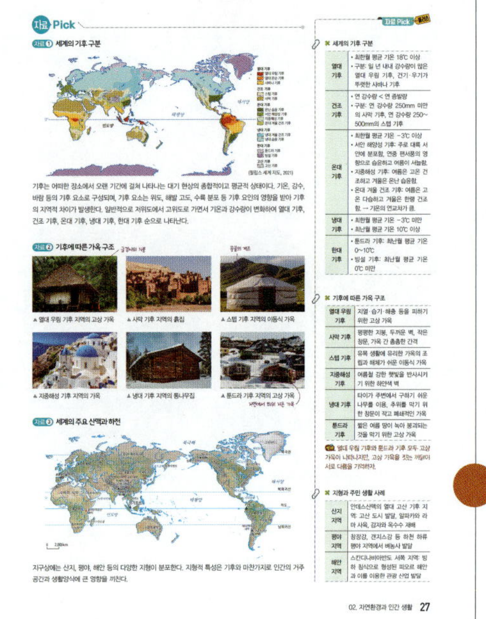

자료 Pick 플러스

자료 Pick에서 다룬 내용 중
시험에 잘 나올 수 있는 것만
다시 되짚어줍니다.

교과서 보충 개념 설명

어려운 용어를 설명하고,
개념 이해를 도울 수 있는 자료를
제시하였습니다.

바른답·알찬풀이

기본 해설

문제를 풀 때 알아야 할 핵심 개념을 설명
하였습니다.

알찬 선지 분석

모든 선지에 대해 왜 옳은 서술인지, 왜
틀린 서술인지 자세히 풀이하여 꼼꼼히
학습할 수 있도록 하였습니다.

개념을 다양한 문제에 적용하여 익히는 유형 학습

개념을 다양한 유형의 문제에 적용하여 익히면서
탄탄하게 실력을 다져 나갈 수 있습니다.

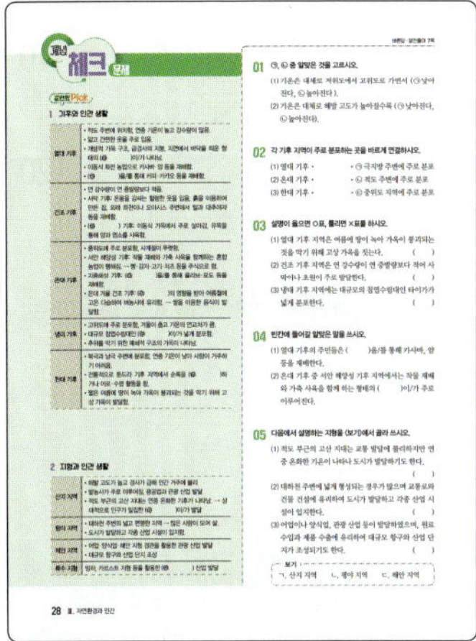

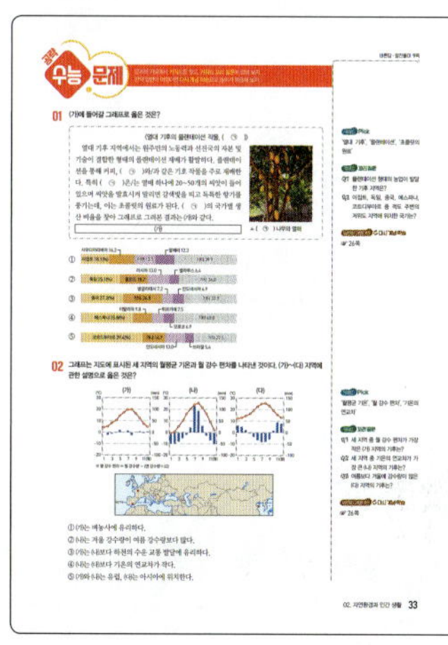

개념 체크 문제

핵심 개념을 제대로 알고 있는지 빠르게 확인할 수 있는 문제로 구성하였습니다.

실력 완성 문제

학교 시험 문제와 유사한 형태의 다양한 선다형 문항과 서술형 문항으로 구성하였습니다.

공략 수능 문제

수능을 위한 맞춤 문제 유형을 익혀 실전 감각을 키울 수 있도록 구성하였습니다.

개념을 빠르고 확실하게 점검하는 단원 마무리 학습

대단원별로 중요한 개념을 빠르게 정리하고
대단원 실전 문제로 실력을 점검할 수 있습니다.

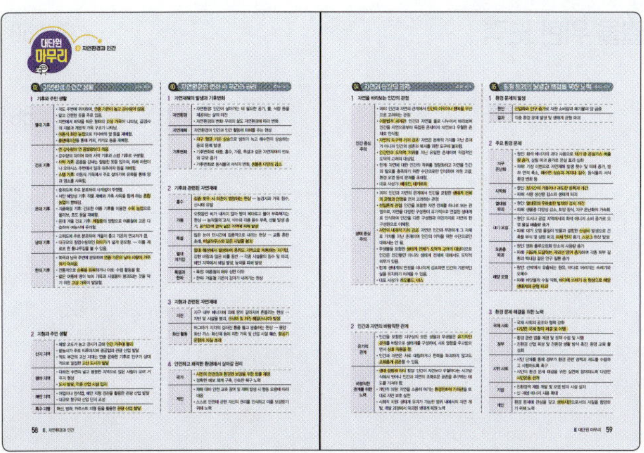

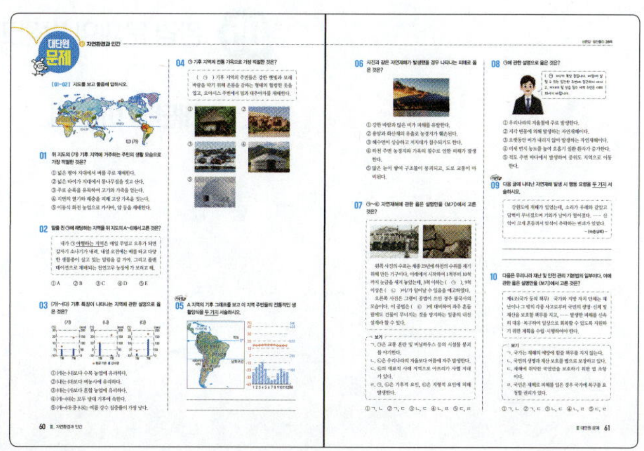

대단원 마무리

대단원의 내용을 한눈에 파악할 수 있도록 주제별로 개념을 정리하였습니다.

대단원 문제

중간·기말 고사를 대비할 수 있도록 대단원 종합 문제로 구성하였습니다.

차례

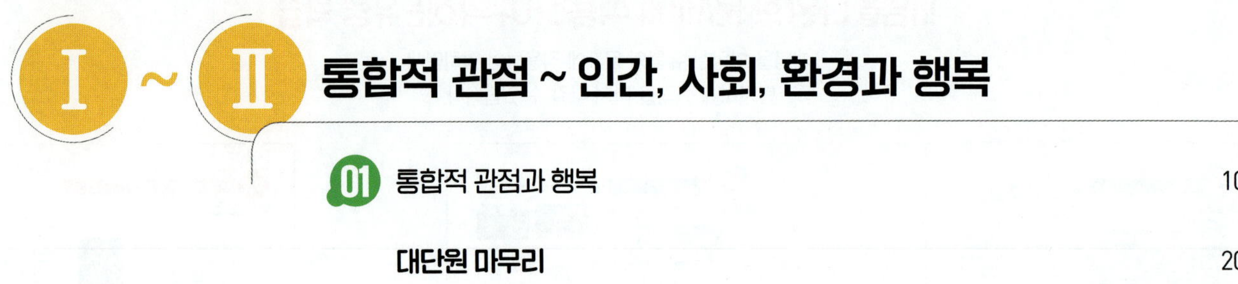

❶ 내가 가지고 있는 교과서의 출판사명과 공부할 단원을 확인한 후 엔픽에서
   해당 쪽수를 찾아 공부합니다.
❷ 미래엔 통합사회1 교과서의 'Ⅲ.자연환경과 인간' 단원에서 '환경 문제의 발생
   과 해결을 위한 노력' 부분인 60~65쪽은 엔픽 50~57쪽을 공부하면 됩니다.

동아출판	리베르스쿨	비상교육	아침나라	지학사	창비	천재교육
10~22	10~21	8~23	8~15	12~23	8~21	8~17
30~44	26~39	28~43	20~31	32~46	26~43	24~39
52~59	44~49	50~57	40~47	56~61	48~52	46~51
60~63	50~54	58~61	48~51	62~65	53~55	52~55
64~69	55~61	62~69	52~58	66~73	56~61	56~63
70~77	62~71	70~77	60~69	74~81	62~69	64~71
86~93	76~82	82~91	74~81	90~97	76~83	78~87
94~101	83~88	92~99	82~89	98~105	84~91	88~95
102~109	89~95	100~105	90~97	106~113	92~99	98~105
110~117	96~103	106~113	98~105	114~121	100~109	106~113
124~131	110~118	118~127	110~117	130~137	114~121	118~125
132~145	119~137	128~143	118~135	138~151	122~139	126~141

I~II 통합적 관점~ 인간, 사회, 환경과 행복

이 단원을 배우면 ______

- 시간적, 공간적, 사회적, 윤리적 측면을 함께 고려하는 통합적 관점의 적용을 통해 인간, 사회, 환경의 특성 및 관련 문제를 잘 파악할 수 있다.
- 질 높은 정주 환경의 조성, 경제적 안정, 민주주의 발전, 도덕적 실천이 행복한 삶을 위한 중요한 조건임을 알 수 있다.

01 통합적 관점과 행복

통합적 관점과 행복

1 인간, 사회, 환경을 바라보는 다양한 관점

└ 세상은 우리가 어떠한 관점을 취하는지에 따라 다르게 이해되고 해석될 수 있음.

시간적 관점	• 의미: 역사적 배경과 *시대적 맥락에 초점을 두고 사회 현상을 살펴보는 것 • 특징: 시간의 흐름에 따라 자료를 다각도로 수집하여 과거와 현재의 관계를 파악하고 미래의 방향을 예측함. 예 연도별 저출생 현황 탐구
공간적 관점	• 의미: 장소와 지역 및 *공간적 상호 작용에 중점을 두고 사회 현상을 살펴보는 것 • 특징: 위치와 장소, 분포 양상과 형성 과정, 이동과 네트워크 등의 공간적 맥락에서 인간, 사회, 환경 간의 상호 관계를 분석하고 이해하고자 함. 예 국가별 희토류 생산량 및 매장량 비교
사회적 관점	• 의미: *사회 구조와 *사회 제도를 중심으로 사회 현상을 탐구하고 대안을 살펴보는 것 • 특징: 사회 현상이 나타난 배경을 사회의 구조적·제도적·정책적 측면에서 살펴보고, 개선해야 할 문제를 파악하여 해결책을 모색하고자 함. 예 저상 버스 의무 도입 정책의 효과 예측
윤리적 관점	• 의미: *도덕적 가치와 *도덕규범을 바탕으로 사회 현상을 해석하고 문제점을 찾아 바람직한 삶의 모습을 살펴보는 것 • 특징: 다양한 사회 현상을 도덕적 가치와 도덕규범에 따라 평가하고 사회가 나아갈 바람직한 방향을 제시하고자 함. 예 자율 주행 자동차의 윤리 지침 탐색

└ 인간과 세상을 역사적 배경과 시대적 맥락, 위치와 장소 및 네트워크 등의 공간적 맥락, 사회 구조와 제도의 영향력, 규범적 방향성과 도덕적 가치 등을 고려하여 종합적으로 살펴보는 것

2 통합적 관점의 필요성과 적용

1 통합적 관점: 개별 학문의 경계를 넘어 시간적, 공간적, 사회적, 윤리적 관점을 통합하여 인간, 사회, 환경을 이해하는 관점

2 통합적 관점의 필요성

(1) 다양한 관점을 바탕으로 복잡한 사회 현상을 정확하게 이해하고 근본적인 해결책을 찾을 수 있음.

(2) 복잡한 사회 현상에 따른 문제를 특정 관점으로만 바라보고 해결하려는 시도는 사회문제의 다양하고 복잡한 측면을 고려하지 못해 불완전하고 부정확한 결론에 이르게 됨.

└ 현대 사회의 사회 현상은 시공간적으로 다양한 요인이 서로 영향을 주고받으며 나타나기 때문

3 통합적 관점의 적용 자료❶ 자료❷

관점 \ 주제	*기후위기 문제를 통합적 관점으로 이해하기
시간적 관점	기후위기의 발생 배경과 변화 과정 파악하기
공간적 관점	기후위기의 주요 원인인 온실가스 배출량을 확인하고 기후위기의 지역별 양상 비교하기
사회적 관점	기후위기에 대처하기 위한 국가적·국제적 차원의 제도적 노력 조사하기
윤리적 관점	기후위기에 대처하기 위한 도덕적 가치나 도덕규범 성찰하기

* **시대적 맥락**
그 시대의 전반적인 특성과 흐름을 뜻한다.

* **공간적 상호 작용**
사람과 물건, 정보, 자원 등이 한 장소에서 다른 장소로 이동하거나 멀리 떨어진 지역들이 서로 영향을 주고받는 것처럼 서로 다른 공간 사이에서 일어나는 상호 작용을 말한다.

* **사회 구조**
개인과 집단이 사회적 관계를 맺는 방식이 정형화된 틀을 이루고 있는 것이다.

* **사회 제도**
사회적 행동을 일정한 방향으로 이끌어 주는 조직화된 관행과 절차이다.

* **도덕적 가치**
성실, 배려, 정의, 책임 등과 같이 사람들이 옳고 그름을 판단할 때 중요하게 여기는 기준이다.

* **도덕규범**
도덕적 가치를 실천하는 데 필요한 행동 지침이다.

* **기후위기**
기후변화가 극단적인 날씨뿐만 아니라 물 부족, 식량 부족, 해양산성화, 해수면 상승, 생태계 붕괴 등 인류 문명에 회복할 수 없는 위험을 초래하여 획기적인 온실가스 감축이 필요한 상태를 말한다.

자료① 다양한 관점으로 감염병 확산에 따른 혐오와 차별 탐구하기

<시간적 관점>

감염병의 역사를 살펴보면 감염병에 대한 공포가 사회적으로 취약한 집단에 대한 혐오로 이어지기도 하였다. 14세기 유럽에서 흑사병이 유행하자 사람들은 유대인이나 빈곤층 등 특정 집단을 흑사병 유행의 원인이라고 낙인찍었다. 우리나라에서도 한센병에 대한 편견 때문에 1910년부터 1960년대까지 한센병 환자를 강제로 격리했던 적이 있다.

<공간적 관점>

코로나바이러스감염증-19가 유행하면서 미국에서는 아시아인에 대한 혐오가 확산되었다. 감염병이 처음 시작된 지역에 대한 편견과 차별이 아시아인에 대한 배척으로 이어진 것이다. 뉴욕에서 아시아인을 대상으로 한 혐오 범죄의 발생 범위는 뉴욕 전 지역으로 확대되었고, 특히 아시아인들이 운영하는 상점이 밀집한 지역에서 많이 발생하였다.

<사회적 관점>

새로운 감염병의 명칭을 정할 때는 사람이나 동물 이름, 특정 지역명이 들어가지 않게 해야 한다. 해당 명칭이 특정 집단에 대한 차별적인 낙인을 찍어서는 안 되기 때문이다. 이는 세계 보건 기구(WHO), 세계 동물 보건 기구(WOAH) 등의 권고안에 따른 것이다. 엠폭스는 유행 초기에 '원숭이 두창'이라고 불려 특정 동물, 집단, 지역에 대한 차별과 낙인으로 이어진다는 지적이 제기되었다.

<윤리적 관점>

프랑스의 한 신문이 '황색경보'라는 인종 차별적 사진을 1면에 실었다. 감염병으로 인해 사람들이 느끼는 불안을 이용해서 아시아계 유색 인종에 대한 편견과 차별을 조장한 것이다. 누리 소통망 서비스(SNS)에서는 '나는 바이러스가 아닙니다.'라는 해시태그를 붙이는 차별 반대 운동이 일어나기도 하였다. 특정 지역이나 집단에 대한 편견과 차별은 인간존엄성을 침해하는 윤리적 문제를 야기하기도 한다.

❈ 감염병 확산에 따른 혐오와 차별에 관한 탐구 질문

시간적 관점	감염병 확산에 따라 혐오와 차별이 발생했던 역사적 사례는 무엇인가?
공간적 관점	감염병 확산에 따른 혐오와 차별은 지역별로 어떻게 다르게 나타나는가?
사회적 관점	감염병 확산에 따른 혐오와 차별을 사회적으로 제재할 수 있는 방법은 무엇인가?
윤리적 관점	감염병 확산에 따른 혐오와 차별에 대해 어떻게 윤리적으로 대응할 것인가?

Tip 혐오와 차별과 같은 문제에 관해 사회적 관점은 법, 정책 등과 같은 사회 제도적 측면에서, 윤리적 관점은 도덕이나 윤리적 가치 등의 측면에서 문제를 바라보는 차이가 있음을 기억하자!

자료② 다양한 관점으로 기아 문제 분석하기

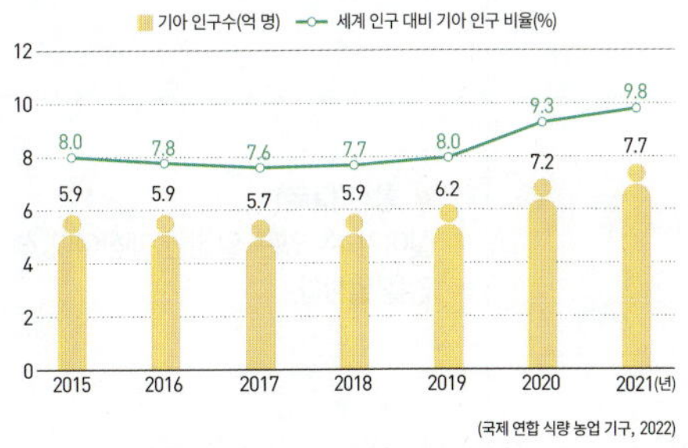

▲ 시간적 관점 – 세계 기아 인구 변화 추이

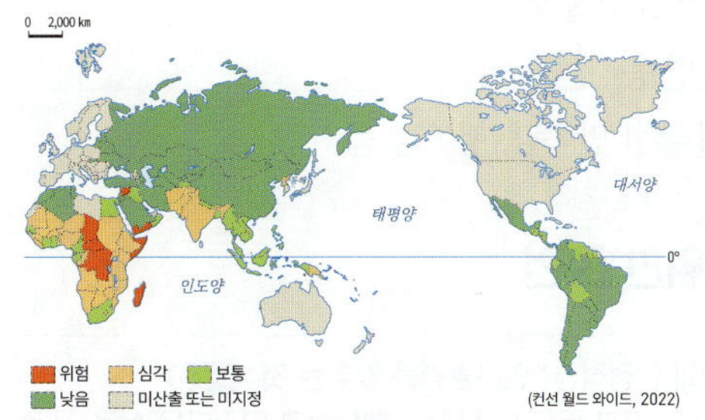

▲ 공간적 관점 – 세계 기아 지수 현황

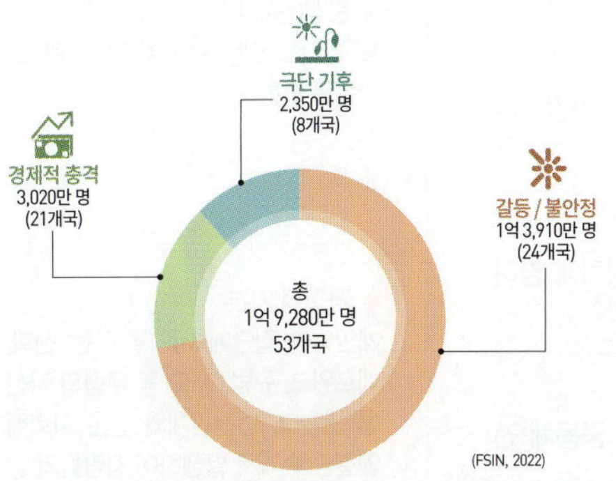

▲ 사회적 관점 – 요인별 식량 위기 '이상' 인구

국제 연합 세계 식량 계획(WFP)은 인도적 지원 기관으로, 2022년에 120개 국가와 지역에서 많은 사람의 인권과 생명을 보호하였다.

▲ 윤리적 관점 – 세계 식량 계획의 식량 운반

❈ 다양한 관점으로 분석하는 기아 문제

시간적 관점	연도별 세계 기아 인구 현황 조사하기
공간적 관점	국가별 세계 기아 지수 현황 비교하기
사회적 관점	기아를 유발하는 사회 구조적 요인 분석하기
윤리적 관점	기아 문제를 해결하기 위한 국제 사회의 윤리적 실천 방안에 대해 탐색하기

3 행복의 기준과 의미

1 행복의 의미

(1) 일반적으로 삶에서 충분한 만족감이나 즐거움을 느끼는 상태

(2) 인간이 그 자체로 선택하고 추구하는 궁극적인 삶의 목적 자료 ❸

아리스토텔레스	행복은 다른 것을 위한 수단이 아닌 궁극적 목적이자 사람들이 달성하고자 하는 가장 좋은 것[*최고선]
벤담	행복은 쾌락이자 삶의 목적으로, 최대 다수의 최대 행복을 추구해야 함.
석가모니	행복은 만물의 상호 의존성을 바탕으로 집착을 버리고 바른 수행을 할 때 얻어지는 열반의 경지

2 행복의 기준

(1) 시대적 상황에 따른 기준

선사 시대	식량을 안정적으로 확보하고 외부의 위협으로부터 안전하게 사는 것
*헬레니즘 시대	전쟁으로 인한 혼란을 극복하고 마음의 평온함을 누리는 것
중세 시대	모든 것의 중심인 신의 구원을 받는 것
근대 시대	인간의 권리를 존중받으며 자유와 평등을 보장받는 것

(2) 지역적 여건에 따른 기준

민주주의가 실현되지 않은 지역에서는 정치적 의사를 자유롭게 표현하는 것이, 경제적으로 불안정한 지역에서는 물질적 풍요를 누리는 것이 행복의 기준이 될 수 있음.

고대 중국	벼농사 발달 → 집단 속에서 자신의 삶에 만족하며 타인과 조화를 이루는 것
고대 그리스	해상 무역과 상업 발달 → 개인이 정치적 자유를 누리며 자율성을 발휘하는 것

3 행복의 진정한 의미

감각적인 만족감을 추구하다 보면 점점 더 강도가 높은 쾌락만을 원하게 되어 결국에는 원래 추구하던 쾌락 대신 고통이나 권태를 경험하게 되는 '쾌락의 역설'에 빠지게 됨.

(1) 감각적 만족감이나 즐거움뿐만이 아니라 바람직한 가치를 실현하는 것

개인이 지닌 잠재적 가능성을 실현하고 타인에게 선한 영향력을 미치는 것

(2) 행복의 객관적 요소와 주관적 요소를 조화롭게 추구해야 함.

① 객관적 요소: 주거, 소득, 고용, 수명 등

② 주관적 요소: 개인이 느끼는 삶에 대한 만족감, 행복감 등

4 행복한 삶을 실현하기 위한 조건

질 높은 *정주 환경	• 의미: 쾌적한 *자연환경과 안정적인 *인문환경을 갖추는 것 자료 ❹ • 조건: 안전하고 쾌적한 보금자리 등을 마련할 때 행복하고 인간다운 삶을 살 수 있음.
경제적 안정 자료 ❺	• 의미: 생활에 필요한 재화나 서비스를 안정적이고 일정하게 누릴 수 있는 상태 • 맹자: 생업[*항산]이 없으면 흔들림 없는 도덕적인 마음[*항심]도 없음. • 조건: 경제적 안정을 위해서는 일정 수준의 소득을 꾸준히 얻을 수 있는 일자리가 보장되어야 하고, 정부는 복지 정책 등을 시행하여 국민의 경제적 안정에 힘써야 함.
민주주의 발전	• 민주주의의 의미: 국민이 주권자로서 정치권력을 행사하는 제도 • 조건: 민주적인 정치 제도를 잘 갖추는 것과 함께 시민이 책임 의식을 가지고 정치에 참여하는 민주적 문화를 형성해야 함. 시민이 주권자로서 자기 삶을 결정하고 주체적으로 사회문제를 해결할 때 행복감을 느낄 수 있기 때문임.
도덕적 실천	• 의미: 타인을 배려하거나 곤경에 처한 사람을 돕는 행동 • 조건: 도덕적 실천을 통해 신뢰와 같은 *사회적 자본을 증진하면 개인을 포함한 공동체 전체의 행복도를 높일 수 있음. 자료 ❻ 어려움에 처한 사람을 자발적으로 도울 때 심리적 만족감과 기쁨을 느낄 수 있음.

＊ 최고선(最高善)
인간 행위의 최고의 목적과 이상이 되며 행위의 근본 기준이 되는 선을 뜻한다.

＊ 헬레니즘 시대
알렉산드로스 대왕이 유럽, 아시아, 아프리카에 이르는 대제국을 건설하고 죽은 기원전 323년부터 로마가 그리스 세계를 지배하게 된 기원전 30년까지 300여 년간의 시기를 말한다.

＊ 정주(定住) 환경
정주란 일정한 곳에 자리를 잡고 사는 것으로, 정주 환경은 인간이 살아가는 데 필요한 자연환경과 인문환경을 말한다.

＊ 자연환경
인간 생활을 둘러싸고 있는 자연계의 모든 요소가 이루는 환경이다.

＊ 인문환경
지표 위에서 인간 활동의 결과로 만들어진 환경이다.

＊ 항산(恒産)
살아갈 수 있는 일정한 재산이나 생업을 말한다.

＊ 항심(恒心)
늘 지니고 있는 변하지 않는 떳떳한 마음을 말한다.

＊ 사회적 자본
개인이나 집단에 이익을 주는 신뢰, 네트워크, 규범, 제도 등 무형의 자산을 뜻한다. 인간관계와 같은 사회적 연결망 속에서 발생하여 사람들의 상호 작용에 영향을 끼친다.

자료 ③ 서양 사상가들이 생각하는 행복의 의미

오직 인간만이 지닌 특별한 기능은 정신의 이성적 활동 기능이다. 그러므로 인간의 기능을 훌륭하게 수행한다는 것은 바로 이성적 활동을 잘 수행한다는 것이다. 그런데 사람의 이성적 활동은 그 활동에 알맞은 덕을 가지고 수행할 때 더 잘할 수 있다. 따라서 행복이란 덕에 일치하는 활동이며, 참된 행복은 이성을 아주 잘 실현할 때 이루어진다.　　　 – 아리스토텔레스, 《니코마코스 윤리학》 –

가장 적은 양을 필요로 하는 사람이 가장 큰 기쁨을 느낀다. 결핍으로 인해 생기는 고통이 사라진다면, 단순한 음식도 우리에게 사치스러운 음식과 같은 즐거움을 준다. 그러므로 우리가 쾌락이 목적이라고 말할 때, 이 말은 방탕한 자의 쾌락이나 관능적 쾌락을 의미하는 것이 아니다. 내가 말하는 쾌락은 몸에 고통이 없고 마음에 불안이 없는 상태이다.　　　 – 에피쿠로스, 《쾌락》 –

✖ 행복을 추구하는 자세

아리스토 텔레스	행복은 이성을 잘 발휘하여 덕이 있는 삶을 살아갈 때 실현할 수 있으므로 덕이 있는 삶을 위해 좋은 습관을 형성해야 함.
에피쿠로스	몸의 고통이나 마음의 혼란으로부터 자유로울 때 진정으로 행복할 수 있으므로 소박하게 살도록 노력해야 함.

Tip 에피쿠로스는 진정한 쾌락을 얻기 위해서 자연적이고 필수적인 욕구를 최소한으로 충족하는 삶을 살아야 한다고 주장했음을 기억하자!

자료 ④ 전통사회의 이상적 정주 환경

지리가 뛰어나도 생리가 부족하면 오래 살 수 없고, 생리가 좋아도 지리가 나쁘면 그 또한 오래 살 수 없다. 지리와 생리가 모두 좋아도 인심이 나쁘면 반드시 후회할 일이 생기고, 가까운 곳에 즐길 만한 산수가 없으면 마음을 풍요롭게 가꿀 수 없다.　　　 – 이중환, 《택리지》 –

✖ 전통사회의 이상적 정주 환경

지리(地理)	배산임수와 같은 풍수지리적 명당
생리(生利)	그 땅에서 생산되는 이익
인심(人心)	넉넉하고 좋은 이웃 간의 정
산수(山水)	빼어난 경치

자료 ⑤ 이스털린의 역설로 보는 경제 성장과 행복의 관계

'이스털린의 역설'은 단기적으로 소득과 행복은 정(+)의 상관관계를 보이지만 장기적으로는 소득 변화가 행복의 변화로 이어지지 않는다는 것을 의미한다. 그림처럼 실선으로 표시된 단기적인 관계를 보면 행복과 소득이 같은 방향으로 움직인다. 반면 점선으로 표시된 장기적인 관계를 보면 소득은 상승하는 추세를 보이지만 행복은 별다른 변화가 없다. 소득이 상

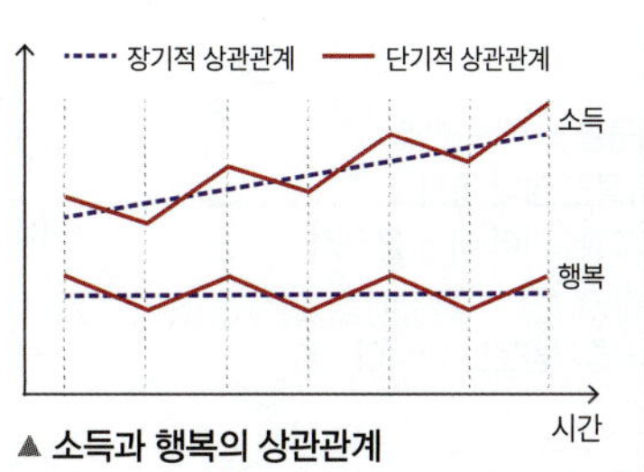

▲ 소득과 행복의 상관관계

승 추세에 있더라도 행복이 반드시 상승 추세에 있는 것은 아니다. 행복에 영향을 끼치는 요소는 남들과의 비교, 경제 상황, 건강, 가정생활 등 다양하기 때문이다. 그렇다고 경제 성장을 포기하라는 말은 아니다. 이스털린의 역설은 사람들을 더 행복하게 만드는 데 경제 성장을 이용하라는 것이다. 즉 경제적 안정을 위한 복지 정책의 확대처럼 행복이 정책의 목표가 되어야 한다.

✖ 소득과 행복의 비례 관계에 관한 연구

2018년 미국 퍼듀대학교의 연구팀은 전 세계 164개국 약 171만 명을 대상으로 실시한 여론 조사의 결과를 바탕으로 개인의 소득이 정서적 행복감과 삶의 만족도에 미치는 영향을 분석하였다. 연구 결과에 따르면 개인의 연간 소득이 6만~7만 5,000달러에 이르면 정서적 행복감은 더 이상 증가하지 않았으며, 연간 소득이 약 9만 5,000달러에 이르면 삶의 만족도도 더 이상 증가하지 않았다.

자료 ⑥ 도덕적 실천과 행복에 관한 소크라테스의 입장

절제 있는 사람은 올바르고 용감하고 경건한 사람이니 좋은 사람의 본보기가 틀림없네. 그리고 좋은 사람은 무엇을 행하든 훌륭하게 잘 행하기 마련이며, 잘 행하는 사람은 축복받고 행복하기 마련이네. 하지만 나쁘게 행하는 나쁜 사람은 비참하기 마련이네. 행복하기를 바라는 사람은 절제를 추구하고 실행하되 무절제는 피해야 하네. 나는 이것이 우리가 평생 눈여겨보아야 할 목표라고 생각하네. 우리는 정의와 절제를 갖추어 행복해지는 일에 자신과 공동체의 모든 노력을 기울여야 하네.　　　 – 플라톤, 《고르기아스》 –

✖ 소크라테스의 지덕복 합일설

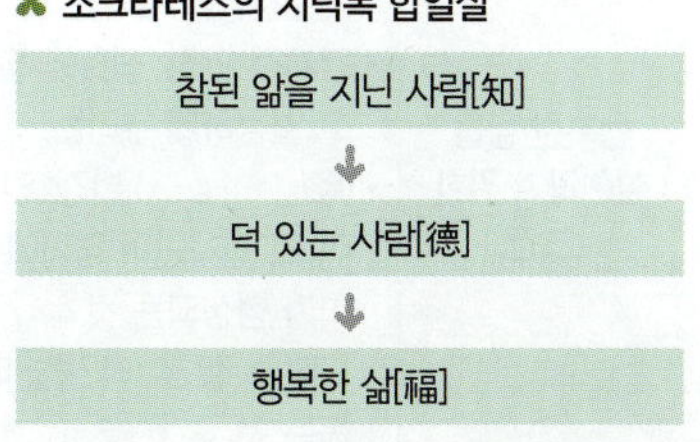

포인트 Pick

1 통합적 관점

(❶) 관점	역사적 배경과 (❷) 맥락에 초점을 두고 사회 현상을 살펴보는 것
공간적 관점	장소와 지역 및 공간적 (❸)에 중점을 두고 사회 현상을 살펴보는 것
사회적 관점	사회 구조와 사회 제도를 중심으로 사회 현상을 탐구하고 대안을 살펴보는 것
(❹) 관점	도덕적 가치와 (❺)을/를 바탕으로 사회 현상을 해석하고 문제점을 찾아 바람직한 삶의 모습을 살펴보는 것
(❻) 관점	개별 학문의 경계를 넘어 시간적, 공간적, 사회적, 윤리적 관점을 통합하여 인간, 사회, 환경을 이해하는 관점
통합적 관점의 필요성	• 다양한 관점을 바탕으로 복잡한 사회 현상을 정확하게 이해하고 근본적인 해결책을 찾을 수 있음. • 사회 현상에 따른 문제를 한 가지 관점으로만 바라보고 해결하려는 시도는 사회문제의 다양하고 복잡한 측면을 고려하지 못하는 한계가 있음.

2 인간, 사회, 환경과 행복

행복의 의미	• 삶에서 충분한 만족감이나 즐거움을 느끼는 상태 • 인간이 그 자체로 추구하는 궁극적인 삶의 목적 • 아리스토텔레스: 행복은 다른 것의 수단이 아닌 궁극적 목적이며 최고선임. • 진정한 의미: 감각적 만족감이나 즐거움뿐만 아니라 바람직한 가치를 실현하는 것
시대적 상황에 따른 행복의 기준	• 선사 시대: 식량을 안정적으로 확보하고 외부의 위협으로부터 안전하게 사는 것 • 헬레니즘 시대: 전쟁의 혼란에서 벗어나 마음의 평온을 누리는 것 • 중세 시대: 신의 구원을 받는 것 • 근대 시대: 인간의 권리와 자유, 평등을 보장받는 것
지역적 여건에 따른 행복의 기준	• 고대 중국: 집단 속에서 자신의 삶에 만족하고 타인과 조화를 이루는 것 • 고대 그리스: 개인이 정치적 자유를 누리며 자율성을 발휘하는 것
행복한 삶을 실현하기 위한 조건	• 질 높은 (❼): 쾌적한 자연환경과 안정적인 인문환경을 갖추는 것 • 경제적 안정: 생활에 필요한 재화나 서비스를 안정적이고 일정하게 누리는 것 • (❽) 발전: 민주적 법, 제도, 문화 등이 정착되어 있고 시민이 정치에 능동적으로 참여하는 민주적 문화가 형성되는 것 • 도덕적 실천: 타인을 배려하거나 곤경에 처한 사람을 돕는 것

---

01 다음에서 설명하는 용어를 쓰시오.

> 개별 학문의 경계를 넘어 시간적, 공간적, 사회적, 윤리적 관점을 통합하여 인간, 사회, 환경을 이해하는 관점을 의미한다.

02 설명이 옳으면 ○표, 틀리면 ×표를 하시오.

(1) 시간적 관점은 장소와 지역 및 공간적 상호 작용에 중점을 두고 사회 현상을 바라본다. ( )

(2) 사회적 관점은 사회 구조와 사회 제도를 중심으로 사회 현상을 탐구하고 대안을 살펴본다. ( )

(3) 윤리적 관점은 사회 현상을 구조적·제도적·정책적 측면에서 살펴보고 해결책을 모색한다. ( )

03 각 관점의 특징을 바르게 연결하시오.

(1) 공간적 관점 •　　　• ㉠ 시대적 맥락에 초점

(2) 시간적 관점 •　　　• ㉡ 장소와 지역에 중점

(3) 윤리적 관점 •　　　• ㉢ 도덕규범에 따라 평가

04 빈칸에 들어갈 알맞은 말을 쓰시오.

(1) (　　　)은/는 쾌적한 자연환경과 안정적인 인문환경을 갖춘 것을 말한다.

(2) 생활에 필요한 재화나 서비스를 안정적이고 일정하게 누릴 수 있는 상태를 의미하는 것은 (　　　)이다.

(3) 타인을 배려하거나 곤경에 처한 사람을 돕는 행동을 의미하는 것은 (　　　)이다.

05 행복은 다른 것을 위한 수단이 아니라 궁극적 목적이며 가장 좋은 것, 즉 최고선이라고 주장한 고대 그리스의 사상가를 쓰시오.

(　　　　　　)

실력 완성 문제

01 다음은 통합사회 수업 시간의 한 장면이다. 밑줄 친 ㉠의 특징으로 가장 적절한 것은?

① 지역 및 공간적 상호 작용에 중점을 둔다.
② 개인과 사회에 도덕적인 가치와 방향성을 제공한다.
③ 과거 사실을 바탕으로 현재의 사회 현상을 이해한다.
④ 사회 현상이 사회 제도에 영향을 받는 양상을 파악한다.
⑤ 자연환경과 인문환경이 인간과 사회에 미치는 영향을 분석한다.

02 다음 글의 입장에서 지지할 주장으로 적절하지 <u>않은</u> 것은?

> 오늘날 인간의 일상과 거래를 떠받치는 시스템은 상상을 초월할 정도로 복잡하게 얽혀 서로 의지하며 돌아가고 있다. 예를 들어 기후 문제를 해결하지 않고는 전염병을 해결할 수 없고, 경제 성장을 새로운 시각으로 보지 않으면 기후 문제를 해결할 수 없다. 인구 및 인간 집단의 이동에 관해 모르면 경제 성장을 끌어올릴 수 없고, 인간 집단의 이동을 예측하려면 전염병을 반드시 고려해야 한다. 20세기에는 쓸모 있던 도구들이 21세기에 들어선 지금 인류가 직면한 여러 과제를 해결하기에는 부족해 보인다. 이제 새로운 시선으로 세상을 보아야 한다.

① 사회 현상은 다양한 요인이 복잡하게 연결되어 있다.
② 사회 현상에 영향을 미치는 여러 요인을 확인해야 한다.
③ 사회 현상을 명확히 이해하기 위해 통합적 관점이 필요하다.
④ 하나의 관점만으로는 사회 현상의 다양한 측면을 파악하기 어렵다.
⑤ 하나의 사회 현상을 해결하면 다른 사회 현상까지 저절로 해결된다.

03 밑줄 친 ㉠에서 제기할 수 있는 적절한 질문만을 〈보기〉에서 있는 대로 고른 것은?

> 인간, 사회, 환경을 바라보는 ㉠이 관점은 주변 환경이 인간과 사회에 어떤 영향을 미치는지를 파악하는 데 도움이 된다. 또한, 특정 지역에서 발생하는 현상이나 문제를 효과적으로 이해하고, 그에 적합한 해결책을 마련하는 바탕이 된다. 이 관점으로 사회 현상을 이해하려면 지역적 상호 작용이 이루어지는 양상을 파악해야 한다.

보기
ㄱ. 우리가 살아가는 지역과 공간의 특징은 무엇인가?
ㄴ. 문제를 해결하는 데 참고할 만한 과거의 사례는 무엇인가?
ㄷ. 이러한 추세라면 우리가 사는 세계는 어떻게 변화할 것인가?
ㄹ. 자연환경과 인문환경에 따라 각 지역의 생활 모습은 어떻게 다르게 나타나는가?

① ㄱ, ㄷ ② ㄱ, ㄹ ③ ㄱ, ㄴ, ㄷ
④ ㄱ, ㄴ, ㄹ ⑤ ㄴ, ㄷ, ㄹ

04 표의 (가), (나)에 관한 옳은 설명만을 〈보기〉에서 고른 것은? (단, (가), (나)는 각각 사회적 관점과 윤리적 관점 중 하나임.)

질문 \ 관점	사회를 바라보는 관점 (가)	사회를 바라보는 관점 (나)
사회 구조가 인간 삶에 미치는 영향에 중점을 두는가?	아니요	예
도덕적 가치와 도덕규범을 중심으로 문제를 탐구하는가?	㉠	아니요

보기
ㄱ. ㉠에 들어갈 적절한 대답은 '예'이다.
ㄴ. (가)는 자연환경과 인문환경에 따라 달라지는 지역의 생활 모습을 파악한다.
ㄷ. (나)는 사회 현상이 나타난 배경을 사회의 구조적·제도적 측면에서 살펴본다.
ㄹ. (나)는 (가)와 달리 보편적 가치를 중심으로 사회문제를 해결하고자 한다.

① ㄱ, ㄴ ② ㄱ, ㄷ ③ ㄴ, ㄷ
④ ㄴ, ㄹ ⑤ ㄷ, ㄹ

05 (가)~(라)에 해당하는 알맞은 관점을 〈보기〉에서 고른 것은?

〈햄버거 문화를 바라보는 다양한 관점의 질문〉

(가) 햄버거는 언제 우리나라에 전해졌을까?

(나) 햄버거에 사용되는 재료는 지역마다 어떻게 다를까?

(다) 햄버거를 소비하는 과정에서 발생하는 윤리적 문제는 어떻게 해결할까?

(라) 햄버거와 1인 가구의 증가는 어떤 관련이 있을까?

보기

ㄱ. 사회적 관점　　　　ㄴ. 시간적 관점
ㄷ. 공간적 관점　　　　ㄹ. 윤리적 관점

	(가)	(나)	(다)	(라)
①	ㄱ	ㄴ	ㄷ	ㄹ
②	ㄱ	ㄷ	ㄴ	ㄹ
③	ㄴ	ㄷ	ㄱ	ㄹ
④	ㄴ	ㄷ	ㄹ	ㄱ
⑤	ㄷ	ㄴ	ㄱ	ㄹ

06 중요 ☆ A~D의 관점에 해당하는 탐구 활동으로 적절한 것만을 〈보기〉에서 고른 것은?

보기

ㄱ. A: 철도 노선 결정 과정에서 지역 사회의 의견을 수렴할 수 있는 제도적 절차 조사하기
ㄴ. B: 인구 밀도와 유동 인구를 고려하여 지역별 철도 사용 현황 비교하기
ㄷ. C: 과거부터 지금까지의 다양한 철도 개통 사례 분석하기
ㄹ. D: 공정하고 투명하게 철도 노선을 결정할 수 있는 정의로운 방안 탐색하기

① ㄱ, ㄴ　　　② ㄱ, ㄷ　　　③ ㄴ, ㄷ
④ ㄴ, ㄹ　　　⑤ ㄷ, ㄹ

07 다음 글에 나타난 관점의 탐구 방법으로 가장 적절한 것은?

전기차는 친환경차로 알려져 있지만, 전기차 배터리 제조에 필요한 코발트 채굴 과정에서 아동 노동 문제가 제기되고 있다. 코발트 광산에서 아이들은 하루에 12시간을 일하며, 급여로는 1~2달러를 받는다고 한다. 이와 같은 불공정한 노동 환경이 공개되자 전기차와 배터리 제조 기업의 사회적 책임에 대한 논쟁이 확산되고 있다.

① 사회 구조의 영향에 중점을 두고 문제를 인식한다.
② 과거 역사와 현재 상황의 상호 연관성을 탐구한다.
③ 도덕적 가치에 바탕을 두고 해결 방안을 모색한다.
④ 법과 제도를 토대로 사회 현상을 이해하고 파악한다.
⑤ 공간적 상호 작용의 다양한 양상을 파악하고자 한다.

08 공간적 관점에 관한 적절한 설명만을 〈보기〉에서 있는 대로 고른 것은?

보기

ㄱ. 지역의 특성과 다른 지역과의 상호 작용에 관해 탐구한다.
ㄴ. 역사적 배경과 시대적 맥락을 토대로 사회 현상을 탐구한다.
ㄷ. 자연환경과 인문환경이 인간 삶에 어떤 영향을 주는지 탐구한다.
ㄹ. 사회 현상이 언제부터 시작되어 어떻게 변화해 왔는지 탐구한다.

① ㄱ, ㄷ　　　② ㄱ, ㄹ　　　③ ㄴ, ㄷ
④ ㄱ, ㄴ, ㄹ　　　⑤ ㄴ, ㄷ, ㄹ

09 다음 활동에 나타난 공통적인 관점으로 가장 적절한 것은?

• 개정된 공직 선거법이 학생들의 정치 참여와 민주주의 발전에 어떤 영향을 미치는지 탐구한다.
• 학교 주변 시설이 생기거나 사라지는 것이 어떤 사회 구조나 제도의 영향에 따른 것인지 조사한다.

① 시간적 관점　　　　② 공간적 관점
③ 윤리적 관점　　　　④ 사회적 관점
⑤ 경제적 관점

10 다음 글에서 알 수 있는 행복의 특징으로 가장 적절한 것은?

> 평탄한 농지와 강 주변에서 쌀농사를 주로 했던 고대 중국인에게는 조화로운 인간관계가 중요했다. 그들은 어릴 때부터 자신이 어떤 집단의 구성원인 것을 중요하게 생각하도록 교육받았다. 따라서 이들에게 행복은 화목한 인간관계를 맺고 평범하게 사는 것이었다. 이와 달리 사냥이나 수렵, 목축에 적합한 자연환경을 가진 고대 그리스인은 상대적으로 개인의 자율성을 중요하게 여겼는데, 이들에게 행복이란 아무런 제약이 없는 상태에서 자기 능력을 최대한 발휘하여 탁월성을 추구하는 것이었다.

① 행복의 기준은 자연환경에 따라 달라지기도 한다.
② 어떤 시대에 살았느냐에 따라 행복의 기준은 달라진다.
③ 행복은 궁극적인 목적으로 어디서나 보편적인 것이다.
④ 행복은 오직 감각적 즐거움이나 만족감을 느끼는 것이다.
⑤ 행복은 시대적 상황이나 지역적 여건에 영향을 받지 않는다.

11 다음 서양 사상가의 입장으로 옳은 것만을 〈보기〉에서 있는 대로 고른 것은?

> 가장 적은 양을 필요로 하는 사람이 사치에 가장 큰 기쁨을 느낀다. 결핍으로 인해 생기는 고통이 사라진다면, 단순한 음식도 우리에게 사치스러운 음식과 같은 즐거움을 준다. 그러므로 우리가 쾌락이 목적이라고 말할 때, 이 말은 방탕한 자의 쾌락이나 관능적 쾌락을 의미하는 것은 아니다. 내가 말하는 쾌락은 몸에 고통이 없고 마음에 불안이 없는 상태이다.

| 보기 |
ㄱ. 정신적 쾌락을 통해 궁극적 행복을 실현할 수 있다.
ㄴ. 욕구를 줄이면 오히려 진정한 쾌락을 누릴 수 있다.
ㄷ. 진정한 행복을 위해서는 욕구를 최대한 충족해야 한다.
ㄹ. 이성을 발휘하여 덕이 있는 삶을 습관화하는 것이 행복이다.

① ㄱ, ㄴ ② ㄱ, ㄷ ③ ㄷ, ㄹ
④ ㄱ, ㄴ, ㄹ ⑤ ㄴ, ㄷ, ㄹ

12 행복의 의미에 관한 옳은 설명만을 〈보기〉에서 고른 것은?

| 보기 |
ㄱ. 인생의 궁극적인 목적을 달성하기 위한 수단이 된다.
ㄴ. 삶에서 충분한 만족감이나 즐거움을 느끼는 상태이다.
ㄷ. 특정한 사건을 통해 느끼는 일시적·감각적 즐거움이다.
ㄹ. 바람직한 가치의 실현이 더해질 때 진정한 의미가 있다.

① ㄱ, ㄴ ② ㄱ, ㄷ ③ ㄴ, ㄷ
④ ㄴ, ㄹ ⑤ ㄷ, ㄹ

13 행복의 조건 ㉠, ㉡에 관한 설명으로 옳은 것은?

> 인간은 다양한 삶의 조건을 갖추었을 때 행복한 삶을 실현할 수 있다. (㉠)은/는 생활에 필요한 재화나 서비스를 안정적이고 일정하게 누릴 수 있는 상태로, 행복의 조건이 된다. 또한 (㉡)은/는 타인을 배려하거나 곤경에 처한 사람을 돕는 행동을 의미하는데, 이러한 조건 역시 행복을 실현하는 데 반드시 필요하다.

① ㉠은 인간이 살아가는 데 필요한 자연환경을 의미한다.
② ㉡은 자신만의 이익보다는 타인과 공동체 전체를 고려한다.
③ ㉡은 시민이 주권자로서 주체적으로 문제를 해결하는 것을 중시한다.
④ ㉠과 달리 ㉡은 깨끗한 물, 대기, 토양 등의 정주 환경을 핵심 요소로 인식한다.
⑤ ㉠, ㉡은 모두 일정 수준 이상의 소득을 행복의 핵심 조건으로 꼽는다.

14 다음을 주장한 고대 동양 사상가의 입장으로 가장 적절한 것은?

> 일반 백성은 고정적인 생업[恒産]이 없으면 흔들림 없는 도덕적인 마음[恒心]도 없어진다. 그러므로 지혜로운 왕은 백성들이 생업을 가지게 해 주되 반드시 위로는 부모를 섬기기에 충분하게 하고, 아래로는 자녀를 먹여 살릴만하게 하여 풍년에는 언제나 배부르고 흉년에도 죽음을 면하게 해야 한다.

① 고정적인 생업과 도덕적인 마음은 동일한 것이다.
② 경제적 안정과 도덕적 실천은 밀접한 관련이 있다.
③ 경제적 안정은 국가가 간섭할 수 없는 개인의 영역이다.
④ 개인을 대상으로 하는 국가의 경제적 지원은 제한이 없다.
⑤ 고정적인 생업이 없이 도덕적인 마음을 갖는 것은 모든 사람에게 불가능하다.

15 다음 글의 내용을 바르게 이해한 학생을 고른 것은?

> 2018년 미국 퍼듀 대학교의 연구 팀은 전 세계 164개국 약 171만 명을 대상으로 실시한 여론 조사의 결과를 바탕으로 개인의 소득이 정서적 행복감과 삶의 만족도에 미치는 영향을 분석했다. 연구 결과에 따르면 개인의 연간 소득이 6만~7만 5,000달러에 이르면 정서적 행복감은 더 이상 증가하지 않았으며, 연간 소득이 약 9만 5,000달러에 이르면 삶의 만족도도 더 이상 증가하지 않았다. 더 흥미로운 사실은 소득이 일정 수준을 넘어서면 그들의 정서적 행복감과 삶의 만족도가 감소하기 시작한다는 것이다.

① 갑: 삶의 만족도와 경제적 수준은 서로 무관하다.
② 을: 정서적 행복감이 높을수록 삶의 만족도는 낮아진다.
③ 병: 행복은 소득과 같은 경제적 요소에 영향을 받지 않는다.
④ 정: 높은 소득이 반드시 높은 행복감과 만족감을 주는 것은 아니다.
⑤ 무: 소득이 증가하면 할수록 행복감과 삶의 만족도 또한 계속 증가한다.

서술형 문제

16 다음 글을 읽고 물음에 답하시오.

> (가) 감염병의 역사를 살펴보면, 감염병에 대한 공포가 사회적으로 취약한 집단에 대한 혐오로 이어지기도 했다. 14세기 유럽에서 흑사병이 유행하자 빈곤층이나 유대인 등 특정 집단이 흑사병 유행의 원인으로 낙인찍히기도 했다.
>
> (나) 프랑스의 한 신문사가 '황색경보'라는 인종 차별적 사진을 신문 1면에 실었다. 감염병으로 사람들이 느끼는 불안을 이용해서 아시아계 유색 인종에 대한 차별과 편견을 조장한 것이다. 특정 집단에 대한 편견과 차별은 인간존엄성을 침해할 수 있다.

(1) (가), (나)에 해당하는 관점을 쓰시오.

(2) (가), (나)의 특징을 각각 서술하시오.

17 다음 글을 읽고 물음에 답하시오.

> 우리는 삶의 목적으로서 행복의 진정한 의미를 깨닫고, 행복한 삶을 살기 위해 각자 끊임없이 노력해야 한다. 하지만 개인의 노력이 온전히 행복한 삶으로 이어지려면 ㉠ 민주주의의 발전을 비롯한 ㉡ 일정한 조건이 갖추어져야 한다.

(1) 밑줄 친 ㉠을 실현하기 위한 조건을 서술하시오.

(2) 밑줄 친 ㉡에 해당하는 조건을 세 가지 쓰시오. (단, ㉠은 제외함.)

문제의 자료에서 **키워드**를 찾고, **키워드 꼬리 질문**에 답해 보자.
만약 답변이 어렵다면 **다시 개념 학습**으로 돌아가 복습해 보자.

01 다음 사례와 관련하여 A~D 관점에서 탐구할 수 있는 적절한 활동만을 〈보기〉에서 있는 대로 고른 것은?

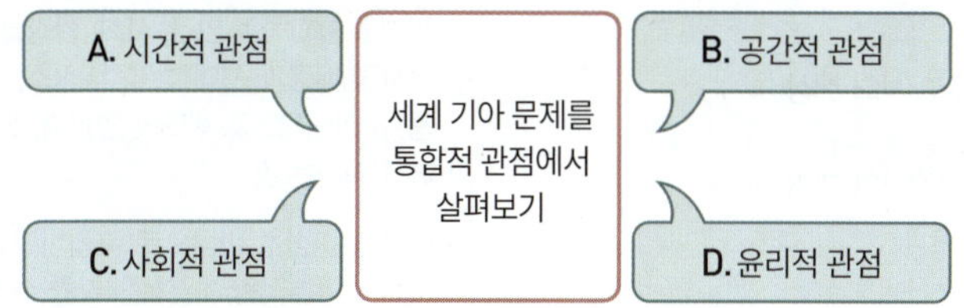

> **보기**
> ㄱ. A: 세계 기아 인구의 변화 추이를 조사하기
> ㄴ. B: 〈세계 기아 지수〉를 분석하여 기아 위기가 심각한 지역 알아보기
> ㄷ. C: 기아 문제 해결을 위한 국제 사회의 정책과 제도 탐구하기
> ㄹ. D: 식량 위기와 정치적·사회적 구조의 관련성 분석하기

① ㄱ, ㄴ   ② ㄱ, ㄹ   ③ ㄷ, ㄹ
④ ㄱ, ㄴ, ㄷ   ⑤ ㄴ, ㄷ, ㄹ

키워드 Pick
'변화 추이', '지역', '정책과 제도'

키워드 꼬리 질문
Q1 역사적 배경과 시대적 맥락을 고려하여 사회 현상을 바라보는 관점은?
Q2 장소와 지역, 공간적 상호 작용에 중점을 두고 사회 현상을 살펴보는 관점은?
Q3 사회 구조 및 제도의 영향력에 초점을 두고 사회 현상을 바라보는 관점은?
Q4 도덕적 가치와 도덕규범을 바탕으로 사회 현상을 해석하는 관점은?

답변이 어렵다면 다시 개념 학습
☞ 10쪽

02 갑, 을 사상가의 입장으로 적절하지 <u>않은</u> 것은?

> 갑: 인간이 지닌 기능들 중에서 식물이나 동물과 달리 오직 인간만이 지닌 특별한 기능은 정신의 이성적 활동 기능이다. 따라서 행복이란 덕에 일치하는 정신적 활동이며 참된 행복은 이성을 아주 잘 실현할 때 이루어진다.
> 을: 우리가 쾌락이 목적이라고 말할 때, 이 말은 방탕한 자의 쾌락이나 관능적 쾌락을 의미하지 않는다. 내가 말하는 쾌락은 몸에 고통이 없고 마음에 불안이 없는 상태이다.

① 갑: 최고선인 행복에 도달하기 위해서는 이성적 기능을 잘 발휘해야 한다.
② 갑: 이성적 활동은 그 활동에 알맞은 덕을 토대로 수행할 때 더 잘할 수 있다.
③ 을: 쾌락은 인간이 가진 욕구를 최대한 충족시킬 때 얻어지는 감정이다.
④ 을: 가장 적은 것을 필요로 하는 사람이 가장 큰 만족과 기쁨을 얻을 수 있다.
⑤ 갑과 을: 행복은 인간이 삶에서 추구해야 할 궁극적 목적이다.

키워드 Pick
'행복은 이성을', '덕에 일치하는 정신의 활동', '고통이 없고', '마음에 불안이 없는'

키워드 꼬리 질문
Q1 최고선(最高善)의 의미는?
Q2 쾌락의 역설의 의미는?

답변이 어렵다면 다시 개념 학습
☞ 12쪽

01 통합적 관점
↻ 10~19쪽

1 인간, 사회, 환경을 바라보는 다양한 관점

시간적 관점	• 의미: 역사적 배경과 시대적 맥락에 초점을 두고 사회 현상을 살펴보는 것 • 특징: 시간의 흐름에 따라 자료를 다각도로 수집하여 과거와 현재의 관계를 파악하고 미래의 방향을 예측함. 예 연도별 저출생 현황 탐구
공간적 관점	• 의미: 장소와 지역 및 공간적 상호 작용에 중점을 두고 사회 현상을 살펴보는 것 • 특징: 위치와 장소, 분포 양상과 형성 과정, 이동과 네트워크 등의 공간적 맥락에서 인간, 사회, 환경 간의 상호 관계를 분석하고 이해하고자 함. 예 국가별 희토류 생산량 및 매장량 비교
사회적 관점	• 의미: 사회 구조와 사회 제도를 중심으로 사회 현상을 탐구하고 대안을 살펴보는 것 • 특징: 사회 현상이 나타난 배경을 사회의 구조적·제도적·정책적 측면에서 살펴보고 개선해야 할 문제를 파악하여 해결책을 모색하고자 함. 예 저상 버스 의무 도입 정책의 효과 예측
윤리적 관점	• 의미: 도덕적 가치와 도덕규범을 바탕으로 사회 현상을 해석하고 문제점을 찾아 바람직한 삶의 모습을 살펴보는 것 • 특징: 다양한 사회 현상을 도덕적 가치와 도덕규범에 따라 평가하고 사회가 나아갈 바람직한 방향을 제시하고자 함. 예 자율 주행 자동차의 윤리 지침 탐색

▲ 통합적 관점에서 바라볼 때 인간과 세상을 깊이 있게 통찰할 수 있으며, 이러한 통찰은 개인의 삶의 질을 높이고 더욱 발전한 사회를 구현하는 데 도움을 줄 수 있다.

2 통합적 관점의 의미와 필요성

의미	• 개별 학문의 경계를 넘어 시간적, 공간적, 사회적, 윤리적 관점을 통합하여 인간, 사회, 환경을 이해하는 관점 • 역사적 배경과 시대적 맥락, 장소, 지역 및 공간적 상호 작용, 사회 구조 및 제도의 영향력, 도덕적 가치와 규범을 함께 고려하는 것
필요성	• 다양한 관점을 바탕으로 복잡한 사회 현상을 정확하게 이해하고 근본적인 해결책을 찾을 수 있음. • 현대 사회의 사회 현상은 시공간적으로 다양한 요인이 서로 영향을 주고받으며 나타나므로 복잡하고 불확실함. • 사회 현상에 따른 문제를 한 가지 관점으로만 바라보고 해결하려는 시도는 사회문제의 다양하고 복잡한 측면을 고려하지 못하는 한계가 있음.

3 기후위기 문제를 통합적 관점으로 이해하기

시간적 관점	기후위기의 발생 배경과 변화 과정 파악하기
공간적 관점	기후위기의 주요 원인인 온실가스 배출량을 확인하고 기후위기의 지역별 양상 비교하기
사회적 관점	기후위기에 대처하기 위한 국가적·국제적 차원의 제도적 노력 조사하기
윤리적 관점	기후위기에 대처하기 위한 도덕적 가치나 도덕규범 성찰하기

4 기아 문제를 통합적 관점으로 분석하기

시간적 관점	연도별 세계 기아 인구 현황 조사하기
공간적 관점	국가별 세계 기아 지수 현황 비교하기
사회적 관점	기아를 유발하는 사회 구조적 요인 분석하기
윤리적 관점	기아 문제를 해결하기 위한 국제 사회의 윤리적 실천 방안에 대해 탐색하기

5 감염병 확산에 따른 혐오와 차별에 관한 통합적 관점의 탐구 질문

시간적 관점	감염병 확산에 따라 혐오와 차별이 발생했던 역사적 사례는 무엇인가?
공간적 관점	감염병 확산에 따른 혐오와 차별은 지역별로 어떻게 다르게 나타나는가?
사회적 관점	감염병 확산에 따른 혐오와 차별을 사회적으로 제재할 수 있는 방법은 무엇인가?
윤리적 관점	감염병 확산에 따른 혐오와 차별에 대해 어떻게 윤리적으로 대응할 것인가?

행복의 기준과 의미

1 행복의 의미와 요소

의미	• 삶에서 충분한 만족감이나 즐거움을 느끼는 상태 • 인간이 그 자체로 선택하고 추구하는 궁극적인 삶의 목적
진정한 의미	감각적 만족감이나 즐거움뿐만이 아니라 바람직한 가치를 실현하는 것
요소	• 객관적 요소: 주거, 소득, 고용, 수명 등 • 주관적 요소: 개인이 느끼는 삶에 대한 만족감, 행복감 등

2 동서양 사상가들이 말하는 행복

석가모니	행복은 만물의 상호 의존성을 바탕으로 집착을 버리고 바른 수행을 할 때 얻어지는 열반의 경지임.
아리스토텔레스	행복은 다른 것을 위한 수단이 아닌 궁극적 목적이며 사람들이 달성하고자 하는 최고선임.
에피쿠로스	행복을 위해 몸의 고통과 마음의 혼란으로부터의 자유를 추구해야 함.
벤담	행복은 쾌락이자 삶의 목적으로 최대 다수의 최대 행복을 추구해야 함.

3 시대적 상황에 따른 행복의 기준

선사 시대	식량을 안정적으로 확보하고 외부의 위협으로부터 안전하게 사는 것
헬레니즘 시대	전쟁으로 인한 혼란을 극복하고 마음의 평온함을 누리는 것
중세 시대	모든 것의 중심인 신의 구원을 받는 것
근대 시대	인간의 권리를 존중받으며 자유와 평등을 보장받는 것

4 지역적 여건에 따른 행복의 기준

고대 중국	벼농사 발달 → 행복은 집단 속에서 자신의 삶에 만족하며 타인과 조화를 이루는 것
고대 그리스	해상 무역을 비롯한 상업 발달 → 행복은 개인이 정치적 자유를 누리며 자율성을 발휘하는 것
민주주의가 실현되지 않은 지역	정치적 의사를 자유롭게 표현하는 것
경제적으로 불안정한 지역	물질적으로 풍요로운 삶을 누리는 것

행복한 삶을 실현하기 위한 조건

1 질 높은 정주 환경

의미	인간이 살아가는 데 필요한 쾌적한 자연환경과 안정적인 인문환경을 갖추는 것
조건	안전하고 쾌적한 보금자리 등을 마련할 때 행복하고 인간다운 삶을 살 수 있음.
자연환경	인간 생활을 둘러싸고 있는 자연계의 모든 요소가 이루는 환경
인문환경	지표 위에서 인간 활동의 결과로 만들어진 환경

2 경제적 안정

의미	생활에 필요한 재화나 서비스를 안정적이고 일정하게 누릴 수 있는 상태
조건	경제적 안정을 위해서는 일정 수준의 소득을 꾸준히 얻을 수 있는 일자리가 보장되어야 하고, 정부는 복지 정책 등을 시행하여 국민의 경제적 안정에 힘써야 함.
맹자	생업[항산]이 없으면 흔들림 없는 도덕적인 마음[항심]도 없다고 봄.

3 민주주의 발전

민주주의의 의미	국민이 주권자로서 정치권력을 행사하는 제도
조건	민주적인 정치 제도를 잘 갖추는 것과 함께 시민이 책임 의식을 가지고 정치에 참여하는 민주적 문화를 형성해야 함. → 시민이 주권자로서 자기 삶을 결정하고 주체적으로 사회문제를 해결할 때 행복감을 느낄 수 있기 때문임.

4 도덕적 실천

의미	타인을 배려하거나 곤경에 처한 사람을 돕는 행동
조건	도덕적 실천을 통해 신뢰와 같은 사회적 자본을 증진하면 개인을 포함한 공동체 전체의 행복도를 높일 수 있음.
사회적 자본	개인이나 집단에 이익을 주는 신회, 네트워크, 규범, 제도 등 무형의 자산을 뜻함.

01 다음은 탐구 활동 주제와 학생들의 활동 계획이다. 이에 관한 설명으로 옳은 것은?

> 〈주제: 난민에 대한 이해〉
>
> 갑: 1990년대부터 현재까지 난민이 발생한 역사적 배경을 탐구해 볼 계획입니다.
> 을: 자원 갈등이 일어나는 지역에서 왜 난민이 많이 발생하는지 조사할 계획입니다.
> 병: 국제 사회에서 난민의 지위를 어떻게 보장하고 있는지 조사할 계획입니다.
> 정: 난민을 지원하는 것은 인간존엄성 보장과 관련 있다는 것을 조사할 계획입니다.

① 갑은 난민 문제를 도덕적 가치에 따라 평가한다.
② 을은 난민 문제를 시간의 흐름에 따라 탐구한다.
③ 병은 난민 문제를 제도와 정책적 측면에서 접근한다.
④ 정은 난민 문제 해결을 위한 시대적 맥락에 주목한다.
⑤ 갑과 달리 을은 과거의 사실을 토대로 현재의 사회 현상을 이해하고자 한다.

02 다음 사례와 관련하여 시간적, 공간적, 사회적, 윤리적 관점에서 제기할 수 있는 적절한 질문만을 〈보기〉에서 고른 것은?

> 저출산으로 인해 최근 학교에서 사용하지 않는 시설인 유휴 시설이 점점 늘어나고 있다. 늘어나는 학교 유휴 시설 문제를 해결하기 위해 통합적 관점으로 탐구할 필요가 있다.

보기

ㄱ. 시간적 관점: 학교 유휴 시설은 언제부터 증가했는가?
ㄴ. 공간적 관점: 학교 유휴 시설 문제를 해결하기 위해 핵심으로 삼아야 할 가치는 무엇인가?
ㄷ. 사회적 관점: 학교 유휴 시설을 효과적으로 활용하기 위해 정부는 어떤 지원을 해야 하는가?
ㄹ. 윤리적 관점: 수도권과 비수도권의 학교 유휴 시설 현황은 어떻게 다른가?

① ㄱ, ㄴ
② ㄱ, ㄷ
③ ㄴ, ㄷ
④ ㄴ, ㄹ
⑤ ㄷ, ㄹ

03 다음 글을 통해 추론할 수 있는 ㉠의 특징에만 모두 '✔'를 표시한 학생은?

> 도덕적 가치와 규범은 마땅히 해야 할 일과 해서는 안 되는 일이 무엇이며 도덕적으로 더 바람직한 것이 무엇인지 판단하는 기준이다. 인간존엄성, 평화와 같은 보편적 가치, 인간 내면에 있는 고유한 양심은 보편적인 규범의 역할을 한다. 따라서 사회 현상을 이해할 때 (㉠)을/를 고려하는 것은 중요하다.

특징 \ 학생	갑	을	병	정	무
사회가 지향해야 할 도덕적 가치가 무엇인지 탐구한다.	✔	✔	✔	✔	
바람직한 삶을 위해 어떤 가치를 추구해야 하는지에 관심을 갖는다.	✔			✔	✔
지역과 공간의 상호 작용을 바탕으로 사회 현상을 비교하고 분석한다.		✔			✔
사회 구조와 사회 제도에 중점을 두고 사회 현상과 문제를 이해한다.			✔	✔	✔

① 갑　　② 을　　③ 병　　④ 정　　⑤ 무

서술형

04 ㉠에 들어갈 적절한 개념을 쓰고, 사회 현상을 이해하기 위해 ㉠이 필요한 까닭을 서술하시오.

> 인간, 사회, 환경을 이해하기 위해서는 역사적 배경과 시대적 맥락, 장소와 지역 및 공간적 상호 작용, 사회 구조 및 사회 제도의 영향력, 도덕적 가치와 도덕 규범을 종합적으로 고려해야 한다. 따라서 시간적, 공간적, 사회적, 윤리적 관점을 함께 고려하는 (㉠)이/가 필요하다.

05 다음 가상 편지를 쓴 사상가의 입장으로 적절한 것만을 〈보기〉에서 고른 것은?

○○에게

지난번 편지에서 자네는 나에게 행복의 의미에 대해 물었었지. 나는 행복에 관해 살펴보려면 인간의 기능에 대해 알아야 한다고 생각하네. 인간이 지닌 기능들 중에서 식물이나 동물과 달리 오직 인간만이 지닌 특별한 기능은 정신의 이성적 활동 기능이네. 그런데 사람의 이성적 활동은 그 활동에 알맞은 덕을 가지고 수행할 때 더 잘할 수 있네. 따라서 행복이란 덕에 일치하는 정신 활동이네.

보기

ㄱ. 쾌락은 행복한 삶의 시작이자 끝이다.
ㄴ. 행복은 몸에 고통이 없고 마음에 불안이 없는 상태이다.
ㄷ. 행복은 궁극적 목적이며 다른 것을 위한 수단이 될 수 없다.
ㄹ. 행복한 삶을 위해 이성적 기능이 탁월하게 발휘되어야 한다.

① ㄱ, ㄴ 　② ㄱ, ㄷ 　③ ㄴ, ㄷ
④ ㄴ, ㄹ 　⑤ ㄷ, ㄹ

06 (가), (나)에서 공통적으로 강조하는 행복한 삶의 조건으로 가장 적절한 것은?

(가) 사람이 살 터를 정할 때는 지리, 생리, 인심, 산수가 좋아야 한다. 이 중 하나라도 모자라면 좋은 땅이라고 할 수 없다.

(나) 인도 다라비에는 백만여 명이 모여 사는 것으로 추정된다. 주택은 화장실도 없이 빼곡하게 늘어섰고, 침실과 간단한 부엌만 갖춘 작은 집에는 7명 이상이 모여 산다.

① 민주적 제도를 잘 갖추어야 한다.
② 도덕적 실천을 통해 사회적 자본을 증진해야 한다.
③ 일정 수준의 소득을 위한 일자리가 보장되어야 한다.
④ 쾌적한 자연환경과 안정적인 인문환경을 갖춰야 한다.
⑤ 시민이 적극적으로 정치에 참여하는 문화를 형성해야 한다.

07 다음 글의 입장으로 적절하지 <u>않은</u> 것은?

어떤 사람에게 다른 사람을 위해 물건을 구매하였던 도덕적인 행동을 떠올리도록 요청하였을 때 사람들은 행복감을 느꼈고, 그들은 또다시 다른 사람들을 위해 자신의 돈을 지불하기도 하였다. 이처럼 도덕적 실천은 행복감을 높이며, 높아진 행복감은 또 다른 도덕적 실천을 불러일으키기도 한다.

① 타인에 대한 배려가 행복의 원인이 되기도 한다.
② 도덕적 실천과 행복감은 서로 영향을 주고받는다.
③ 이타적인 행동은 행복감을 높이는 데 기여할 수 있다.
④ 도덕적 행동을 떠올리는 것과 도덕적 실천을 하는 것은 별개이다.
⑤ 다른 사람의 행복에 관심을 두는 것은 자신의 행복 증진에 도움이 된다.

08 (서술형) 제시문에 나타난 행복한 삶을 실현하기 위한 조건을 쓰고, 그러한 조건이 필요한 까닭을 서술하시오.

스위스에서는 시민이 매년 10~30건씩 국가와 지방의 주요 사안을 직접 결정한다. 스위스의 모든 시민은 일정 수 이상의 지지를 얻으면 법률 개정, 공적 사안의 결정 등에 대한 국민 투표를 신청할 수 있다. 이처럼 스위스 시민은 직접 정치에 참여하여 자신의 의사를 정책 결정 과정에 반영하면서 행복한 삶을 실현하고 있다.

Ⅲ 자연환경과 인간

자연환경과 인간 생활의 유기적 관계를 고려하는 생태시민의 태도가 자연과
인간의 공존을 가능하게 함을 알 수 있다.

02 자연환경과 인간 생활

1 *기후와 인간 생활 [자료 ①] [자료 ②]

1 열대 기후: 적도 주변에 분포, 연중 기온이 높고 연 강수량이 많음.

주민 생활	의복	날씨가 덥고 습함. → 얇고 간편한 옷을 주로 입음.
	가옥	통풍이 잘 되는 개방적인 구조, 지면에서 바닥을 띄운 고상 가옥, 급경사의 지붕
	농업	• 이동식 화전 농업으로 카사바·얌 등을 재배함. • 근대 이후 플랜테이션으로 커피·카카오·천연고무 등을 재배함.

(벽은 얇고, 창은 큰 구조 / 햇빛이 강해 거의 매일 오후 대류성 강수인 스콜이 내림.)
(비가 많이 내리기 때문 / 비가 많이 내려 흙 속의 양분이 씻겨 나가 숲의 나무를 태운 뒤 경지를 만들어 쓰고, 몇 년 뒤 이동하여 새로운 경지를 만드는 농업)
(선진국의 자본과 원주민의 노동력, 열대 기후가 결합하여 상업적 이익을 추구하는 농업 형태로 단일 상품 작물을 대규모 농장에서 재배함.)

2 건조 기후: 연 강수량 < 연 증발량, 강수량 차이에 따라 사막 기후와 스텝 기후로 구분

(사막 발달 / 초원 발달)

사막 기후	온몸을 감싸는 헐렁한 옷을 입어 강한 햇볕과 모래바람을 막음, 흙을 이용하여 만든 집, *외래 하천이나 오아시스 주변에서 밀, 대추야자 등 재배
스텝 기후	*유목을 위한 이동식 가옥 발달, 양과 염소 사육

(예) 몽골의 게르
(더위와 추위에 모두 적응한 생활양식이 나타남.)

3 온대 기후: 중위도에 주로 분포, 온난한 기온, 뚜렷한 사계절, 농업 발달

서안 해양성 기후	• *혼합 농업, 빵·감자·고기·치즈 등을 주식으로 함. • 흐리고 비가 많이 내림. → 맑은 날 일광욕을 즐김.
지중해성 기후	*수목 농업, 가옥의 벽이 하얗고 두꺼우며 창문이 작음.
온대 겨울 건조 기후	*계절풍의 영향 → 여름철 고온 다습한 기후를 이용한 벼농사가 발달함.

(고온 건조한 여름에 집 안으로 들어오는 열기를 차단하기 위해서)
(주로 아시아 지역에서 발달, 쌀을 이용한 음식을 많이 먹음.)

4 냉대 기후: 고위도에 주로 분포, 겨울이 춥고 기온의 연교차가 큼.

(1) 대규모 침엽수림대인 타이가가 넓게 분포 → 목재·펄프 산업 발달

(2) 밀·감자 등을 주로 재배, 추위를 막기 위한 폐쇄적 구조의 가옥 발달

5 한대 기후: 극지방과 그 주변에 분포, 연중 기온이 낮아 사람이 거주하기 어려움.

(1) 툰드라 기후 지역에서 순록 유목, 어로·수렵 활동

(2) 짧은 여름에 땅이 녹음. → 가옥과 시설물이 붕괴되는 것을 막기 위한 고상 가옥 발달

2 지형과 인간 생활 [자료 ③]

산지 지역	• 해발 고도가 높고 경사가 급함. → 교통 발달과 인간 거주에 불리 • 밭농사 위주의 농경 생활, 광공업과 관광 산업 발달 • 적도 부근 고산 지대는 *열대 고산 기후가 나타남. → 고산 도시 발달
평야 지역	• 창장강, 갠지스강 등 농경에 유리한 대하천 주변에 많은 사람이 모여 살고 있음. • 교통로와 건물 건설에 유리함. → 도시가 발달하고 각종 산업 시설이 입지함.
해안 지역	• 어업·양식업, 해안 지형의 경관을 활용한 관광 산업 발달 • 원료 수입과 제품 수출에 유리 → 대규모 항구와 산업 단지 조성
특수 지형	화산, 빙하, 카르스트 지형 등을 활용한 관광 산업 발달

(화산 활동이 활발한 지역은 독특한 화산 지형과 온천 등을 활용한 관광 산업이 발달하였으며, 화산재가 쌓인 비옥한 토양은 농업에 유리함.)
(용식 작용으로 석회암이 오랜 시간 서서히 빗물이나 지하수 등에 의해 녹아 형성되는 석회 동굴과 탑 카르스트 등의 지형)

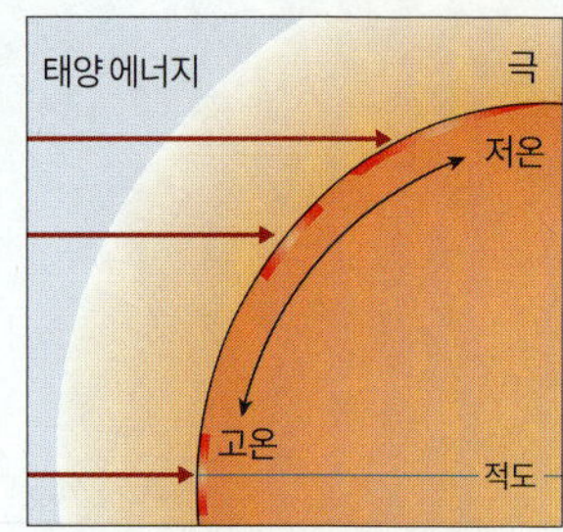

＊ 위도에 따른 기후 분포

▲ 위도대별 일사량과 기온 차이
지구는 둥글기 때문에 위도에 따라 일사량의 차이가 발생한다. 저위도 지역은 단위 면적당 일사량이 많아 기온이 높고, 고위도 지역으로 갈수록 단위 면적당 일사량이 감소하여 기온이 대체로 낮아진다.

＊ 유목
일정한 거주지를 정하지 않고 물과 풀밭을 찾아 옮겨 다니면서 목축을 하는 삶의 방식이다.

＊ 혼합 농업
농작물 재배와 가축 사육을 함께하는 농업 형태이다.

＊ 수목 농업
지중해성 기후의 건조한 여름에도 잘 자라는 올리브, 코르크, 포도 등을 주로 재배하는 농업이다.

＊ 계절풍
대륙과 해양의 온도 차이로 계절에 따라 풍향이 바뀌는 바람이다. 여름에는 바다에서 대륙으로, 겨울에는 대륙에서 바다로 분다.

＊ 열대 고산 기후

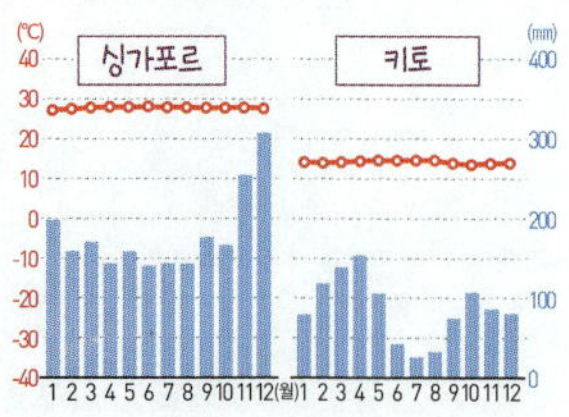

기온은 해발 고도가 높아질수록 낮아져 적도 주변의 고지대에서는 연중 기온이 온화한 열대 고산 기후가 나타난다. 싱가포르와 키토는 모두 적도 주변에 위치하지만 저지대의 싱가포르는 열대 우림 기후가, 고지대의 키토는 열대 고산 기후가 나타난다.

자료 ❶ 세계의 기후 구분

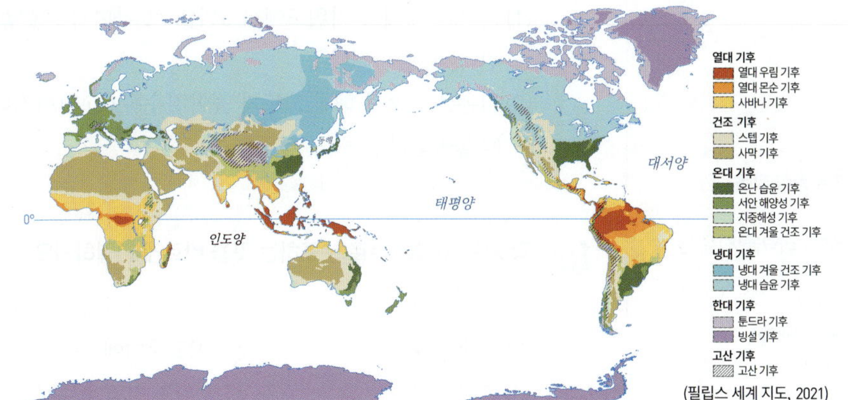

기후는 어떠한 장소에서 오랜 기간에 걸쳐 나타나는 대기 현상의 종합적이고 평균적 상태이다. 기온, 강수, 바람 등의 기후 요소로 구성되며, 기후 요소는 위도, 해발 고도, 수륙 분포 등 기후 요인의 영향을 받아 기후의 지역적 차이가 발생한다. 일반적으로 저위도에서 고위도로 가면서 기온과 강수량이 변화하여 열대 기후, 건조 기후, 온대 기후, 냉대 기후, 한대 기후 순으로 나타난다.

자료 ❷ 기후에 따른 가옥 구조

▲ 열대 우림 기후 지역의 고상 가옥　　▲ 사막 기후 지역의 흙집　　▲ 스텝 기후 지역의 이동식 가옥

▲ 지중해성 기후 지역의 가옥　　▲ 냉대 기후 지역의 통나무집　　▲ 툰드라 기후 지역의 고상 가옥

자료 ❸ 세계의 주요 산맥과 하천

지구상에는 산지, 평야, 해안 등의 다양한 지형이 분포한다. 지형적 특성은 기후와 마찬가지로 인간의 거주 공간과 생활양식에 큰 영향을 끼친다.

✴ 세계의 기후 구분

열대 기후	• 최한월 평균 기온 18℃ 이상 • 구분: 일 년 내내 강수량이 많은 열대 우림 기후, 건기·우기가 뚜렷한 사바나 기후
건조 기후	• 연 강수량 < 연 증발량 • 구분: 연 강수량 250mm 미만의 사막 기후, 연 강수량 250~500mm의 스텝 기후
온대 기후	• 최한월 평균 기온 −3℃ 이상 • 서안 해양성 기후: 주로 대륙 서안에 분포함, 연중 편서풍의 영향으로 습윤하고 여름이 서늘함. • 지중해성 기후: 여름은 고온 건조하고 겨울은 온난 습윤함. • 온대 겨울 건조 기후: 여름은 고온 다습하고 겨울은 한랭 건조함. → 기온의 연교차가 큼.
냉대 기후	• 최한월 평균 기온 −3℃ 미만 • 최난월 평균 기온 10℃ 이상
한대 기후	• 툰드라 기후: 최난월 평균 기온 0~10℃ • 빙설 기후: 최난월 평균 기온 0℃ 미만

✴ 기후에 따른 가옥 구조

열대 우림 기후	지열·습기·해충 등을 피하기 위한 고상 가옥
사막 기후	평평한 지붕, 두꺼운 벽, 작은 창문, 가옥 간 촘촘한 간격
스텝 기후	유목 생활에 유리한 가옥의 조립과 해체가 쉬운 이동식 가옥
지중해성 기후	여름철 강한 햇빛을 반사시키기 위한 하얀색 벽
냉대 기후	타이가 주변에서 구하기 쉬운 나무를 이용, 추위를 막기 위한 창문이 작고 폐쇄적인 가옥
툰드라 기후	짧은 여름 땅이 녹아 붕괴되는 것을 막기 위한 고상 가옥

Tip 열대 우림 기후와 툰드라 기후 모두 고상 가옥이 나타나지만, 고상 가옥을 짓는 까닭이 서로 다름을 기억하자.

✴ 지형과 주민 생활 사례

산지 지역	안데스산맥의 열대 고산 기후 지역: 고산 도시 발달, 알파카와 라마 사육, 감자와 옥수수 재배
평야 지역	창장강, 갠지스강 등 하천 하류 평야 지역에서 벼농사 발달
해안 지역	스칸디나비아반도 서쪽 지역: 빙하 침식으로 형성된 피오르 해안과 이를 이용한 관광 산업 발달

포인트 Pick

1 기후와 인간 생활

열대 기후	• 적도 주변에 위치함, 연중 기온이 높고 강수량이 많음. • 얇고 간편한 옷을 주로 입음. • 개방적 가옥 구조, 급경사의 지붕, 지면에서 바닥을 띄운 형태의 (❶　　　)이/가 나타남. • 이동식 화전 농업으로 카사바·얌 등을 재배함. • (❷　　　)을/를 통해 커피·카카오 등을 재배함.
건조 기후	• 연 강수량이 연 증발량보다 적음. • 사막 기후: 온몸을 감싸는 헐렁한 옷을 입음, 흙을 이용하여 만든 집, 외래 하천이나 오아시스 주변에서 밀과 대추야자 등을 재배함. • (❸　　　) 기후: 이동식 가옥에서 주로 살아감, 유목을 통해 양과 염소를 사육함.
온대 기후	• 중위도에 주로 분포함, 사계절이 뚜렷함. • 서안 해양성 기후: 작물 재배와 가축 사육을 함께하는 혼합 농업이 행해짐. → 빵·감자·고기·치즈 등을 주식으로 함. • 지중해성 기후: (❹　　　)을/를 통해 올리브·포도 등을 재배함. • 온대 겨울 건조 기후: (❺　　　)의 영향을 받아 여름철에 고온 다습하여 벼농사에 유리함. → 쌀을 이용한 음식이 발달함.
냉대 기후	• 고위도에 주로 분포함, 겨울이 춥고 기온의 연교차가 큼. • 대규모 침엽수림대인 (❻　　　)이/가 넓게 분포함. • 추위를 막기 위한 폐쇄적 구조의 가옥이 나타남.
한대 기후	• 북극과 남극 주변에 분포함, 연중 기온이 낮아 사람이 거주하기 어려움. • 전통적으로 툰드라 기후 지역에서 순록을 (❼　　　)하거나 어로·수렵 활동을 함. • 짧은 여름에 땅이 녹아 가옥이 붕괴되는 것을 막기 위해 고상 가옥이 발달함.

2 지형과 인간 생활

산지 지역	• 해발 고도가 높고 경사가 급해 인간 거주에 불리 • 밭농사가 주로 이루어짐, 광공업과 관광 산업 발달 • 적도 부근의 고산 지대는 연중 온화한 기후가 나타남. → 상대적으로 인구가 밀집한 (❽　　　)이/가 발달
평야 지역	• 대하천 주변의 넓고 편평한 지역 → 많은 사람이 모여 삶. • 도시가 발달하고 각종 산업 시설이 입지함.
해안 지역	• 어업·양식업·해안 지형 경관을 활용한 관광 산업 발달 • 대규모 항구와 산업 단지 조성
특수 지형	빙하, 카르스트 지형 등을 활용한 (❾　　　) 산업 발달

---

01 ㉠, ㉡ 중 알맞은 것을 고르시오.

(1) 기온은 대체로 저위도에서 고위도로 가면서 (㉠ 낮아진다, ㉡ 높아진다).

(2) 기온은 대체로 해발 고도가 높아질수록 (㉠ 낮아진다, ㉡ 높아진다).

02 각 기후 지역이 주로 분포하는 곳을 바르게 연결하시오.

(1) 열대 기후 • 　　　 • ㉠ 극지방 주변에 주로 분포

(2) 온대 기후 • 　　　 • ㉡ 적도 주변에 주로 분포

(3) 한대 기후 • 　　　 • ㉢ 중위도 지역에 주로 분포

03 설명이 옳으면 ○표, 틀리면 ✕표를 하시오.

(1) 열대 기후 지역은 여름에 땅이 녹아 가옥이 붕괴되는 것을 막기 위해 고상 가옥을 짓는다. (　　　)

(2) 건조 기후 지역은 연 강수량이 연 증발량보다 적어 사막이나 초원이 주로 발달한다. (　　　)

(3) 냉대 기후 지역에는 대규모의 침엽수림대인 타이가가 넓게 분포한다. (　　　)

04 빈칸에 들어갈 알맞은 말을 쓰시오.

(1) 열대 기후의 주민들은 (　　　)을/를 통해 카사바, 얌 등을 재배한다.

(2) 온대 기후 중 서안 해양성 기후 지역에서는 작물 재배와 가축 사육을 함께 하는 형태의 (　　　)이/가 주로 이루어진다.

05 다음에서 설명하는 지형을 〈보기〉에서 골라 쓰시오.

(1) 적도 부근의 고산 지대는 교통 발달에 불리하지만 연중 온화한 기온이 나타나 도시가 발달하기도 한다. (　　　)

(2) 대하천 주변에 넓게 형성되는 경우가 많으며 교통로와 건물 건설에 유리하여 도시가 발달하고 각종 산업 시설이 입지한다. (　　　)

(3) 어업이나 양식업, 관광 산업 등이 발달하였으며, 원료 수입과 제품 수출에 유리하여 대규모 항구와 산업 단지가 조성되기도 한다. (　　　)

> **보기**
>
> ㄱ. 산지 지역　　　ㄴ. 평야 지역　　　ㄷ. 해안 지역

01 지도의 A 기후 지역에 관한 설명으로 옳은 것은?

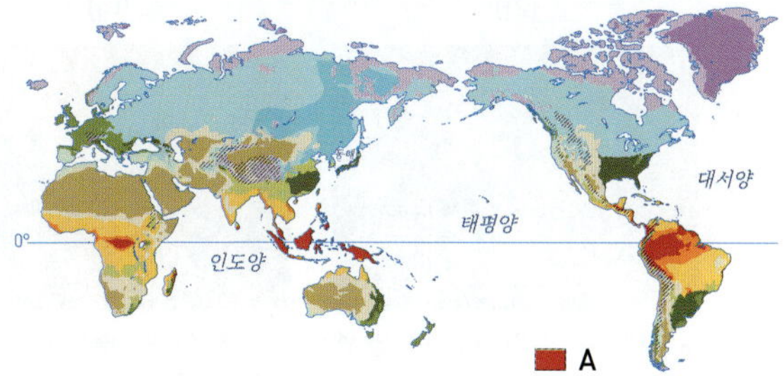

① 연중 기온이 높고 강수량이 많다.
② 연 강수량보다 연 증발량이 많다.
③ 기온의 연교차가 기온의 일교차보다 크다.
④ 여름이 고온 건조하고, 겨울이 온난 습윤하다.
⑤ 일 년 내내 우리나라의 봄과 같은 날씨가 나타난다.

중요 02 다음에서 설명하는 기후 지역의 주민 생활 모습으로 옳은 설명만을 〈보기〉에서 고른 것은?

이 기후 지역에서는 전통적으로 숲의 나무를 태운 뒤 경지를 만들어 카사바, 얌 등의 작물을 재배한다.

이 지역은 비가 많이 내려 흙 속의 양분이 씻겨 나가므로 몇 년 뒤 다른 장소로 이동하며 숲의 나무를 태우고 새로운 경지를 만들기를 반복한다.

보기
ㄱ. 수목 농업으로 코르크, 올리브 등을 재배한다.
ㄴ. 전통적으로 바닥을 지면에서 띄워 가옥을 짓는다.
ㄷ. 지붕이 평평하고 창이 작은 형태의 가옥을 짓는다.
ㄹ. 카카오, 천연 고무 등을 플랜테이션의 형태로 재배한다.

① ㄱ, ㄴ   ② ㄱ, ㄷ   ③ ㄴ, ㄷ
④ ㄴ, ㄹ   ⑤ ㄷ, ㄹ

03 (가), (나) 경관이 주로 나타나는 지역을 A∼C에서 고른 것은?

(가)   (나)

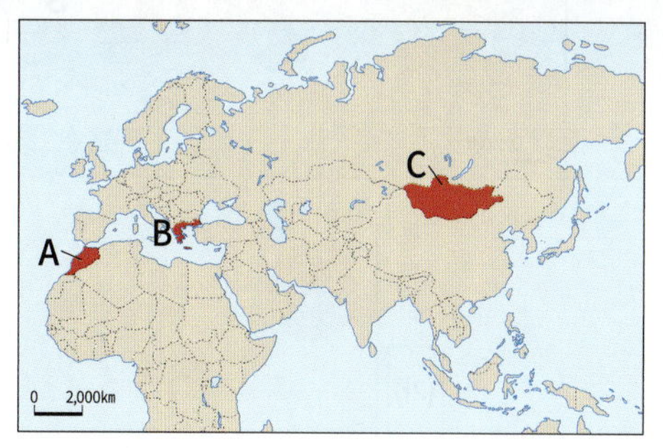

	(가)	(나)		(가)	(나)		(가)	(나)
①	A	B	②	A	C	③	B	A
④	B	C	⑤	C	A			

중요 04 다음에서 설명하는 기후 지역의 주민 생활 모습으로 옳은 것은?

강수량보다 증발량이 많아 물이 부족하다. 햇볕이 강하며 모래바람이 불어 주민들은 온몸을 감싸는 형태의 헐렁한 옷을 입는다.

① 고온 다습한 여름에 벼농사를 짓는다.
② 순록을 유목하거나 어로 및 수렵 생활을 한다.
③ 전통적으로 이동식 화전 농업을 하며 살아간다.
④ 오아시스 주변에서 대추야자, 밀 등을 재배한다.
⑤ 작물 재배와 가축 사육을 함께하는 혼합 농업을 하며 살아간다.

05 A, B 지역의 상대적 특성을 그래프로 나타낼 때 (가), (나)에 들어갈 항목으로 옳은 것은?

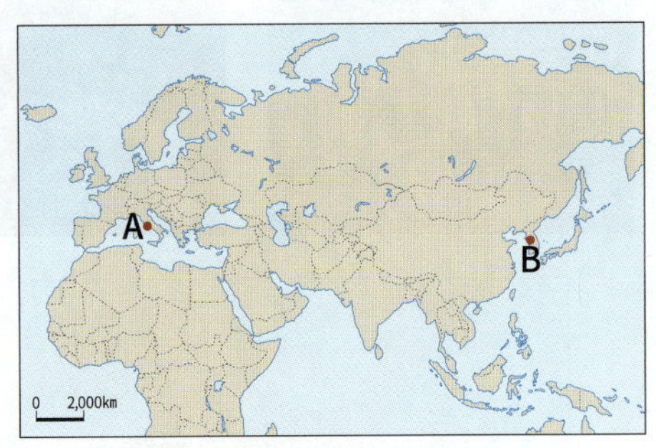

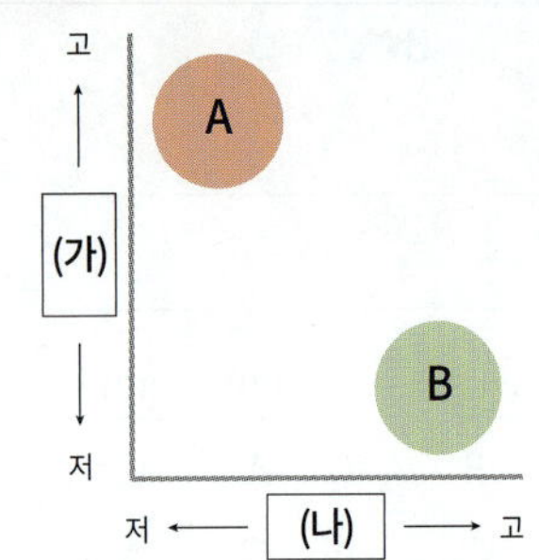

	(가)	(나)
①	기온의 연교차	계절풍의 영향
②	기온의 연교차	겨울 강수 집중률
③	1월 평균 기온	계절풍의 영향
④	1월 평균 기온	겨울 강수 집중률
⑤	겨울 강수 집중률	1월 평균 기온

06 🌟중요 (가), (나) 기후 그래프가 나타나는 지역에 관한 설명으로 옳은 것은?

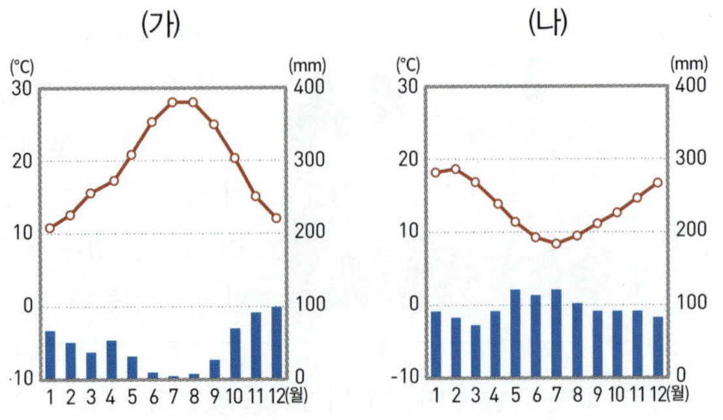

① (가)는 겨울에 한랭 건조하다.
② (나)는 여름에 고온 건조하다.
③ (가)는 (나)보다 연 강수량이 많다.
④ (나)는 (가)보다 여름 강수 집중률이 높다.
⑤ (가)는 남반구, (나)는 북반구에 위치한다.

07 (가), (나) 그림에 나타난 기후 특성에 관한 옳은 설명만을 〈보기〉에서 고른 것은? (단, (가), (나)는 각각 지중해성 기후, 서안 해양성 기후 중 하나임.)

(가)	(나)

▲ 모네, 〈웨스트민스터 다리 밑 템스강〉	▲ 고흐, 〈노란 하늘과 태양 아래의 올리브나무들〉

〈보기〉
ㄱ. (가)는 연중 편서풍의 영향을 받는다.
ㄴ. (나)는 여름보다 겨울 강수량이 많다.
ㄷ. (가)는 (나)보다 수목 농업이 활발하다.
ㄹ. (나)는 (가)보다 북서부 유럽에서 분포 범위가 넓다.

① ㄱ, ㄴ　　② ㄱ, ㄷ　　③ ㄴ, ㄷ
④ ㄴ, ㄹ　　⑤ ㄷ, ㄹ

08 A 기후 지역에서 주로 볼 수 있는 경관으로 옳은 것은?

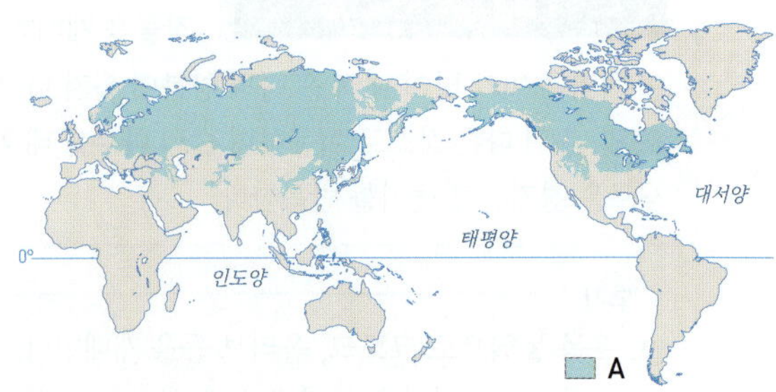

① 양과 염소가 풀을 뜯는 초원과 게르
② 넓게 펼쳐진 논에서 벼농사 짓는 사람들
③ 상록 활엽수림이 우거진 밀림과 고상 가옥
④ 대규모의 침엽수림대인 타이가와 통나무집
⑤ 이끼류가 자라는 툰드라 지대에서 순록을 유목하는 사람들

09 사진은 두 기후 지역의 전통 가옥이다. (가)를 볼 수 있는 지역과 비교한 (나) 지역 기후의 상대적인 특징을 A~E에서 고른 것은?

(가)   (나)

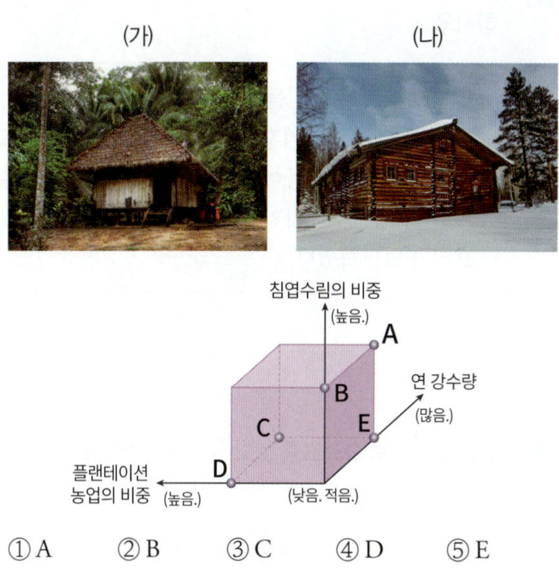

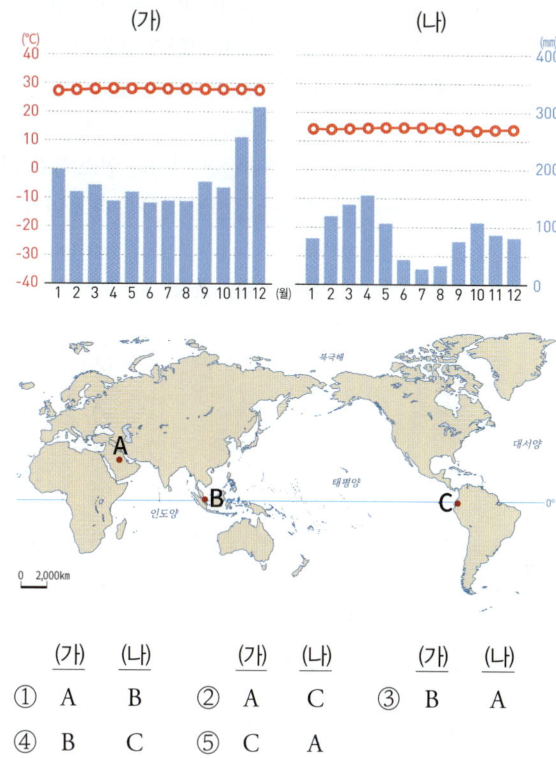

① A   ② B   ③ C   ④ D   ⑤ E

11 (가), (나) 기후 그래프가 주로 나타나는 지역을 A~C에서 고른 것은?

	(가)	(나)		(가)	(나)		(가)	(나)
①	A	B	②	A	C	③	B	A
④	B	C	⑤	C	A			

10 사진과 같은 경관을 주로 볼 수 있는 지역을 A~E에서 고른 것은?

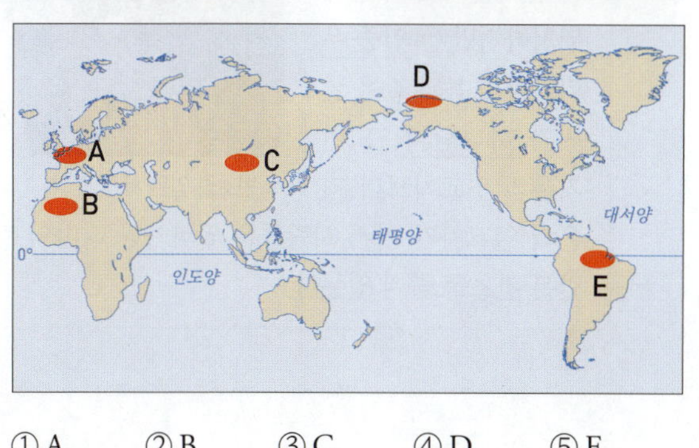

① A   ② B   ③ C   ④ D   ⑤ E

12 사진에 나타난 두 지형의 공통 형성 요인으로 옳은 것은?

▲ 베트남의 탑 카르스트   ▲ 우리나라의 석회 동굴

① 바람의 침식 및 퇴적 작용

② 빙하의 침식 및 퇴적 작용

③ 파랑의 침식 및 퇴적 작용

④ 화산 폭발에 따른 용암 분출

⑤ 바닷물이나 빗물, 지하수 등의 용식 작용

13 (가), (나)에 해당하는 지역을 A~C에서 고른 것은?

> (가) 라인강을 따라 넓은 평야가 발달하였다. 경사가 완만하고 계절에 따른 수위 변화가 작은 라인강은 교통로로 이용되며, 하천 주변의 평야 지대에는 도시가 발달하였다.
> (나) 알프스 산지에서 주민들은 양이나 염소 등을 키우며 살아간다. 최근에는 산악 열차를 타고 아름다운 봉우리를 체험하고 스키와 같은 겨울 스포츠를 즐기는 관광 산업이 발달하였다.

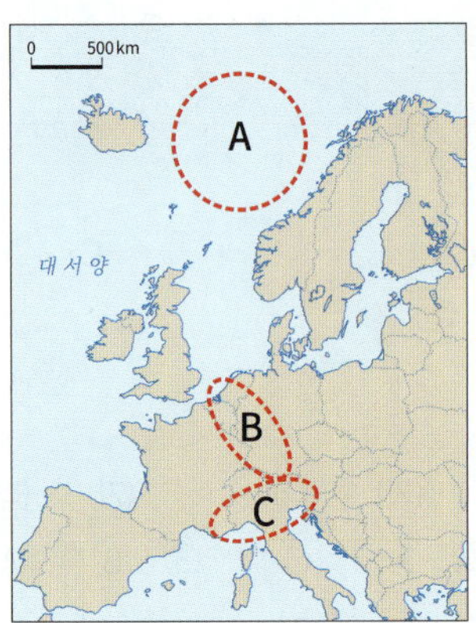

	(가)	(나)
①	A	B
②	A	C
③	B	A
④	B	C
⑤	C	A

14 ㉠에 해당하는 국가를 A~E에서 고른 것은?

> 화산 활동이 활발한 지대에 위치한 (㉠)에서는 지열 발전을 활용한 전력 생산 비율이 높고, 지열을 활용해 추운 겨울 도로의 눈을 녹인다. 또한 지열로 데워진 물은 노천 온천으로 이용되어 추운 겨울에도 많은 사람이 야외에서 온천을 즐긴다.

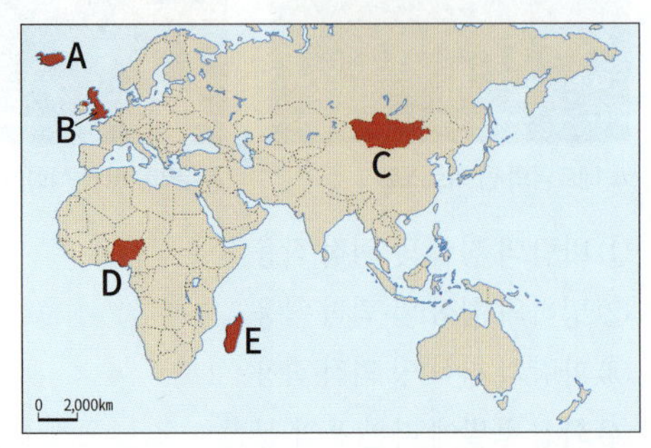

① A　　② B　　③ C　　④ D　　⑤ E

15 ㉠ 기후 지역에서 나타나는 전통 가옥의 특징에 관해 서술하시오.

> 기후에 따라 주민들의 의식주 문화가 달라진다. 예를 들면 (㉠) 기후 지역의 주민들은 연중 덥고 습한 날씨 때문에 통풍이 잘되는 간단한 의복을 입는다. 또한 음식이 부패하지 않도록 기름에 튀기거나 볶는 요리가 발달하였다.

16 (가), (나) 기후 그래프를 보고 물음에 답하시오.

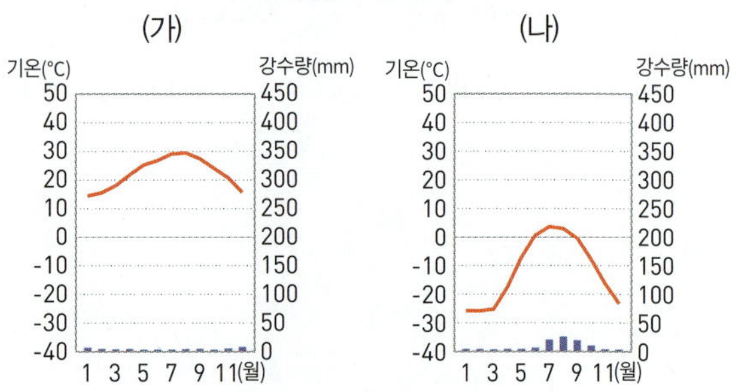

(1) (가), (나) 기후 그래프에 해당하는 기후의 명칭을 쓰시오.

(2) (가), (나) 지역의 주민 생활 모습을 농목업과 관련하여 각각 서술하시오.

17 밑줄 친 ㉠과 같은 특징이 나타나는 까닭을 서술하시오.

> 남아메리카의 안데스 산지는 적도 부근에 위치하지만 ㉠ 연중 우리나라의 봄과 같은 날씨가 나타난다. 또한 기온의 연교차보다 기온의 일교차가 커서 사람들은 알파카나 라마의 털로 만든 판초를 즐겨 입는다.

▲ 판초를 입은 사람

문제의 자료에서 **키워드**를 찾고, **키워드 꼬리 질문**에 답해 보자.
만약 답변이 어렵다면 **다시 개념 학습**으로 돌아가 복습해 보자.

01 (가)에 들어갈 그래프로 옳은 것은?

〈열대 기후의 플랜테이션 작물, (㉠)〉

열대 기후 지역에서는 원주민의 노동력과 선진국의 자본 및 기술이 결합한 형태의 플랜테이션 재배가 활발하다. 플랜테이션을 통해 커피, (㉠)와/과 같은 기호 작물을 주로 재배한다. 특히 (㉠)은/는 열매 하나에 20~50개의 씨앗이 들어 있으며 씨앗을 발효시켜 말리면 갈색빛을 띠고 독특한 향기를 풍기는데, 이는 초콜릿의 원료가 된다. (㉠)의 국가별 생산 비율을 찾아 그래프로 그려본 결과는 (가)와 같다.

(가)

▲ (㉠) 나무와 열매

① 이집트 18.1(%) / 사우디아라비아 16.2 / 이란 13.5 / 알제리 12.3 / 기타 39.9

② 독일 25.1(%) / 폴란드 18.7 / 러시아 13.0 / 벨라루스 6.4 / 기타 36.8

③ 중국 27.2(%) / 인도 24.8 / 방글라데시 7.2 / 인도네시아 6.9 / 기타 33.9

④ 에스파냐 35.8(%) / 이탈리아 9.8 / 튀르키예 7.5 / 모로코 6.9 / 기타 40.0

⑤ 코트디부아르 39.4(%) / 가나 14.7 / 인도네시아 13.0 / 브라질 5.4 / 기타 27.5

02 그래프는 지도에 표시된 세 지역의 월평균 기온과 월 강수 편차를 나타낸 것이다. (가)~(다) 지역에 관한 설명으로 옳은 것은?

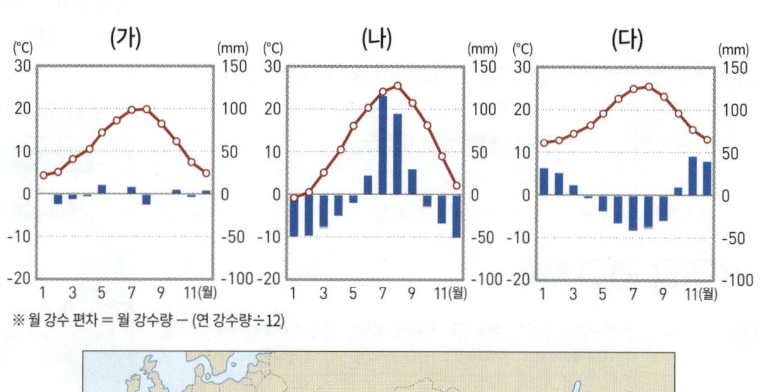

① (가)는 벼농사에 유리하다.
② (나)는 겨울 강수량이 여름 강수량보다 많다.
③ (가)는 (나)보다 하천의 수운 교통 발달에 유리하다.
④ (나)는 (다)보다 기온의 연교차가 작다.
⑤ (가)와 (나)는 유럽, (다)는 아시아에 위치한다.

03 자연환경의 변화 속 우리의 권리

1 인간의 삶을 위협하는 자연재해 자료 ❶ 자료 ❷

1 자연재해와 기후변화

자연환경의 변화	• 자연환경은 인간이 사는 데 필요한 공기, 물, 식량 등을 제공하는 삶의 터전임. • 자연환경은 꾸준히 변화하며, 우리의 삶도 자연환경의 영향을 받아 변화함.
자연재해	자연환경이 인간과 인간 활동에 피해를 주는 현상
기후변화	• 지구 온난화로 빙하가 녹고 해수면이 상승하는 등의 문제가 발생함. • 기후변화로 세계 곳곳에서 기상 이변이 빈번하게 발생하고 있음. ── 예 태풍·홍수·가뭄·폭설과 같은 자연재해의 빈도와 규모 증가 • 동식물의 서식지 변화, 생물종 다양성 감소 등 생태계에 영향을 끼침.

└ 온실 효과의 심화로 지구의 평균 기온이 높아지는 현상

2 기후와 관련된 자연재해

홍수	우리나라에서 가장 빈번하게 발생하여 많은 피해를 유발, 주로 여름철 발생, 집중 호우 시 하천 범람 → 농경지와 가옥 침수, 산사태 유발, 각종 질병 유발
가뭄	오랫동안 비가 내리지 않아 땅이 메마르고 물이 부족해짐. → 농작물의 고사, 식수와 각종 용수 부족, 산불 발생 증가, 장기간에 걸쳐 넓은 지역에 피해 발생 식물이 말라 죽는 현상
폭설	많은 눈이 단시간에 집중적으로 내림. → 교통 혼란 초래, 비닐하우스와 같은 시설물 붕괴
*열대 저기압	열대 해상에서 발생하여 중위도 지역으로 이동하는 저기압, 강풍과 많은 비를 동반 → 각종 시설물의 침수 및 파괴, 해안 지역에서 해일 발생, 농작물 피해 발생
폭염과 한파	여름철에는 매우 심한 더위인 폭염, 겨울철에는 기온이 갑자기 내려가는 한파 발생

└ 폭염이 발생하면 열사병과 온열 질환 환자 증가

3 지형과 관련된 자연재해

지진	지구 내부 에너지에 의해 짧은 시간 동안 땅이 갈라지며 흔들리는 현상 → 지반 및 시설물 붕괴, 산사태 및 *지진 해일(쓰나미) 발생
화산 활동	• 마그마가 지각의 갈라진 틈을 뚫고 분출하는 현상 → 용암·화산 가스·화산재 등에 의한 가옥 및 산업 시설 훼손, 항공기 운항에 차질 초래 • 판의 경계부나 '불의 고리'라 불리는 *환태평양 조산대에서 활발하게 나타남.

└ 화산재가 바람에 날리면 화산재가 이동한 지역까지 넓은 범위에 걸쳐 항공기 운항에 차질을 빚기도 함.

2 안전하고 쾌적한 환경에서 살아갈 권리 자료 ❸

1 시민의 권리를 보장하기 위한 국가의 역할 ──── 자연재해나 자연환경의 변화에 따른 위협은 정확히 예측하거나 완벽하게 대비하기 어려우므로 관련 조치 및 대책이 필요함.

법률 제정	시민의 안전권과 환경권을 보장하기 위한 법적 장치 마련
사전 대비	정확한 예보 체계 구축, 조기 예보 및 경보 체계 구축 등을 통한 재해 예방 노력
정책 마련	• 재해 발생 시 즉각적인 복구와 지원 관련 정책 수립 및 시행 • 특별 재난 지역 선포와 *풍수해 보험 지원 등과 같은 정책 마련으로 사후 대응

2 스스로 권리를 보장하기 위한 시민의 노력: 자연재해의 위험성을 인식하고 재해 대비 안전 교육에 참여, 재해 발생 시 행동 요령에 따라 대응, 국민 스스로 안전에 대한 권리를 인식하고 권리 행사를 위한 노력 필요

예 지진 발생 시 행동 요령: 가스 밸브를 잠그고 출입문을 열어 두어 대피로 확보하기, 머리를 감싸고 책상 밑으로 숨기, 엘리베이터 대신 계단 이용하기 등

자연재해로 피해 발생이 우려될 때, 자연재해로 피해를 입었을 때 모두 국가에 안전 조치와 피해 복구를 요구할 수 있어야 함.

---

* 열대 저기압

▲ 열대 저기압의 위성 사진
적도 부근 바다에서 발생하여 중위도 지역으로 이동하면서 강한 바람과 비를 동반하는 저기압으로, 중심 부근의 최대 풍속이 17m/s 이상이다. 발생하는 지역에 따라 열대 저기압의 이름이 다른데, 우리나라에 영향을 주는 것은 태풍이다. 열대 저기압은 저위도 지역에 축적된 대기의 에너지를 고위도 지역으로 운반하여 지구의 열 균형을 유지하는 기능을 하며, 바닷물을 순환시켜 바다 생태계를 활성화하는 역할을 한다.

* 지진 해일(쓰나미)
지진 때문에 해저에 지각 변동이 생겨서 일어나는 해일이다. 해안 근처의 얕은 곳에서 파도의 높이가 급격히 높아지고, 특히 좁은 만의 깊숙한 곳에 큰 피해를 준다.

* 환태평양 조산대

환태평양 조산대는 지진과 화산 활동이 빈번하고 활화산이 분포된 모양이 마치 원 모양 같아서 '불의 고리(ring of fire)'라고 불린다.

* 풍수해 보험
태풍, 홍수, 호우, 해일, 강풍, 풍랑, 대설, 지진 등으로 건물, 시설 등이 피해를 입었을 때 그 피해를 보상해 주는 보험이다. 정부가 보험료의 70~100%를 지원하고 있다.

자료 ① 우리나라에 큰 피해를 주는 자연재해

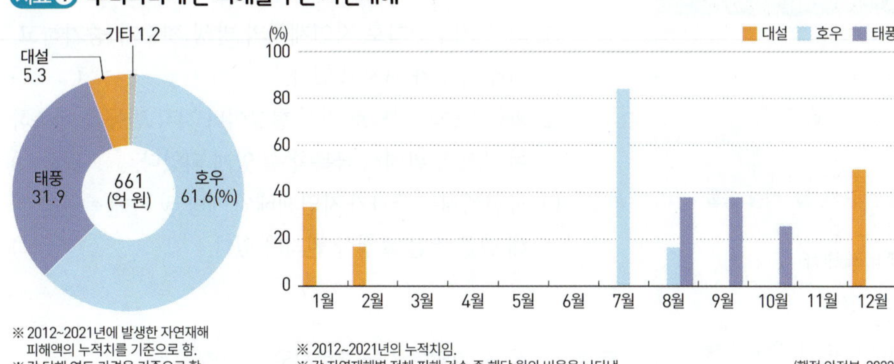

※ 2012~2021에 발생한 자연재해 피해액의 누적치를 기준으로 함.
※ 각 당해 연도 가격을 기준으로 함.

▲ 원인별 자연재해 피해액 규모

※ 2012~2021년의 누적치임.
※ 각 자연재해별 전체 피해 건수 중 해당 월의 비율을 나타냄.

(행정 안전부, 2022)

▲ 월별 자연재해의 피해 건수 비율

우리나라는 계절별로 기후 관련 자연재해가 다르게 나타난다. 주로 봄에는 가뭄, 여름에는 홍수, 태풍, 폭염, 겨울에는 폭설과 한파 등이 발생한다. 그중 호우와 태풍에 따른 피해가 가장 크다. 최근에는 기후변화로 호우 발생 빈도와 강도, 이에 따른 피해가 증가하고 있다.

자료 ② 세계의 자연재해 발생 지역

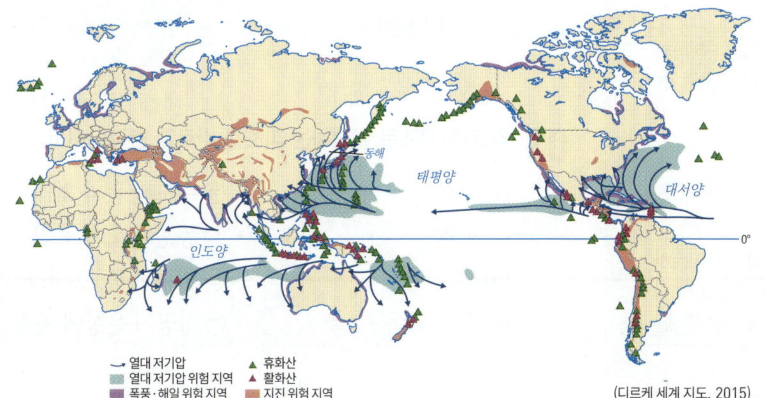

(디르케 세계 지도, 2015)

인간은 자연에서 많은 혜택을 받지만, 급격한 기상 변화나 지각 변동과 같은 자연재해로부터 막대한 피해를 입기도 한다. 자연재해는 크게 기후와 관련된 자연재해, 지형과 관련된 자연재해로 구분한다. 이 중 열대 저기압은 중위도 지역, 지진과 화산 활동은 지각판의 경계에서 주로 발생한다.

자료 ③ 안전하고 쾌적한 환경에서 살 권리

〈헌법〉

제34조 ⑥ 국가는 재해를 예방하고 그 위험으로부터 국민을 보호하기 위하여 노력하여야 한다.

제35조 ① 모든 국민은 건강하고 쾌적한 환경에서 생활할 권리를 가지며, 국가와 국민은 환경 보전을 위하여 노력하여야 한다.
└ 국가뿐만 아니라 국민 역시 환경 보전의 의무가 있음.

〈재난 및 안전 관리 기본법〉

제2조 이 법은 재난을 예방하고 재난이 발생한 경우 그 피해를 최소화하여 일상으로 회복할 수 있도록 지원하는 것이 국가와 지방 자치 단체의 기본적 의무임을 확인하고, 모든 국민과 국가·지방 자치 단체가 국민의 생명 및 신체의 안전과 재산 보호에 관련된 행위를 할 때는 안전을 우선적으로 고려함으로써 국민이 재난으로부터 안전한 사회에서 생활할 수 있도록 함을 기본 이념으로 한다.

✴ 우리나라의 자연재해

호우	• 우리나라에서 가장 많은 피해액을 유발하는 자연재해 • 주로 장마 전선이 정체하는 여름철에 발생
태풍	• 우리나라에서 두 번째로 많은 피해액을 유발하는 자연재해 • 강풍과 호우를 동반 • 늦여름~초가을에 주로 발생
대설	• 우리나라에서 세 번째로 많은 피해액을 유발하는 자연재해 • 겨울철에 주로 발생

TIP 호우와 태풍은 모두 여름철에 주로 발생하지만, 태풍은 초가을까지 발생하는 경우가 많음을 기억하자.

✴ 지형과 관련된 자연재해

종류	지진, 화산 활동 등
주요 발생 지역	지각판이 충돌하는 판과 판이 만나는 경계 → 환태평양 조산대, 알프스−히말라야 조산대
특징	• 예측이 어려움. • 짧은 시간에 인명과 재산에 큰 피해를 줌.

✴ 재해와 관련하여 헌법에서 보장하고 있는 시민의 권리

우리나라는 헌법 제34조를 바탕으로 「재난 및 안전 관리 기본법」, 「자연재해 대책법」, 「국민 안전 교육 진흥 기본법」 등의 법률을 제정하여 국민의 생명과 재산의 보호를 법적으로 보장하고 있다. 또한 헌법 제35조를 통해 국민의 환경권도 보장하고 있다.

안전권	국민이 각종 위험으로부터 안전을 보호받을 권리
환경권	건강하고 쾌적한 생활에 필요한 모든 조건이 충족된 양호한 환경을 누리는 권리

포인트 Pick

1 자연재해의 발생과 기후변화

자연환경	• 의미: 인간이 살아가는 데 필요한 공기, 물, 식량 등을 제공하는 삶의 터전 • 우리의 삶도 자연환경의 변화에 따라 변화
(❶　　　)	자연환경이 인간과 인간 활동에 피해를 주는 현상
기후변화	• 지구 (❷　　　　　)(으)로 빙하가 녹고 해수면이 상승하는 등의 문제 발생 • 변화 양상: 태풍·홍수·가뭄·폭설과 같은 자연재해의 빈도와 규모 증가, 동식물의 서식지가 변화하고 생물종 다양성 감소

2 기후와 관련된 자연재해

(❸　　　)	집중 호우 시 하천이 범람하는 현상 → 농경지와 가옥 침수, 산사태 유발
가뭄	오랫동안 비가 내리지 않아 땅이 메마르고 물이 부족해지는 현상 → 장기간에 걸쳐 넓은 지역에 피해 발생, 농작물의 고사, 식수와 각종 용수 부족, (❹　　　) 발생 증가
(❺　　　)	많은 눈이 단시간에 집중적으로 내림. → 교통 혼란 초래, 비닐하우스와 같은 시설물 붕괴
열대 저기압	열대 해상에서 발생하여 (❻　　　) 지역으로 이동하는 저기압, 강풍과 많은 비를 동반 → 각종 시설물의 침수 및 파괴, 해안 지역에서 해일 발생, 농작물 피해 발생
폭염과 한파	• (❼　　　): 여름철의 매우 심한 더위 • 한파: 겨울철 기온이 갑자기 내려가는 현상

3 지형과 관련된 자연재해

(❽　　　)	지구 내부 에너지에 의해 땅이 갈라지며 흔들리는 현상 → 지반·시설물 붕괴, 산사태·지진 해일(쓰나미) 발생
화산 활동	마그마가 지각의 갈라진 틈을 뚫고 분출하는 현상 → 용암·화산 가스·화산재 등에 의한 가옥 및 산업 시설 훼손, 항공기 운항에 차질 초래

4 안전하고 쾌적한 환경에서 살아갈 권리

국가	• 시민의 (❾　　　)와/과 환경권 보장을 위한 법률 제정 • 정확한 예보 체계 구축, 신속한 복구 노력
개인	• 재해 대비 안전 교육 참여 및 재해 발생 시 행동 요령에 따라 대응 • 스스로 안전에 관한 자신의 권리를 인식하고 이를 보장받기 위해 노력

---

01 설명이 옳으면 ○표, 틀리면 ✕표를 하시오.

(1) 최근 기후변화로 자연재해의 발생 횟수가 증가하고, 피해 규모가 커지고 있다. (　　)

(2) 과학기술의 발달로 기상 현상이나 지각 변동을 예측하여 재해를 완벽히 극복할 수 있게 되었다. (　　)

(3) 국민에게는 국가가 자연재해의 예방 및 피해 복구를 위해 힘쓸 것을 요청할 권리가 있다. (　　)

02 ㉠, ㉡ 중 알맞은 것을 고르시오.

(1) 매우 심한 더위인 (㉠ 폭염, ㉡ 한파)이/가 발생하면 열사병과 같은 온열 질환이 증가한다.

(2) 지진은 (㉠ 오랜, ㉡ 짧은) 시간 동안 발생하여 많은 인명 및 재산 피해를 유발한다.

(3) 태풍은 (㉠ 열대, ㉡ 중위도) 해상에서 발생하여 (㉠ 열대, ㉡ 중위도)로 이동하는 저기압으로 강풍과 많은 비를 동반한다.

03 각 자연재해로 발생하는 피해를 바르게 연결하시오.

(1) 가뭄　　　　•　　　　• ㉠ 수도관 동파 초래
(2) 한파　　　　•　　　　• ㉡ 농경지와 가옥 침수
(3) 홍수　　　　•　　　　• ㉢ 식수 부족, 농작물 고사
(4) 화산 활동　•　　　　• ㉣ 항공기 운항에 차질 초래

04 빈칸에 들어갈 알맞은 말을 쓰시오.

(1) (　　　　)은/는 집중 호우 시 하천이 범람하는 현상으로 농경지와 가옥 침수, 산사태 등을 유발한다.

(2) 열대 저기압은 강풍과 많은 비를 동반하며, 우리나라에서는 열대 저기압을 (　　　)(이)라고 부른다.

(3) 지구 내부 에너지에 의해 땅이 갈라지며 흔들리는 현상인 지진으로 해저에 지각 변동이 생기면 (　　　)이/가 발생하기도 한다.

05 다음의 헌법 조항을 바탕으로 보장하고자 한 시민의 권리를 쓰시오.

> 제35조　① 모든 국민은 건강하고 쾌적한 환경에서 생활할 권리를 가지며, 국가와 국민은 환경 보전을 위하여 노력하여야 한다.

01

수업 시간에 진행한 학습 게임에서 출발지에서 도착지까지의 이동 경로로 옳은 것은?

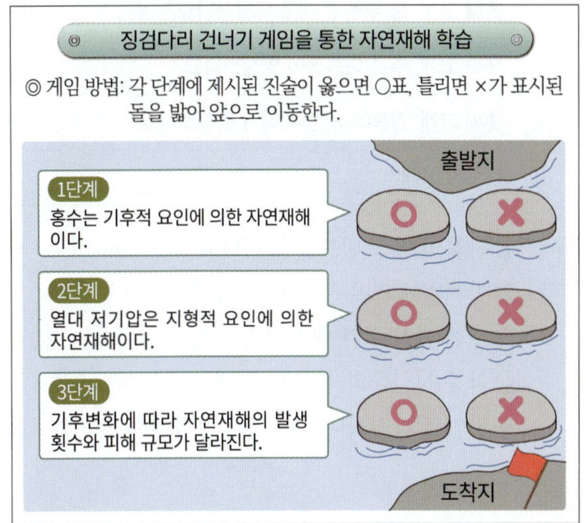

① ○ → ○ → ×
② ○ → × → ○
③ ○ → × → ×
④ × → ○ → ○
⑤ × → ○ → ×

02

⊙~⊚에 관한 설명으로 옳은 것은?

　　인간은 자연에서 많은 혜택을 받지만, ⊙급격한 기상 변화나 지각 변동 등과 같은 ⓛ자연재해로부터 막대한 피해를 입기도 한다. 그중 (ⓒ)은/는 많은 비가 내려 하천 등이 범람하는 자연재해이며, (ⓔ) 은/는 장기간 비가 내리지 않을 때 발생한다. (ⓜ) 은/는 땅이 갈라지고 흔들리는 현상으로 주로 판의 경계에서 주로 발생한다.

① ⊙에 의한 자연재해로는 화산 활동이 대표적이다.
② ⓛ은 인간의 활동으로 완벽하게 극복할 수 있다.
③ ⓒ은 농경지와 가옥의 침수 피해를 유발한다.
④ ⓔ은 건축물 붕괴, 산사태 등의 피해를 유발한다.
⑤ ⓜ은 자연재해가 진행되는 속도가 느리다.

03

다음은 인터넷에서 (가)를 검색했을 때 볼 수 있는 화면이다. (가)에 관한 설명으로 옳은 것은?

① 마그마 분출로 인한 피해를 유발한다.
② 많은 눈이 쌓여 교통 체증을 유발한다.
③ 건조한 날씨로 각종 용수 부족을 초래한다.
④ 미세 먼지 농도를 높여 호흡기 질환을 일으킨다.
⑤ 적도 주변 바다에서 발생하여 풍수해를 유발한다.

04

A, B 지역에 관한 설명으로 옳은 것은?

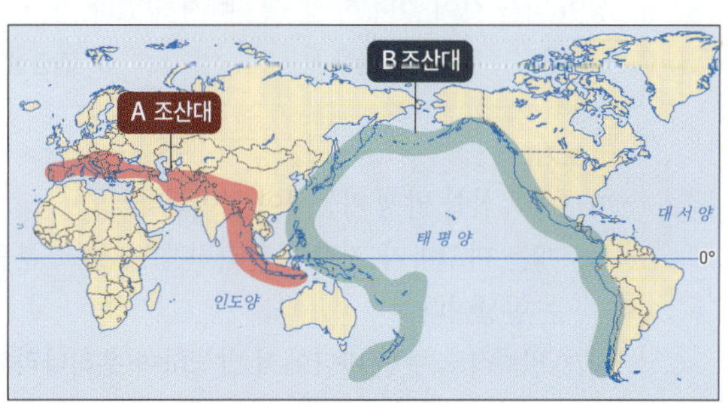

① A는 환태평양 조산대이다.
② B는 화산 활동이 활발하여 ‘불의 고리’라고 불린다.
③ A는 가뭄, B는 홍수가 자주 발생한다.
④ A와 B는 모두 판의 중심부에 해당한다.
⑤ A와 B는 모두 기후와 관련된 자연재해가 빈번하다.

05 그래프는 우리나라의 10년간 원인별 자연재해 피해액 비율을 나타낸 것이다. A~C에 해당하는 자연재해로 옳은 것은?

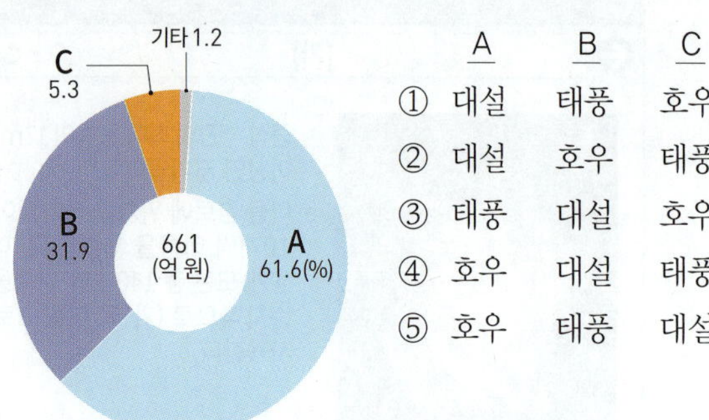

※ 2012~2021년에 발생한 자연재해 피해액의 누적치를 기준으로 함.
※ 각 당해 연도 가격을 기준으로 함.

(행정 안전부, 2022)

	A	B	C
①	대설	태풍	호우
②	대설	호우	태풍
③	태풍	대설	호우
④	호우	대설	태풍
⑤	호우	태풍	대설

06 (가), (나) 자연재해에 관한 설명으로 옳은 것은?

(가)	(나)
…… 경상도의 한재가 더욱 심하여 건조한 곳이나 습한 곳이 모두 말라서, 곡식만 타죽는 것이 아니라 채소도 모두 마르고 상수리까지도 열매 맺지 못하여 백성이 먹을 것이 없다 하니 …… — 《성종실록》 —	…… 경상도에 대풍이 불어서 나무가 뽑히고 벼가 쓰러졌으며, 울산군에서는 바닷물이 넘쳐서 민가 17구가 물에 떠내려가거나 잠겼고, 사람 둘과 소 한 마리가 빠져 죽었다. …… — 《중종실록》 —

〔보기〕
ㄱ. (가)로 산불 발생 가능성이 높아진다.
ㄴ. (가)는 마그마가 지각의 갈라진 틈을 뚫고 분출하는 현상이다.
ㄷ. (나)는 적도 주변 바다에서 발생하여 우리나라까지 피해를 유발한다.
ㄹ. (가)는 지형적 요인, (나)는 기후적 요인에 의한 자연재해이다.

① ㄱ, ㄴ   ② ㄱ, ㄷ   ③ ㄴ, ㄷ
④ ㄴ, ㄹ   ⑤ ㄷ, ㄹ

07 스무고개 장면에서 (가)에 들어갈 질문으로 가장 적절한 것은?

학생	교사
첫째 고개: 기후적 요인에 의한 자연재해인가요?	예
둘째 고개: 물 부족 문제를 유발하나요?	아니요
셋째 고개: 주로 여름철에 발생하나요?	예
넷째 고개: 강풍에 의한 피해가 발생하나요?	예
다섯째 고개: (가)	예

① 산불의 발생 빈도를 높이나요?
② 한꺼번에 많은 눈이 내려 발생하나요?
③ 오랜 기간 비가 내리지 않아 발생하나요?
④ 각종 시설물의 침수 및 파괴를 유발하나요?
⑤ 땅이 갈라지거나 흔들리는 과정에서 발생하나요?

08 ㉠, ㉡ 자연재해에 관한 옳은 설명만을 〔보기〕에서 고른 것은?

▲ (㉠)(으)로 메마른 땅

▲ (㉡)(으)로 무너진 건물

〔보기〕
ㄱ. ㉠은 판의 경계에서 주로 발생한다.
ㄴ. ㉡은 내진 설계 강화로 피해를 줄일 수 있다.
ㄷ. ㉠은 ㉡보다 자연재해의 진행 속도가 느리다.
ㄹ. ㉠, ㉡ 모두 지형적 요인으로 발생하는 자연재해이다.

① ㄱ, ㄴ   ② ㄱ, ㄷ   ③ ㄴ, ㄷ
④ ㄴ, ㄹ   ⑤ ㄷ, ㄹ

09 다음 안전 문자 관련 내용에서 ㉠~㉢에 해당하는 자연재해로 옳은 것은?

> • ○○시 북쪽 6km 지역에 리히터 규모 5.5 (㉠) 발생함. 여진 주의 및 재난 방송 청취 바랍니다.
> • 강력한 (㉡) 북상 중으로 호우 및 강풍 피해 예상됨. 선박 파손 및 저지대 침수 등 안전에 유의하세요.
> • 전국에 (㉢) 특보 발효 중, 논밭과 건설 현장 등에서 야외 활동 자제, 충분한 수분 섭취 등 건강에 유의하세요.

	㉠	㉡	㉢
①	지진	태풍	폭염
②	지진	폭염	태풍
③	태풍	지진	폭염
④	태풍	폭염	지진
⑤	폭염	지진	태풍

10 (가), (나)는 각 자연재해 발생 시 행동 요령이다. 이에 관한 설명으로 옳은 것은?

(가)

건물 내에서 흔들림이 있을 경우 탁자 아래로 들어가 낙하물로부터 머리와 몸을 보호한다.

(나)

외출을 자제하고 집 근처와 지붕 위에 눈이 쌓이지 않도록 수시로 치워야 한다.

① (가) 피해를 줄이기 위해 건물의 내진 설계를 한다.
② (나)는 강풍과 침수로 인한 피해를 유발한다.
③ (가)는 (나)보다 겨울철 발생 빈도가 높다.
④ (나)는 (가)보다 예보를 통한 재해 대비 가능성이 낮다.
⑤ (가)와 (나)는 모두 기후적 요인에 의한 자연재해이다.

11 다음 글을 읽고 알 수 있는 옳은 내용만을 〈보기〉에서 고른 것은?

> 파키스탄은 6월부터 3개월 가까이 폭우가 지속되고 있다. 누적 이재민은 570만 명에 달하며, 사망자는 1,100명을 넘었다. 이번 폭우의 주요 원인으로 이상기후를 꼽지만, 파키스탄의 열악한 기반 시설과 무분별한 벌목 등이 피해를 키웠다는 분석이다.

──── 보기 ────
ㄱ. 인간의 활동으로 자연재해 피해가 커지기도 한다.
ㄴ. 도시 지역은 촌락 지역보다 자연재해 피해가 작다.
ㄷ. 국가의 노력으로 자연재해의 피해를 최소화할 수 있다.
ㄹ. 과학기술의 발달로 자연재해의 발생을 방지할 수 있다.

① ㄱ, ㄴ　　② ㄱ, ㄷ　　③ ㄴ, ㄷ
④ ㄴ, ㄹ　　⑤ ㄷ, ㄹ

12 밑줄 친 ㉠~㉢에 관한 옳은 내용만을 〈보기〉에서 고른 것은?

> ㉠기후변화로 자연재해의 피해 규모가 커지고 있다. 자연재해로 일상생활에서의 위험이 커지고 안전을 위협받는다면 시민은 인간다운 생활을 하기 어렵다. 이러한 상황에서 시민은 ㉡인간다운 생활을 유지하기 위한 권리를 지니며 이러한 권리를 보장받기 위해서는 국가의 적극적인 역할이 필요하다. ㉢국가는 국민의 생명과 재산을 보호하기 위해 다양한 노력을 기울여야 한다. 그리고 ㉣시민도 스스로 안전에 관한 권리를 인식하고 이를 보장받기 위해 노력해야 한다.

──── 보기 ────
ㄱ. ㉠ – 인간의 활동과는 무관하게 나타나고 있다.
ㄴ. ㉡ – 안전하고 쾌적한 환경에서 살아가기 위한 기본권이다.
ㄷ. ㉢ – 안전권을 보장할 수 있도록 재해 예방 관련 정책을 수립한다.
ㄹ. ㉣ – 자연재해로 인한 피해에 관한 복구 및 보상은 국가에 요청할 수 없다.

① ㄱ, ㄴ　　② ㄱ, ㄷ　　③ ㄴ, ㄷ
④ ㄴ, ㄹ　　⑤ ㄷ, ㄹ

13 다음은 우리나라 헌법 조항의 일부이다. 이에 관한 옳은 설명만을 〈보기〉에서 고른 것은?

> 헌법 제34조　⑥ 국가는 재해를 예방하고 그 위험으로부터 국민을 보호하기 위하여 노력하여야 한다.
> 헌법 제35조　① 모든 국민은 건강하고 쾌적한 환경에서 생활할 권리를 가지며, 국가와 국민은 환경 보전을 위하여 노력하여야 한다.

보기
ㄱ. 재해 예방 및 대응의 일차적 책임은 국민에게 있다.
ㄴ. 국민의 환경 보전에 관한 권리만을 명시하고 있다.
ㄷ. 국민의 생명과 재산 보호를 법적으로 보장하고 있다.
ㄹ. 국가는 재해로 인한 피해 복구뿐만 아니라 재해 예방에도 힘써야 한다.

① ㄱ, ㄴ　　　② ㄱ, ㄷ　　　③ ㄴ, ㄷ
④ ㄴ, ㄹ　　　⑤ ㄷ, ㄹ

14 다음 글을 통해 학습할 수 있는 주제로 가장 적절한 것은?

> • 2023년 2월, 튀르키예 남부에서 발생한 지진으로 사망자는 5만 명이 넘는 것으로 추산되었다. 그런데 튀르키예 남부 지역의 소도시인 에르진은 사망자가 한 명도 없었고 무너진 건물도 없었다. 그 까닭은 한층 강화된 건축법을 철저히 지키고 건물을 6층 이내로만 짓게 정해 두었기 때문이다.
> • 일본은 과거 수차례 큰 지진을 겪으며 재난 대응 및 관리와 관련된 법과 체계를 개선해 나갔다. 일본은 자동 지진 속보 시스템을 마련하여 지진이 발생하면 자동으로 비상경보를 방송국과 통신사에 전파한다. 그리고 국민이 의무적으로 지진 대피 안전 교육을 받도록 한다.

① 기상 현상에 의해 발생하는 자연재해
② 자연환경의 변화에 따른 우리 생활의 변화
③ 관광 자원으로 활용되는 독특하고 특수한 지형
④ 인간의 활동으로 발생 규모가 더 커진 자연재해
⑤ 자연재해로부터 안전권을 보장하기 위한 정부의 노력

15 다음 글을 읽고 물음에 답하시오.

> • 리비아 (㉠), 어쩌다 대참사되었나
>   건조 기후가 나타나는 리비아에 갑자기 폭우가 쏟아져 도시가 물에 잠겼다. 기후변화로 지중해의 수온이 높아졌고, 그 영향으로 폭우가 강하게 휘몰아쳤기 때문이다. 리비아는 기상 예보 체계가 미흡해 그 피해가 더욱 컸으며, 사망자 수가 최대 2만 명에 이를 것으로 추정되고 있다.
> • 북아메리카, 역대급 (㉡)와/과 산불
>   캐나다에서는 건조한 날씨와 강한 바람 때문에 산불이 순식간에 확산했다. 그래서 넓은 면적의 삼림이 타버렸으며, 그 연기가 미국으로 넘어가 뉴욕 대기의 질이 크게 나빠졌다. 전문가들은 이러한 현상이 나타난 까닭이 기후변화에 따른 기온 상승과 (㉡) 때문이라고 지적했다.

(1) ㉠, ㉡에 해당하는 자연재해를 쓰시오.

(2) 윗글을 통해 알 수 있는 인간 활동과 자연환경의 관계를 서술하시오.

16 밑줄 친 ㉠에 해당하는 실천 방안을 **두 가지** 서술하시오.

> 오늘날 각국은 국민이 안전하고 쾌적한 환경에서 살 수 있도록 다양한 법률과 정책을 마련하고 있다. 우리나라도 헌법에 자연재해와 관련한 내용을 규정하여 자연재해로부터 보호받을 권리와 쾌적한 환경에서 생활할 권리를 시민의 권리로 보장하고 있다. 이렇게 시민이 안전하고 쾌적한 환경에서 살아갈 권리를 보장받기 위해서는 국가의 적극적인 역할이 필요하다. 또한 ㉠시민도 스스로 안전에 관한 자신의 권리를 인식하고 이를 보장받기 위해 노력해야 한다.

수능 문제

문제의 자료에서 **키워드**를 찾고, **키워드 꼬리 질문**에 답해 보자.
만약 답변이 어렵다면 **다시 개념 학습**으로 돌아가 복습해 보자.

01 자료는 A 자연재해의 발생과 이동, 세 지역의 월별 발생 일수를 나타낸 것이다. A 자연재해에 관한 옳은 설명만을 〈보기〉에서 고른 것은?

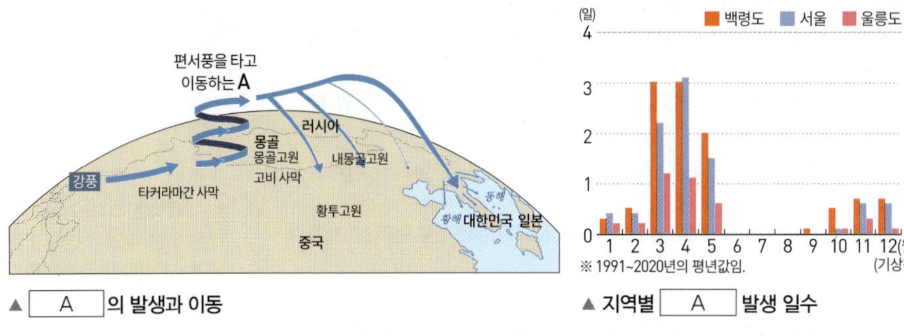

▲ [A] 의 발생과 이동　　　　▲ 지역별 [A] 발생 일수

> **보기**
>
> ㄱ. 우리나라 서해안보다 동해안의 발생 일수가 많다.
> ㄴ. 적도 부근에서 발생하며 강풍과 많은 비를 동반한다.
> ㄷ. 중국 내륙 지역의 가뭄이 길어지면 발생 일수가 증가한다.
> ㄹ. 미세 먼지 농도를 높여 호흡기 질환 환자 수를 증가시킨다.

① ㄱ, ㄴ　　　② ㄱ, ㄷ　　　③ ㄴ, ㄷ　　　④ ㄴ, ㄹ　　　⑤ ㄷ, ㄹ

키워드 Pick

'편서풍을 타고 이동하는 A'

키워드 꼬리 질문

Q1 중국 내륙에서 바람을 타고 이동하는 A 자연재해는?

Q2 세 지역 중 A 발생 일수가 가장 많은 백령도는 어느 해안에 위치하는가?

답변이 어렵다면 다시 개념 학습

☞ 34쪽

---

02 그래프는 (가)~(다) 자연재해의 월별 우리나라 피해 발생률을 나타낸 것이다. 각 자연재해에 관한 옳은 설명만을 〈보기〉에서 고른 것은? (단, (가)~(다)는 각각 대설, 태풍, 호우 중 하나임.)

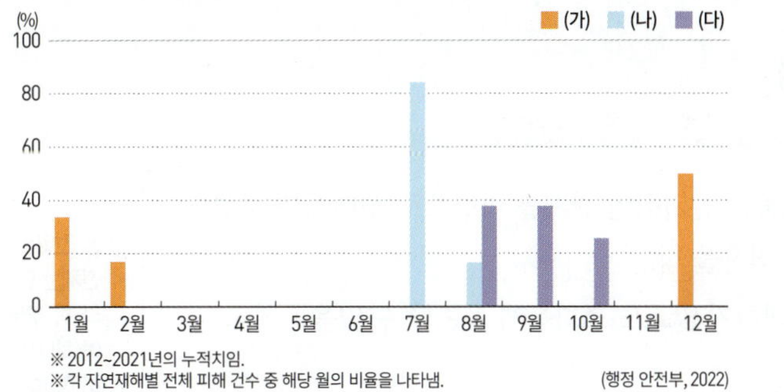

> **보기**
>
> ㄱ. (가)는 빙판길 교통 장애와 비닐하우스의 붕괴를 유발한다.
> ㄴ. (나)는 적도 주변 바다에서 발생하여 우리나라로 이동한다.
> ㄷ. (가)는 (나)보다 우리나라 연 강수량에 미치는 영향이 작다.
> ㄹ. (나)는 (다)보다 강한 바람에 의한 피해가 크다.

① ㄱ, ㄴ　　　② ㄱ, ㄷ　　　③ ㄴ, ㄷ　　　④ ㄴ, ㄹ　　　⑤ ㄷ, ㄹ

키워드 Pick

'자연재해의 월별 피해 발생률'

키워드 꼬리 질문

Q1 대설, 태풍, 호우 중 주로 겨울에 발생하는 자연재해는?

Q2 대설, 태풍, 호우 중 주로 여름에 발생하는 자연재해는?

Q3 대설, 태풍, 호우 중 주로 늦은 여름에서 초가을에 발생하는 자연재해는?

답변이 어렵다면 다시 개념 학습

☞ 34쪽

04 자연과 인간의 관계

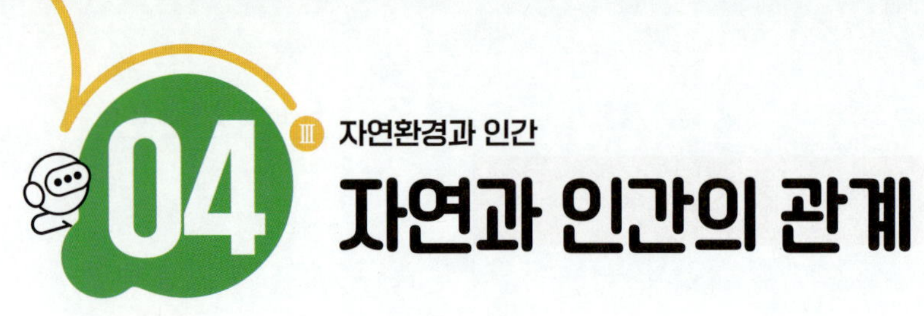

◀️ 자연을 바라보는 인간의 관점 자료❶ 자료❷

인간 중심 주의	• 의미: 인간과 자연의 관계에서 인간의 이익이나 행복을 우선으로 고려하는 관점 • *이분법적 세계관: 인간과 자연을 둘로 나누어서 바라보며, 인간을 자연으로부터 독립된 존재이자 자연보다 우월한 존재로 인식함. • 자연의 도구적 가치 강조: 자연은 *내재적(본래적) 가치를 지닌 존재가 아니라 인간의 생존과 복지를 위한 도구에 불과함. • 인간은 자연을 이용할 권리가 있으며 자연에 관한 행위의 옳고 그름은 인간의 필요와 이익에 얼마나 유용한가에 따라 결정됨. • *도덕적 고려의 대상: 인간만이 도덕적 지위를 지닌 유일한 존재이며 직접적인 도덕적 고려의 대상임. • 대표 사상가: 베이컨, 데카르트 • 한계: 자연에 대한 인간의 착취를 정당화하고 자연을 인간의 필요를 충족하기 위한 수단으로만 인식하여 자원 고갈, 환경 오염 등의 문제를 초래함.
생태 중심 주의	• 의미: 인간과 자연의 관계에서 인간을 포함한 *생태계 전체의 균형과 안정을 먼저 고려하는 관점 • *전일론적 관점: 인간을 포함한 자연 전체를 하나로 보는 관점으로, 자연을 다양한 구성원이 유기적으로 연결된 생태계로 인식하여 인간을 다른 구성원과 마찬가지로 자연의 한 구성원으로 이해함. • 자연의 내재적(본래적) 가치 강조: 자연은 인간과 무관하게 그 자체로 가치를 지닌 존재이며 인간의 이익을 위한 수단으로만 고려해서는 안 됨. • 자연에 관한 행위의 옳고 그름은 그것이 생태계의 균형과 안정에 얼마나 이바지하느냐에 따라 결정됨. • 도덕적 고려의 대상: 무생물을 포함한 생태계 전체가 도덕적 고려의 대상이므로 인간은 인간뿐만 아니라 생태계 전체에 대해서도 도덕적 의무가 있음. └ 생태계 위기를 근본적으로 해결하려면 개인적·사회적 관행을 바꾸는 정도로는 부족하며 생태 중심적 세계관으로 전환해야 한다고 주장함. • 대표 사상가: 레오폴드, 네스 • 한계: 생태계의 안정을 지나치게 강조하면 인간의 기본적인 삶을 유지하기 어려울 수 있음.

└ 생태계 전체의 선을 위해 인간을 포함한 개별 생명체의 선을 희생할 수 있다고 보는 극단적 생태 중심주의, 즉 환경 파시즘으로 이어질 우려가 있음.

◀️ 인간과 자연의 바람직한 관계

1 인간과 자연의 유기적 관계 ┌ 인간과 자연을 분리하여 바라보는 관점에서 벗어나 인간과 자연이 유기적 관계를 맺고 서로 영향을 주고받는다는 점을 인식해야 함.

(1) 인간을 포함한 지구상의 모든 생물과 무생물은 유기적인 관계를 바탕으로 생태계를 구성하고 있으며, 서로 영향을 주고받으면서 상호 작용을 함.

(2) 인간과 자연은 서로 대립하거나 한쪽을 파괴하지 않고도 조화롭게 공존할 수 있음.

2 인간과 자연의 바람직한 관계를 위한 노력

(1) *생태 공동체 의식 함양: 인간이 자연보다 우월하다는 사고방식에서 벗어나 인간과 자연의 조화로운 공존을 추구하는 태도를 가져야 함.

(2) 개인적·사회적 차원의 노력

　① 개인적 차원: 자연을 소중히 여기는 환경친화적 가치관을 토대로 자연 보호 실천 ┌ 지속가능한 개발을 추구해야 함.

　② 사회적 차원: 생태계 유지가 가능한 범위 내에서의 자연 개발, 개발 과정에서 파괴된 생태계 복원을 위해 노력(생태 도시 조성, 신·재생 에너지 개발 등) 자료❸

＊ 이분법적 세계관
인간과 자연을 분리하여 바라보는 관점이다.

＊ 내재적(본래적) 가치
다른 어떤 것의 수단이기 때문이 아니라, 그 자체가 목적이기 때문에 갖는 가치이다.

＊ 도덕적 고려
인간이 어떤 행동을 하기에 앞서 이에 관한 책임을 져야 하는지 생각해 보는 것이다.

＊ 생태계
자연을 구성하는 동식물 등의 생명체와 물, 토양, 대기 등의 무생물이 서로 영향을 주고받는 하나의 총체적인 체계를 말한다.

＊ 전일론
전체는 단순히 부분들의 집합이 아니라 각 부분이 밀접하게 연결, 결합되어 하나의 독립적인 실체를 이룬다는 이론이다.

＊ 생태 공동체 의식
생태계의 한 구성원으로서 지녀야 할 역할과 책임에 관한 의식이다.

자료 ❶ 동양의 자연관

유교에서는 인간과 자연이 조화를 이루는 천인합일(天人合一)의 경지를 추구하였다. 불교에서는 인간과 동식물, 무생물까지 포함한 우주의 만물이 서로 그물망처럼 관련을 맺고 있다는 연기(緣起)의 원리에 따라 모든 현상이 움직인다고 보고 모든 생명을 중요시할 것을 강조하였다. 도가에서는 자연이 내재된 질서에 따라 스스로 알아서 자연스럽게 움직인다는 무위자연(無爲自然) 원리를 바탕으로 인간이 자연과 조화를 이루어야 함을 주장하였다.

동양에서는 전통적으로 인간과 자연이 서로 상호 의존적이라고 보고, 인간과 자연의 조화와 화합을 중시하는 사고방식이 발달하였다.

❋ 유교, 불교, 도가의 자연관

유교	인간과 자연이 조화를 이루는 천인합일(天人合一)
불교	모든 존재가 원인과 조건으로 연결되어 서로 영향을 주고받는다는 상호 의존성을 강조하는 연기(緣起)
도가	인위적인 것에서 벗어나 자연 그대로의 삶을 살아가는 무위자연(無爲自然)

자료 ❷ 자연을 바라보는 다양한 관점

- "지식은 인간이 자연을 의도에 맞게 변형하여 자연에 대한 지배력을 강화하는 데 유용하다. 인간은 자연의 사용자 및 해석자로서 자연의 질서에 관해 실제로 관찰하고 고찰한 것만큼 무엇인가를 할 수 있다."
  – 베이컨 –

- "평등의 원리는 그 존재의 고통을 다른 존재의 동일한 고통과 동등하게 취급할 것을 요구한다. 쾌고 감수 능력은 다른 존재의 이익에 관심을 가질지의 여부를 판가름하는 유일한 경계이다."
  └ 쾌락과 고통을 느끼는 능력
  – 싱어 –

- "인간은 동식물을 포함한 모든 생명에 관해 외경심을 가져야 한다. 선(善)은 생명을 유지하는 것, 악(惡)은 생명을 파괴하는 것이다. 이것이야말로 도덕의 절대적이고 기본적인 원리이다."
  – 슈바이처 –

- "바람직한 대지 이용을 경제적 문제로만 생각하지 말고, 윤리적·심미적으로 무엇이 옳은가의 관점에서도 검토해야 한다. 생명 공동체의 통합성과 안정성, 아름다움의 보존에 이바지한다면 그것은 옳고, 그렇지 않으면 그르다."
  – 레오폴드 –

❋ 자연을 바라보는 다양한 관점

베이컨	인간 중심주의 입장에서 인간을 위해 자연을 지배하고 활용해야 한다고 주장함.
싱어	동물 중심주의 입장에서 도덕적 고려의 기준을 쾌고 감수 능력으로 보고, 동물도 쾌락과 고통을 느끼므로 도덕적 고려의 대상이라고 봄.
슈바이처	생명 중심주의 입장에서 모든 생명은 살고자 하는 의지를 지니고 있으며 그 자체로 신성하다는 생명 외경 사상을 강조함.
레오폴드	생태 중심주의 입장에서 대지를 흙과 물을 포함한 수많은 존재가 서로 균형을 맞추며 살아가는 공동체로 파악함.

식물을 포함한 모든 생명을 도덕적 고려 대상으로 봄.

Tip 인간 중심주의, 동물 중심주의, 생명 중심주의, 생태 중심주의는 각각 도덕적 고려의 범위를 인간, 동물, 생명, 생태계로 나누는 것에 따라 구분됨을 기억하자!

자료 ❸ 야생 동물 교통사고를 막기 위한 생태 통로 개선

야생 동물의 생태 통로 이용 건수는 2017년 1만 3천여 건에서 2021년 2만 8천여 건으로 대폭 늘었다. 최근 한국 도로 공사는 생태 통로에 빗물을 활용한 물 공급 시스템을 구축하고 확대하는 사업을 추진하고 있다. 기존 생태 통로는 야생 동물의 이동 통로 역할에만 초점을 두었지만, 이제는 빗물 저장 및 공급 시설을 설치해 샘물을 제공하여 야생 동물의 생태 통로 이용률을 높이는 것이다. 한국 도로 공사 관계자는 "건조한 가을, 겨울철이면 야생 동물 생존에 필수인 샘물이 말라서 이와 같은 방안을 마련했다."라고 말했다.

생태 통로는 인간이 만든 도로나 철도 등에 의해 야생 동물의 서식 환경이 단절되는 것을 막고, 동물 교통사고를 방지하기 위해 만든 길이다. 이는 인간과 자연이 공생할 수 있는 지속가능한 개발과 보존을 위한 노력 중 하나이다.

❋ 지속가능한 개발과 보존을 위한 노력

생태 통로	인간이 만든 도로 등의 시설물에 의해 야생동물의 서식지가 분리되는 것을 막기 위해 인공적으로 만든 길
생태 도시	도시를 하나의 유기적 생명체로 인식하는 개념으로, 사람과 자연 환경이 조화를 이루며 함께 살아갈 수 있는 체계를 갖춘 도시
생태 관광	자연환경, 고유문화, 역사 유적의 보전, 생태적으로 양호한 지역에 대한 관찰과 학습, 관광 산업과 관광객의 지속가능한 관광 활동 등을 포괄하는 관광

포인트 Pick

1 자연을 바라보는 인간의 관점

인간 중심주의	• 의미: 자연보다 인간의 (❶　　　)(이)나 행복을 우선으로 고려하는 관점 • 이분법적 세계관: 인간과 자연을 둘로 나누어서 바라보며, 인간을 자연으로부터 독립된 존재이자 자연보다 우월한 존재로 인식함. • 자연의 (❷　　　) 가치 강조: 자연은 본래적 가치를 지닌 존재가 아니라 인간의 생존과 복지를 위한 도구에 불과함. • 인간만이 도덕적 지위를 지닌 유일한 존재이며 직접적인 (❸　　　)의 대상 • 대표 사상가: 베이컨, 데카르트 • 한계: 자연을 인간의 필요를 충족하기 위한 수단으로만 인식하여 자원 고갈과 환경 오염 등의 문제 초래
생태 중심주의	• 의미: 인간과 자연의 관계에서 인간을 포함한 생태계 전체의 균형과 안정을 먼저 고려하는 관점 • (❹　　　)적 관점: 자연을 다양한 구성원이 유기적으로 연결된 생태계로 인식하여 인간을 다른 구성원과 마찬가지로 자연의 한 구성원으로 이해함. • 자연의 (❺　　　) 가치 강조: 자연은 인간과 무관하게 그 자체로 가치를 지닌 존재이며 인간의 이익을 위한 수단으로만 대해서는 안 됨. • 무생물을 포함한 생태계 전체가 도덕적 고려의 대상이므로 인간은 인간뿐만 아니라 생태계 전체에 대해서도 도덕적 의무가 있음. • 대표 사상가: 레오폴드, 네스 • 한계: 생태계의 안정을 지나치게 강조하면 인간의 기본적인 삶을 유지하기 어려울 수 있음.

2 인간과 자연의 바람직한 관계

(❻　　　) 관계	• 인간을 포함한 지구상의 모든 생물과 무생물은 유기적인 관계를 바탕으로 생태계를 구성하며, 서로 영향을 주고받으며 상호 작용을 함. • 인간과 자연은 서로 대립하거나 한쪽을 파괴하지 않고도 조화롭게 공존할 수 있음.
바람직한 관계를 위한 노력	• (❼　　　) 의식 함양: 인간이 자연보다 우월하다는 사고방식에서 벗어나 인간과 자연의 조화로운 공존을 추구하는 태도를 가져야 함. • 개인적 차원: 자연을 소중하게 여기는 환경친화적 가치관을 토대로 자연 보호 실천 • 사회적 차원: 생태계 유지가 가능한 범위 내에서의 자연 개발, 개발 과정에서 파괴된 생태계 복원을 위한 노력

01 다음에서 설명하는 용어를 쓰시오.

> 인간과 자연의 관계에서 인간을 자연의 일부라고 여기고 인간을 포함한 생태계 전체의 균형과 안정을 중시하는 입장이다.

02 설명이 옳으면 ○표, 틀리면 ×표를 하시오.

(1) 인간 중심주의는 전일론적 관점에서 인간을 생태계의 동등한 구성원으로 바라본다. （　　）

(2) 생태 중심주의는 인간뿐만 아니라 생태계도 도덕적 고려의 대상이라고 본다. （　　）

(3) 레오폴드는 생태 중심주의적 관점에서 생명 공동체의 안정성을 유지하는 행위를 옳다고 본다. （　　）

03 각 사상가의 자연관을 바르게 연결하시오.

(1) 베이컨　·　　　·㉠ 동물 중심주의

(2) 싱어　·　　　·㉡ 생태 중심주의

(3) 레오폴드　·　　　·㉢ 인간 중심주의

04 빈칸에 들어갈 알맞은 말을 쓰시오.

(1) (　　　)은/는 인간을 비롯한 자연 전체를 하나로 보는 관점이다.

(2) (　　　)은/는 인간과 자연을 둘로 나누어서 바라보는 세계관이다.

(3) 생태 중심주의는 자연이 인간의 이익과 무관하게 그 자체로 가치를 지니고 있다는 (　　　)을/를 강조한다.

(4) 인간 중심주의는 자연이 그 자체로 가치 있는 존재가 아니라 인간의 생존과 복지를 위한 수단에 불과하다는 (　　　)을/를 강조한다.

05 생태 중심주의에서 바라보는 도덕적 고려의 대상을 쓰시오.

（　　　　）

실력 완성 문제

01 갑, 을의 입장에 관한 설명으로 가장 적절한 것은?

> 갑: 바람직한 대지의 이용을 경제적 문제로만 생각하면 안 된다. 생명 공동체의 안정성과 아름다움의 보존에 이바지하면 옳고, 그렇지 않으면 그르다.
> 을: 인간은 자연의 사용자 및 해석자로서 자연의 질서에 관해 실제로 관찰하고 고찰한 것만큼 무엇인가를 할 수 있다.

① 갑은 자연이 그 자체로 가치 있는 존재라고 본다.
② 갑은 인간과 자연의 관계에서 인간의 이익을 우선한다.
③ 을은 개별 생명체보다 생태계 전체에 관심을 갖는다.
④ 을은 전일론적 관점에서 인간과 자연의 관계를 파악한다.
⑤ 갑, 을은 모두 인간이 자연을 지배할 권리가 있음을 강조한다.

02 다음 사례에서 공통적으로 나타난 자연을 대하는 태도로 가장 적절한 것은?

> • 고래상어가 작은 물고기를 잡아먹어 주민들의 생존에 방해가 되었으나, 오히려 고래상어에게 먹이를 주면서 공존하는 방식을 택한 오슬롭 마을
> • 도로나 댐 건설로 인해 야생 동물의 서식 환경이 파괴되거나 교통사고가 일어나는 것을 막기 위해 대규모로 건설된 야생 동물 생태 통로

① 인간에게 필요한 자연 개발을 인정하지 않는다.
② 인간의 이익을 배제하고 생태계 안정을 우선한다.
③ 자연을 인간과 연결된 공존의 대상으로 인식한다.
④ 인간의 행위가 생태계에 미칠 영향을 고려하지 않는다.
⑤ 인간과 자연이 상호 무관한 독립적 존재임을 강조한다.

03 갑에 비해 을의 자연관이 갖는 상대적 특징을 ㉠~㉤에서 고른 것은?

> 갑: 자연은 그 자체로 가치 있는 존재가 아니라 인간의 생존과 복지를 위한 도구에 불과하다. 인간은 자연을 이용할 권리가 있으며, 자연에 관한 행위는 유용성 여부에 따라 판단되어야 한다.
> 을: 자연은 인간의 이익과 무관하게 그 자체로 가치를 지니고 있으므로 자연을 인간의 이익을 위한 수단으로만 대해서는 안 된다. 우리는 자연의 가치를 인간의 필요에 따라 판단해서는 안 된다.

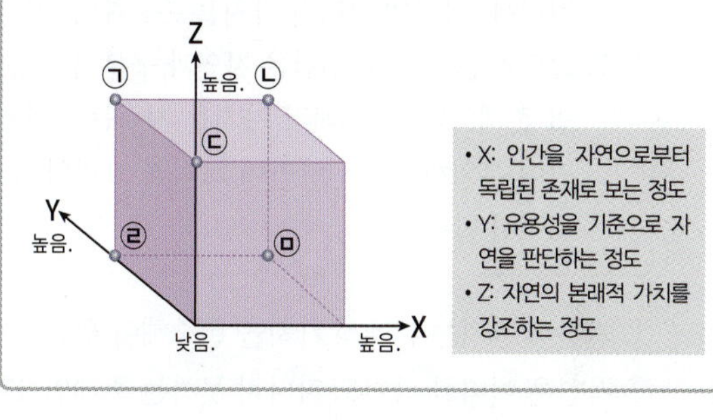

① ㉠   ② ㉡   ③ ㉢   ④ ㉣   ⑤ ㉤

04 갑 사상가의 관점에서 〈문제 사례〉 속 A에게 제시할 조언으로 가장 적절한 것은?

> 갑: 공동체의 범위는 식물, 동물, 토양, 물을 포함하는 대지 전체이다. 따라서 우리는 대지를 지배와 이용의 대상으로 보지 말고 공동체로서 존중해야 한다.
>
> 〈문제 사례〉
> 골프장 건설업자 A는 ○○산에 새로운 골프장을 건설할 계획이다. 그러나 숲과 야생 동물의 서식지가 파괴되고 토양과 수질 오염이 심각해진다는 이유로 주민들의 반발이 많아서 고민이다.

① 인간의 이익을 위해서 골프장 건설을 중단하세요.
② 골프장 건설이 생태계에 미치는 영향을 고려하세요.
③ 인간의 필요를 기준으로 골프장 건설을 결정하세요.
④ 자연 안의 개별 생명체를 우선하여 행위를 선택하세요.
⑤ 자연은 인간의 생존과 복지를 위한 수단임을 기억하세요.

중요
05 다음 토론의 핵심 쟁점으로 가장 적절한 것은?

> 갑: 인간이 자연을 어떻게 바라보는지에 따라 인간의 삶의 방향은 달라질 수 있습니다.
> 을: 동의합니다. 인간만을 도덕적 고려 대상으로 삼아 자연을 인간을 위한 수단으로 활용해야 합니다. 자연은 도구적 가치만을 지닙니다.
> 갑: 아닙니다. 자연 또한 도덕적 고려 대상으로 삼아야 합니다. 자연은 그 자체로 가치를 지니므로 단지 인간의 이익을 위한 수단으로만 삼아서는 안 됩니다. 자연의 본래적 가치를 존중해야 합니다.
> 을: 그렇지 않습니다. 인간은 자연과 구분되는 독립적인 존재입니다. 본래적 가치를 지니는 존재는 인간이 유일하므로 인간만이 도덕적 고려의 대상이 되어야 합니다.

① 인간이 가지는 본래적 가치를 존중해야 하는가?
② 자연은 어떠한 가치도 지니지 못하는 존재인가?
③ 도덕적 고려의 대상을 인간으로 한정해야 하는가?
④ 자연을 바라보는 관점이 인간의 삶에 영향을 주는가?
⑤ 자연을 인간을 위한 수단으로 삼는 어떤 행위도 부당한가?

06 (가)를 주장한 사상가의 입장에서 볼 때, (나)의 ㉠에 들어갈 진술로 가장 적절한 것은?

(가)	평등의 원리는 그 존재의 고통을 다른 존재의 동일한 고통과 동등하게 취급할 것을 요구한다. 쾌고 감수 능력은 다른 존재의 이익에 관심을 가질지의 여부를 판가름하는 유일한 경계이다.
(나)	학생: 동물에 대해 가져야 할 바람직한 태도는 무엇인가요? 사상가: ________ ㉠ ________

① 식물과 함께 도덕적 고려 대상으로 인식해야 합니다.
② 인간의 이익을 위해 사용되는 수단으로만 보아야 합니다.
③ 쾌고 감수 능력이 없더라도 도덕적으로 존중해야 합니다.
④ 동물의 고통을 인간의 고통과 동등하게 고려해야 합니다.
⑤ 다른 모든 생명체와 동일하게 자연의 구성원으로 인식해야 합니다.

07 ㉠~㉢에 해당하는 동양 사상을 바르게 연결한 것은?

> (㉠)에서는 인간과 자연이 조화를 이루는 천인합일(天人合一)의 경지를 추구한다. (㉡)에서는 자연의 내재된 질서에 따르는 무위자연(無爲自然)의 원리를 바탕으로 인간이 자연과 조화를 이루어야 한다고 주장한다. 또한 (㉢)에서는 우주 만물이 서로 그물망처럼 관련을 맺고 있는 연기(緣起)의 원리를 따른다고 주장하며 모든 생명을 중시해야 한다고 본다.

	㉠	㉡	㉢		㉠	㉡	㉢
①	유교	불교	도가	②	유교	도가	불교
③	불교	도가	유교	④	불교	유교	도가
⑤	도가	불교	유교				

08 생태 중심주의의 한계만을 〈보기〉에서 있는 대로 고른 것은?

> **보기**
> ㄱ. 자연이 가지는 본래적 가치를 고려하지 못한다.
> ㄴ. 자연을 인간의 필요를 충족하기 위한 수단으로만 취급한다.
> ㄷ. 생태계의 선(善)을 위해 개별 생명체의 선을 희생할 수 있다.
> ㄹ. 생태계 보호를 위해 인간의 어떠한 개입도 허용하지 않는다는 점에서 비현실적이다.

① ㄱ, ㄴ
② ㄱ, ㄷ
③ ㄷ, ㄹ
④ ㄱ, ㄴ, ㄹ
⑤ ㄴ, ㄷ, ㄹ

09 다음에서 설명하고 있는 개념으로 옳은 것은?

> 이것은 인간을 포함한 자연 전체를 하나로 보는 것으로, 자연을 인간, 동물, 식물, 환경 등 다양한 구성원이 유기적으로 연결되어 있는 생태계로 인식하는 것을 의미한다.

① 인간 중심주의
② 동물 중심주의
③ 전일론적 관점
④ 이분법적 세계관
⑤ 자연의 도구적 가치

중요 **10** 다음 글을 통해 알 수 있는 인간과 자연의 관계로 가장 적절한 것은?

> 제2차 세계 대전 이후 인도네시아의 보르네오섬에서는 전염병인 말라리아를 옮기는 모기를 없애려고 DDT라는 살충제를 대량으로 살포하였다. 그 결과 모기가 사라져 말라리아를 퇴치할 수 있었지만, DDT는 다른 벌레들의 체내에도 축적되었다. DDT를 흡수한 바퀴벌레를 도마뱀이 잡아먹고, 그 도마뱀을 잡아먹은 고양이의 체내에도 DDT가 축적되어 결국 고양이도 죽게 되었다. 천적인 고양이가 죽자 마을에 쥐가 빠르게 늘어났고, 사람들은 말라리아 대신 흑사병의 위협을 받게 되었다.

① 자연과 인간은 상호 독립적인 관계이다.
② 자연과 인간은 서로 영향을 주고받는 관계이다.
③ 자연과 인간은 서로 갈등하고 대립하는 관계이다.
④ 인간은 생태계의 구성원으로서 자연을 위해 존재한다.
⑤ 자연은 인간의 필요와 욕구 충족을 위해 존재하는 도구적 수단이다.

11 다음 사상가가 지지할 입장으로 가장 적절한 것은?

① 생태계의 안정성을 최우선으로 삼아야 한다.
② 인간을 위해 자연을 지배하고 활용해야 한다.
③ 쾌고 감수 능력을 지닌 존재만을 고려해야 한다.
④ 모든 생명은 그 자체로 신성하므로 존중해야 한다.
⑤ 자연을 지배하기 위해 자연에 관한 지식이 필요하다.

중요 **12** 다음 가상 편지를 쓴 사람이 지지할 입장만을 〈보기〉에서 고른 것은?

> ○○○ 선생님께
>
> 선생님! 컵라면, 샴푸 등의 생산을 위해 팜나무 농장을 개발할 계획이라는 기사를 보았습니다. 자연은 개발의 대상입니다. 자연이 존재하는 까닭은 인간의 유용성을 충족하는 것입니다. 따라서 앞으로도 인간의 삶의 질 개선을 위해 자연을 적극적으로 활용해야 한다고 생각합니다.

보기

ㄱ. 도덕적 고려의 대상을 인간으로 한정해야 한다.
ㄴ. 인간과 자연은 서로 유기적으로 연결되어 있다.
ㄷ. 이성을 지닌 인간만이 자연과 구별되는 우월한 존재이다.
ㄹ. 인간과 자연은 모두 그 자체로 내재적 가치가 있는 존재이다.

① ㄱ, ㄴ　　　② ㄱ, ㄷ　　　③ ㄴ, ㄷ
④ ㄴ, ㄹ　　　⑤ ㄷ, ㄹ

13 다음은 자연을 바라보는 인간의 다양한 관점에 관한 스무고개 놀이 장면이다. (가)에 들어갈 질문으로 가장 적절한 것은?

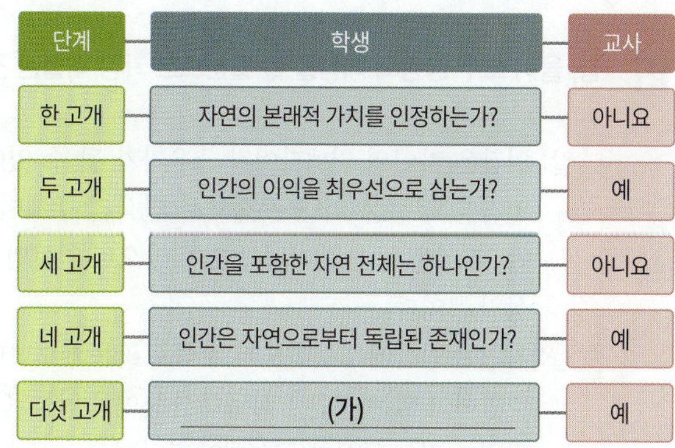

단계	학생	교사
한 고개	자연의 본래적 가치를 인정하는가?	아니요
두 고개	인간의 이익을 최우선으로 삼는가?	예
세 고개	인간을 포함한 자연 전체는 하나인가?	아니요
네 고개	인간은 자연으로부터 독립된 존재인가?	예
다섯 고개	(가)	예

① 인간은 생태계의 동등한 구성원일 뿐인가?
② 유용성을 기준으로 자연을 평가해야 하는가?
③ 자연은 인간과 무관하게 본래적 가치를 지니는가?
④ 자연 전체의 균형과 안정을 최우선으로 삼아야 하는가?
⑤ 인간과 자연은 밀접하게 관련되어 있는 유기적 관계인가?

14 다음은 뉴스 보도의 일부이다. (가)에 들어갈 내용으로 가장 적절한 것은?

① 생태계의 내재적 가치를 고려하지 못한다는 것입니다.
② 쾌고 감수 능력을 지닌 존재만을 고려한다는 것입니다.
③ 무생물을 도덕적 고려의 대상으로 삼지 못한다는 것입니다.
④ 자연을 인간의 욕구 충족을 위한 수단으로 삼는다는 것입니다.
⑤ 생태계 전체를 위해 개별 생명체를 희생할 수도 있다는 것입니다.

15 갑, 을이 모두 긍정의 대답을 할 질문으로 가장 적절한 것은?

> 갑: 인간은 자연의 지배자이자 소유자가 될 수 있다. 인간은 정신을 지닌 존재로서 인식의 주체이지만, 자연은 정신을 지니고 있지 않으며 인식의 대상일 뿐이다.
> 을: 자연이 인간에게 이롭도록 지식을 활용해야 한다. 방황하고 있는 자연을 사냥해서 노예로 만들고 인간의 이익에 봉사하도록 해야 한다.

① 인간을 포함한 모든 생명체는 자연의 일부인가?
② 자연은 인간의 풍요를 위한 개발과 극복의 대상인가?
③ 생태계 자체가 가진 도덕적 지위를 인정해야 하는가?
④ 인간은 다른 존재와 같이 생태계의 동등한 구성원인가?
⑤ 생태계 보호를 위해 인간의 어떤 개입도 허용해서는 안 되는가?

서술형 문제

16 ㉠이 무엇인지 쓰고, 그 특징을 두 가지 서술하시오.

> (㉠)은/는 인간과 자연의 관계에서 인간을 가장 가치 있는 존재로 여기고 인간의 이익이나 행복을 우선으로 고려하는 관점이다.

17 다음 글을 읽고 물음에 답하시오.

> 제주특별자치도에는 화산 폭발로 생긴 약 360여 개의 오름이 있다. 오름은 다양한 동식물이 서식하고 경관도 아름다워 제주특별자치도의 대표 관광지가 되었다. 하지만 너무 많은 탐방객이 오름을 찾은 까닭에 탐방로가 파이거나 식생이 파괴되는 등 자연이 크게 훼손되었다. 이에 ㉠제주특별자치도는 피해 정도가 심한 오름에 자연 휴식년제를 시행하여 오름의 생태계를 복원하려고 노력하고 있다.

(1) 밑줄 친 ㉠에서 추구하는 자연관을 쓰시오.

(2) (1)의 자연관의 특징을 두 가지 서술하시오.

18 갑 사상가가 을 사상가에게 제기할 수 있는 적절한 비판을 서술하시오.

> 갑: 바람직한 대지 이용을 경제적 문제로만 생각하지 말고, 윤리적·심미적으로 무엇이 옳은가의 관점에서도 검토해야 한다. 생명 공동체의 통합성과 안정성, 아름다움의 보존에 이바지한다면 그것은 옳고, 그렇지 않으면 그르다.
> 을: 인간은 자연의 사용자 및 해석자로서 자연의 질서에 관해 실제로 관찰하고 고찰한 것만큼 무엇인가를 할 수 있다. 자연에 대한 지식을 통해 자연에 대한 지배를 강화해야 한다.

문제의 자료에서 **키워드**를 찾고, **키워드 꼬리 질문**에 답해 보자.
만약 답변이 어렵다면 **다시 개념 학습**으로 돌아가 복습해 보자.

바른답·알찬풀이 **15쪽**

01 그림은 자연을 바라보는 A, B 관점의 특징을 비교한 것이다. 이에 관한 설명으로 옳은 것은?(단, A, B는 각각 인간 중심주의, 생태 중심주의 중 하나임.)

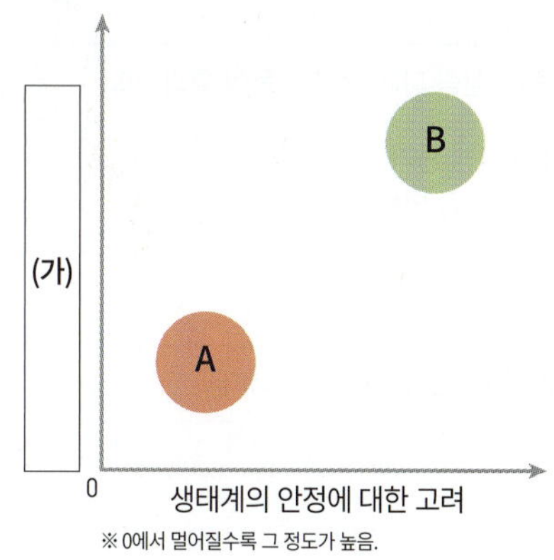

① A는 인간을 포함한 자연 전체를 하나로 본다.
② B는 인간만이 도덕적 지위를 지닌 유일한 존재라고 본다.
③ A는 B에 비해 자연의 가치를 인간의 필요에 따라 판단하지 않는다.
④ B는 A에 비해 인간이나 개별 생명체보다 자연 전체에 관심을 가진다.
⑤ (가)에는 '인간과 자연을 구분하는 정도'가 들어갈 수 있다.

키워드 Pick
'생태계의 안정'

키워드 꼬리 질문

Q1 인간만을 도덕적 고려의 대상으로 삼는 관점은?

Q2 동물까지 도덕적 고려의 대상으로 삼는 관점은?

Q3 생명체까지 도덕적 고려의 대상으로 삼는 관점은?

Q4 생태계 전체를 도덕적 고려의 대상으로 삼는 관점은?

답변이 어렵다면 다시 개념 학습

☞ 42쪽

---

02 다음은 학생들의 형성 평가 답안을 정리한 것이다. 각 진술에 관해 모두 옳게 응답한 학생은?

※ 생태 중심주의의 특징에 관한 진술이 맞으면 ○표, 틀리면 ×표를 하시오.

진술 \ 학생	갑	을	병	정	무
인간과 자연은 상호 의존하며 조화를 이루는 관계이다.	○	○	○	×	×
인간은 자연과 구별되는 우월한 존재로서 유일하게 본래적 가치를 갖는다.	○	×	×	○	×
인간의 삶의 질에 얼마나 이바지했느냐에 따라 자연의 가치를 평가한다.	×	○	×	×	○
생태계 전체는 하나의 유기체이며 모든 존재가 어울려 살아가는 생명 공동체이다.	×	×	○	○	○

① 갑　　　② 을　　　③ 병　　　④ 정　　　⑤ 무

키워드 Pick
'생태 중심주의의 특징', '상호 의존', '생명 공동체'

키워드 꼬리 질문

Q1 인간 중심주의의 특징은?

Q2 대지 윤리를 주장한 생태 중심주의를 대표하는 사상가는?

답변이 어렵다면 다시 개념 학습

☞ 42쪽

05 환경 문제의 발생과 해결을 위한 노력

1 오늘날 세계의 환경 문제

1 지구 온난화 `자료 ①`

원인	화석 에너지의 과다 사용으로 대기 중 온실가스 배출량 증가, 삼림 파괴 증가로 온실 효과 심화
피해	• 기상 이변으로 홍수, 가뭄, 태풍, 폭염, 폭설 등의 자연재해 발생 증가 • 빙하 면적 축소, 해수면 상승과 저지대 침수, 동식물의 서식 환경 변화 등

2 사막화 `자료 ②`

원인	장기간의 가뭄이나 과도한 방목과 개간(주로 사막 주변 지역에서 발생 예)*사헬 지대)
피해	식량 생산량 감소와 생태계 파괴, *황사 심화

3 열대림 파괴 `자료 ②`

열대림은 지구 생명체의 절반 정도가 서식하는 생태계의 보고 → 열대림이 파괴되면서 생물종 다양성 감소

원인	열대 기후 지역에서의 무분별한 벌채와 경지 개간
피해	생물종 다양성 감소, 토양 침식, 지구 온난화의 가속화

4 대기 오염 `자료 ②`

열대림은 '지구의 허파'로 불리며 이산화 탄소를 흡수하고 산소를 내뿜는 역할을 함. 하지만 열대림이 파괴되면 대기 중 이산화 탄소 농도가 높아지고 지구 온난화는 가속화됨.

원인	도시나 공업 지역에서의 화석 에너지 소비 증가로 오염 물질 배출량 증가
피해	• 대기 오염 물질이 빗물과 결합하여 산성비 발생 → 건축물 부식 및 삼림 고사 • 미세 먼지 증가, 황사, 스모그 현상 등 다양한 양상이 나타남.

공장이나 자동차에서 나오는 매연이 안개와 섞여 있는 상태

5 *오존층 파괴

원인	*염화 플루오린화 탄소의 사용량 증가
피해	지표에 도달하는 자외선 양의 증가, 각종 피부 질환과 백내장 같은 안구 질환 증가, 농작물 수확량 감소

6 해양 오염

원인	선박에서 유출되는 원유, 바다로 버려지는 쓰레기와 오폐수
피해	바닷물의 수질 악화, 바다에 *쓰레기 섬 형성으로 해양 생태계의 균형 파괴

2 환경 문제 해결을 위한 노력

국제 사회	국제 사회의 공조와 협력 강화, 다양한 국제 협약 체결 및 이행 `자료 ③`
정부	• 환경 관련 법률 제정 및 정책의 수립과 시행 • 친환경 산업 육성 및 친환경 생활 방식 촉진, 환경 교육 활성화
시민 사회	• *시민 단체를 통해 정부가 환경 관련 정책과 제도를 수립하고 시행하도록 촉구 • 시민이 환경 문제 해결을 위한 실천에 참여하도록 다양한 시민운동 전개
기업	친환경적 제품 개발 및 오염 방지 시설 설치, 신·재생 에너지 사용 확대
개인	환경 문제에 관심을 갖고 *생태시민으로서의 자질을 함양하기 위해 노력

기존 화석 에너지를 변환하여 이용하거나 햇빛, 물, 바람 등 재생 가능한 에너지를 변환하여 이용하는 에너지

✱ 사헬 지대
아프리카 사하라 사막 남쪽의 가장자리 지역으로 최근 사막화가 빠르게 진행 중인 지역이다.

✱ 황사
중국 대륙의 사막이나 황토 지대에 있는 가는 모래가 강한 바람으로 날아올랐다가 중국 해안가, 우리나라 등으로 이동하는 현상이다. 황사는 중국 내륙의 사막화로 발생 기간이 길어지고 있으며, 중국의 공업화로 황사에 오염 물질이 포함되어 대기 오염 정도 또한 심화하고 있다.

✱ 오존층

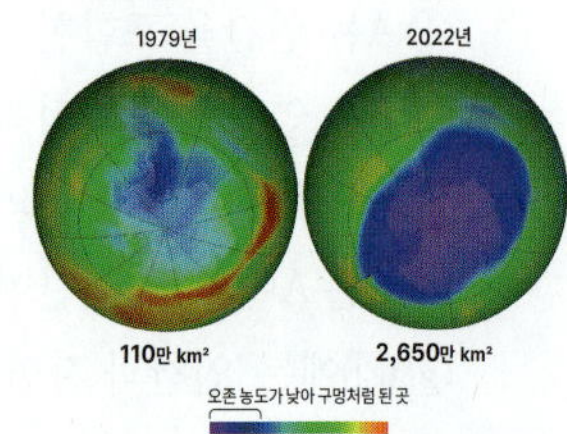

지상 10~40km 상공에 있는 오존층은 생명체에 해로운 자외선을 차단하는 역할을 한다.

✱ 염화 플루오린화 탄소(CFCs)
프레온 가스의 일종으로 염소와 불소를 포함한 유기 화합물을 일컫는다. 주로 냉장고나 에어컨 등의 냉매, 단열제 등으로 사용된다.

✱ 쓰레기 섬
전 세계 바다에는 '북태평양 거대 쓰레기 섬'을 포함해 5개의 거대한 쓰레기 섬이 존재한다. 바다에 들어온 플라스틱은 미세 플라스틱이 되어 해양 생태계를 위협하고, 어패류와 해조류, 소금 등을 먹는 인류의 식탁도 위협하고 있다.

✱ 시민 단체
공익 추구를 위해 시민을 중심으로 자발적으로 결성한 비정부 조직이다.

✱ 생태시민
변화하는 환경 속에서 생태 감수성, 책임감을 바탕으로 환경과 인간의 공존 및 지속가능한 삶을 위해 노력하는 시민이다.

자료 ① 지구 온난화에 따른 문제

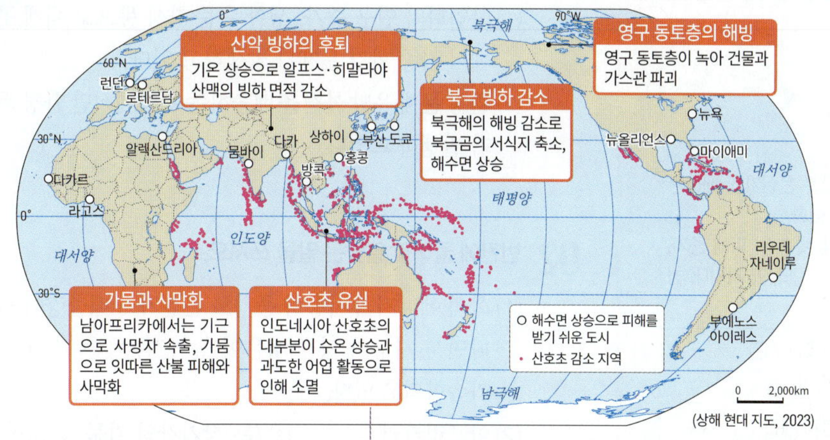

산업 혁명 이후 공장과 가정 등에서 화석 에너지 자원의 사용량이 증가하여 온실가스 배출량이 늘어났다. 이에 따라 온실 효과가 심화되어 지구의 평균 기온이 높아지는 지구 온난화가 가속화되고 있다.

바다의 수온이 올라가면서 산호 표면이 하얗게 변하여 죽어가는 백화 현상 증가

자료 ② 세계의 주요 환경 문제

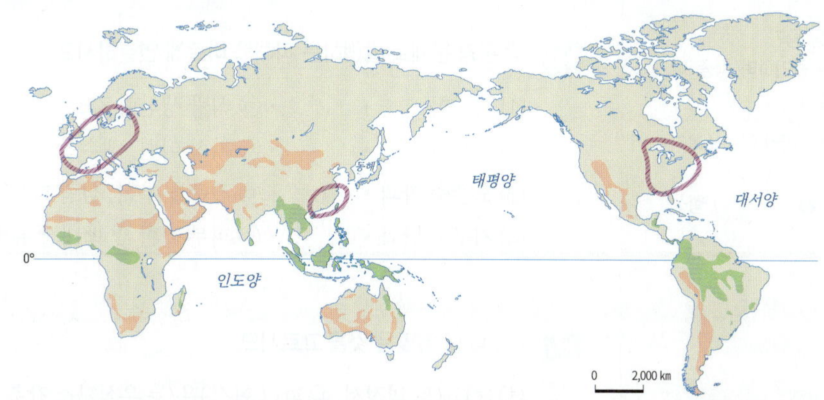

세계 곳곳에서 지구 생태계를 위협하는 심각한 환경 문제가 발생하고 있다. 환경 문제는 특정 지역에서부터 국경을 넘어 지구 전체에 이르기까지 다양한 규모로 발생한다.

자료 ③ 환경 문제 해결을 위한 주요 국제 환경 협약

전 지구적 환경 문제를 해결하기 위해 국제 사회는 긴밀하게 협력하고 있다. 많은 국가가 다양한 환경 관련 국제 협약을 채택하여 이행 중이다.

✖ 지구 온난화에 따른 문제와 피해 지역

빙하 범위 축소	북극해 주변, 산악 지역의 고지대 등
해수면 상승	투발루, 몰디브 등의 섬나라
사막화	사막 주변 지역 예) 사헬 지대 등

✖ 세계의 주요 환경 문제

사막화	• 식생이 적은 사막 주변 지역에서 주로 발생함. • 식량 생산 감소와 기아를 유발하여 기후 난민이 발생함.
열대림 파괴	적도 주변 열대 우림 기후 지역에서 대규모 농장 및 목장 개발, 자원 채취 등으로 인해 발생함.
산성비	• 공업이 발달한 북서 유럽·동아시아·미국 북동부 일대에 피해가 큼. • 편서풍을 타고 이동하여 원인 물질 배출 지역과 피해 지역이 불일치함.

Tip 사막 기후 주변에서는 사막화, 적도 주변에서는 열대림 파괴, 공업이 발달한 중위도 지역에서는 산성비가 주로 발생함을 기억하자.

✖ 주요 국제 환경 협약의 내용

람사르 협약	물새 서식지로서 중요한 습지를 국제적으로 보호
런던 협약	폐기물의 해양 투기로 인한 해양 오염 방지
몬트리올 의정서	오존층 파괴 물질의 생산 및 사용을 단계적으로 감축
바젤 협약	유해 폐기물의 국가 간 이동 및 교역 규제
생물 다양성 협약	생물종 보호를 위한 협약
기후 변화 협약	지구 온난화 방지를 위한 온실가스 감축 협의
교토 의정서	• 기후변화 협약에 따른 선진국의 온실가스 감축 목표 규정 • 온실가스 배출권 거래제 도입
사막화 방지 협약	사막화를 겪는 국가 지원 및 사막화 방지
파리 협정	기후변화에 대응하기 위해 선진국과 개발 도상국 모두에게 온실가스 감축 의무 부여

포인트 Pick

1 오늘날 세계의 환경 문제

지구 온난화	• 원인: (❶)의 과다 사용으로 온실가스 배출량 증가, 삼림 파괴 증가로 온실 효과 심화 • 피해: 기상 이변으로 자연재해 발생 횟수 및 피해 증가, 빙하 면적 축소, 해수면 (❷)와/과 저지대 침수, 동식물의 서식 환경 변화 등
(❸)	• 원인: 장기간의 가뭄이나 과도한 방목과 개간 • 피해: 식량 생산량 감소와 생태계 파괴
(❹) 파괴	• 원인: 열대림의 무분별한 벌채와 경지 개간 • 피해: 생물종 다양성 감소, 토양 침식, 지구 온난화의 가속화
대기 오염	• 원인: 도시나 공업 지역에서의 화석 에너지 소비 증가로 오염 물질 배출량 증가 • 피해: 대기 오염 물질이 빗물과 결합한 (❺) 발생으로 건축물 부식 및 삼림 파괴, 미세 먼지 증가, 스모그 현상 등 발생
(❻) 파괴	• 원인: 염화 플루오린화 탄소의 사용량 증가 • 피해: 지표에 도달하는 자외선 양이 증가하며 각종 피부 질환과 백내장 같은 안구 질환 증가
해양 오염	• 원인: 선박에서 유출되는 원유, 바다로 버려지는 쓰레기와 오폐수 • 피해: 바닷물의 수질 악화, 바다에 (❼) 형성으로 해양 생태계의 균형 파괴

2 환경 문제 해결을 위한 노력

국제 사회	국제 사회의 공조와 협력 강화, 다양한 국제 협약 체결 및 이행
(❽)	• 환경 관련 법률 제정 및 정책의 수립과 시행 • 친환경 산업 육성 및 친환경 생활 방식 촉진, 환경 교육 활성화
시민 사회	• 시민 단체를 통해 정부가 환경 관련 정책과 제도를 수립하고 시행하도록 촉구 • 시민이 환경 문제 해결을 위한 실천에 참여하도록 다양한 시민운동 전개
(❾)	• 친환경적 제품 개발 및 오염 방지 시설 설치 • 신·재생 에너지 사용 확대 노력
개인	환경 문제에 관심을 갖고 생태시민으로서의 자질을 함양하기 위해 노력

01 설명이 옳으면 ○표, 틀리면 ×표를 하시오.

(1) 산업화와 인구 증가, 생활 수준 향상 등으로 세계 곳곳에서 각종 환경 문제가 발생하고 있다.　　(　　)

(2) 환경 문제 유발 물질을 배출하는 지역에서만 환경 문제가 발생하고 있다.　　(　　)

02 빈칸에 들어갈 알맞은 말을 쓰시오.

(1) 화석 에너지의 사용량 증가로 온실가스 배출량이 늘어나면서 지구의 평균 기온이 높아지는 (　　　)이/가 가속화되고 있다.

(2) 아프리카의 (　　　)은/는 장기간의 가뭄, 과도한 방목과 개간으로 사막화가 심각하게 나타나고 있다.

(3) (　　　)은/는 변화하는 환경 속에서 생태 감수성, 책임감을 바탕으로 환경과 인간의 공존 및 지속가능한 삶을 위해 노력하는 시민이다.

03 각 환경 문제로 발생하는 피해를 바르게 연결하시오.

(1) 사막화　　•　　　　•　㉠ 식량 생산량 감소

(2) 산성비　　•　　　　•　㉡ 기상 이변, 해수면 상승

(3) 오존층 파괴　•　　　•　㉢ 건축물 부식, 삼림 파괴

(4) 지구 온난화　•　　　•　㉣ 피부 질환 및 백내장 유발

04 ㉠, ㉡ 중 알맞은 것을 고르시오.

(1) (㉠ 교토 의정서, ㉡ 파리 협정)은/는 온실가스 감축 의무를 선진국과 개발 도상국 모두에게 부여하고 있다.

(2) 몬트리올 의정서는 (㉠ 열대림, ㉡ 오존층) 파괴 물질의 생산 및 사용을 규제하는 국제 협약이다.

(3) 폐기물의 해양 투기에 따른 해양 오염을 방지하기 위한 협약은 (㉠ 람사르, ㉡ 런던) 협약이다.

05 환경 문제의 해결을 위한 각 주체별 노력을 〈보기〉에서 골라 쓰시오.

(1) 청정 기술 및 친환경 상품 개발　　(　　)

(2) 환경 문제 해결을 위한 법률 제정과 제도 시행(　　)

(3) 정부의 환경 정책이나 기업의 활동을 감시 및 비판　　(　　)

> **보기**
>
> ㄱ. 기업　　　ㄴ. 정부　　　ㄷ. 시민 사회

01

'환경 문제의 발생과 해결'을 주제로 한 대화 내용 중 (가)에 들어갈 옳은 내용만을 〈보기〉에서 고른 것은?

> 사회자: 오늘 환경 전문가 ○○○ 선생님을 모시고 이야기 나누어 보겠습니다. 환경 문제에는 어떤 것들이 있나요?
> 패널: 오늘날 기후변화에 따른 지구 온난화, 열대림 파괴, 사막화, 산성비 등 다양한 환경 문제가 발생하고 있습니다.
> 사회자: 이런 환경 문제는 어떤 특징이 있나요?
> 패널: _________________ (가) _________________

보기

ㄱ. 모두 선진국의 노력만으로 해결이 가능한 문제입니다.
ㄴ. 발생 이후 회복하는 데 오랜 시간과 많은 비용이 소요됩니다.
ㄷ. 발생 지역이나 국가의 경계를 넘어 전 지구적 차원에서 발생하고 있습니다.
ㄹ. 산업화와 인구 증가, 생활 수준 향상 등으로 피해 정도가 축소되고 있습니다.

① ㄱ, ㄴ ② ㄱ, ㄷ ③ ㄴ, ㄷ
④ ㄴ, ㄹ ⑤ ㄷ, ㄹ

02

중요
지도에 표시된 A~E 지역에서 발생하는 기후변화에 따른 환경 문제로 옳지 <u>않은</u> 것은?

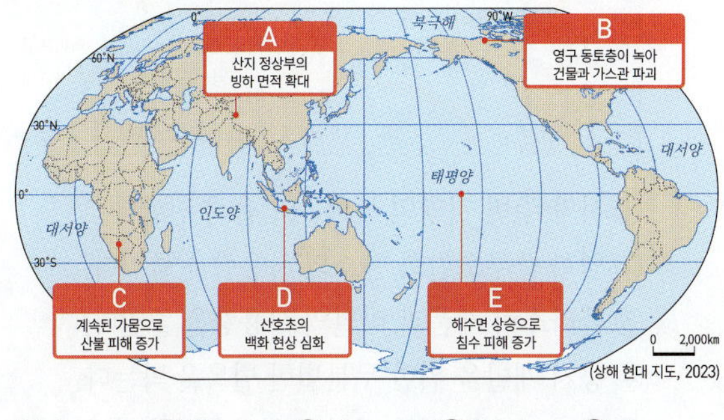

① A ② B ③ C ④ D ⑤ E

03

그래프와 같이 지구 환경이 변화하게 된 주요 원인으로 옳은 것만을 〈보기〉에서 고른 것은?

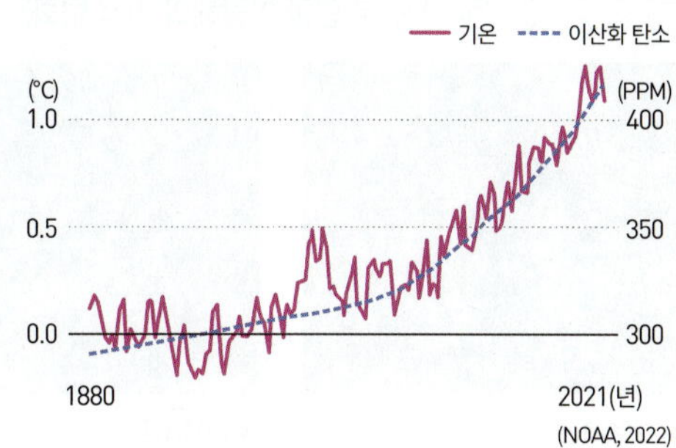

▲ 지구의 기온 편차 및 이산화 탄소 농도 변화

보기

ㄱ. 열대림 파괴
ㄴ. 계속되는 가뭄
ㄷ. 화석 에너지의 사용 증가
ㄹ. 염화 플루오린화 탄소 배출량 증가

① ㄱ, ㄴ ② ㄱ, ㄷ ③ ㄴ, ㄷ
④ ㄴ, ㄹ ⑤ ㄷ, ㄹ

04

사진은 북극해 빙하 면적의 변화를 나타낸 것이다. 이와 같은 변화가 지속될 경우 나타날 현상에 관한 추론으로 적절한 것은?

① 북극곰의 개체 수가 늘어날 것이다.
② 만년설의 분포 면적이 넓어질 것이다.
③ 열대성 질병의 발병률이 낮아질 것이다.
④ 해안 저지대의 침수가 빈번해질 것이다.
⑤ 영구 동토층의 분포 범위가 확대될 것이다.

중요☆ 05 ㉠에 관한 옳은 설명만을 〈보기〉에서 고른 것은?

《 (㉠)(으)로 인한 아랄해의 면적 변화》

▲ 2000년

▲ 2018년

보기

ㄱ. 문제 해결을 위해 바젤 협약이 체결되었다.

ㄴ. 삼림 파괴와 호수의 산성화 문제를 유발한다.

ㄷ. 과도한 목축 및 개간이 주요 원인 중 하나이다.

ㄹ. 대표적 사례 지역으로 아프리카의 사헬 지대가 있다.

① ㄱ, ㄴ   ② ㄱ, ㄷ   ③ ㄴ, ㄷ

④ ㄴ, ㄹ   ⑤ ㄷ, ㄹ

06 ㉠에 들어갈 환경 협약으로 옳은 것은?

　냉장고나 에어컨의 냉매제 등으로 염화 플루오린화 탄소를 사용하자 오촌층에 큰 구멍이 생겼다. 그러자 국제 사회는 (㉠)을/를 체결하여 염화 플루오린화 탄소의 생산과 사용을 규제하였다.

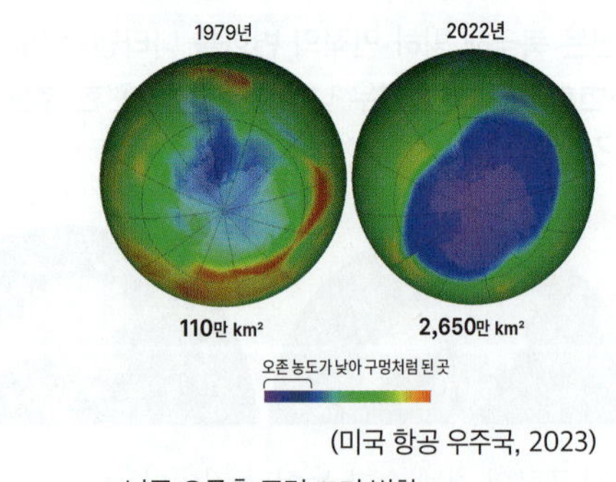

▲ 남극 오존층 구멍 크기 변화

① 파리 협정   ② 람사르 협약

③ 몬트리올 의정서   ④ 사막화 방지 협약

⑤ 생물 다양성 협약

07 지도에 나타난 환경 문제에 관한 옳은 설명만을 〈보기〉에서 고른 것은?

〈보르네오섬의 열대림 분포 변화〉

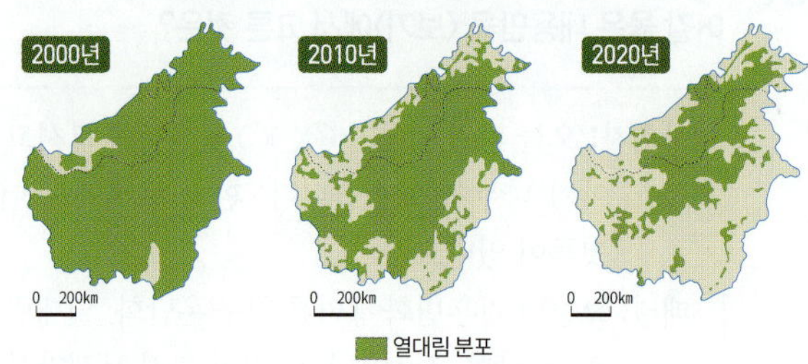

보기

ㄱ. 오존층 파괴가 가장 큰 발생 원인이다.

ㄴ. 지구 온난화를 가속화시킬 우려가 있다.

ㄷ. 이를 막기 위해 몬트리올 의정서를 체결하였다.

ㄹ. 토양 침식 및 생물종 다양성 감소 문제가 발생한다.

① ㄱ, ㄴ   ② ㄱ, ㄷ   ③ ㄴ, ㄷ

④ ㄴ, ㄹ   ⑤ ㄷ, ㄹ

08 자료에 나타난 환경 문제의 해결 방안으로 가장 적절한 것은?

▲ 쓰레기 지대의 모습

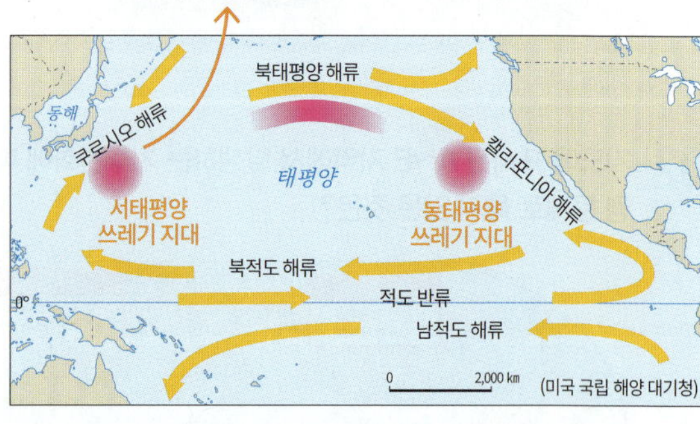

① 사막 주변 지역의 녹화 사업을 추진한다.

② 염화 플루오린화 탄소의 사용량을 줄인다.

③ 플라스틱 제품과 비닐의 사용량을 줄인다.

④ 농지 개발을 위한 무분별한 벌목을 막는다.

⑤ 습지 보호를 위한 람사르 협약을 준수한다.

09 지도에 표시된 A 환경 문제에 관한 옳은 설명만을 〈보기〉에서 고른 것은?

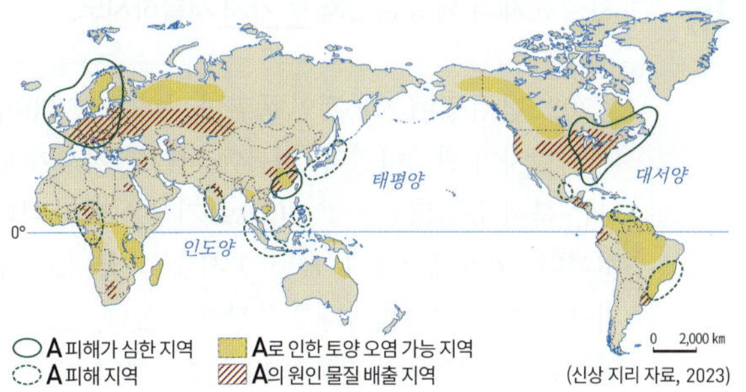

보기

ㄱ. 건축물이나 문화 유적을 부식시키기도 한다.
ㄴ. 화석 에너지의 과다한 사용이 주요 원인이다.
ㄷ. 원인 물질 배출 지역과 피해 지역이 정확히 일치한다.
ㄹ. 장기간의 가뭄과 과도한 방목 및 개간 등으로 발생한다.

① ㄱ, ㄴ   ② ㄱ, ㄷ   ③ ㄴ, ㄷ
④ ㄴ, ㄹ   ⑤ ㄷ, ㄹ

10 지도에 표시된 A, B 환경 문제에 관한 설명으로 옳지 않은 것은? (단, A, B는 각각 사막화, 열대림 파괴 중 하나임.)

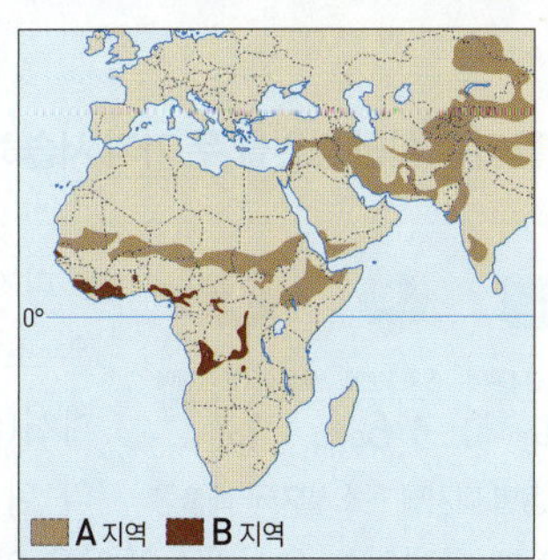

① A의 자연적 요인은 오랜 가뭄이다.
② A로 거주 지역을 떠나는 난민이 증가하였다.
③ B는 생물종 다양성의 감소를 초래한다.
④ B를 해결하기 위해 사막화 방지 협약이 체결되었다.
⑤ A는 사막화, B는 열대림 파괴이다.

11 (중요) 다음은 주요 환경 문제의 발생 과정을 나타낸 것이다. A~E에 들어갈 내용으로 적절하지 않은 것은?

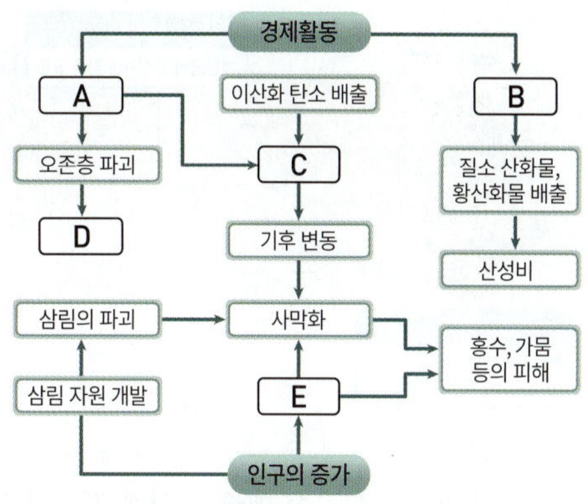

① A – 열대 저기압의 발생
② B – 화석 에너지의 대량 소비
③ C – 지구 온난화
④ D – 피부암, 백내장의 발병률 증가
⑤ E – 과도한 방목 및 경작

12 ㉠, ㉡에 해당하는 국제 협약으로 옳은 것은?

• 우리나라는 일본 후쿠시마 원전 오염수 처리 문제를 국제 사회에서 함께 논의해야 한다고 주장하였다. 특히, (㉠)은/는 폐기물의 해양 투기를 금지하는 국제 협약으로, 원전 오염수 방류가 이 협약의 논의 대상이 될지 관심이 모아지고 있다.
• 2008년 우리나라에서 물새 서식지로서 국제적으로 중요한 습지를 보호하는 (㉡)의 총회가 개최되었다. 그 이후 우리나라 주요 습지를 진단한 결과 물이 마르고 생태계가 급변하는 등 주요 습지의 여건이 나빠지고 있음을 확인할 수 있었다.

	㉠	㉡
①	런던 협약	람사르 협약
②	런던 협약	몬트리올 의정서
③	람사르 협약	런던 협약
④	람사르 협약	몬트리올 의정서
⑤	몬트리올 의정서	런던 협약

13 지도의 (가), (나) 환경 협약에 관한 옳은 설명만을 〈보기〉에서 고른 것은?

> **보기**
> ㄱ. (가)에서 온실가스 배출권 거래 제도가 처음으로 도입되었다.
> ㄴ. (가)는 파리 협정, (나)는 교토 의정서이다.
> ㄷ. (가)는 (나)보다 협약을 맺은 시기가 이르다.
> ㄹ. (가)와 (나)는 모두 기후변화를 해결하기 위한 목적으로 맺어진 협약이다.

① ㄱ, ㄴ ② ㄱ, ㄷ ③ ㄴ, ㄷ
④ ㄴ, ㄹ ⑤ ㄷ, ㄹ

중요

14 환경 문제의 해결 노력에 관해 정리한 내용 중 (가)~(다)에 들어갈 알맞은 내용을 〈보기〉에서 고른 것은?

〈환경 문제 해결을 위한 각 주체의 노력〉	
국제 사회	다양한 국제 협약을 체결하고 이를 이행하며 긴밀하게 협력한다.
정부	(가)
시민 사회	(나)
기업	(다)

> **보기**
> ㄱ. 환경 관련 법률을 제정하고 정책을 수립한다.
> ㄴ. 기술 혁신 등을 통해 친환경적 제품을 개발한다.
> ㄷ. 시민이 환경 문제 해결을 위한 실천에 참여하도록 시민운동을 전개한다.

	(가)	(나)	(다)		(가)	(나)	(다)
①	ㄱ	ㄴ	ㄷ	②	ㄱ	ㄷ	ㄴ
③	ㄴ	ㄱ	ㄷ	④	ㄴ	ㄷ	ㄱ
⑤	ㄷ	ㄴ	ㄱ				

15 ㉠ 환경 문제의 해결 방안을 <u>두 가지</u> 서술하시오.

> 2022년 유럽에 기록적인 폭염이 나타나 1,700여 명의 사망자가 발생하였다. 여름에 서늘한 기후가 나타나는 북서 유럽도 (㉠)(으)로 기상 이변이 나타난 것이다. 일각에서는 '(㉠) 시대'가 끝나고 '끓는 지구 시대'가 시작되었다고 주장하고 있다. 앞으로 폭염, 홍수, 가뭄 등의 피해가 더욱 증가하고 물 부족과 식량 위기가 더 심화될 가능성이 높다.

16 A 환경 문제로 나타나는 피해를 <u>두 가지</u> 서술하시오.

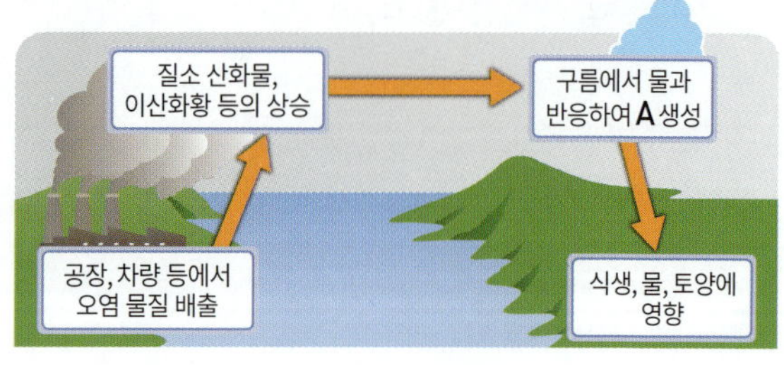

17 (가)에 들어갈 실천 방안을 <u>두 가지</u> 서술하시오.

디지털 탄소 발자국은 스마트폰, 태블릿 피시(PC), 노트북 등의 디지털 기기를 사용할 때 발생하는 온실가스의 양을 의미한다. 이를 줄이기 위한 개인의 실천 방안으로는 ______(가)______ 등이 있다.

문제의 자료에서 키워드를 찾고, 키워드 꼬리 질문에 답해 보자.
만약 답변이 어렵다면 다시 개념 학습으로 돌아가 복습해 보자.

01 ㉠, ㉡ 환경 문제에 관한 옳은 설명만을 〈보기〉에서 고른 것은?

〈(㉠)(으)로 인한 차드호의 범위 변화〉

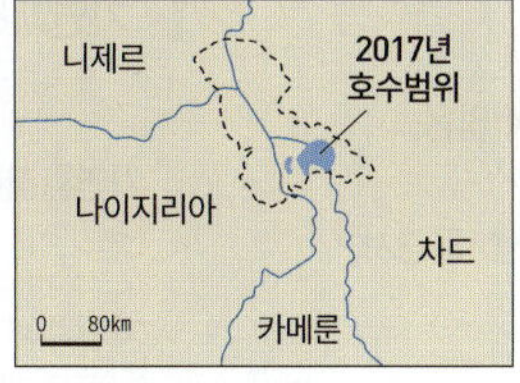

〈(㉡)(으)로 인한 북극권 해빙의 범위 변화〉

※ 해빙 범위 편차는 1981~2010년 평균과의 차이임.

> **보기**
> ㄱ. ㉠의 주요 발생 원인은 염화 플루오린화 탄소의 사용량 증가이다.
> ㄴ. ㉡이 지속되면 우리나라의 무상 일수가 증가한다.
> ㄷ. ㉠, ㉡으로 인해 기후 난민이 발생하기도 한다.
> ㄹ. ㉠을 막기 위해 몬트리올 의정서, ㉡을 막기 위해 파리 협정이 체결되었다.

① ㄱ, ㄴ　　② ㄱ, ㄷ　　③ ㄴ, ㄷ　　④ ㄴ, ㄹ　　⑤ ㄷ, ㄹ

키워드 Pick

'차드호의 범위 변화', '북극권 해빙의 범위 변화'

키워드 꼬리 질문

Q1 차드호 범위의 축소를 발생시킨 ㉠ 환경 문제는?

Q2 북극권 해빙 범위의 축소를 발생시킨 ㉡ 환경 문제는?

답변이 어렵다면 ↻ 다시 개념 학습

☞ 50쪽

02 지도는 A~C 환경 문제의 주요 발생 지역이다. 이에 관한 설명으로 옳지 <u>않은</u> 것은? (단, A~C는 각각 사막화, 산성비, 열대림 파괴 중 하나임.)

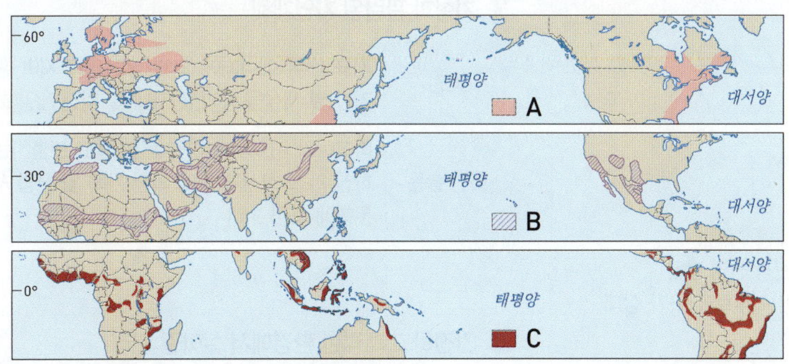

① A는 건축물 부식과 같은 피해를 유발한다.
② B는 식량 생산량 감소 및 기아 문제를 유발한다.
③ C로 생물종 다양성 감소 문제가 발생한다.
④ B는 C보다 강수량이 많은 지역에서 주로 발생한다.
⑤ A~C는 모두 식물 개체 수의 감소를 초래한다.

키워드 Pick

'사막화', '산성비', '열대림 파괴'

키워드 꼬리 질문

Q1 유럽 북서부와 미국 북동부에서 주로 발생하는 A 환경 문제는?

Q2 사막 주변 지역에서 주로 발생하는 B 환경 문제는?

Q3 적도 주변 열대 기후 지역에서 주로 발생하는 C 환경 문제는?

답변이 어렵다면 ↻ 다시 개념 학습

☞ 50쪽

02 자연환경과 인간 생활 ↻26~33쪽

1 기후와 주민 생활

열대 기후	• 적도 주변에 위치하며, 연중 기온이 높고 강수량이 많음. • 얇고 간편한 옷을 주로 입음. • 지면에서 바닥을 띄운 형태의 고상 가옥이 나타남, 급경사의 지붕과 개방적 가옥 구조가 나타남. • 이동식 화전 농업으로 카사바와 얌 등을 재배함. • 플랜테이션을 통해 커피, 카카오 등을 재배함.
건조 기후	• 연 강수량이 연 증발량보다 적음. • 강수량의 차이에 따라 사막 기후와 스텝 기후로 구분함. • 사막 기후: 온몸을 감싸는 헐렁한 옷을 입으며, 외래 하천이나 오아시스 주변에서 밀과 대추야자 등을 재배함. • 스텝 기후: 이동식 가옥에서 주로 살아가며 유목을 통해 양과 염소를 사육함.
온대 기후	• 중위도에 주로 분포하며 사계절이 뚜렷함. • 서안 해양성 기후: 작물 재배와 가축 사육을 함께 하는 혼합 농업이 행해짐. • 지중해성 기후: 건조한 여름 기후를 이용한 수목 농업으로 올리브, 포도 등을 재배함. • 온대 겨울 건조 기후: 계절풍의 영향으로 여름철에 고온 다습하여 벼농사에 유리함.
냉대 기후	• 고위도에 주로 분포하며 겨울이 춥고 기온의 연교차가 큼. • 대규모의 침엽수림대인 타이가가 넓게 분포함. → 이를 재료로 한 통나무집을 볼 수 있음.
한대 기후	• 북극과 남극 주변에 분포하며 연중 기온이 낮아 사람이 거주하기 어려움. • 전통적으로 순록을 유목하거나 어로·수렵 활동을 함. • 짧은 여름에 땅이 녹아 가옥과 시설물이 붕괴되는 것을 막기 위한 고상 가옥이 발달함.

2 지형과 주민 생활

산지 지역	• 해발 고도가 높고 경사가 급해 인간 거주에 불리 • 밭농사가 주로 이루어지며 광공업과 관광 산업 발달 • 적도 부근의 고산 지대는 연중 온화한 기후로 인구가 상대적으로 밀집한 고산 도시가 발달
평야 지역	• 대하천 주변의 넓고 평평한 지역으로 많은 사람이 모여 거주지 형성 • 도시 발달, 각종 산업 시설 입지
해안 지역	• 어업이나 양식업, 해안 지형 경관을 활용한 관광 산업 발달 • 대규모 항구와 산업 단지 조성
특수 지형	화산, 빙하, 카르스트 지형 등을 활용한 관광 산업 발달

03 자연환경의 변화 속 우리의 권리 ↻34~41쪽

1 자연재해의 발생과 기후변화

자연환경	• 자연환경: 인간이 살아가는 데 필요한 공기, 물, 식량 등을 제공하는 삶의 터전 • 자연환경의 변화: 우리의 삶도 자연환경에 따라 변화
자연재해	자연환경이 인간과 인간 활동에 피해를 주는 현상
기후변화	• 지구 평균 기온 상승으로 빙하가 녹고 해수면이 상승하는 등의 문제 발생 • 기후변화로 태풍, 홍수, 가뭄, 폭설과 같은 자연재해의 빈도와 규모 증가 • 기후변화로 동식물의 서식지 변화, 생물종 다양성 감소

2 기후와 관련된 자연재해

홍수	집중 호우 시 하천이 범람하는 현상 → 농경지와 가옥 침수, 산사태 유발
가뭄	오랫동안 비가 내리지 않아 땅이 메마르고 물이 부족해지는 현상 → 농작물의 고사, 식수와 각종 용수 부족, 산불 발생 증가, 장기간에 걸쳐 넓은 지역에 피해 발생
폭설	많은 눈이 단시간에 집중적으로 내리는 현상 → 교통 혼란 초래, 비닐하우스와 같은 시설물 붕괴
열대 저기압	열대 해상에서 발생하여 중위도 지역으로 이동하는 저기압, 강한 바람과 많은 비를 동반 → 각종 시설물의 침수 및 파괴, 해안 지역에서 해일 발생, 농작물 피해 발생
폭염과 한파	• 폭염: 여름철의 매우 심한 더위 • 한파: 겨울철 기온이 갑자기 내려가는 현상

3 지형과 관련된 자연재해

지진	지구 내부 에너지에 의해 땅이 갈라지며 흔들리는 현상 → 지반 및 시설물 붕괴, 산사태 및 지진 해일(쓰나미) 발생
화산 활동	마그마가 지각의 갈라진 틈을 뚫고 분출하는 현상 → 용암·화산 가스·화산재 등에 의한 가옥 및 산업 시설 훼손, 항공기 운항에 차질 초래

4 안전하고 쾌적한 환경에서 살아갈 권리

국가	• 시민의 안전권과 환경권 보장을 위한 법률 제정 • 정확한 예보 체계 구축, 신속한 복구 노력
개인	• 재해 대비 안전 교육 참여 및 재해 발생 시 행동 요령에 따라 대응 • 스스로 안전에 관한 자신의 권리를 인식하고 이를 보장받기 위해 노력

1 자연을 바라보는 인간의 관점

인간 중심 주의	• 의미: 인간과 자연의 관계에서 인간의 이익이나 행복을 우선으로 고려하는 관점 • 이분법적 세계관: 인간과 자연을 둘로 나누어서 바라보며 인간을 자연으로부터 독립된 존재이자 자연보다 우월한 존재로 인식함. • 자연의 도구적 가치 강조: 자연은 본래적 가치를 지닌 존재가 아니라 인간의 생존과 복지를 위한 도구에 불과함. • 인간만이 도덕적 지위를 지닌 유일한 존재이며 직접적인 도덕적 고려의 대상임. • 한계: 자연에 대한 인간의 착취를 정당화하고 자연을 인간의 필요를 충족하기 위한 수단으로만 인식하여 자원 고갈, 환경 오염 등의 문제를 초래함. • 대표 사상가: 베이컨, 데카르트
생태 중심 주의	• 의미: 인간과 자연의 관계에서 인간을 포함한 생태계 전체의 균형과 안정을 먼저 고려하는 관점 • 전일론적 관점: 인간을 포함한 자연 전체를 하나로 보는 관점으로, 자연을 다양한 구성원이 유기적으로 연결된 생태계로 인식하여 인간을 다른 구성원과 마찬가지로 자연의 한 구성원으로 이해함. • 자연의 내재적 가치 강조: 자연은 인간과 무관하게 그 자체로 가치를 지닌 존재이며 인간의 이익을 위한 수단으로만 대해서는 안 됨. • 무생물을 포함한 생태계 전체가 도덕적 고려의 대상이므로 인간은 인간뿐만 아니라 생태계 전체에 대해서도 도덕적 의무가 있음. • 한계: 생태계의 안정을 지나치게 강조하면 인간의 기본적인 삶을 유지하기 어려울 수 있음. • 대표 사상가: 레오폴드, 네스

2 인간과 자연의 바람직한 관계

유기적 관계	• 인간을 포함한 지구상의 모든 생물과 무생물은 유기적인 관계를 바탕으로 생태계를 구성하며, 서로 영향을 주고받으면서 상호 작용을 함. • 인간과 자연은 서로 대립하거나 한쪽을 파괴하지 않고도 조화롭게 공존할 수 있음.
바람직한 관계를 위한 노력	• 생태 공동체 의식 함양: 인간이 자연보다 우월하다는 사고방식에서 벗어나 인간과 자연의 조화로운 공존을 추구하는 태도를 가져야 함. • 개인적 차원: 자연을 소중히 여기는 환경친화적 가치관을 토대로 자연 보호 실천 • 사회적 차원: 생태계 유지가 가능한 범위 내에서의 자연 개발, 개발 과정에서 파괴된 생태계 복원 노력

1 환경 문제의 발생

원인	산업화와 인구 증가로 자원 소비량과 폐기물의 양 급증
결과	각종 환경 문제 발생 및 생태계 균형 파괴

2 주요 환경 문제

지구 온난화	• 원인: 화석 에너지의 과다 사용으로 대기 중 온실가스 배출량 증가, 삼림 파괴 증가로 온실 효과 심화 • 피해: 기상 이변으로 자연재해 발생 횟수 및 피해 증가, 빙하 면적 축소, 해수면 상승과 저지대 침수, 동식물의 서식 환경 변화 등
사막화	• 원인: 장기간의 가뭄이나 과도한 방목과 개간 • 피해: 식량 생산량 감소와 생태계 파괴
열대림 파괴	• 원인: 열대림의 무분별한 벌채와 경지 개간 • 피해: 생물종 다양성 감소, 토양 침식, 지구 온난화의 가속화
대기 오염	• 원인: 도시나 공업 지역에서의 화석 에너지 소비 증가로 오염 물질 배출량 증가 • 피해: 대기 오염 물질이 빗물과 결합한 산성비 발생으로 건축물 부식 및 삼림 파괴, 미세 먼지 증가, 스모그 현상 발생
오존층 파괴	• 원인: 염화 플루오린화 탄소의 사용량 증가 • 피해: 지표에 도달하는 자외선 양이 증가하며 각종 피부 질환과 백내장 같은 안구 질환 증가
해양 오염	• 원인: 선박에서 유출되는 원유, 바다로 버려지는 쓰레기와 오폐수 • 피해: 바닷물의 수질 악화, 바다에 쓰레기 섬 형성으로 해양 생태계의 균형 파괴

3 환경 문제 해결을 위한 노력

국제 사회	• 국제 사회의 공조와 협력 강화 • 다양한 국제 협약 체결 및 이행
정부	• 환경 관련 법률 제정 및 정책 수립 및 시행 • 친환경 산업 육성 및 친환경 생활 방식 촉진, 환경 교육 활성화
시민 사회	• 시민 단체를 통해 정부가 환경 관련 정책과 제도를 수립하고 시행하도록 촉구 • 시민이 환경 문제 해결을 위한 실천에 참여하도록 다양한 시민운동 전개
기업	• 친환경적 제품 개발 및 오염 방지 시설 설치 • 신·재생 에너지 사용 확대
개인	환경 문제에 관심을 갖고 생태시민으로서의 자질을 함양하기 위해 노력

[01~02] 지도를 보고 물음에 답하시오.

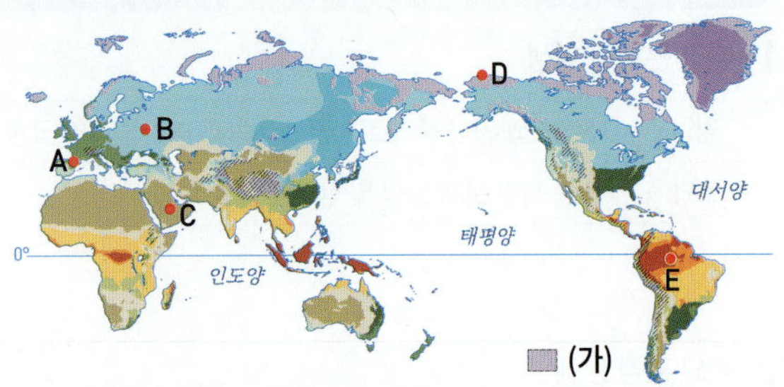

01 위 지도의 (가) 기후 지역에 거주하는 주민의 생활 모습으로 가장 적절한 것은?

① 넓은 평야 지대에서 벼를 주로 재배한다.
② 넓은 타이가 지대에서 통나무집을 짓고 산다.
③ 주로 순록을 유목하여 고기와 가죽을 얻는다.
④ 지면의 열기와 해충을 피해 고상 가옥을 짓는다.
⑤ 이동식 화전 농업으로 카사바, 얌 등을 재배한다.

02 밑줄 친 ㉠에 해당하는 지역을 위 지도의 A~E에서 고른 것은?

내가 ㉠여행하는 지역은 매일 무덥고 오후가 되면 갑자기 소나기가 내려. 내일 오전에는 배를 타고 다양한 생물종이 살고 있는 밀림을 갈 거야. 그리고 플랜테이션으로 재배되는 천연고무 농장에 가 보려고 해.

① A ② B ③ C ④ D ⑤ E

03 (가)~(다) 기후 특징이 나타나는 지역에 관한 설명으로 옳은 것은?

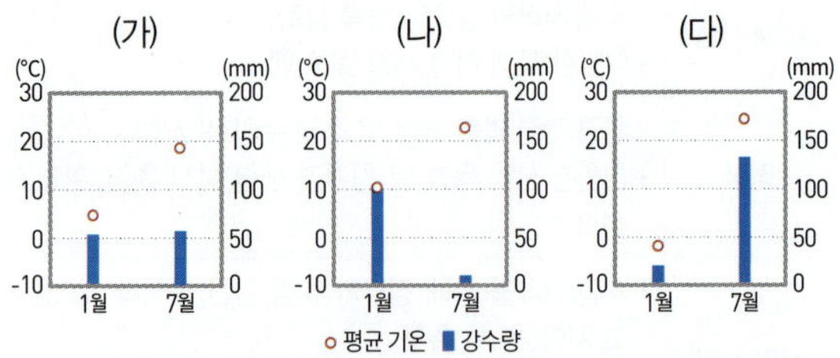

① (가)는 (나)보다 수목 농업에 유리하다.
② (나)는 (다)보다 벼농사에 유리하다.
③ (다)는 (가)보다 혼합 농업에 유리하다.
④ (가)~(다)는 모두 냉대 기후에 속한다.
⑤ (가)~(다) 중 (나)는 여름 강수 집중률이 가장 낮다.

04 ㉠ 기후 지역의 전통 가옥으로 가장 적절한 것은?

(㉠) 기후 지역의 주민들은 강한 햇빛과 모래 바람을 막기 위해 온몸을 감싸는 형태의 헐렁한 옷을 입고, 오아시스 주변에서 밀과 대추야자를 재배한다.

①  ② 

③ ④ 

⑤

05 A 지역의 기후 그래프를 보고 이 지역 주민들의 전통적인 생활양식을 **두 가지** 서술하시오.

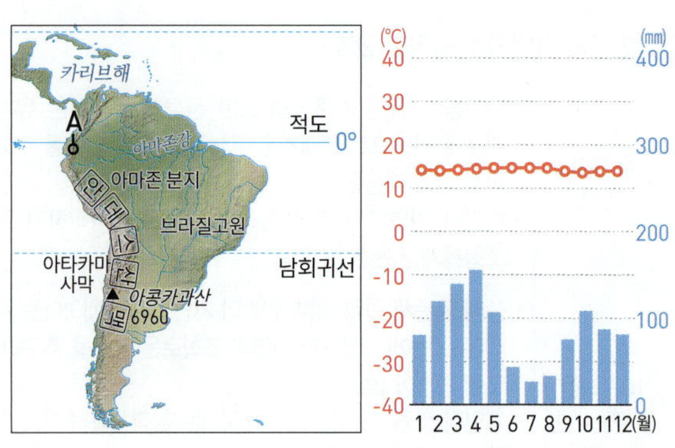

06 사진과 같은 자연재해가 발생했을 경우 나타나는 피해로 옳은 것은?

① 강한 바람과 많은 비가 피해를 유발한다.
② 용암과 화산재의 유출로 농경지가 훼손된다.
③ 해수면이 상승하고 저지대가 침수되기도 한다.
④ 하천 주변 농경지와 가옥의 침수로 인한 피해가 발생한다.
⑤ 많은 눈이 쌓여 구조물이 붕괴되고, 도로 교통이 마비된다.

07 ㉠~㉢ 자연재해에 관한 옳은 설명만을 〈보기〉에서 고른 것은?

　왼쪽 사진의 수표는 세종 23년에 하천의 수위를 재기 위해 만든 기구이다. 아래에서 시작하여 1척부터 10척까지 눈금을 새겨 놓았는데, 3척 이하는 (㉠), 9척 이상은 (㉡)이/가 일어날 수 있음을 예고하였다.
　오른쪽 사진은 그랭이 공법이 쓰인 경주 불국사의 모습이다. 이 공법은 (㉢)에 대비하여 좌우 흔들림에도 건물이 무너지는 것을 방지하는 일종의 내진 설계라 할 수 있다.

보기
ㄱ. ㉠은 교통 혼란 및 비닐하우스 등의 시설물 붕괴를 야기한다.
ㄴ. ㉡은 우리나라의 겨울보다 여름에 자주 발생한다.
ㄷ. ㉢의 대표적 사례 지역으로 아프리카 사헬 지대가 있다.
ㄹ. ㉠, ㉡은 기후적 요인, ㉢은 지형적 요인에 의해 발생한다.

① ㄱ, ㄴ　② ㄱ, ㄷ　③ ㄴ, ㄷ　④ ㄴ, ㄹ　⑤ ㄷ, ㄹ

08 ㉠에 관한 설명으로 옳은 것은?

① 우리나라의 겨울철에 주로 발생한다.
② 지각 변동에 의해 발생하는 자연재해이다.
③ 오랫동안 비가 내리지 않아 발생하는 자연재해이다.
④ 미세 먼지 농도를 높여 호흡기 질환 환자가 증가한다.
⑤ 적도 주변 바다에서 발생하여 중위도 지역으로 이동한다.

서술형
09 다음 글에 나타난 자연재해 발생 시 행동 요령을 두 가지 서술하시오.

　강원도에 재해가 있었는데, 소리가 우레와 같았고 담벽이 무너졌으며 기와가 날아가 떨어졌다. …… 산악이 크게 흔들려서 암석이 추락하는 변괴가 있었다.
－《숙종실록》－

10 다음은 우리나라 재난 및 안전 관리 기본법의 일부이다. 이에 관한 옳은 설명만을 〈보기〉에서 고른 것은?

제4조(국가 등의 책무)　국가와 지방 자치 단체는 재난이나 그 밖의 각종 사고로부터 국민의 생명·신체 및 재산을 보호할 책무를 지고, …… 발생한 피해를 신속히 대응·복구하여 일상으로 회복할 수 있도록 지원하기 위한 계획을 수립·시행하여야 한다.

보기
ㄱ. 국가는 재해의 예방에 힘쓸 책무를 지지 않는다.
ㄴ. 국민의 생명과 재산 보호를 법으로 보장하고 있다.
ㄷ. 재해에 취약한 국민만을 보호하기 위한 법 조항이다.
ㄹ. 국민은 재해로 피해를 입은 경우 국가에 복구를 요청할 권리가 있다.

① ㄱ, ㄴ　② ㄱ, ㄷ　③ ㄴ, ㄷ　④ ㄴ, ㄹ　⑤ ㄷ, ㄹ

11 (가), (나) 입장에 관한 옳은 설명만을 〈보기〉에서 고른 것은?

> (가) 인간과 자연의 관계에서 우선해야 할 것은 당연히 인간이다. 인간이 가장 가치 있는 존재이므로 자연은 인간의 행복과 이익을 위해 얼마든지 활용될 수 있다.
>
> (나) 인간과 자연의 관계에서 우선해야 할 것은 자연 전체의 안정과 균형이다. 인간뿐만 아니라 자연도 그 자체로 존중받을 가치가 있으므로 자연을 인간의 이익을 위한 수단으로만 생각해서는 안 된다.

─ 보기 ─
ㄱ. (가)는 인간이 생태계의 구성원으로서 생태계를 보전할 의무가 있다고 본다.
ㄴ. (가)는 자연의 가치가 인간의 삶에 기여한 정도를 기준으로 평가된다고 본다.
ㄷ. (나)는 생태계 전체를 하나의 유기체로 보고 생태계의 조화와 균형을 중시한다.
ㄹ. (가), (나)는 모두 오직 인간만이 도덕적 고려 대상이라고 본다.

① ㄱ, ㄴ　　② ㄱ, ㄷ　　③ ㄴ, ㄷ
④ ㄴ, ㄹ　　⑤ ㄷ, ㄹ

12 다음은 사상가 갑, 을의 가상 대화이다. 을의 입장에서 갑에게 제기할 수 있는 비판으로 가장 적절한 것은?

> 갑: 생명 공동체의 통합성과 안정성 그리고 아름다움의 보전에 이바지한다면 옳다. 그렇지 않다면 그르다.
>
> 을: 자연이 인간에게 이롭도록 지식을 활용해야 한다. 방황하고 있는 자연을 사냥해서 노예로 만들어야 한다.

① 생태계 전체를 도덕적으로 고려해야 함을 간과한다.
② 본래적 가치를 지닌 존재가 인간만이 아님을 간과한다.
③ 전일론적 관점에서 인간과 자연을 이해해야 함을 간과한다.
④ 오직 인간만이 도덕적 지위를 지닌 존중의 대상임을 간과한다.
⑤ 생태계의 모든 존재는 생명 공동체의 동등한 구성원임을 간과한다.

13 다음 글에서 강조하는 내용으로 가장 적절한 것은?

> 꽃가루를 옮겨 꽃을 수정하게 함으로써 식량 공급에 중요한 역할을 하는 꿀벌이 멸종 위기에 처하였다. 꿀벌이 사라지면 과일과 채소, 밀, 쌀 등 농작물의 생산량이 감소하여 인류가 식량난을 맞을 수 있다. 즉, 꿀벌이 멸종하면 생태계가 무너지면서 인류도 더 이상 먹을 것을 구하기 어려워지는 것이다.

① 인간은 자연에 대해 지배적 우위를 가지고 있다.
② 인간과 자연은 서로 의존적으로 연결된 관계이다.
③ 인간과 자연은 서로 영향을 미치지 않는 독립적 관계이다.
④ 인간은 자연으로부터 독립하여 살아갈 수 있는 존재이다.
⑤ 이분법적 세계관을 토대로 인간과 자연의 관계를 파악해야 한다.

14 다음을 주장한 사상가의 입장으로 적절한 것만을 〈보기〉에서 있는 대로 고른 것은?

> 바람직한 대지의 이용을 경제적 문제로만 생각하지 말고, 윤리적·심미적으로 무엇이 옳은가의 관점에서도 검토해야 한다. 생명 공동체의 통합성과 안정성, 아름다움의 보존에 이바지한다면 그것은 옳고, 그렇지 않으면 그르다.

─ 보기 ─
ㄱ. 인간과 자연 사이에는 위계 관계가 존재한다.
ㄴ. 자연은 인간을 위한 도구적 가치만을 지닌다.
ㄷ. 생태계 전체는 긴밀하게 연결된 하나의 유기체이다.
ㄹ. 인간뿐만 아니라 생태계 전체가 도덕적 고려의 대상이다.

① ㄱ, ㄴ　　② ㄱ, ㄷ　　③ ㄷ, ㄹ
④ ㄱ, ㄴ, ㄹ　　⑤ ㄴ, ㄷ, ㄹ

15 밑줄 친 ㉠~㉣에 관한 옳은 설명만을 〈보기〉에서 고른 것은?

> ㉠ 열대림은 키가 크고 작은 나무들이 다층의 숲을 이루는데, ㉡ 키가 큰 나무의 높이는 50~60m에 달한다. 열대림은 생물종 다양성을 지키는 유전자 창고의 기능을 담당한다. 그러나 ____㉢____ 등으로 ㉣ 열대림 파괴 현상이 심화되고 있다.

보기
ㄱ. ㉠은 적도 주변의 저위도 지역에 주로 분포한다.
ㄴ. ㉡이 이루는 숲을 '타이가'라고 부른다.
ㄷ. ㉢에는 '경지 개간으로 인한 무분별한 벌채'가 들어갈 수 있다.
ㄹ. ㉣로 대기 중 이산화 탄소 농도가 감소하고 있다.

① ㄱ, ㄴ ② ㄱ, ㄷ ③ ㄴ, ㄷ ④ ㄴ, ㄹ ⑤ ㄷ, ㄹ

16 그래프와 같은 현상이 지속될 경우 우리나라에 나타날 변화에 관한 추론으로 옳은 것은?

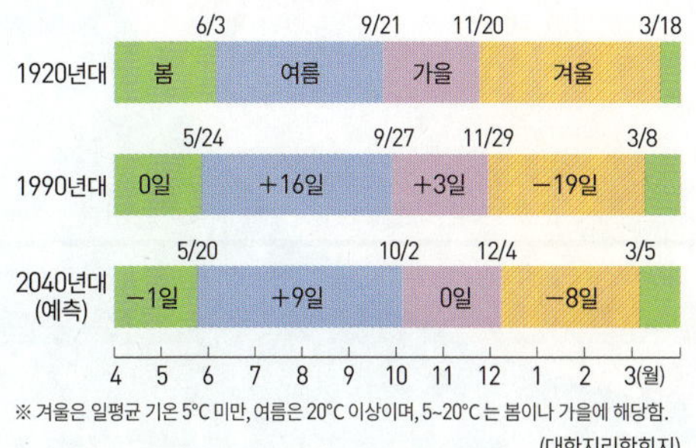

▲ 서울의 계절 시작일과 종료일 변화

① 봄꽃의 개화 시기가 빨라질 것이다.
② 열대야 발생 일수가 줄어들 것이다.
③ 한류성 어종의 어획량이 증가할 것이다.
④ 농작물의 재배 북한계선이 남하할 것이다.
⑤ 해안 저지대의 침수 가능성이 낮아질 것이다.

서술형

17 (가)에 들어갈 내용을 정부와 기업 측면에서 각각 서술하시오.

> • 세계의 환경 문제: 지구 온난화, 산성비, 사막화, 오존층 파괴 등
> • 각 주제의 해결 노력: ____(가)____

18 A~C 환경 문제에 관한 설명으로 옳지 <u>않은</u> 것은?

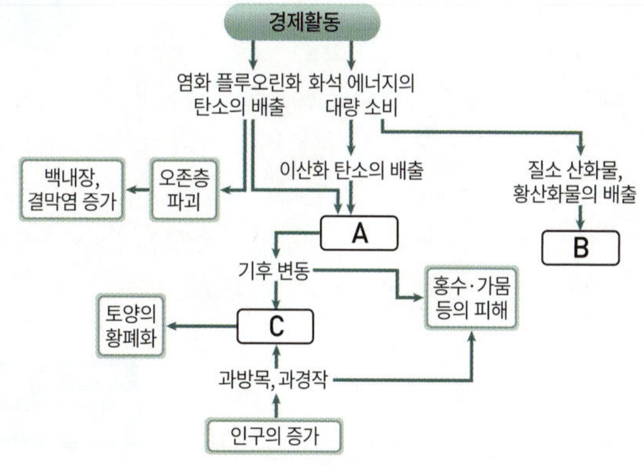

① A로 인해 북극해의 빙하 분포 범위가 축소되었다.
② B는 호수의 산성화와 건축물의 부식을 유발한다.
③ C를 막기 위한 협약으로 몬트리올 의정서가 있다.
④ A는 지구 온난화, B는 산성비, C는 사막화이다.
⑤ A~C는 모두 인간의 경제활동과 관련 있다.

19 ㉠, ㉡ 환경 문제에 관한 옳은 설명만을 〈보기〉에서 고른 것은? (단, ㉠, ㉡은 각각 기후변화, 해양 쓰레기 중 하나임.)

> "(㉠)은/는 바다 위를 계속 떠다니죠. 해류의 흐름을 이용해 그걸 한 곳으로 모으는 장치를 개발해서 바다에 설치하면 효과적으로 수거할 수 있지 않을까 생각했습니다."

> "여러분은 아이들을 사랑한다 말하면서도 탄소 배출 감축에 소극적입니다. (㉡) 문제에 적극적으로 대처하지 않는 것은 아이들의 미래를 훔치는 것입니다."

보기
ㄱ. ㉠은 대기권 내 자외선 농도 증가의 원인이 된다.
ㄴ. ㉡으로 홍수, 가뭄, 폭염 등의 기상 이변이 증가한다.
ㄷ. ㉠은 해양 쓰레기, ㉡은 기후변화이다.
ㄹ. ㉠ 방지를 위해 파리 협정, ㉡ 방지를 위해 런던 협약이 체결되었다.

① ㄱ, ㄴ ② ㄱ, ㄷ ③ ㄴ, ㄷ ④ ㄴ, ㄹ ⑤ ㄷ, ㄹ

IV

문화와 다양성

이 단원을 배우면 ______
다양한 문화권과 다양한 삶의 방식, 문화 변동의 양상, 전통문화의 의의, 문화를
이해하는 태도와 보편 윤리, 다문화 사회의 현황을 알 수 있다.

06 다양한 문화권의 특징과 삶의 방식

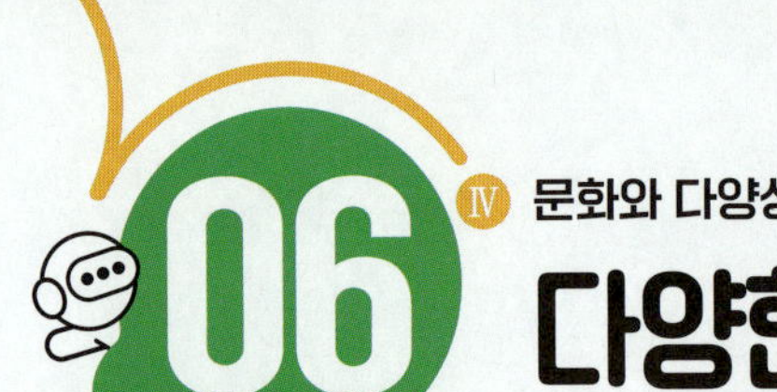

1 *문화권 형성에 영향을 주는 요인

*자연 환경 자료①	• 기후 환경에 적응한 의복 발달 예)열대 기후 지역의 통풍이 잘되는 옷 • 지역마다 다르게 나타나는 농업과 주식 문화 예)아시아 계절풍 기후 지역의 벼농사 발달 • 지역마다 다르게 나타나는 가옥 재료와 전통 가옥 구조 예)사막 기후 지역의 흙집
인문 환경	• 종교: 인간의 가치관과 생활에 영향을 주어 독특한 *문화 경관을 형성함. 자료② • 산업: 경제활동과 삶의 방식에 영향을 줌. 예)건조 문화권의 유목과 이동식 가옥

2 *문화권의 구분과 특징, 삶의 방식 자료③

1 동양 문화권: 계절풍의 영향으로 여름철에 고온 다습하여 벼농사 발달

동부 아시아	유교·불교와 관련된 문화 발달, 젓가락과 한자 사용
동남아시아	위치적 특성으로 다양한 문화가 전래되어 혼합, 세계적인 벼농사 지역
남부 아시아	외세의 잦은 영향을 받아 다양한 민족·언어·종교 → 힌두교와 이슬람교·불교 공존

└ 힌두교와 불교의 발상지

2 유럽 문화권: 크리스트교, 근대 시민 혁명을 토대로 민주주의 발달

┌ 농작물 재배 + 가축 사육

북서 유럽	게르만족과 개신교 우세, 혼합 농업과 낙농업 발달, 높은 경제 수준
남부 유럽	라틴족과 가톨릭교 우세, 수목 농업 발달, 그리스·로마 문화 발상지로 관광 산업 발달
동부 유럽	슬라브족과 *정교회 우세, 상대적으로 높은 농업 종사자 비율

지중해성 기후에서도 잘 자라는 올리브, 코르크,
포도 등의 나무를 주로 재배하는 농업

3 건조 문화권

범위	북부 아프리카와 서남아시아, 중앙아시아 일대의 건조 기후 지역
특징	대부분 이슬람교도, 아랍어 사용, 세계 종교의 발상지, 오아시스 농업·*관개 농업·유목 발달

└ 크리스트교, 이슬람교, 유대교의 발상지

4 아프리카 문화권

범위	사하라 이남의 중·남부 아프리카 → 대부분 열대 기후 지역
특징	부족 단위 공동체 생활, 높은 토속 신앙 비중, 이동식 화전 농업, 플랜테이션, *빈번한 분쟁

└ 유럽인의 아프리카 식민 지배로 일부 지역에서 크리스트교가 나타나기도 함.

5 아메리카 문화권: 유럽의 문화 전파, 다양한 기후와 인종·문화 분포

┌ 프랑스어 사용

앵글로 아메리카	• 북서 유럽 문화의 영향 → 개신교 우세, 영어 사용(캐나다 퀘벡주 예외) • 세계 경제의 중심지, 이민자의 유입으로 다양한 민족 구성, *기업적 농목업 발달
라틴 아메리카	• 남부 유럽 문화의 영향 → 가톨릭교 우세, 에스파냐어와 포르투갈어 사용 ─ 브라질 • 다양한 인종: 원주민, 백인, 흑인, 이들 사이의 혼혈인 등 다양한 인종 분포

6 오세아니아 문화권: 청정한 자연환경을 바탕으로 한 농목업과 관광 산업 발달, 유럽의 침입으로 원주민 문화 파괴 → 유럽 문화 중심, 영어 사용, 개신교 우세

7 북극 문화권: 한대 기후, 순록 유목, 수렵·어로 활동, 소수 민족(이누이트, 라프족 등) 거주, 최근 현대 문명의 전파로 전통적 생활양식 변화

＊ 문화
인간이 환경과 상호 작용하는 과정에서 형성한 생활양식이다.

＊ 문화권
문화 요소가 유사하게 나타나는 비교적 넓은 공간적 범위이다. 문화권 내에서는 비슷한 생활양식과 문화 경관이 나타난다.

＊ 자연환경과 생활양식 간의 관계
사람들은 거주 지역의 자연환경에 적응하거나, 자연환경의 제약을 극복하면서 살아가기 때문에 지역의 자연환경에 따라 생활양식이 달라진다.

＊ 문화 경관
어떤 장소에 특정 문화를 가진 사람들이 오랜 기간 거주하면서 만든 지역의 문화적 특성으로 종교 경관, 언어 경관, 건축 경관 등으로 나타난다. 문화 경관은 문화권 구분의 기준이 된다.

＊ 문화권의 구분
문화권의 경계는 대체로 높은 산맥이나 큰 하천 등의 자연환경을 기준으로 나뉜다. 서로 다른 문화권이 만나는 지역에서는 그 특성이 함께 나타나는 지리적 범위인 점이 지대가 나타난다.

＊ 정교회
비잔틴 제국과 동유럽 문화의 중요한 바탕이 된 종교이다. 로마 교황의 권위를 인정하지 않고 제례 의식을 보다 중시하며, 자치적인 성격이 강한 크리스트교의 한 갈래이다.

＊ 관개 농업
농작물이 자라기에 좋은 조건을 만들기 위해 조직적으로 경작지에 물을 대어서 하는 농업이다.

＊ 아프리카의 분쟁
유럽의 오랜 식민 지배로 민족(종족) 경계와 국경이 불일치하여 이에 따른 민족·종교 갈등이 빈번하다. 최근에는 자원 확보를 둘러싼 갈등이 복합적으로 작용하여 많은 분쟁이 발생하고 있다.

＊ 기업적 농목업
기업의 자본과 기술이 투자되어 생산 활동을 하는 농업과 목축업을 일컫는 말이다.

자료 Pick

자료 ① 자연환경에 따른 음식과 주거 문화

▲ 베트남의 포(쌀)

▲ 이탈리아의 파스타(밀)

▲ 열대 기후의 고상 가옥

▲ 건조 기후의 흙집

자연환경은 인간 생활의 토대가 된다. 기후, 지형, 토양, 식생 등의 자연환경에 따라 각 지역의 주민 생활은 다르게 나타난다. 인간은 주어진 환경에서 잘 자라는 작물을 주식으로 삼았으며, 주변에서 쉽게 구할 수 있는 재료를 이용하여 가옥을 짓고 살았다.

자료 ② 종교를 기준으로 구분한 문화권

0 2,000 km

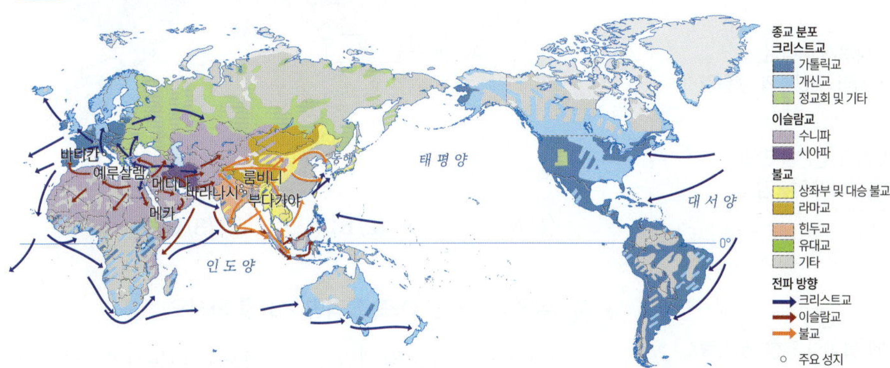

(디르케 세계 지도, 2023 / 신상 지리 자료, 2023)

▲ 쾰른 대성당(독일)

▲ 술탄 아흐메드 모스크(튀르키예)

▲ 쉐다곤 파고다 사원(미얀마)

종교는 인간의 가치관에 큰 영향을 끼치는 문화 요소로 종교에 따라 의식주와 사회 제도, 종교 경관이 다르게 나타난다. 즉 종교는 문화권을 구분하는 중요한 기준이 된다. 문화권 형성에 영향을 주는 대표적인 종교에는 크리스트교, 이슬람교, 불교, 힌두교 등이 있다.

자료 ③ 세계의 문화권 구분

(디르케 세계 지도, 2015)

자료 Pick 플러스

자연환경과 주민 생활

음식	• 베트남: 고온 다습한 계절풍 기후 지역에서 활발한 벼의 재배 • 이탈리아: 건조한 기후에서도 잘 자라는 밀을 이용한 음식
주거	• 열대 기후의 고상 가옥: 빗물이 잘 흘러내리는 가파른 지붕, 땅의 습기를 차단하기 위해 지면에서 띄운 바닥 • 건조 기후의 흙집: 주변에서 쉽게 구한 재료로 지은 집, 비가 잘 내리지 않아 평평한 지붕, 열을 차단하기 위한 작은 창문

종교와 주민 생활

크리스트교	십자가를 세운 성당이나 교회, 예배하는 사람들
불교	• 불교 사원과 불상, 탑 • 육식과 살생 금지, 해탈 강조
이슬람교	• 둥근 지붕과 첨탑의 모스크 • 술·돼지고기 섭취 금기, 할랄 식품 허용
힌두교	• 다신교, 갠지스강에서의 종교 의식 • 소고기 섭취 금기

Tip 이슬람교는 돼지를 멀리하여 먹지 않는 것이고, 힌두교는 소를 신성시하여 먹지 않는다는 차이점을 기억하자.

문화권을 구분하는 기준

문화권마다 각 지역 주민이 그 지역의 자연·인문환경에 적응한 삶의 방식이 나타난다.

기준	민족, 언어, 종교 등의 문화 요소 가운데 하나 혹은 여러 개를 기준으로 구분
특징	• 고정된 것이 아니라 인구 이동이나 문화 전파 등으로 계속 변화 • 동일한 문화권 내에서도 여러 가지 삶의 방식이 존재

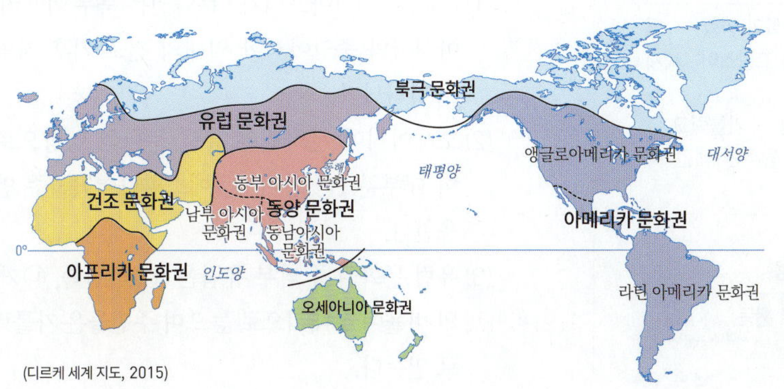

개념 체크 문제

포인트 Pick

1 문화와 문화권

(❶　　　)	인간이 환경과 상호 작용하는 과정에서 형성된 생활양식 ⑩ 의식주, 언어, 종교, 풍습 등
문화권	• 문화 요소가 유사하게 나타나는 비교적 넓은 공간적 범위 • 자연환경과 인문환경의 영향을 받아 형성됨. • 문화권 간의 경계에는 대부분 서로 인접한 지역의 특성이 함께 섞여 나타나는 (❷　　　)이/가 나타남.

2 문화권 형성에 영향을 주는 요인

자연환경	• 기후: 의식주와 산업이 지역마다 다르게 나타남. • (❸　　　): 산지·평야·해안 지역 주민들의 생활양식이 달라짐.
인문환경	• 종교: 다양한 종교적 생활양식과 문화 경관을 만듦. • 산업: 산업 발달 수준에 따라 생활양식이 달라짐.

3 문화권의 구분

동양 문화권	• 공통점: 계절풍의 영향으로 벼농사 발달 • 동부 아시아: (❹　　　)와/과 불교의 영향, 젓가락과 한자 사용 • 동남아시아: 인도양과 태평양이 만나는 교통의 요지 → 불교·이슬람교·크리스트교 등 다양한 종교 혼재 • (❺　　　) 아시아: 힌두교를 중심으로 이슬람교와 불교 분포
(❻　　　) 문화권	• 공통점: 크리스트교가 생활 전반에 영향을 미침. • 북서 유럽: 개신교와 게르만족, 혼합 농업과 낙농업 발달, 산업 혁명의 발상지로 경제 수준이 높음. • 남부 유럽: 가톨릭교와 라틴족, 수목 농업과 관광 산업이 발달함. • 동부 유럽: 그리스 정교와 슬라브족의 비중이 높은 편임.
건조 문화권	• 범위: 북부 아프리카, 서남아시아와 중앙아시아 일대의 건조 기후 지역 • (❼　　　)을/를 주로 믿으며 돼지고기를 금기시
아프리카 문화권	• 범위: 사하라 이남의 중·남부 아프리카 • 부족 단위의 공동체 생활, (❽　　　) 신앙과 크리스트교 비중 높음, 이동식 화전 농업과 플랜테이션
아메리카 문화권	• (❾　　　)아메리카: 북서 유럽 문화의 영향 → 개신교 우세, 대체로 영어 사용(퀘벡주는 프랑스어), 세계 경제의 중심지로 성장 • 라틴 아메리카: 남부 유럽 문화의 영향 → 가톨릭교 우세, (❿　　　)·포르투갈어 사용, 원주민·백인·흑인·혼혈 등 다양한 인종 분포
오세아니아 문화권	• 유럽 문화의 침입과 원주민 문화 파괴 • 유럽 문화 중심, 개신교 우세, 영어 사용
북극 문화권	한대 기후 지역, 순록 유목, 수렵 및 어로 활동

01 빈칸에 들어갈 알맞은 말을 쓰시오.

> 한 사회의 구성원이 환경과 상호 작용하면서 형성한 의식주, 언어, 종교, 풍습 등 사회 전반의 생활양식을 문화라고 하며, 유사한 문화적 특성이 나타나 주변의 다른 지역과 구별되는 공간 범위를 (　　　)(이)라고 한다.

02 지도의 A~C에 해당하는 문화권을 쓰시오.

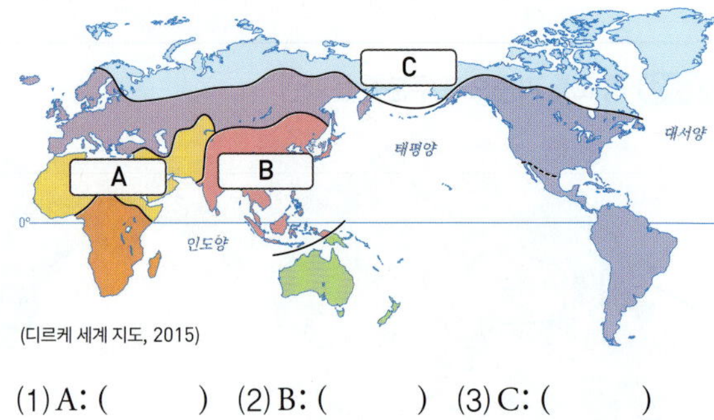

(디르케 세계 지도, 2015)

(1) A: (　　　)　(2) B: (　　　)　(3) C: (　　　)

03 설명이 옳으면 ○표, 틀리면 ✕표를 하시오.

(1) 동양 문화권은 계절풍의 영향으로 벼농사가 발달하였으며 쌀을 재료로 한 음식 문화가 발달하였다. (　　)
(2) 라틴 아메리카 문화권은 북서 유럽 문화의 영향으로 주민들이 대부분 영어를 주요 언어로 사용한다. (　　)
(3) 북극 문화권은 한대 기후 지역에 나타나며 전통적으로 주민들은 순록을 유목하며 살아간다. (　　)

04 각 문화권의 주민들이 주로 믿는 종교를 바르게 연결하시오.

(1) 건조 문화권　　　•　　　• ㉠ 힌두교
(2) 아메리카 문화권　•　　　• ㉡ 이슬람교
(3) 남부 아시아 문화권 •　　• ㉢ 크리스트교

05 ㉠, ㉡ 중 알맞은 것을 고르시오.

(1) (㉠ 건조, ㉡ 아프리카) 문화권은 북부 아프리카, 서남아시아와 중앙아시아 일대의 건조 기후 지역에서 주로 나타난다.
(2) 오세아니아 문화권은 유럽 문화의 영향으로 주민들이 대부분 (㉠ 영어, ㉡ 에스파냐어)를 주 언어로 사용한다.
(3) 유럽 문화권 중 남부 유럽은 (㉠ 라틴족, ㉡ 게르만족)의 비율이 상대적으로 높으며 주민들은 가톨릭교를 주로 믿는다.

01 '다양한 문화권의 특징과 삶의 방식'을 주제로 한 수업 중 교사의 질문에 옳게 답변한 학생만을 고른 것은?

> 교사: 자연환경의 영향을 받아 형성된 문화의 사례에 관해 말해 볼까요?
> 갑: 산업이 발달한 지역은 고층 건물이 밀집한 도시 경관과 도시적 생활양식이 나타나요.
> 을: 비가 적게 내리는 몽골 초원에서는 가축에게 먹일 풀을 찾아 이동하는 유목 문화가 나타나요.
> 병: 일 년 내내 기온이 높고 강수량이 많은 열대 기후 지역의 주민들은 얇고 가벼운 옷을 주로 입어요.
> 정: 과거 프랑스인들이 주로 이주한 캐나다의 퀘벡주에서는 프랑스어를 사용하며 프랑스 문화를 유지하며 살아가요.

① 갑, 을 ② 갑, 병 ③ 을, 병
④ 을, 정 ⑤ 병, 정

02 지도는 세계의 주식 분포를 나타낸 것이다. A, B에 관한 옳은 설명만을 〈보기〉에서 고른 것은?

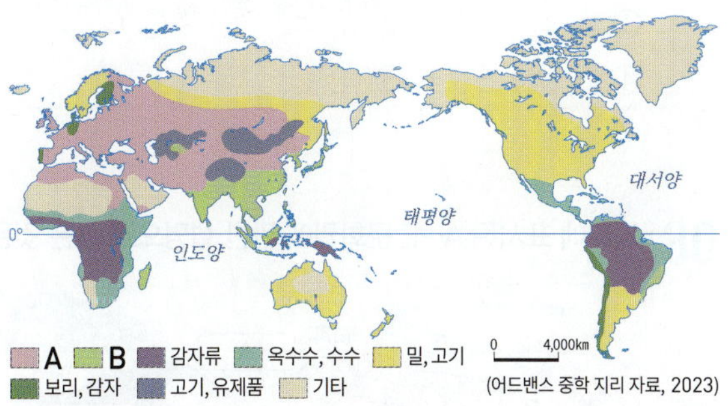

> **보기**
> ㄱ. A로 만든 음식으로는 피자, 파스타 등이 있다.
> ㄴ. B로 만든 음식으로는 퍼, 나시 고렝 등이 있다.
> ㄷ. A는 B보다 계절풍 기후의 충적 평야에서 생산에 유리하다.
> ㄹ. B는 A보다 빵이나 면의 재료로 이용되는 비율이 높다.

① ㄱ, ㄴ ② ㄱ, ㄷ ③ ㄴ, ㄷ
④ ㄴ, ㄹ ⑤ ㄷ, ㄹ

03 지도는 세계의 언어 문화권을 나타낸 것이다. (가)~(다)에 해당하는 언어로 옳은 것은?

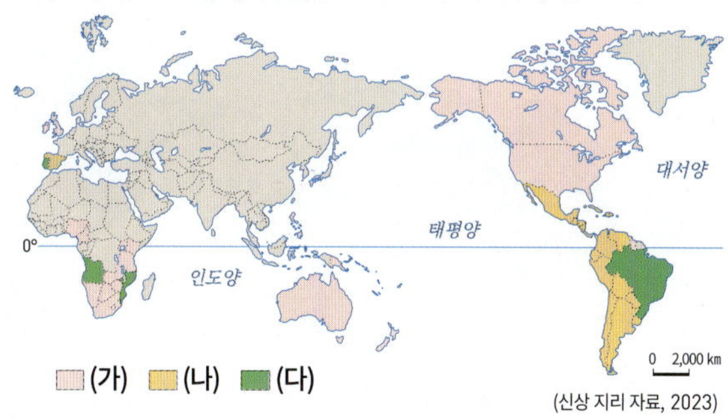

	(가)	(나)	(다)
①	영어	에스파냐어	포르투갈어
②	영어	포르투갈어	에스파냐어
③	에스파냐어	영어	포르투갈어
④	에스파냐어	포르투갈어	영어
⑤	포르투갈어	에스파냐어	영어

04 ㉠에 들어갈 음식(주재료)으로 적절한 것을 그림에서 고른 것은?

① 밥(쌀) ② 소시지(돼지)
③ 김치(배추) ④ 떡갈비(소)
⑤ 삼계탕(닭)

05 지도는 세계의 종교 분포를 나타낸 것이다. A~D 종교를 믿는 주민 생활에 관한 옳은 설명만을 〈보기〉에서 고른 것은?

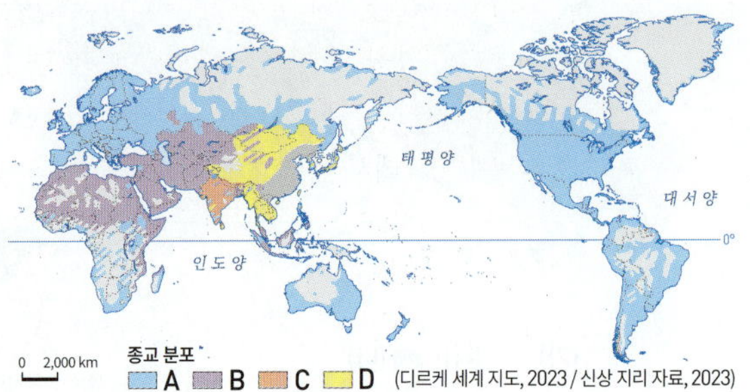

보기
ㄱ. A – 소를 신성시 여겨 소고기를 먹지 않는다.
ㄴ. B – 하루에 다섯 번 메카를 향해 기도한다.
ㄷ. C – 갠지스강에서 목욕을 하며 자신의 죄를 씻는다.
ㄹ. D – 십자가를 세운 교회나 성당에 모여 기도한다.

① ㄱ, ㄴ   ② ㄱ, ㄷ   ③ ㄴ, ㄷ
④ ㄴ, ㄹ   ⑤ ㄷ, ㄹ

06 사진은 두 종교의 주민 생활 모습을 표현한 것이다. (가), (나)에 해당하는 종교로 옳은 것은?

(가)	(나)

타이의 국민 대다수가 믿는 종교로, 이 종교 신자에게 최고의 공덕은 출가하여 승려가 되는 것이다.	인도의 국민 대다수가 믿는 종교로, 이 종교의 신자들은 자신의 죄를 씻기 위해 갠지스강에서 목욕을 한다.

	(가)	(나)
①	불교	힌두교
②	불교	이슬람교
③	힌두교	불교
④	힌두교	이슬람교
⑤	이슬람교	힌두교

07 A~D 지역의 가옥 구조에 관한 옳은 설명만을 〈보기〉에서 고른 것은?

보기
ㄱ. A – 여름철 고온 건조한 기후로 뜨거운 햇빛을 막기 위해 벽을 하얗게 칠하였다.
ㄴ. B – 지면의 열기와 습기, 해충을 피해 고상식 가옥을 만들었다.
ㄷ. C – 연 강수량이 적어 지붕을 평평하게 만들었다.
ㄹ. D – 이슬람교의 영향으로 지붕의 경사를 가파르게 만들었다.

① ㄱ, ㄴ   ② ㄱ, ㄷ   ③ ㄴ, ㄷ
④ ㄴ, ㄹ   ⑤ ㄷ, ㄹ

08 지도에 표시된 A~E 문화권에 관한 설명으로 옳은 것은?

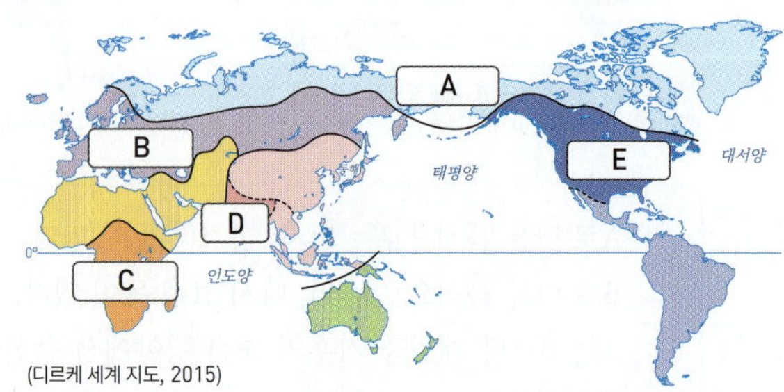

(디르케 세계 지도, 2015)

① A – 전통적으로 순록을 유목하며 생활한다.
② B – 이슬람교를 신봉하여 돼지고기를 먹지 않는다.
③ C – 힌두교를 중심으로 다양한 종교가 공존한다.
④ D – 유교·불교 문화가 나타나며, 한자를 사용한다.
⑤ E – 가톨릭교를 신봉하며 에스파냐어를 사용한다.

[09~10] 세계의 문화권을 구분한 지도를 보고 물음에 답하시오.

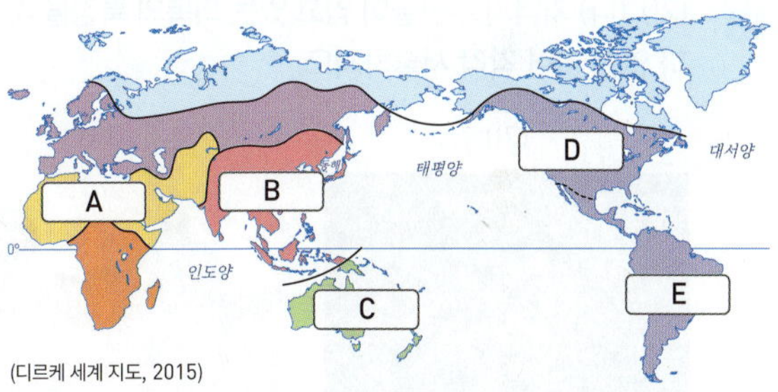

(디르케 세계 지도, 2015)

09 다음은 종교 경관으로 카드를 만든 것이다. 각 경관이 주로 나타나는 문화권을 위 지도의 A~E에서 고른 것은?

① A ② B ③ C ④ D ⑤ E

10 다음은 어느 문화권을 여행하면서 보낸 편지의 일부이다. 이에 해당하는 문화권을 위 지도의 A~E에서 고른 것은?

> 지유에게.
> 오늘 이곳 주민들이 주로 믿는 종교의 사원을 방문했어. 뜨거운 태양을 향해 높이 솟아있는 사원의 첨탑과 돔 형태의 지붕을 볼 수 있었어. 사막의 열기와 건조함을 견디고 사는 대추야자 나무의 이국적인 풍경도 아름다웠어. 그리고 시장에서는 대추야자 열매를 팔고 있었어. 대추야자는 아주 달고 맛있었어. 그리고 저녁으로 먹은 양고기 요리도 아주 맛있었어.
> — 우영이가 —

① A ② B ③ C ④ D ⑤ E

11 ㉠, ㉡에 해당하는 국가를 지도의 A~C에서 고른 것은?

> • (㉠)의 송끄란 축제는 이 국가의 전통 달력으로 정월 초하루인 4월에 새해를 축하하며 전국적으로 열리는 축제이다. 부처의 축복을 기원하기 위해 불상을 물로 씻는 데서 유래하여 서로에게 물을 뿌리는 행사가 진행된다.
> • (㉡)의 리우 카니발은 유럽에서 전파된 가톨릭 축제와 원주민의 전통·풍습, 아프리카계의 전통 음악과 춤이 어우러져 탄생하였다. 카니발이 시작되면 사람들이 삼바 리듬에 맞추어 춤을 추고 노래하며 다 함께 행진한다.

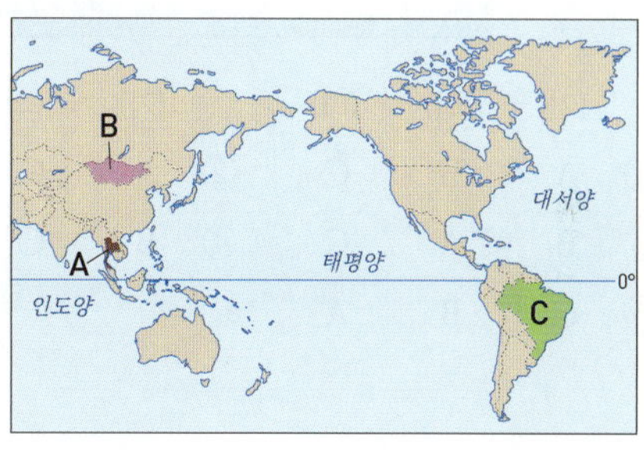

	㉠	㉡		㉠	㉡
①	A	B	②	A	C
③	B	A	④	B	C
⑤	C	A			

12 지도는 유럽 문화권을 세 지역으로 구분한 것이다. A~C 지역에 관한 설명으로 옳은 것은?

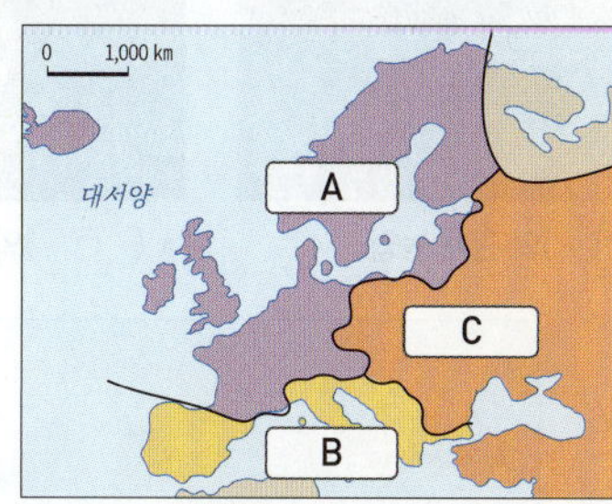

① A는 B보다 국가 내 가톨릭교 신자 비율이 높다.
② A는 C보다 국가 내 슬라브족 인구 비율이 높다.
③ B는 A보다 혼합 농업에 유리한 기후가 나타난다.
④ B는 C보다 국가 내 라틴족 인구 비율이 높다.
⑤ C는 A보다 국가 내 개신교 신자 비율이 높다.

13 사진은 세 지역을 여행하며 찍은 종교 사원의 모습이다. (가)~(다)에 해당하는 지역을 지도의 A~C에서 고른 것은?

(가)   (나)   (다)

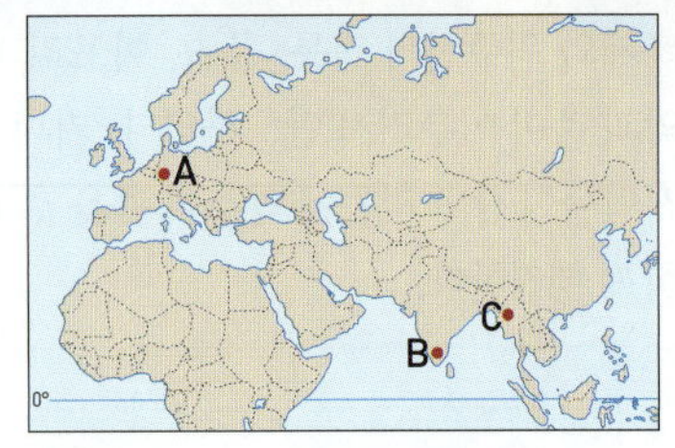

	(가)	(나)	(다)		(가)	(나)	(다)
①	A	B	C	②	A	C	B
③	B	A	C	④	B	C	A
⑤	C	B	A				

14 (중요) ㉠에 해당하는 국가를 지도의 A~E에서 고른 것은?

▲ (㉠)의 관개 농업   ▲ (㉠)의 성지 순례 인파

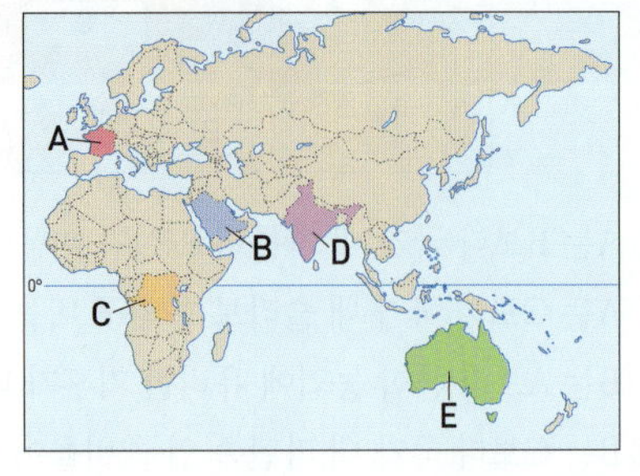

① A   ② B   ③ C   ④ D   ⑤ E

서술형 문제

15 (가), (나) 지역의 주민들이 입고 있는 의복의 특징을 자연환경과 연관 지어 각각 서술하시오.

(가)   (나)

16 (가), (나)를 보고 물음에 답하시오.

(가)   (나)

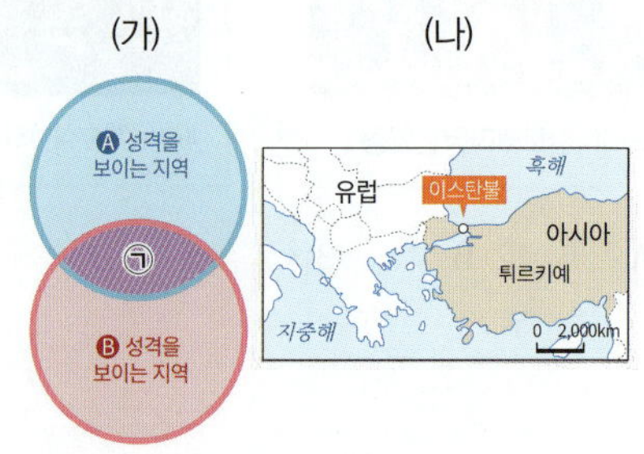

(1) (가)의 ㉠을 뜻하는 용어를 쓰시오.

(2) (나) 지도의 이스탄불에서 나타나는 문화 현상을 ㉠의 개념을 활용하여 서술하시오.

17 지도의 A~C 문화권의 언어와 종교 분포에 영향을 미친 문화권의 명칭을 쓰고, A~C 문화권의 언어와 종교 분포에 관해 서술하시오.

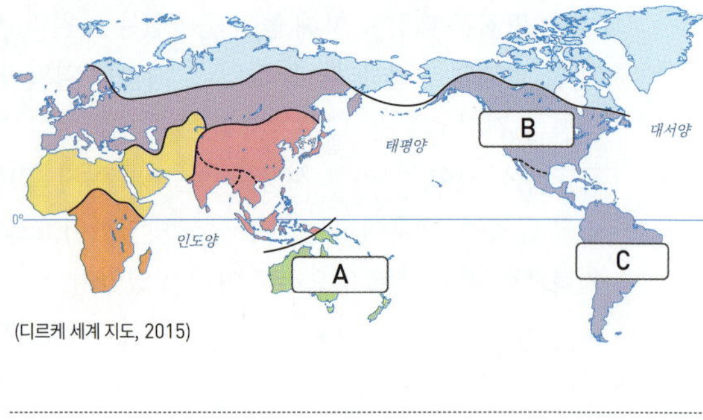

(디르케 세계 지도, 2015)

문제의 자료에서 **키워드**를 찾고, 키워드 **꼬리 질문**에 답해 보자.
만약 답변이 어렵다면 **다시 개념 학습**으로 돌아가 복습해 보자.

01 그래프는 주요 종교의 지역(대륙)별 신자 수 비율을 나타낸 것이다. A~C 종교에 관한 설명으로 옳은 것은? (단, A~C는 각각 불교, 이슬람교, 크리스트교 중 하나임.)

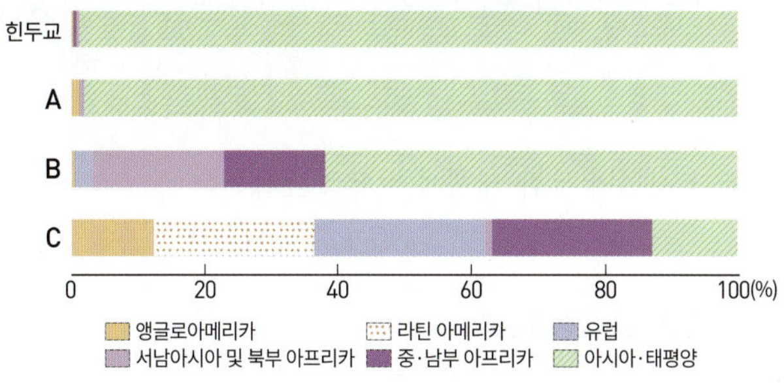

① A의 종교 건축물에는 십자가와 종탑이 있다.
② B의 신자들은 소고기를 먹지 않는다.
③ C의 사원을 '모스크'라고 한다.
④ 건조 문화권은 A보다 B의 신자 비율이 높다.
⑤ A의 신자 수는 동남아시아 문화권보다 남부 아시아 문화권이 많다.

'주요 종교의 지역(대륙)별 신자 수 비율'

Q1 서남아시아 및 북부 아프리카의 신자가 상대적으로 많은 B 종교는?
Q2 B 종교 신자의 생활 모습은?

☞ 66쪽

---

02 밑줄 친 ㉠에 해당하는 지역을 지도의 A~E에서 고른 것은?

　　○○ 성당의 히랄다 탑은 12세기에 만들어진 이슬람 양식의 몸체를 그대로 남겨두고, 16세기에 정상부만 가톨릭 양식으로 교체하였다. 그래서 지금의 히랄다 탑은 이슬람 양식과 가톨릭 양식의 모습이 함께 나타나는 독특한 형태를 띠고 있다. ㉠○○ 성당이 위치한 지역은 두 문화권의 경계 부근인 점이 지대에 위치하기 때문에 이러한 독특한 건축물이 나타나는 것이다.

'이슬람 양식', '가톨릭 양식', '점이 지대'

Q1 이슬람교의 영향을 크게 받은 문화권은?
Q2 점이 지대의 특징은?

☞ 66쪽

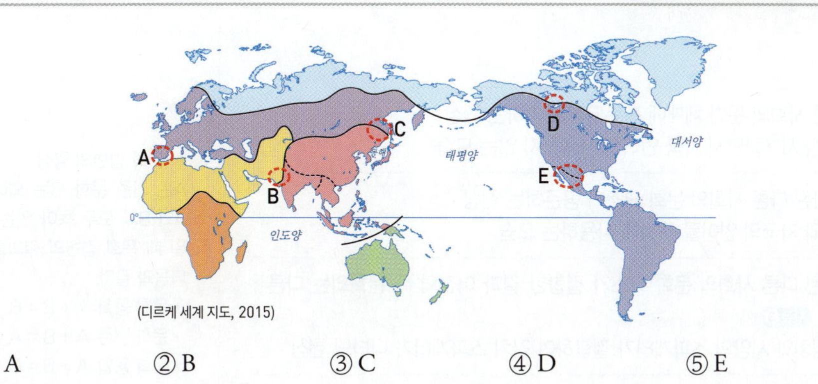

① A　　② B　　③ C　　④ D　　⑤ E

07 문화 변동과 전통문화

1 문화 변동의 의미와 요인

1 문화 변동의 의미: 새로운 문화 요소가 등장하거나 다른 문화와의 접촉을 통해 한 사회의 문화 체계가 크게 변화하는 현상

2 문화 변동의 요인

(1) 내재적 요인: 한 사회 내부에서 새롭게 등장하여 해당 사회의 문화 체계에 변동을 초래하는 요인

발견	• 의미: 이미 존재하고 있었지만 알려지지 않았던 문화 요소를 찾아내는 것 • 사례: 불, 전기 등
*발명	• 의미: 존재하지 않았던 새로운 문화 요소를 만들어 내는 것 • 사례: 컴퓨터, 자동차 등

(2) 외재적 요인(문화 전파) 현대 사회에서 빈번하게 나타나며 오늘날 문화 변동의 주요 요인임.

　① 의미: 다른 사회의 문화 체계와 접촉하거나 교류하는 과정에서 다른 사회의 문화 요소가 전해져 문화 변동을 초래하는 요인

　② 문화 전파의 유형 자료❶

직접 전파	• 의미: 서로 다른 사회의 구성원과 직접적인 접촉 과정에서 문화 요소가 전달되어 정착되는 현상 • 사례: 전쟁, 정복, 부족 간 혼인 등에 의한 문화 전파　새로운 현상 등이 당연한 것으로 사회에 받아들여짐.
간접 전파	• 의미: 매개체를 통해 간접적으로 문화 요소가 전달되어 정착되는 현상 • 사례: 인쇄물, 영상 매체, 인터넷 등에 의한 문화 전파
자극 전파	• 의미: 다른 사회의 문화 요소에서 얻은 아이디어가 전파되어 새로운 문화 요소가 만들어지는 현상 • 사례: 알파벳에서 아이디어를 얻어 만든 체로키 문자 자료❷

2 문화 변동의 양상

1 문화 변동: 요인의 소재에 따른 구분

(1) 내재적 변동: 한 사회의 문화 체계 내에서 이루어지는 문화 변동

(2) *외재적 변동(문화 접변): 서로 다른 사회의 문화가 장기간에 걸쳐 전면적으로 접촉하면서 나타나는 문화 변동

2 *문화 접변의 양상

문화 동화	• 의미: 기존의 문화 요소가 다른 사회의 문화 체계에 흡수되어 소멸하는 현상 • 사례: A국 국민이 B국의 언어를 사용하면서 자국 언어를 사용하지 않는 모습
문화 병존	• 의미: 기존의 문화 요소와 전파된 다른 사회의 문화 요소가 공존하는 현상 • 사례: A국 국민이 B국의 언어와 자국의 언어를 동시에 사용하는 모습
문화 융합	• 의미: 기존 문화 요소와 전파된 다른 사회의 문화 요소가 결합한 결과 이전의 두 문화와는 다른 새로운 문화가 나타나는 현상 자료❸ • 사례: 한국에서 전통 음식인 김치와 서양의 스파게티가 결합하여 김치 스파게티가 나타난 현상

└ 기존 문화의 정체성을 상실하지 않으면서 새로운 문화를 창조함.

✱ 발명의 대상
새로운 것을 만들어 내는 발명은 기술과 같은 물질문화뿐만 아니라 종교와 같은 비물질문화도 발명의 대상이 된다.

✱ 1차 발명과 2차 발명
1차 발명은 기존에 없던 것을 새로 만드는 것이고, 2차 발명은 기존의 것을 응용해서 새로운 것을 만드는 것이다. 예를 들어 활을 만든 것은 1차 발명이고, 활을 이용해 현악기를 만든 것은 2차 발명이다.

✱ 문화를 수용하는 주체의 자발성에 따른 구분
자발적인 문화 접변은 군사적·정치적 지배 관계에 있지 않은 두 문화가 상호 교류를 지속할 때 문화 요소의 자유로운 차용과 수정이 일어난다. 강제적 문화 접변은 한 민족이 다른 민족을 군사적·정치적으로 지배할 때 일어나는 규제된 문화 변동이다.

✱ 문화 접변의 양상
A는 기존 문화, B는 외래문화, C는 A와 B가 모두 녹아 있는 문화 요소일 때 문화 접변의 결과를 나타내면 다음과 같다.
• 문화 동화: A + B = B
• 문화 병존: A + B = A, B
• 문화 융합: A + B = C

자료 ① 직접 전파, 간접 전파

• 직접 전파

직접 전파는 두 문화 체계 사이의 직접적인 접촉에 의한 전파이다. 교역으로 새 물질, 새로운 지식을 전하거나 부족 간의 통혼으로 풍속이나 제도를 수용하는 것, 부족 간의 의례적인 방문으로 노래와 춤 등을 전파하는 것 등이 직접 전파이다. 직접 전파의 하나인 정복은 한 민족이나 국가가 피정복민에게 문화를 강요하여 피정복민의 문화에 변화를 일으키는 것이다. 인도네시아가 힌두교를 받아들였고 그 뒤에 이슬람교를 받아들인 것, 에스파냐에 정복 당한 멕시코 원주민이 가톨릭을 받아들인 것, 한국이 겪은 일제 강점기 등이 이러한 것의 하나이다.

• 간접 전파

간접 전파는 책, 신문, 텔레비전, 인터넷과 같은 매개체를 통하여 문화 요소가 전파되는 현상이다. 과거에는 주로 인쇄물을 통해 전파되었으나 오늘날에는 정보통신기술이 급격하게 발달하면서 특히 인터넷을 통한 간접 전파가 빠르고 폭넓게 이루어지고 있다.

자료 ② 체로키 문자

▲ 세쿼이아와 체로키 문자

체로키 문자는 19세기 초 체로키 원주민 세쿼이아가 라틴 문자를 본떠 만든 85개의 음절 문자이다. 글자 모양은 라틴 문자와 유사한 것이 많지만 소릿값은 전혀 관계가 없다. 체로키 문자처럼 기존 문자를 참고해서 문자라는 개념과 글자의 모양을 받아들여 새롭게 만든 문자를 '아이디어 확산'에 의한 문자 창제라고 한다. 따라서 이는 문화 변동의 요인 중 자극 전파의 사례에 해당한다.

자료 ③ 문화 융합과 자극 전파의 차이

문화 융합과 자극 전파는 모두 외부 문화와 접촉하여 새로운 문화 요소를 만들어 낸 것이므로 같은 의미로 받아들이기 쉽다. 그러나 문화 융합과 자극 전파는 차이점이 있다. 문화 융합은 외래문화 요소와 기존 문화 요소가 모두 포함된 상태의 문화 변동이지만 자극 전파로 인한 문화 변동에는 기존의 문화 요소를 찾을 수 없다. 자극 전파는 아이디어의 전파와 새로운 문화 요소의 등장이 복합되어 있다.

자료 Pick · 플러스

✖ 직접 전파, 간접 전파의 사례

직접 전파	힌두교를 믿던 인도네시아의 마지빠힛 왕조는 이슬람 세력에 정복당해 멸망하게 되었다. 이후 힌두교 승려와 왕족이 발리섬으로 이주하게 되었고 종교를 가지고 있지 않았던 발리 원주민을 지배하면서 힌두교가 발리의 주요 종교로 정착하게 되었다.
간접 전파	드라마 '오징어 게임'은 국내뿐 아니라 전 세계에 우리 놀이 문화를 전파하였다. 전 세계인이 '딱지치기'를 하고 '무궁화 꽃이 피었습니다'와 같은 한국 놀이를 하고 있다.

Tip 교역, 전쟁, 선교 등과 같은 구성원 간의 직접적인 접촉에 의한 전파인지 인터넷 등 매개체에 의한 전파인지 구분해서 정리하자.

✖ 우리나라 자극 전파의 사례

고유의 문자가 없던 시대의 우리나라는 글을 쓰기 위해 중국의 한자를 이용하였다. 그러나 한국어는 중국어와 언어 체계가 달라 한자를 그대로 도입하여 기록하는 데는 한계가 있었다. 특히 인명이나 지명 등 순수한 고유명사를 표기하는 것이 불가능하였다. 신라 시대에 한자의 원래 의미와는 상관없이 한자의 음이나 훈을 이용하여 우리말을 기록하는 표기법이 고안되었는데, 이를 '이두(吏讀)'라고 한다. 이두는 중국의 한자로부터 아이디어를 얻어 발명된 것이므로 자극 전파의 사례로 볼 수 있다.

✖ 발명, 자극 전파, 문화 융합의 구분

발명, 자극 전파, 문화 융합은 모두 기존에 없던 새로운 것을 만들어 내므로 '발명'이라는 공통점이 있다.

발명	한 사회 내에서 구성원들이 새로운 문화 요소를 만들어 낸 것
자극 전파	외래문화와의 접촉을 통해 외래문화에서 아이디어를 얻어 새로운 문화 요소를 만들어 낸 것
문화 융합	외래문화와의 접촉을 통해 외래문화와 기존의 문화 요소를 포함한 새로운 문화 요소를 만들어 낸 것

 전통문화의 의미와 의의 및 기능

1 *의미

(1) 한 사회에서 과거로부터 전해 내려오는 문화 요소 중에서 오늘날까지 구성원들에게 그 가치를 인정받고 발전시킬 만한 가치가 있는 것 자료❹

(2) 협동, 상부상조의 정신, *김장 문화 등
서로서로 도움

2 의의 및 기능

(1) 구성원의 공동체 의식과 유대감을 강화하여 구성원의 결속력을 높여 사회 유지와 통합에 이바지함.
뜻이 같은 사람끼리 서로 단결하는 성질

(2) 문화의 고유성, *정체성을 유지하는 데 이바지함.

(3) 세계 문화의 다양성을 증진하는 데 이바지함.

(4) 사회 구성원의 자긍심을 고취함.
스스로에게 긍지를 가지는 마음

(5) 국가 이미지를 높이며 문화 산업 육성에 이바지함.
문화 예술을 상품화하여 부가 가치를 만들어 내는 산업

---

4 **전통문화의 창조적 계승과 발전 방안**

1 전통문화의 창조적 계승 자료❺

(1) *세계화의 진행 속에서 전통문화가 현재와 미래에도 계속해서 의의가 있도록 함.

(2) 자국의 고유한 정체성을 유지하면서 전통문화를 재창조하여 계승함.
조상의 전통이나 문화유산, 업적 등을 물려받아 이어 나감.

(3) 판소리를 현대적으로 재해석한 음악과 춤, 전통 문화유산을 소재로 한 국립 박물관의 굿즈, 전통 김장독의 원리를 현대 기술로 구현한 김치냉장고 등

2 전통문화의 창조적 계승 방안

(1) 전통문화를 과거 모습 그대로 유지하는 데 그치지 않고 시대에 맞게 재해석 → 전통문화의 가치를 높이고 더욱 발전시킬 수 있음.
전통문화의 단점을 보완하고 시대적 변화에 맞게 표현

(2) 외래문화를 무분별하게 받아들이기만 한다면 자기 문화의 정체성을 상실할 수 있음. → 전통문화의 고유성을 유지하면서 외래문화를 능동적이고 비판적으로 수용하도록 노력해야 함.

(3) 전통문화 요소에 담긴 독창성과 고유성을 지키면서도 전통문화 요소를 시대에 걸맞은 문화 *콘텐츠로 발전시켜야 함.

(4) 인류 문화의 발전을 위해 우리 전통문화를 알리고 다른 사회의 전통문화를 존중하는 세계시민의 자세를 가져야 함.

✳ 전통문화
우리 전통문화는 농경 문화, 유교, 불교, 토속 신앙을 바탕으로 형성되었다.

✳ 김장 문화
함께 협력하여 김치를 담그고 나누는 작업을 통해 유대감을 가지게 된다.

✳ 정체성
정체성은 상당 기간 일관되게 유지되는 고유한 실체로서 자기에 대한 주관적 경험을 함의할 수 있다. 정체성은 자기 내부에서 일관된 동일성을 유지하는 것과 다른 존재와의 관계에서 어떤 본질적인 특성을 지속해서 공유하는 것 모두를 의미한다.

✳ 세계화
국제 사회의 상호 의존성이 커지고 서로 다른 문화와 가치 등을 공유하면서 국경을 넘어 세계가 하나로 통합되는 현상이다.

✳ 콘텐츠
유무선 전기 통신망에서 사용하기 위하여 문자·부호·음성·음향·이미지·영상 등을 디지털 방식으로 제작해 처리·유통하는 각종 정보 또는 그 내용물을 통틀어 이르는 개념이다. 콘텐츠는 본래 문서, 연설 등의 내용이나 목차, 요지를 뜻하는 말이었다. 그러다 정보통신기술이 빠르게 발달하면서 각종 유무선 통신망을 통해 제공되는 디지털 정보나 그러한 내용물을 총칭하는 용어로 쓰이게 되었다.

자료 ④ 국가유산

국가유산은 인위적이거나 자연적으로 형성된 국가적·민족적·세계적 유산으로서 역사적·예술적·학술적·경관적 가치가 큰 문화유산·자연유산·무형유산이다.

- 문화유산: 우리 역사와 전통의 산물로서 문화의 고유성, 겨레의 정체성 및 국민 생활의 변화를 나타내는 유형의 문화적 유산이다.
- 자연유산: 동물·식물·지형·지질 등의 자연물 또는 자연환경과의 상호 작용으로 조성된 문화적 유산이다.
- 무형유산: 여러 세대에 걸쳐 전승되어 공동체, 집단과 역사·환경의 상호 작용으로 끊임없이 재창조된 무형의 문화적 유산이다.

국가유산청장은 문화유산법·자연유산법·무형유산법에 따라 설치된 위원회의 심의를 거쳐 국가 지정 유산을 정한다. 국보, 보물, 국가 무형유산, 사적, 명승, 천연기념물, 국가 민속문화유산 등으로 구분된다.

▲ 국보(숭례문) 보물에 해당하는 문화유산 중 인류 문화의 견지에서 그 가치가 크고 유례가 드문 것을 국보로 지정한다.

▲ 보물(대동여지도) 건조물·전적·서적·고문서·회화·조각·공예품·고고 자료·무구 등의 유형 문화유산 중 중요한 것을 보물로 지정한다.

자료 ⑤ 국가 무형유산 전수 교육관

국가 무형유산 전수 교육관은 국가 무형유산의 전승을 위해 국가유산청이 건립하고 국가 무형유산 전수 교육관이 관리, 운영하고 있다. 국가 무형유산 기·예능 보유사와 단체의 전승 활동이 이루어지는 공간으로 다양한 전통 공연과 전시, 체험 등 국민이 우리의 아름다운 전통문화를 경험하고 향유할 수 있도록 기회를 제공하고 있다. 국가 무형유산 전수 교육관에는 전통문화의 보존과 전승을 위해 국가 무형유산 보유자가 입주하여 전수 교육, 일반인 강습 등을 한다.

- 기능 종목: 국가 무형유산 기능 보유자가 공예품의 제작 과정과 완성된 작품을 일반에 공개하고 공예 기능의 전수 교육을 한다.
- 예능 종목: 보유자를 중심으로 그 예능을 후세에 이어주기 위하여 전수 교육과 일반인 강습을 연중 실시하고 정기 발표 공연, 국내외 초청 공연을 한다.

▲ 전시 관람, 공예 체험 등을 하며 무형유산을 경험할 수 있다.

✖ 한류

한류(韓流, korean wave, hallyu)는 한국의 대중문화를 포함한 한국과 관련된 것이 한국 이외의 나라에서 인기를 얻는 현상이다. '한류'라는 단어는 1990년대에 한국 문화의 영향력이 다른 나라에서 급성장함에 따라 등장한 신조어이다. 초기 한류는 아시아 지역에서 주로 드라마를 통해 나타났으며 이후 케이팝으로 분야가 확장되었다. 2010년대에 들어서는 동아시아를 넘어 중동, 라틴 아메리카, 동유럽, 러시아, 중앙아시아 지역으로 넓어졌다. 최근에는 앵글로아메리카, 서유럽, 오세아니아 지역으로 급속히 퍼지고 있다. 한국어가 소수 언어이자 고립어임에도 불구하고 문화적 경쟁력이 높은 것은 이례적인 사례이다.

✖ 전통문화의 창조적 계승

충청남도 의회가 일상생활에서 한복을 자주 입을 수 있는 분위기를 조성하고 이를 통하여 전통문화를 계승하고 발전시켜 나가기 위한 조례를 마련하였다. 충청남도 의회는 '충청남도 한복 착용 장려 지원 조례안'이 상임 위원회를 통과했다고 밝혔다.

조례의 주요 내용

- 한복의 개발과 보급, 착용 장려에 관한 도지사의 책무
- 한복 착용자가 공공시설을 이용할 때 입장료·관람료 감면 지원 규정
- 관련 단체 예산 지원
- 포상 규정

Tip 전통문화의 정체성을 유지하면서도 오늘날에 맞게 계승하는 노력이 필요함을 기억하자.

포인트 Pick

1 문화 변동의 의미와 요인

의미	새로운 문화 요소가 등장하거나 다른 문화와의 접촉을 통해 한 사회의 문화 체계가 크게 변화하는 현상
내재적 요인	• (❶): 이미 존재하고 있었지만 알려지지 않았던 문화 요소를 찾아내는 것 • (❷): 존재하지 않았던 새로운 문화 요소를 만들어 내는 것
외재적 요인 (문화 전파)	• (❸): 서로 다른 사회의 구성원과 직접적인 접촉 과정에서 문화 요소가 전달되어 정착되는 현상 • (❹): 매개체를 통해 간접적으로 문화 요소가 전달되어 정착되는 현상 • (❺): 다른 사회의 문화 요소에서 얻은 아이디어가 전파되어 새로운 문화 요소가 만들어지는 현상

2 문화 접변의 양상

(❻)	• 기존의 문화 요소가 다른 사회의 문화 체계에 흡수되어 소멸하는 현상 • 사례: A국 국민이 B국의 언어를 사용하면서 자국 언어를 사용하지 않는 모습
(❼)	• 기존의 문화 요소와 전파된 다른 사회의 문화 요소가 공존하는 현상 • 사례: A국 국민이 B국의 언어와 자국의 언어를 동시에 사용하는 모습
(❽)	• 기존 문화 요소와 전파된 다른 사회의 문화 요소가 결합한 결과 이전의 두 문화와는 다른 새로운 문화가 나타나는 현상 • 사례: 한국에서 전통 음식인 김치와 서양의 스파게티가 결합하여 김치 스파게티가 나타난 현상

3 (❾   )의 의의와 창조적 계승 방안

의미	한 사회에서 과거로부터 전해 내려오는 문화 요소 중에서 오늘날까지 구성원들에게 그 가치를 인정받고 발전시킬 만한 가치가 있는 것
의의	• 사회 유지와 통합에 이바지함. • 문화의 고유성, 정체성을 유지하는 데 이바지함. • 세계 문화의 다양성 증진에 이바지함. • 사회 구성원의 자긍심을 고취함. • 문화 산업 육성에 이바지함.
창조적 계승 방안	• 외래문화를 능동적이고 비판적으로 수용 • 시대에 맞게 재해석하여 문화 콘텐츠로 발전 • 인류 문화의 발전을 위한 세계시민의 자세 함양

---

01 문화 변동의 요인과 사례를 바르게 연결하시오.

(1) 발견　　·　　　　　·　㉠ 전기

(2) 자극 전파　·　　　　　·　㉡ 자동차

(3) 발명　　·　　　　　·　㉢ 체로키 문자

02 ㉠, ㉡ 중 알맞은 것을 고르시오.

(1) 서로 다른 사회의 문화가 장기간에 걸쳐 전면적으로 접촉하면서 나타나는 문화 변동을 (㉠ 내재적, ㉡ 외재적) 변동이라고 한다.

(2) 기존의 문화 요소가 다른 사회의 문화 체계에 흡수되어 소멸하는 현상을 (㉠ 문화 동화, ㉡ 문화 병존)(이)라고 한다.

(3) 기존 문화 요소와 전파된 다른 사회의 문화 요소가 결합한 결과 이전의 두 문화와는 다른 새로운 문화가 나타나는 현상을 (㉠ 문화 융합, ㉡ 자극 전파)(이)라고 한다.

03 우리나라에서 전통 음식인 김치와 서양의 스파게티가 결합하여 김치 스파게티가 나타난 현상은 문화 접변의 양상 중 무엇인지 쓰시오.

（　　　　　　　）

04 설명이 옳으면 ○표, 틀리면 ✕표를 하시오.

(1) 이미 존재하고 있었지만 알려지지 않았던 문화 요소를 찾아내는 것을 발명이라고 한다. （　　）

(2) 서로 다른 사회의 구성원과 직접적인 접촉 과정에서 문화 요소가 전달되어 정착되는 현상은 간접 전파이다. （　　）

(3) 전통문화는 문화의 고유성, 정체성을 유지하는 데 이바지한다. （　　）

05 ㉠, ㉡에 들어갈 알맞은 말을 쓰시오.

> 　한 사회에서 과거로부터 오랫동안 전해 내려오는 문화 요소 중에서 오늘날까지 구성원들에게 그 가치를 인정받고 발전시킬 만한 가치가 있는 것을 （　㉠　）(이)라고 한다. （　㉠　）은/는 세계화의 진행 속에서 계속해서 의의를 가지도록 하고, （　㉠　）을/를 재구성하거나 재창조하면서 （　㉡　） 계승이 이루어지도록 해야 한다.

실력 완성 문제

중요

01 교사의 질문에 옳게 답변한 학생만을 있는 대로 고른 것은?

> 교사: 문화 변동의 요인을 발표해 보세요.
> 갑: 문화 변동의 요인에는 내재적 요인과 외재적 요인이 있습니다.
> 을: 발견은 이미 존재하고 있었지만 알려지지 않았던 문화 요소를 찾아낸 것입니다.
> 병: 매개체를 통해 문화가 전파되면 이는 직접 전파에 해당합니다.

① 갑 　　　　② 병 　　　　③ 갑, 을
④ 을, 병 　　　⑤ 갑, 을, 병

02 문화 전파에 관한 옳은 설명만을 〈보기〉에서 고른 것은?

> **보기**
> ㄱ. 인쇄물, 인터넷을 통해 문화 전파가 이루어지는 것은 직접 전파이다.
> ㄴ. 현대 사회에서는 문화 전파에 의한 문화 변동이 잘 나타나지 않는다.
> ㄷ. 문화 전파는 서로 다른 문화와 접촉하는 과정에서 문화 변동이 나타나는 것이다.
> ㄹ. 다른 사회의 문화 요소에서 아이디어를 얻어 새로운 문화 요소를 발명해 내는 것은 자극 전파이다.

① ㄱ, ㄴ 　　　② ㄱ, ㄷ 　　　③ ㄴ, ㄷ
④ ㄴ, ㄹ 　　　⑤ ㄷ, ㄹ

03 다음 글에 나타난 문화 변동의 요인으로 옳은 것은?

> 한복의 한 종류인 마고자는 일반적으로 청에 납치되었던 흥선 대원군이 조선에 돌아올 때 청나라의 복식이었던 마괘를 입고 온 것에서 유래되었다고 알려져 있다. 마고자는 저고리 위에 덧입는 웃옷으로 깃과 고름이 없고 마주 여미는 옷이다.

① 발견 　　　　② 발명 　　　　③ 직접 전파
④ 간접 전파 　　⑤ 자극 전파

04 밑줄 친 ㉠의 과정을 설명하기 위한 사회학적 개념으로 옳은 것은?

> 세쿼이아는 크리크 전쟁 당시 미국 육군에 복무하면서 백인에게 우월한 힘이 있는 것은 문자 덕분이라고 생각하게 되었고, 체로키 문자 개발에 착수하였다. 여러 번의 시행착오를 겪은 후 1821년쯤 세쿼이아는 ㉠로마자, 그리스 문자, 히브리 문자 등의 문자에서 아이디어를 얻고 체로키어의 음절을 연구하여 음절 문자를 만드는 데 성공하였다. 그가 만든 문자 체계는 우수하고 배우기 쉬워 얼마 안 가 체로키족 사이에 널리 퍼졌다. 이후 체로키족의 공식 문자로 채택되었다.

① 발견 　　　　② 발명 　　　　③ 직접 전파
④ 간접 전파 　　⑤ 자극 전파

05 그림은 문화 변동 요인 A~D를 구분한 것이다. 이에 관한 옳은 설명만을 〈보기〉에서 고른 것은? (단, A~D는 각각 발견, 직접 전파, 간접 전파, 자극 전파 중 하나임.)

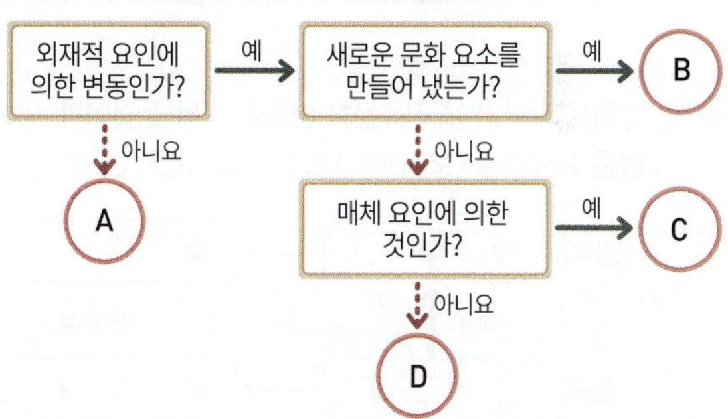

> **보기**
> ㄱ. 불, 전기로 인해 문화 변동이 발생한 것은 A의 사례이다.
> ㄴ. 서양 선교사에 의해 한국에 야구가 널리 퍼진 것은 B의 사례이다.
> ㄷ. 한국 드라마가 전 세계로 퍼지면서 한국어를 배운 외국인이 많아진 것은 C의 사례이다.
> ㄹ. C와 달리 D는 외부 문화를 자발적으로 받아들이는 경우에 해당한다.

① ㄱ, ㄴ 　　　② ㄱ, ㄷ 　　　③ ㄴ, ㄷ
④ ㄴ, ㄹ 　　　⑤ ㄷ, ㄹ

06 (가)~(다)에 들어갈 문화 변동의 결과로 옳은 것은? (단, (가)~(다)는 각각 문화 동화, 문화 병존, 문화 융합 중 하나임.)

결과	사례
(가)	성공회 강화 성당은 겉은 전통 한옥 건축 양식이지만 내부 공간은 기독교 교회의 전형적인 건축 양식으로 지어져 어디에도 없는 독특한 모습이다.
(나)	우리나라에서는 과거에 전통 의복인 한복을 입는 사람들이 많았다. 그러나 현재는 일상에서 한복을 입는 사람을 찾아보기 힘들고 서양식 의복을 입는 사람이 거의 대다수이다.
(다)	한국 사람들은 중국의 문자인 한자와 고유의 문자인 한글을 혼용하여 사용한다.

	(가)	(나)	(다)
①	문화 병존	문화 동화	문화 융합
②	문화 병존	문화 융합	문화 동화
③	문화 동화	문화 융합	문화 병존
④	문화 융합	문화 병존	문화 동화
⑤	문화 융합	문화 동화	문화 병존

07 그림은 갑국과 을국의 문화 변동을 나타낸 것이다. 이에 관한 옳은 설명만을 〈보기〉에서 있는 대로 고른 것은?

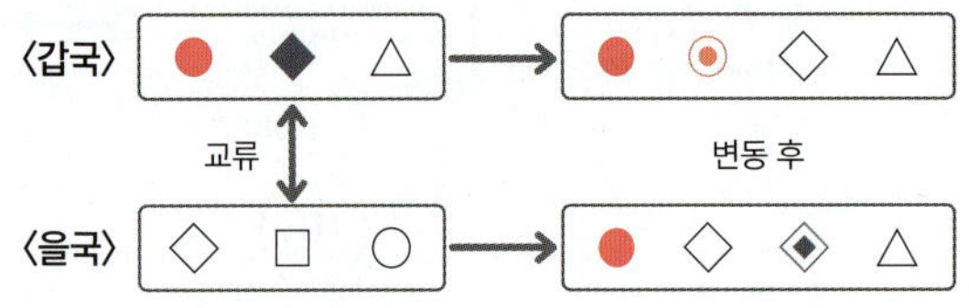

※ ◉, ◆는 각각 ●과 ◇, ◆가 혼합되어 나타난 새로운 문화 요소임.
※※ 문화 교류는 갑국과 을국 사이에만 나타남.

보기
ㄱ. 갑국과 을국 모두에서 문화 융합이 나타났다.
ㄴ. 갑국과 을국 모두에서 문화 병존이 나타났다.
ㄷ. 을국과 달리 갑국에서는 내재적 요인에 의한 문화 변동이 나타났다.
ㄹ. △와 □가 모두 의복 문화 요소라면 갑국과 달리 을국에서는 문화 동화 현상이 나타났다.

① ㄱ, ㄷ   ② ㄱ, ㄹ   ③ ㄴ, ㄷ
④ ㄱ, ㄴ, ㄹ   ⑤ ㄴ, ㄷ, ㄹ

08 (가), (나)에서 공통으로 도출할 수 있는 사회학적 개념으로 옳은 것은?

(가) 한국의 불고기와 이탈리아의 피자가 결합하여 불고기 피자가 탄생하였다.
(나) 미국 코리아타운에서 한국계 교민들이 미국 문화와 한국 문화를 모두 향유한다.

① 발견   ② 문화 병존   ③ 문화 동화
④ 문화 융합   ⑤ 문화 전파

09 표는 문화 변동의 양상 A~C를 구분한 것이다. 이에 관한 옳은 설명만을 〈보기〉에서 있는 대로 고른 것은? (단, A~C는 각각 문화 동화, 문화 병존, 문화 융합 중 하나임.)

구분	A	B	C
외래문화 요소를 바탕으로 새로운 문화 요소를 만들어 냈는가?	아니요	㉠	예
자기 문화의 정체성이 사라졌는가?	㉡	예	아니요

보기
ㄱ. ㉠, ㉡은 모두 '아니요'이다.
ㄴ. A는 B와 달리 외래문화를 자발적으로 받아들였을 때 나타난다.
ㄷ. A, C는 B와 달리 문화적 다양성을 높인다.

① ㄱ   ② ㄴ   ③ ㄱ, ㄷ
④ ㄴ, ㄷ   ⑤ ㄱ, ㄴ, ㄷ

10 전통문화에 관한 설명으로 옳지 <u>않은</u> 것은?

① 전통문화는 세계 문화의 다양성을 증진한다.
② 전통문화에는 한 사회의 문화 정체성이 나타나 있다.
③ 전통문화는 국가의 이미지를 높이며 문화 산업 육성에 이바지할 수 있다.
④ 전통문화는 세대 간 전승을 통하여 공동체 구성원의 생활에 영향을 끼친다.
⑤ 전통문화의 창조적 발전을 위해 외래문화 수용에 소극적 자세를 가져야 한다.

11 다음 사례를 통해 파악할 수 있는 우리 전통문화의 특징으로 가장 적절한 것은?

> • 줄다리기, 지신밟기 등의 전통 민속놀이는 구성원 간의 협동, 화합을 강조한다.
> • 품앗이는 두레와 함께 한국에서 가장 오래된 공동 노동 방식으로 두레와는 달리 소규모 작업과 관련이 있다.

① 농경 문화를 바탕으로 한다.
② 유교 문화에 기초하고 있다.
③ 내세 중심 사상을 강조한다.
④ 다른 문화에 대해 배타적이다.
⑤ 개인주의, 자유주의를 중시한다.

(중요)
12 (가), (나)에 들어갈 옳은 내용만을 〈보기〉에서 고른 것은?

> 〈전통문화의 의미, 기능 및 창조적 계승 발전 방안〉
> • 의미: 어떠한 집단이나 공동체에서 과거로부터 전해 내려오는 문화 요소 중 현재까지 그 가치를 인정받고 발전시킬 만한 가치가 있는 것
> • 기능: (가)
> • 창조적 계승 발전 방안: (나)

┌ 보기 ┐
ㄱ. (가) – 사회 유지와 통합에 이바지함.
ㄴ. (가) – 문화의 고유성을 유지하는 데 이바지함.
ㄷ. (나) – 과거 모습 그대로 유지하도록 노력함.
ㄹ. (나) – 외래문화를 비판적 관점에서 능동적으로 수용함.
└──────┘

① ㄱ, ㄴ   ② ㄱ, ㄹ   ③ ㄴ, ㄷ
④ ㄱ, ㄴ, ㄹ   ⑤ ㄴ, ㄷ, ㄹ

서술형 문제

13 다음 글을 읽고 물음에 답하시오.

> 교사: 문화 변동의 요인 A, B를 발표해 보세요.
> 갑: A는 다른 문화에서 아이디어를 얻어 기존에 없던 새로운 문화 요소를 만들어 낸 것입니다.
> 을: B는 매개체를 통해 한 사회의 문화가 다른 사회로 전파되어 문화 변동이 나타난 것입니다.
> 교사: 모두 옳게 설명했어요. 그렇다면 A와 B의 사례를 각각 발표해 보세요.
> 갑: A의 사례로ㅤ(가)ㅤ을/를 들 수 있습니다.
> 을: B의 사례로ㅤ(나)ㅤ을/를 들 수 있습니다.

(1) A, B를 각각 쓰시오.

(2) (가), (나)에 해당하는 사례를 각각 서술하시오.

14 다음 글을 통해 파악할 수 있는 전통문화의 창조적 계승 발전 방안을 서술하시오.

> ○○문화원은 결혼 50주년을 기념하는 금혼식을 전통 혼례 방식으로 진행한다. ○○문화원 원장은 "소중한 문화 자산인 전통 혼례가 많이 사라지고 있어 안타깝다."라며 "우리 고유의 전통문화 재현을 통해 그 소중함을 일깨우고 계승 발전에 앞장서겠다."라고 밝혔다. 한편 전통 혼례는 서로 결혼 의사를 묻는 의혼, 혼인 날짜를 정하는 납채, 예물을 보내는 납폐, 혼례를 올리는 친영으로 이루어진다. 최근에는 친영 위주의 혼례식이 보편화되었다.

문제의 자료에서 **키워드**를 찾고, **키워드 꼬리 질문**에 답해 보자.
만약 답변이 어렵다면 **다시 개념 학습**으로 돌아가 복습해 보자.

01 표는 문화 변동의 요인 A~D를 구분한 것이다. 이에 관한 옳은 설명만을 〈보기〉에서 있는 대로 고른 것은? (단, A~D는 각각 발견, 발명, 간접 전파, 자극 전파 중 하나임.)

구분	A	B	C	D
외재적 요인에 해당하는가?	아니요	㉠	예	아니요
이미 존재하고 있던 것을 찾아낸 것인가?	아니요	㉡	아니요	예
새로운 문화 요소를 만들어 낸 것인가?	㉢	예	㉣	아니요

> **보기**
> ㄱ. ㉠, ㉢은 '예'이고, ㉡, ㉣은 '아니요'이다.
> ㄴ. '책을 통해 한 사회의 문화가 다른 사회로 전해져 문화 변동이 나타난 것'은 B의 사례에 해당한다.
> ㄷ. '전쟁으로 문화가 전파된 것'은 C의 사례에 해당한다.
> ㄹ. A~D는 모두 한 사회에 문화 요소가 추가되는 요인에 해당한다.

① ㄱ, ㄴ   ② ㄱ, ㄹ   ③ ㄴ, ㄷ
④ ㄱ, ㄷ, ㄹ   ⑤ ㄴ, ㄷ, ㄹ

키워드 Pick
'문화 변동의 요인'

키워드 꼬리 질문
Q1 제시된 문화 변동의 요인 중 외재적 요인은?
Q2 발견의 정의는?
Q3 자극 전파의 정의는?

답변이 어렵다면 다시 개념 학습
☞ 74쪽

02 다음 글에 관한 설명으로 옳은 것은?

> • 갑국 정부는 을국에서 유행하는 스포츠 경기인 A가 갑국에서도 활성화되기를 원하였다. 그래서 갑국 정부는 을국의 A 선수들을 초청하였고 그들에게 A를 갑국에 전파해 주기를 요청하였다. 몇 년 후 초청된 을국 선수들의 노력으로 갑국에서는 A가 국민 스포츠가 되었다.
> • 병국 사람들은 자신들의 전통 음악인 B를 오랫동안 누려왔다. 그런데 인터넷의 발달로 병국 사람들이 정국에서 유행하는 음악을 유튜브를 통해 즐겨 듣게 되었다. 결국 병국에서는 병국의 전통 음악인 B는 사라지고 대신 정국에서 전파된 음악이 주를 이루게 되었다.

① 갑국과 달리 병국에서는 자발적으로 문화 변동이 나타났다.
② 갑국과 달리 병국에서는 간접 전파에 의한 문화 변동이 나타났다.
③ 갑국과 달리 병국에서는 문화 접촉에 의한 변동이 나타나지 않았다.
④ 갑국과 병국에서는 모두 자극 전파에 의한 문화 변동이 나타났다.
⑤ 을국과 정국에서는 모두 발명으로 인한 문화 변동이 나타났다.

키워드 Pick
'문화 전파의 유형'

키워드 꼬리 질문
Q1 을국 선수들의 노력으로 갑국에 문화가 전파된 것은 무슨 전파인가?
Q2 유튜브를 통해 정국에서 병국으로 음악이 전파된 것은 무슨 전파인가?

답변이 어렵다면 다시 개념 학습
☞ 74쪽

03 그림은 문화 변동의 양상 A~C를 구분한 것이다. 이에 관한 설명으로 옳은 것은? (단, A~C는 각각 문화 동화, 문화 병존, 문화 융합 중 하나임.)

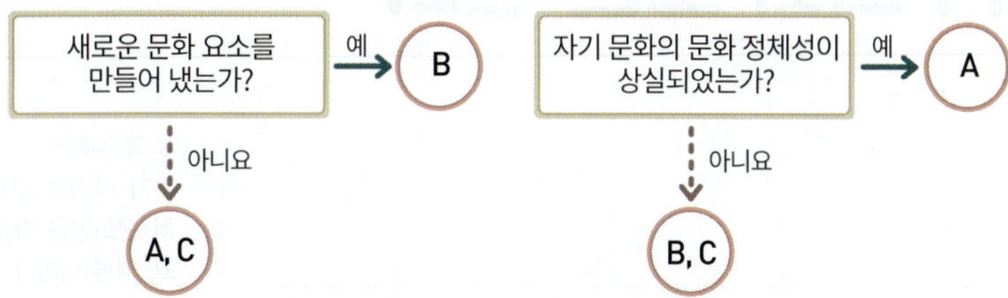

① 필리핀에서 타갈로그어와 영어가 함께 사용되는 것은 C의 사례이다.
② A와 달리 B는 기존 문화 구성원의 자발성을 전제로 한다.
③ B와 달리 C는 문화의 다양성 보존에 이바지한다.
④ C와 달리 A는 내재적 요인에 의한 문화 변동 양상이다.
⑤ A는 문화 동화, B는 문화 병존, C는 문화 융합이다.

키워드 Pick
'문화 변동의 양상'

키워드 꼬리 질문
Q1 제3의 문화 요소가 만들어진 문화 변동은?
Q2 자기 문화의 정체성이 상실되는 문화 변동은?

답변이 어렵다면 다시 개념 학습
☞ 74쪽

04 다음 글의 제목으로 가장 적절한 것은?

> 경복궁 주변을 걸으면 외국 관광객이 한복을 입고 즐기는 모습을 자주 보게 된다. 전 세계의 사랑을 받는 '케이컬처'가 한국 전통문화로 점점 확대되고 있다는 것을 실감한다. '경복궁에서 한복 입고 사진 찍기'는 외국 관광객이 한국에 가면 가장 하고 싶은 일 중 하나이다. 외국인 사이에서는 '퓨전 한복' 또는 '코스프레 한복'이라고 불리는 한복이 인기가 많다. 퓨전 한복은 전통 한복은 아니지만 하나의 패션이자 하나의 문화로 자연스럽게 자리매김하였다.

① 전통문화의 세계화
② 사라져 가는 전통문화
③ 전통문화의 정체성 강화
④ 전통문화의 상업성에 따른 폐해
⑤ 사회 통합에 이바지하는 전통문화

키워드 Pick
'한국 전통문화'

키워드 꼬리 질문
Q1 한복처럼 과거로부터 오랫동안 전해 내려오는 문화 요소를 무엇이라고 하는가?
Q2 전통문화의 창조적 계승이 세계 문화에 끼칠 영향은?

답변이 어렵다면 다시 개념 학습
☞ 76쪽

08 문화 상대주의와 보편 윤리

1 문화 이해의 태도

1 문화적 차이와 발생 원인

문화적 차이	의식주를 비롯하여 언어, 종교, 도덕 등을 포함하는 문화는 사회에 따라 다양하게 나타남.
발생 원인	자연환경과 인문환경의 차이에 따라 문화적 차이가 나타남. → 각 문화는 그것이 형성된 배경과 가치 체계가 다른 경우가 많으므로 한 사회의 문화를 이해하려면 그 사회의 문화에 영향을 준 여러 요소를 살펴보아야 함.

└ 자연환경, 산업, 종교, 관습 등

2 문화 이해의 태도

(1) 자문화 중심주의

의미	문화적 다양성과 특수성을 고려하지 않고 자기 문화만이 우월하다고 보아 다른 문화를 부정적으로 여기고 낮게 평가하는 태도
특징	집단 내의 일체감을 강화해 사회 통합에 이바지하고, 전통문화의 계승과 보존에 유리함.
한계	*국수주의로 이어져 국제적 고립을 초래할 수 있음.

(2) 문화 사대주의

└ 높여 소중히 여김.

의미	다른 문화의 우수성을 내세워 다른 문화를 숭상하고 자기 문화를 낮게 평가하는 태도
특징	자기 문화의 낙후성을 개선하고 선진 문물 수용에 이바지하기도 함.
한계	자기 문화의 정체성을 상실할 우려가 있음. – 다른 문화를 무비판적으로 따를 수 있다는 것도 한계임.

(3) 문화 상대주의

의미	문화 간 우열을 가리려는 태도를 경계하고 각 문화를 그 사회의 특수한 환경과 역사적 상황, 사회적 맥락에서 이해하려는 태도 └ 문화 절대주의적 태도로 볼 수 있음.
특징	• 문화의 다양성을 보존하는 데 이바지할 수 있음. • 다문화 사회를 이해하는 데 적합함.
한계	*극단적 문화 상대주의로 치우치면 인류의 보편적 가치를 훼손할 우려가 있음. 자료❶

└ 자유, 평등, 인권 등

2 보편 윤리와 문화 성찰

1 보편 윤리의 의미와 필요성 자료❷ 자료❸

(1) **의미**: 시대와 장소를 초월하여 모든 인간에게 타당하다고 인정되는 윤리 규범 예 황금률

(2) **필요성**: 인간의 기본적 권리를 존중할 수 있고, 인류의 보편적 가치를 훼손하는 문화도 존중해야 한다는 극단적 문화 상대주의의 태도를 방지할 수 있음.

2 보편 윤리에 바탕을 둔 문화 성찰: 사회 구성원의 인간다운 삶을 침해하는 타 문화와 자문화를 보편 윤리 차원에서 비판적으로 성찰하고 평가해야 함. 예 이슬람 문화권의 *명예 살인 문화, 우리나라의 *연고주의, *권위주의 문화 등

*** 국수주의**
자기 나라의 고유한 역사·전통·정치·문화만을 가장 뛰어난 것으로 믿고, 다른 나라나 민족을 배척하는 극단적인 태도나 경향을 말한다.

*** 극단적 문화 상대주의**
모든 문화는 그 나름대로 가치가 있으므로 인류의 보편적 가치를 훼손하는 문화도 존중하고 인정해야 한다는 태도이다.

*** 명예 살인**
어떤 사람이 가족이나 부족 등 공동체의 명예를 더럽혔다는 이유로 그 사람을 살해하는 관습이다. 주로 여성을 대상으로 한다.

*** 연고주의**
혈연, 학연, 지연 따위로 맺어진 관계를 중시하거나 우선시하는 태도이다. 입학·채용 등에서 개인의 능력이나 전문성보다 혈연, 학연, 지연 등의 개인적 배경 요소를 더 중요하게 여김으로써 공정성과 사회 정의라는 보편 윤리를 훼손할 수 있다.

*** 권위주의**
어떠한 일에 있어 권위를 내세우거나 권위에 순종하는 태도이다. 권위주의는 우리 사회의 가부장적 전통에 영향을 받아 나타나는 현상으로, 이러한 현상이 지나치면 사회 구성원 간의 평등한 관계를 해치고 인권을 침해하는 문제를 일으킬 수 있다.

자료 ❶ 극단적 문화 상대주의

- 인도에서는 힌두 전통에 따라 남편이 죽으면 부인도 따라 죽는 '사티'라는 풍습이 있었다.
- 일부 이슬람 문화권에서는 순결을 잃은 여성을 가족의 명예를 더럽혔다는 이유로 가족들이 직접 살해하는 관습이 있다. - 명예 살인의 예시
- 키르기스스탄에는 '알라 카추'라는 풍습이 있다. '알라 카추'는 '잡아 달아난다.'라는 뜻으로, 여성을 납치하여 강제로 결혼하는 풍습이다. 키르기스스탄에서는 혼인할 때 신랑이 신부 측에 지참금을 주어야 하는데, 이를 준비할 수 없는 남성들이 여성을 납치하여 결혼한 경우가 많았다.

위와 같은 문화는 문화 상대주의 관점에서 이해해서는 안 된다. 올바른 문화 상대주의는 인간존엄성, 생명 존중 등과 같은 보편적 가치를 침해하지 않는 범위에서 다른 문화를 바라보는 것이다. 인류의 보편적 가치를 훼손하는 문화까지 이해하는 극단적 문화 상대주의는 지양해야 한다.

✖ 극단적 문화 상대주의의 문제점

- 인류의 보편적 가치를 훼손함.
- 살인이나 폭력 등이 정당화될 수 있음.
- 인간존엄성을 훼손하고 인권을 침해하는 문화까지도 인정함.

TIP 문화 상대주의와 극단적 문화 상대주의를 구분하는 기준점은 해당 문화가 인간의 보편적 가치를 훼손하는지 여부에 달려 있음을 기억하자!

자료 ❷ 각 종교의 황금률

- 유교 – "네가 원하지 않는 바를 남에게 행하지 말라."
- 불교 – "어떤 일로 고통받은 적이 있다면 그 방식으로 남에게 상처를 주지 말라."
- 크리스트교 – "남이 너에게 해 주기를 바라는 대로 너도 다른 사람을 대하라."
- 이슬람교 – "나를 위하는 만큼 남을 위하지 않는 사람은 신앙인이 아니다."
- 힌두교 – "너에게 고통스러운 일을 다른 사람에게 강요하지 말라."
- 유대교 – "너에게 해로운 일을 이웃에게 행하지 말라."

황금률이란 다양한 종교와 도덕, 철학에서 볼 수 있는 원칙의 하나로, '다른 사람이 너에게 해 주었으면 하는 행위를 다른 사람에게 하라.'라는 윤리 원칙이다. 이는 인간존엄성, 생명 존중, 자유와 평등, 평화와 정의 등의 보편적 가치를 추구한다.

✖ 세계 각국의 헌법에 담긴 인간존엄성

대한민국 헌법 제10조	모든 국민은 인간으로서의 존엄과 가치를 가지며, 행복을 추구할 권리를 가진다.
독일 헌법 제1조	(1) 인간의 존엄은 침해되지 아니한다. 모든 국가 권력은 이를 존중하고 보호할 의무를 진다.
이라크 헌법 제37조	① A. 인간의 자유와 존엄성은 보호된다.
칠레 헌법 제1조	모든 국민은 자유로우며, 존엄성과 권리에서 평등하다.

자료 ❸ 보편 윤리

윤리의 사전적 정의는 '사람으로서 마땅히 행하거나 지켜야 할 도리'이다. 고대 그리스 철학자 소크라테스는 시대와 장소에 상관없이 언제 어디서나 타당하다고 통용되는 윤리 규범이 있다고 주장하였는데, 이는 윤리에 보편성이 있음을 나타낸 것이다. 보편 윤리는 인간의 본성에는 누구에게나 비슷한 보편성이 있다는 점에 근거하여 시대와 장소를 초월하여 타당하다고 인정되는 보편적 윤리 규범이 있다고 주장한다. 예를 들어 '모든 사람의 생명은 소중하다.', '무고한 사람을 살해해서는 안 된다.', '약속을 지켜야 한다.', '어려움에 부닥친 사람을 도와야 한다.' 등의 도덕 규범이 여기에 속한다.

각 사회의 문화를 그 고유의 맥락에서 이해하려는 열린 태도와 존중의 자세가 필요하지만, 문화를 존중하는 데에도 기준이 필요하다. 문화 중에는 인권, 자유, 평등과 같은 보편적인 가치를 위협하는 경우가 있기 때문이다. 이것이 보편 윤리가 요청되는 이유이다.

✖ 도덕적 객관주의

의미	모든 사람과 모든 사회 환경에 타당한 객관적이고 보편적인 도덕 원리가 존재한다는 입장
보편적 도덕 원리의 예시	• 무고한 사람을 죽이지 말라. • 거짓말하거나 기만하지 말라. • 훔치거나 속이지 말라. • 다른 사람의 자유를 빼앗지 말라. • 정의로운 법을 준수하라.

1 문화적 차이와 발생 원인

문화적 차이	의식주를 비롯하여 언어, 종교, 도덕 등을 포함하는 문화는 사회에 따라 다양하게 나타남.
발생 원인	자연환경과 (❶)환경의 차이에 따라 문화적 차이가 나타남. → 각 문화는 그것이 형성된 배경과 가치 체계가 다른 경우가 많으므로 한 사회의 문화를 이해하려면 그 사회의 문화에 영향을 준 여러 요소를 살펴보아야 함.

2 문화 이해의 태도

자문화 중심주의	• 의미: 자기 문화만이 우월하다고 보아 다른 문화를 부정적으로 여기고 낮게 평가하는 태도 • 사회 통합에 이바지하고, 전통문화의 계승과 보존에 유리함. • (❷)(으)로 이어져 국제적 고립을 초래할 우려가 있음.
문화 사대주의	• 의미: 다른 문화를 숭상하고 자기 문화를 낮게 평가하는 태도 • 자기 문화의 낙후성 개선 • 선진 문물 수용에 이바지 • 자기 문화의 (❸)을/를 상실할 우려가 있음.
문화 상대주의	• 의미: 문화 간 우열을 가리려는 태도를 경계하고 각 문화를 그 사회의 특수한 환경과 역사적 상황, 사회적 맥락에서 이해하려는 태도 • 문화의 (❹)을/를 보존하는 데 이바지 • 다문화 사회를 이해하는 데 적합 • 극단적 문화 상대주의로 치우치면 인류의 보편적 가치를 훼손할 우려가 있음. • 극단적 문화 상대주의: 모든 문화는 그 나름대로 가치가 있으므로 인류의 보편적 가치를 훼손하는 문화도 존중하고 인정해야 한다는 태도

3 보편 윤리와 문화 성찰

(❺)의 의미	시대와 장소를 초월하여 모든 인간에게 타당하다고 인정되는 윤리 규범 예 황금률
보편 윤리의 필요성	인류의 보편적 가치를 훼손하는 문화도 존중해야 한다는 극단적 문화 상대주의의 태도를 방지할 수 있음.
보편 윤리에 바탕을 둔 문화 성찰	사회 구성원의 인간다운 삶을 침해하는 타 문화와 자문화를 비판적으로 성찰하고 평가해야 함.

01 다음에서 설명하는 용어를 쓰시오.

> 각 문화가 지닌 고유한 가치를 인정하며, 문화 간 우열을 가리지 않는 태도를 의미한다.

02 설명이 옳으면 ○표, 틀리면 ×표를 하시오.

(1) 각 사회는 서로 다른 자연환경과 인문환경에 적응하는 과정에서 서로 다른 문화를 가지게 된다. (   )

(2) 자문화 중심주의는 다른 문화를 숭상하여 자기 문화를 낮게 평가하는 것이다. (   )

(3) 각 문화를 그 사회의 특수한 환경과 사회적 맥락에서 이해하려는 태도를 문화 상대주의라고 한다. (   )

03 각 문화 이해 태도에 따른 문제점을 바르게 연결하시오.

(1) 문화 사대주의 •   • ㉠ 자기 문화만의 우월성에 빠질 수 있음.

(2) 문화 상대주의 •   • ㉡ 다른 문화를 무비판적으로 따를 수 있음.

(3) 자문화 중심주의 •   • ㉢ 극단적 문화 상대주의로 치우칠 수 있음.

04 다음에서 설명하는 개념을 〈보기〉에서 골라 쓰시오.

(1) 자기 문화의 우월성에 빠져 다른 문화를 부정적으로 평가하는 것이다. (   )

(2) 시대와 지역을 초월하여 적용되는 객관적이고 일반적인 도덕 원리이다. (   )

(3) 문화 상대주의가 지나치게 강조되어 어떤 문화든 무조건 존중하는 것이다. (   )

> **보기**
> ㄱ. 보편 윤리   ㄴ. 문화 사대주의
> ㄷ. 자문화 중심주의   ㄹ. 극단적 문화 상대주의

05 다양한 종교, 도덕, 철학에서 찾아볼 수 있는 도덕 원칙으로, 자신과 다른 사람에게 똑같은 도덕 원칙을 적용하라는 내용을 담고 있는 보편 윤리의 개념을 쓰시오.

(   )

01 문화 상대주의에 관한 옳은 설명만을 〈보기〉에서 고른 것은?

보기
ㄱ. 문화의 다양성과 특수성을 인정하고 존중한다.
ㄴ. 해당 사회의 맥락 속에서 문화를 이해하는 태도이다.
ㄷ. 자문화를 중심으로 타 문화를 평가하는 기준을 수립하고자 한다.
ㄹ. 문화를 평가하는 절대적인 기준이 있다고 보고 그 기준에 비추어 문화의 우열을 가린다.

① ㄱ, ㄴ   ② ㄱ, ㄷ   ③ ㄴ, ㄷ
④ ㄴ, ㄹ   ⑤ ㄷ, ㄹ

02 갑, 을의 입장에 관한 적절한 설명만을 〈보기〉에서 고른 것은?

갑: 우리 문화는 세계 어떤 나라의 문화보다도 우수한 특성을 가지고 있다. 다른 나라들이 우수한 우리의 문화를 따를 수 있도록 지원해야 한다.
을: 우리의 문화는 다른 나라의 문화를 닮을 필요가 있다. 우리가 선진국으로 더욱 발전하기 위해서는 우리 문화를 버리고 다른 문화를 따라야 한다.

보기
ㄱ. 갑은 각 사회의 문화가 가지는 고유한 가치를 존중한다.
ㄴ. 갑은 자기 문화만이 우월하다고 여기는 태도를 가지고 있다.
ㄷ. 을은 자기 문화를 토대로 삼아 다른 문화를 동경한다.
ㄹ. 갑과 을은 모두 문화의 우열을 가릴 수 있는 기준이 존재한다고 본다.

① ㄱ, ㄴ   ② ㄱ, ㄷ   ③ ㄴ, ㄷ
④ ㄴ, ㄹ   ⑤ ㄷ, ㄹ

중요 03 다음 가상 편지에서 강조하는 내용으로 가장 적절한 것은?

○○에게
요즘 자네가 다른 문화를 대하는 태도를 두고 고민하고 있다고 들었네. 특정한 문화를 기준으로 다른 문화를 평가하는 태도가 문화 간의 갈등을 유발할 수 있다는 것은 자네도 알겠지? 우리에게는 각 사회의 문화를 그것이 형성된 환경과 역사적 맥락 속에서 이해하는 태도가 필요하네. 이러한 자세를 통해 다양한 문화가 평화롭게 공존할 수 있다네. 하지만 문화를 존중할 때에는 인류가 공통으로 추구하고 따라야 할 보편 윤리를 기준으로 삼아야 하네.

① 낡은 문화를 버리고 우수한 문화를 따라야 한다.
② 개별 문화가 가진 고유한 가치를 인정해야 한다.
③ 자문화를 기준으로 삼아 타 문화를 평가해야 한다.
④ 자기 문화에 대한 우월성과 자부심을 강조해야 한다.
⑤ 보편 윤리에 어긋나는 문화적인 가치도 존중해야 한다.

04 (가)~(다)에 관한 설명으로 옳은 것은?

(가) 자기 문화를 가장 우월하다고 여기는 태도
(나) 다른 문화를 맹목적으로 동경하여 자기 문화를 열등하다고 여기는 태도
(다) 문화가 가진 고유한 가치를 인정하며 문화 간 우열을 가리지 않는 태도

① (가)는 자문화에 관한 주체성을 약화시킬 수 있다.
② (나)는 각 문화가 가진 고유한 가치를 인정한다.
③ (다)는 문화를 평가하는 절대적인 기준이 있다고 본다.
④ (나)는 (가)보다 타 문화에 관한 수용 정도가 낮다.
⑤ (다)는 (나)보다 다양한 문화의 공존을 추구한다.

05 다음 사례를 적절하게 해석한 학생을 고른 것은?

> A가 사는 지역에서는 종교적 가르침에 따라 돼지고기를 먹지 않을 뿐만 아니라 돼지를 사육하지도 않는다. B가 사는 지역에서는 기온과 습도가 돼지를 사육하기 좋아서 돼지고기를 자주 먹는다. 이 지역에서는 돼지를 제사 지낼 때 바치며, 혼인이나 축제 등의 중요한 행사 때 돼지고기를 먹는 편이다.

① 갑: 시대와 종교를 초월하는 보편 윤리가 존재해.
② 을: 문화의 우열을 결정하는 절대적인 기준이 존재해.
③ 병: 동일한 기준으로 다양한 문화를 평가할 필요가 있어.
④ 정: 문화적 차이가 나타나는 것은 인문환경과는 관계가 없어.
⑤ 무: 서로 다른 환경에 적응하며 생활 방식을 형성하는 과정에서 문화적 차이가 나타나.

06 다음 글에 나타난 문화의 속성에 관한 진술로 가장 적절한 것은?

> • 고대 중국에서는 춥고 건조한 날씨 탓에 끓인 음식을 즐겨 먹었다. 젓가락은 끓는 국을 젓는 조리 도구로 쓰이다가 건더기를 건져 먹는 용도로 진화하였다.
> • 유럽에서 포크는 본래 고기를 구울 때 사용하는 조리 도구였다. 그러나 성직자들은 신이 인간에게 선물한 손 대신 포크를 사용하는 것을 신성모독이라 여겨 배척하였다.
> • 인도에서는 누가 사용했는지 모르는 식당의 공용 도구보다는 자신이 깨끗하게 관리하는 손을 더 위생적이라 생각했다. 또한 인도에서 주로 먹는 쌀은 바람에 흩날릴 정도로 찰기가 없어 손으로 먹는 것이 더 편리하다.

① 문화를 평가하는 절대적인 기준이 존재한다.
② 다른 문화권에서도 동일한 문화가 나타날 수 있다.
③ 해당 사회의 맥락에 따라 다양한 문화가 나타난다.
④ 모든 문화권에는 각각의 문화가 가진 문제점이 있다.
⑤ 우월한 문화를 따르는 것이 문화 발전의 토대가 된다.

서술형 문제

07 다음 글을 읽고 물음에 답하시오.

> • 불교 – "어떤 일로 고통받은 적이 있다면 그 방식으로 남에게 상처를 주지 말라."
> • 크리스트교 – "남이 너에게 해 주기를 바라는 대로 너도 다른 사람을 대하라."
> • 이슬람교 – "나를 위하는 만큼 남을 위하지 않는 사람은 신앙인이 아니다."
> • 힌두교 – "너에게 고통스러운 일을 다른 사람에게 강요하지 말라."

(1) 위와 같이 여러 종교에서 제시하는 도덕 원칙을 통칭하는 용어를 쓰시오.

(2) (1)의 의미를 서술하시오.

08 다음 글을 읽고 물음에 답하시오.

> (　㉠　)은/는 시대와 지역을 초월하여 모든 사람이 존중하고 따라야 할 윤리적 기준이다. 예를 들어 "무고한 사람을 죽이지 마라.", "다른 사람의 물건을 훔치지 마라." 등의 도덕 원리는 대부분의 사회에서 바람직한 행동으로 인정된다.

(1) ㉠에 해당하는 개념을 쓰시오.

(2) ㉠이 필요한 까닭을 <u>두 가지</u> 서술하시오.

문제의 자료에서 **키워드**를 찾고, **키워드 꼬리 질문**에 답해 보자.
만약 답변이 어렵다면 **다시 개념 학습**으로 돌아가 복습해 보자.

01 다음은 학생이 생성형 인공지능과 나눈 대화이다. 밑줄 친 ㉠~㉣에 관한 옳은 설명만을 〈보기〉에서 있는 대로 고른 것은?

> 학생: 문화를 바라보는 다양한 태도에 관해 알려줘.
>
> AI: 문화는 각 지역의 환경에 따라 다양하게 나타납니다. 따라서 문화를 바라보는 태도도 다양하죠. ㉠ 자문화 중심주의는 자기 문화만이 우월하다고 보는 태도입니다. ㉡ 문화 사대주의는 다른 문화를 맹목적으로 숭상하여 자기 문화를 낮게 평가하는 태도입니다. 우리는 문화를 제대로 바라보기 위해 ㉢ 보편 윤리를 기준으로 타 문화의 가치를 인정하는 ㉣ 문화 상대주의를 추구해야 합니다.

보기

ㄱ. ㉠은 자기 문화의 우월성에 빠져 다른 문화를 부정적으로 평가한다.

ㄴ. ㉡은 다른 민족이나 국가의 문화를 배척하는 태도를 갖는다.

ㄷ. ㉢을 바탕으로 문화를 바라보면 모든 문화를 존중하고 인정할 수 있다.

ㄹ. ㉣은 문화가 지닌 고유한 가치를 인정하며 문화의 우열을 구분하지 않는다.

① ㄱ, ㄷ　　　　② ㄱ, ㄹ　　　　③ ㄴ, ㄷ
④ ㄱ, ㄴ, ㄹ　　　⑤ ㄴ, ㄷ, ㄹ

키워드 Pick
'보편 윤리를 기준으로'

키워드 꼬리 질문

Q1 다양한 종교, 도덕, 철학에서 볼 수 있는 원칙의 하나로, 보편 윤리의 대표적인 사례는?

Q2 보편 윤리가 필요한 까닭은?

답변이 어렵다면 다시 개념 학습

☞ **84**쪽

---

02 표는 문화를 바라보는 태도 A~C를 정리한 것이다. 이에 관한 옳은 설명만을 〈보기〉에서 있는 대로 고른 것은?(단, A~C는 각각 자문화 중심주의, 문화 사대주의, 문화 상대주의 중 하나임.)

구분	내용
A	각 사회의 문화가 가지는 고유한 가치를 그 사회의 맥락에서 이해함.
B	자기 문화의 우월성에 빠져 다른 문화를 과소평가함.
C	다른 문화를 자기 문화보다 우월하다고 믿고 무조건 수용함.

보기

ㄱ. A는 문화 상대주의, B는 자문화 중심주의, C는 문화 사대주의이다.

ㄴ. B는 C보다 타 문화를 적극적으로 받아들이려는 태도를 갖는다.

ㄷ. B와 C는 모두 문화를 평가하는 절대적인 기준이 있다고 본다.

ㄹ. 각 문화가 가지는 고유한 가치를 존중해야 한다는 태도는 B, C가 모두 낮다.

① ㄱ, ㄴ　　　　② ㄱ, ㄹ　　　　③ ㄴ, ㄷ
④ ㄱ, ㄷ, ㄹ　　　⑤ ㄴ, ㄷ, ㄹ

키워드 Pick
'문화를 바라보는 태도'

키워드 꼬리 질문

Q1 사회 통합에 이바지하고, 전통문화의 계승과 보존에 유리한 문화를 바라보는 태도는?

Q2 문화의 다양성을 보존하는 데 이바지할 수 있는 문화를 바라보는 태도는?

답변이 어렵다면 다시 개념 학습

☞ **84**쪽

09 문화적 다양성을 존중하는 다문화 사회

1 다문화 사회의 의미와 의의

의미	다양한 인종, 종교, 언어 등 서로 다른 문화적 배경을 가진 사람들이 함께 어우러져 살아가는 사회 자료❶ └ 취업, 결혼, 학업 등을 목적으로 이동함.
등장 배경	세계화의 영향으로 인구 이동이 활발해짐.
의의	• 문화의 다양성 증진에 이바지하고 문화 발전을 촉진함. → 여러 문화와의 상호 작용으로 새로운 문화가 형성되어 문화 발전의 계기가 됨. • *저출생, 고령화에 따른 노동력 부족 문제를 완화하고 경제 성장에 이바지함. → 지역 경제를 활성화함. └ 15~64세의 생산 연령 인구가 감소하여 노동력 부족 문제가 발생함. • 새로운 문화를 접하고 다양한 문화를 경험할 수 있음. → 선택할 수 있는 문화의 폭이 넓어져 일상생활이 풍요로워짐.

2 다문화 사회의 갈등과 해결 방안

┌ 주류 문화와 다른 문화적 배경을 지닌 사람이나 집단

갈등 양상		• 서로의 문화에 대한 이해가 부족하거나 무지할 경우 갈등이 발생할 수 있음. • 문화적 소수자에 대한 편견과 사회적 차별 └ 아는 것이 없음. • 경제적 자원과 일자리 경쟁 등 경제적 분야에서의 갈등 • 의사소통의 어려움에 따른 갈등
해결 방안	개인적 측면	• 다른 문화를 깊이 이해하려는 자세와 노력이 먼저 이루어져야 함. 자료❷ • *관용의 자세가 필요함. → 다른 문화에 대한 편견이나 차별적인 태도를 버리고 차이를 인정함. 한쪽으로 치우친 생각 • 문화 상대주의 태도를 함양해야 함. • 세계시민 의식을 함양함.
	사회적 측면	• 다문화 교육 강화 ┌ 편견과 고정 관념을 해소하고 서로 소통하고 협력할 수 있도록 함. • 법과 제도적 장치 강화 • 다양한 캠페인을 하여 문화적 다양성을 존중하는 사회 분위기를 만들어 감.

3 다문화 사회를 바라보는 관점

1 용광로 이론(*동화주의) 자료❸

의미	주류 문화의 용광로에 소수 문화를 녹여 내어 주류 문화에 적응하도록 하는 것으로 이민자를 일방적으로 주류 사회에 통합하자는 입장
장점	주류 문화를 중심으로 하나의 정체성이 형성되므로 사회 통합에 유리함.
단점	소수 집단의 문화가 주류 집단의 문화로 동화되어 사라짐.

2 샐러드 볼 이론(*다문화주의)

의미	국가라는 샐러드 볼 안에서 각 문화의 고유한 맛이 나타날 수 있도록 다양한 인종과 문화가 함께 어울리는 문화를 만들자는 입장
장점	여러 문화가 대등하게 공존하므로 문화 다양성 증진에 이바지함.
단점	문화 차이로 갈등이 나타날 수 있음.

＊ 저출생, 고령화 현상
저출생 현상은 태어나는 아이의 수가 감소하여 사회 전체의 출생률이 낮아지는 현상이다. 고령화 현상은 전체 인구 가운데 65세 이상 고령 인구가 차지하는 비율이 높아지는 현상이다.

＊ 관용
너그럽게 용서하고 용납하는 것이다. 어떤 주체(개인이나 단체)가 자신이 나쁘다거나 혐오스럽게 생각하는 것을 표현·실행하는 다른 주체에 박해 등의 영향력을 행사할 수 있음에도 불구하고 이러한 권력 행사를 삼가고 그 공존을 인정하는 것이다.

＊ 동화주의
한 문화의 소수 민족이나 이민자, 정복당한 민족, 그 외 사회적 소수자들이 지배 문화나 사회의 주류 문화로 동화하는 것을 장려하는 사회 구조를 의미한다.

＊ 다문화주의
한 국가 내에서 다양한 문화가 공존하는 형태를 의미한다. 자국 소수자의 문화, 하위문화, 지역 문화 등에 대한 존중과 평등한 대우도 다문화주의에 포함된다. 즉 다문화주의는 말 그대로 다양한 문화의 공존을 추구하는 이념이다.

자료 ❶ 다문화 학생 수와 비율 추이

2023년 초·중·고에 재학 중인 다문화 학생은 181,178명으로 전년 대비 7.4% 증가한 것으로 나타났다. 관련 교육 통계 조사가 시작한 이래 전체 학생 수는 감소하고 있지만 전체 학생 수 대비 다문화 학생 수는 꾸준히 증가하였다. 다문화 학생은 국제결혼 가정(국내 출생, 중도 입국), 외국인 가정의 자녀이다. 국내 출생은 한국인과 결혼 이민자 사이에서 태어나 한국에서 성장한 자녀를, 중도 입국은 결혼 이민자가 한국인과 재혼한 이후 본국에서 데려온 자녀를 뜻한다. 외국인 가정은 외국인 사이에서 태어난 경우이다.

자료 ❷ 다문화 수용성 지수

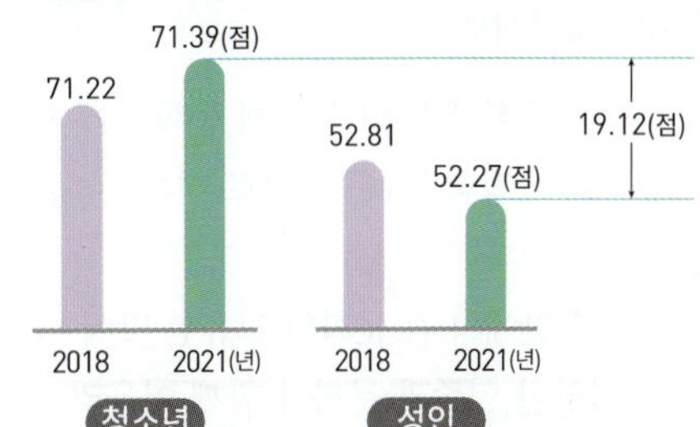

한국인의 다문화에 대한 수용성을 살펴보면 성인보다 청소년이 더 높다는 것을 알 수 있다. 청소년의 다문화 수용성은 상승하였지만 성인의 다문화 수용성은 하락하고 있다는 점은 다문화 교육 참여의 중요성을 보여 준다.

자료 ❸ 다문화 사회의 이민자 정책

• 용광로 이론

• 샐러드 볼 이론

여러 민족의 고유한 문화가 그 사회의 지배적인 문화 안에서 변화를 일으키고 서로에게 영향을 주어 새로운 문화를 만들어 나가는 것을 추구한다. 여러 문화가 용광로에 들어가서 그 고유의 맛이 주류 문화를 중심으로 변화한다고 본다.

국가라는 큰 그릇 안에서 샐러드같이 여러 민족의 문화가 조화를 이루어 공존해 가는 것을 추구한다. 즉 각 민족의 고유한 문화는 국가라는 샐러드 안에서 그 특성을 유지하면서 조화로운 샐러드의 맛을 만들어 나가는 것이다.

✖ 다문화 사회로의 변화

국제결혼 가정이 증가하면서 이주 배경을 지닌 다문화 학생 수는 꾸준히 증가하고 있다. 경제적 이유로 유입되는 외국인 근로자 수 또한 증가하면서 외국인 가정의 다문화 학생이 지난 십 년 사이 많이 증가하였다.

Tip 과거에 비해 다양한 문화권에 속한 사람들이 서로 접촉할 기회가 많아졌음을 이해하자.

✖ 다문화 수용성

다문화 수용성은 다문화 사회로의 변화를 긍정적으로 인식하고 공존의 가치를 받아들이는 태도이다. 문화 개방성, 고정 관념 및 차별, 세계시민 행동 등 8개 구성 요소별로 점수를 종합하여 100점 만점으로 산출한다.

✖ 다문화 사회의 이민자 정책 사례

용광로 이론	중국에는 수많은 소수 민족이 있지만 국민의 대다수인 한족 중심 정책을 쓰면서 소수 민족 문화를 전체에 융화시키고 있다.
샐러드 볼 이론	• 미국에서는 세계 각국이 이민자가 모여 그들이 각각 가지고 온 여러 가지 문화를 섞어 미국 특유의 문화를 만들어 내고 있다. • 캐나다는 다문화주의를 국가의 공식 정책으로 삼고 각 문화의 고유성과 개별성을 존중하는 사회를 지향한다.

Tip 용광로 이론은 문화의 동질성을, 샐러드 볼 이론은 문화의 다양성을 강조한다는 차이가 있지만 모두 다문화 사회에서 나타날 수 있는 갈등을 해소하고 통합을 이루기 위한 정책임을 기억하자.

개념 체크 문제

포인트 **Pick**

1 다문화 사회의 의미와 의의

의미	다양한 인종, 종교, 언어 등 서로 다른 문화적 배경을 가진 사람들이 함께 어우러져 살아가는 사회
등장 배경	(❶)의 영향으로 인구 이동이 활발해짐.
의의	• 문화의 다양성 증진에 이바지하고 문화 발전을 촉진함. • 저출생, (❷)에 따른 노동력 부족 문제를 완화하고 경제 성장에 이바지함. • 새로운 문화를 접하고 다양한 문화를 경험할 수 있음.

2 다문화 사회의 갈등과 해결 방안

갈등 양상		• 서로의 문화에 대한 이해가 부족하거나 무지할 경우 갈등이 발생할 수 있음. • 문화적 소수자에 대한 편견과 사회적 차별 • 경제적 자원과 일자리 경쟁 등 경제적 분야에서의 갈등 • 의사소통의 어려움에 따른 갈등
해결 방안	개인적 측면	• 다른 문화를 깊이 이해하려는 자세와 노력이 먼저 이루어져야 함. • 다른 문화에 대한 차이를 인정하는 (❸)의 자세가 필요함. • 문화 상대주의 태도를 함양해야 함. • (❹) 의식을 함양함.
	사회적 측면	• 다문화 교육 강화 • 법과 제도적 장치 강화 • 다양한 캠페인을 하여 문화적 다양성을 존중하는 사회 분위기 조성

3 다문화 사회를 바라보는 관점

용광로 이론 (동화주의)	• 주류 문화의 용광로에 소수 문화를 녹여 내어 (❺) 문화에 적응하도록 하는 것 → 이민자를 일방적으로 주류 사회에 통합하려는 입장 • 하나의 정체성이 형성 → 사회 통합에 유리함. • 소수 집단의 고유문화가 주류 집단의 문화로 동화되어 사라짐.
샐러드 볼 이론 (다문화주의)	• 국가라는 샐러드 볼 안에서 각 문화의 고유한 맛이 나타날 수 있도록 다양한 인종과 문화가 함께 어울리는 문화를 만들자는 입장 • 여러 문화가 대등하게 공존 → 문화 (❻) 증진에 이바지함. • 문화 차이로 갈등이 나타날 수 있음.

---

01 설명이 옳으면 ○표, 틀리면 ×표를 하시오.

(1) 다문화 사회는 다양한 인종, 종교, 언어 등 서로 다른 문화적 배경을 가진 사람들이 함께 어우러져 살아가는 사회이다. (   )

(2) 다문화 사회는 저출생, 고령화에 따른 노동력 부족 문제를 완화하고 경제 성장에 이바지할 수 있다. (   )

(3) 다문화 사회에서 사회 구성원은 문화 사대주의 태도를 함양해야 한다. (   )

02 다른 문화에 대한 편견이나 차별적인 태도를 버리고 문화적 차이를 인정하는 자세를 무엇이라고 하는지 쓰시오.

(   )

03 ㉠, ㉡ 중 알맞은 것을 고르시오.

(1) 소수 집단의 문화가 주류 집단의 문화에 동화되어 사라지는 다문화 사회의 정책은 (㉠ 용광로 이론, ㉡ 샐러드 볼 이론)이다.

(2) 국가라는 샐러드 볼 안에서 각 문화의 고유한 맛이 나타날 수 있도록 다양한 인종과 문화가 함께 어울리는 문화를 만들자는 입장은 (㉠ 동화주의, ㉡ 다문화주의)이다.

04 다문화 사회를 바라보는 관점의 특징을 바르게 연결하시오.

(1) 샐러드 볼 이론 •　　　　• ㉠ 주류 문화에 통합

(2) 용광로 이론　 •　　　　• ㉡ 문화 다양성 증진

05 빈칸에 들어갈 알맞은 말을 쓰시오.

> (   ) 이론은 이민자가 출신 국가의 언어적·문화적·사회적 특성을 완전히 포기하고 주류 사회의 일원이 되는 것을 목표로 하는 정책이다. (   ) 이론은 주류 문화의 펄펄 끓는 용광로에 소수 문화를 녹여 내어 주류 문화에 적응하도록 하는 것으로 이민자를 일방적으로 주류 사회에 통합하려는 입장이다.

실력 완성 문제

01 다문화 사회에 관한 옳은 설명만을 〈보기〉에서 있는 대로 고른 것은?

┌ 보기 ┐
ㄱ. 취업, 결혼 등을 목적으로 온 이주민의 수가 증가하였다.
ㄴ. 이주민이 집중하여 주거하는 지역을 찾아보기 어려워진다.
ㄷ. 세계화와 교통·통신의 발달로 국가 간 인구 이동이 활발해졌다.
ㄹ. 배경이 서로 다른 문화가 공존하므로 문화적 다양성 보존에 이바지한다.

① ㄱ, ㄴ   ② ㄱ, ㄹ   ③ ㄴ, ㄷ
④ ㄱ, ㄷ, ㄹ   ⑤ ㄴ, ㄷ, ㄹ

02 그림은 다문화 학생 수의 변화를 나타낸 것이다. 이와 같은 추세가 지속할 경우 나타날 수 있는 현상으로 적절하지 <u>않</u>은 것은?

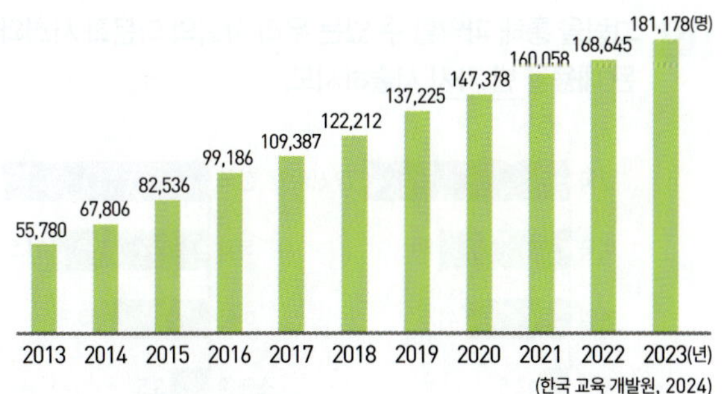

① 경제 활성화
② 문화 다양성 증대
③ 노동력 부족 문제 심화
④ 문화 간 충돌 문제 부각
⑤ 편견과 차별에 따른 갈등 심화

03 다문화 사회를 바라보는 갑, 을의 태도에 관한 옳은 설명만을 〈보기〉에서 고른 것은?

갑: 우리 학교에 A국 출신의 학생이 전학을 왔어. 그런데 급식 시간에 손으로 음식을 집어 먹는 거야. 더럽게 왜 그러냐고 했더니 A국에서는 손으로 음식을 먹는 것이 일상화되어 있다는 거야. 더러운 행동 같아.
을: 그렇게 생각할 수도 있지만 다문화 사회에서는 문화적 배경이 다른 사람들이 함께 생활하므로 서로의 문화를 이해하도록 노력해야 해.

┌ 보기 ┐
ㄱ. 갑은 문화 사대주의적 태도를 보인다.
ㄴ. 을은 다른 문화를 그 사회가 처한 맥락에서 이해하려고 한다.
ㄷ. 갑과 달리 을은 관용의 자세를 함양해야 한다.
ㄹ. 을과 달리 갑은 문화적 편견에서 벗어나야 한다.

① ㄱ, ㄴ   ② ㄱ, ㄷ   ③ ㄴ, ㄷ
④ ㄴ, ㄹ   ⑤ ㄷ, ㄹ

04 다문화 사회의 정책 A에 관한 옳은 설명만을 〈보기〉에서 고른 것은?

A는 한 문화의 소수 민족, 이민자, 정복당한 민족, 그 외의 사회적 소수자들이 지배 문화나 사회의 주류 문화로 통합하는 것을 장려한다. 통합의 기준에는 현지어 습득, 통혼, 개명 등이 있다. 특정 종교가 주류인 나라라면 그 종교로 개종하는 것도 포함된다.

┌ 보기 ┐
ㄱ. 문화적 다양성과 존중의 태도를 강조한다.
ㄴ. 주류 문화를 중심으로 한 사회 통합을 목표로 하고 있다.
ㄷ. '로마에 가면 로마법을 따르라.'는 주장과 일맥상통한다.
ㄹ. 이주민의 문화를 문화 사대주의적 관점에서 파악한다.

① ㄱ, ㄴ   ② ㄱ, ㄷ   ③ ㄴ, ㄷ
④ ㄴ, ㄹ   ⑤ ㄷ, ㄹ

05 다문화 사회를 바라보는 A, B 이론에 관한 설명으로 옳은 것은?

> A는 사회를 거대한 용광로로 보고 용광로에서 모든 물질이 녹아 서로 섞이는 것처럼 여러 문화도 그 사회의 지배적인 주류 문화 속에 녹아들어 융화될 수 있다고 본다. B는 국가라는 큰 그릇 안에서 샐러드가 버무려지는 것처럼 각 민족이 가지고 있는 고유한 문화를 그 특성을 유지하면서 조화를 이루며 새로운 문화를 창조할 수 있다고 본다.

① A는 문화의 다양성 보존을 중시한다.
② B는 문화 동화를 중시한다.
③ A와 달리 B는 자문화 중심주의 태도를 지향하고 있다.
④ B와 달리 A는 해당 사회의 문화를 그 사회의 입장에서 이해하려고 한다.
⑤ A, B는 모두 사회 통합을 강조한다.

06 다음 글에 나타난 필자의 주장으로 가장 적절한 것은?

> 국내로 유입하는 외국인 주민은 끊임없이 증가하여 2022년 약 226만 명이 되었다. 이로 인해 인구의 인종적, 민족적 다양성이 증대되었다. 우리 사회는 다양한 이웃과 함께 살아가는 다문화 사회로 변화하고 있는데, 법과 제도 등이 다문화 사회에 제대로 대응하지 못하고 있다. 다문화 사회에 대한 대응이 적절하지 못하면 사회 갈등과 불안정이 높아질 수 있으므로 이에 대한 대책이 필요하다.

① 이민자의 문화를 우리 문화로 동화시켜야 한다.
② 다문화 사회는 사회 통합을 저해하는 요인일 뿐이다.
③ 문화 상대주의 태도를 함양하여 다문화 사회에 대응해야 한다.
④ 문화적 다양성이 존중될 수 있도록 법과 제도적 지원을 확대해야 한다.
⑤ 노동력 부족 문제를 해결하기 위하여 적극적인 이민 정책을 펼쳐야 한다.

서술형 문제

07 밑줄 친 ㉠이 다문화 사회에서 갖는 의의를 서술하시오.

> 1952년 세계시민 협회는 국제 연합(UN)에 '세계시민의 날' 제정을 제안하였고 1955년 국제 연합 총회에서 공식으로 인정하였다. 세계시민의 날을 정한 목적은 개인이 자신의 국경을 넘어 생각하고 점점 더 상호 연결되고 의존하는 세계에서 세계시민으로서 자신의 역할을 인식하도록 장려하기 위해서이다. 한국도 5월 20일을 ㉠ 세계시민의 날로 지정하여 기념하고 있다.

08 다음 글을 읽고 물음에 답하시오.

> A는 이주민이 향유하는 각각의 문화를 기존의 주류 사회 문화에 융합시키고자 하는 B와 달리 이주민이 향유하는 문화를 인정하고 집단 간 차이를 존중하여 각각의 문화 정체성이 유지되는 것을 중시한다.

(1) A, B를 각각 쓰시오. (단, A, B는 각각 동화주의와 다문화주의 중 하나임.)

(2) B와 다른 A의 장점을 한 가지 서술하시오.

09 그림을 통해 파악할 수 있는 우리 사회의 다문화 사회와 관련된 내용을 한 가지 서술하시오.

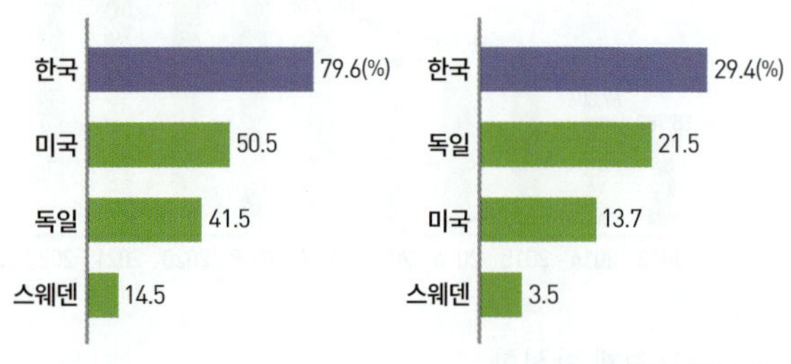

▲ 일자리가 부족할 때 자국민 우선 고용 찬성률 　▲ 외국인 근로자(이주민)와 이웃이 되고 싶지 않다고 대답한 비율

문제의 자료에서 **키워드**를 찾고, **키워드 꼬리 질문**에 답해 보자.
만약 답변이 어렵다면 **다시 개념 학습**으로 돌아가 복습해 보자.

01 (가)~(다)에 들어갈 수 있는 내용으로 옳지 <u>않은</u> 것은?

> 표는 다문화 사회의 의미, 등장 배경, 영향을 정리한 것이다.
>
> | 의미 | | 한 국가나 사회 안에 다양한 인종, 종교, 언어 등 서로 다른 문화적 배경을 가진 사람들이 함께 어우러져 살아가는 사회 |
> | --- | --- | --- |
> | 등장 배경 | | (가) |
> | 영향 | 긍정적 측면 | (나) |
> | | 부정적 측면 | (다) |

① (가) – 국제결혼 및 외국인 근로자 유입
② (나) – 문화 창조 능력 향상
③ (나) – 저출생, 고령화에 따른 노동력 부족 문제 완화
④ (다) – 문화적 차이에 따른 다양성 증가
⑤ (다) – 편견과 차별에 따른 갈등 발생

키워드 Pick
'다문화 사회'

키워드 꼬리 질문
Q1 서로 다른 문화적 배경을 가진 사람들이 함께 살아가는 사회를 무엇이라고 하는가?
Q2 다문화 사회의 등장 배경은?

답변이 어렵다면 다시 개념 학습
☞ 90쪽

02 다문화 사회를 바라보는 갑, 을의 태도에 관한 옳은 설명만을 〈보기〉에서 고른 것은?

> 갑: 우리 사회가 점차 다문화 사회로 변해감에 따라 우리 고유의 문화 정체성이 흔들리고 있습니다. 이민을 온 사람들이 자신의 문화를 버리고 우리 고유의 문화를 누리도록 할 필요가 있습니다.
> 을: 아닙니다. 이민 온 사람들이 누리는 그들만의 문화로 우리 사회에 문화 다양성이 증진되고 있습니다. 우리 고유의 문화와 이주민 문화의 공존을 위한 방안을 찾는 것이 필요합니다.

보기
ㄱ. 갑은 용광로 정책을 옹호할 것이다.
ㄴ. 을은 다문화주의를 지향할 것이다.
ㄷ. 갑과 달리 을은 문화 동화를 통해 다문화 사회의 문제를 해결할 수 있다고 볼 것이다.
ㄹ. 을과 달리 갑은 사회의 동질성 유지를 경시한다.

① ㄱ, ㄴ   ② ㄱ, ㄷ   ③ ㄴ, ㄷ
④ ㄴ, ㄹ   ⑤ ㄷ, ㄹ

키워드 Pick
'동화주의', '다문화주의'

키워드 꼬리 질문
Q1 사회의 동질성 유지를 중시하는 관점은?
Q2 다양한 집단의 정체성 유지를 통해 다문화 사회의 문제를 해결할 수 있다고 보는 관점은?

답변이 어렵다면 다시 개념 학습
☞ 90쪽

06　다양한 문화권의 특징과 삶의 방식　↻66~73쪽

1　문화와 문화권

문화	인간이 환경과 상호 작용하는 과정에서 형성된 생활양식 예 의식주, 언어, 종교, 풍습 등
문화권	• 문화 요소가 유사하게 나타나는 비교적 넓은 공간적 범위 • 자연환경과 인문환경의 영향을 받아 형성됨. • 문화권 간의 경계에는 대부분 서로 인접한 지역의 특성이 함께 섞여 나타나는 점이 지대가 나타남.

2　문화권 형성에 영향을 주는 요인

자연 환경	• 기후: 의식주와 산업이 지역마다 다르게 나타남. • 지형: 산지·평야·해안 지역 주민들의 생활양식이 달라짐.
인문 환경	• 종교: 다양한 종교적 생활양식과 문화 경관을 만듦. • 산업: 산업 발달 수준에 따라 생활양식이 달라짐.

3　다양한 세계의 문화권

동양 문화권	• 공통점: 계절풍의 영향으로 벼농사 발달 • 동부 아시아: 한자와 불교의 영향, 젓가락과 한자 사용 • 동남아시아: 인도양과 태평양이 만나는 교통의 요지로 불교·이슬람교·크리스트교 등 다양한 종교 혼재 • 남부 아시아: 힌두교를 중심으로 이슬람교와 불교 분포
유럽 문화권	• 공통점: 크리스트교가 생활 전반에 영향을 미침. • 북서 유럽: 개신교와 게르만족, 혼합 농업과 낙농업 발달, 산업 혁명의 발상지로 경제 수준이 높음. • 남부 유럽: 가톨릭교와 라틴족, 수목 농업과 관광 산업 발달 • 동부 유럽: 그리스 정교와 슬라브족의 비율이 높음.
건조 문화권	• 범위: 북부 아프리카, 서남아시아와 중앙아시아 일대의 건조 기후 지역 • 이슬람교를 주로 믿어 돼지고기를 금기시
아프리카 문화권	• 범위: 사하라 이남의 중·남부 아프리카 • 부족 단위의 공동체 생활, 토속 신앙과 크리스트교 비중 높음, 이동식 화전 농업과 플랜테이션
아메리카 문화권	• 앵글로아메리카: 북서 유럽 문화의 영향 → 개신교 우세, 대체로 영어 사용(퀘벡주는 프랑스어), 세계 경제의 중심지로 성장 • 라틴 아메리카: 남부 유럽 문화의 영향 → 가톨릭교 우세, 에스파냐어·포르투갈어 사용, 원주민·백인·흑인·혼혈 등 다양한 인종 분포
오세아니아 문화권	• 유럽 문화의 침입과 원주민 문화 파괴 • 개신교 우세, 영어 사용
북극 문화권	한대 기후 지역, 순록 유목, 수렵 및 어로 활동

07　문화 변동과 전통문화　↻74~83쪽

1　문화 변동의 의미

의미	새로운 문화 요소가 등장하거나 다른 문화와의 접촉을 통해 한 사회의 문화 체계가 크게 변화하는 현상

2　문화 변동의 요인

내재적 요인	• 발견: 이미 존재하고 있었지만 알려지지 않았던 문화 요소를 찾아내는 것 • 발명: 존재하지 않았던 새로운 문화 요소를 만들어 내는 것
외재적 요인 (문화 전파)	• 직접 전파: 다른 사회의 구성원과 직접적인 접촉 과정에서 문화 요소가 전달되어 정착되는 현상 • 간접 전파: 다른 사회의 구성원과 직접적인 접촉이 아닌 매개체를 통해 간접적으로 문화 요소가 전달되어 정착되는 현상 • 자극 전파: 다른 사회의 문화 요소에서 얻은 아이디어가 전파되어 새로운 문화 요소가 만들어지는 현상

3　문화 변동의 양상

문화 동화	• 기존의 문화 요소가 다른 사회의 문화 체계에 흡수되어 소멸하는 현상 • 예 A국 국민이 B국의 언어를 사용하면서 자국 언어를 사용하지 않는 모습
문화 병존	• 기존의 문화 요소와 전파된 다른 사회의 문화 요소가 공존하는 현상 • 예 A국 국민이 B국의 언어와 자국의 언어를 동시에 사용하는 모습
문화 융합	• 기존 문화 요소와 전파된 다른 사회의 문화 요소가 결합한 결과 이전의 두 문화와는 다른 새로운 문화가 나타나는 현상 • 예 한국에서 전통 음식인 김치와 서양의 스파게티가 결합하여 김치 스파게티가 나타난 현상

4　전통문화의 의의와 창조적 계승 방안

의미	한 사회에서 과거로부터 전해 내려오는 문화 요소 중에서 오늘날까지 구성원들에게 그 가치를 인정받고 발전시킬 만한 가치가 있는 것
의의	• 사회 유지와 통합에 이바지함. • 문화의 고유성, 정체성을 유지하는 데 이바지함. • 세계 문화의 다양성을 증진하는 데 이바지함. • 사회 구성원의 자긍심을 고취함. • 문화 산업 육성에 이바지함.
창조적 계승 방안	• 외래문화를 능동적이고 비판적으로 수용 • 세계화 시대에 맞는 문화 콘텐츠로 발전 • 인류 문화의 발전을 위한 세계시민의 자세 함양

1 문화적 차이와 발생 원인

문화적 차이	의식주를 비롯하여 언어, 종교, 도덕 등을 포함하는 문화는 사회에 따라 다양하게 나타남.
발생 원인	자연환경과 인문환경의 차이에 따라 문화적 차이가 나타남. → 각 문화는 그것이 형성된 배경과 가치 체계가 다른 경우가 많으므로 한 사회의 문화를 이해하려면 그 사회의 문화에 영향을 준 여러 요소를 살펴야 함.

2 문화 이해의 태도

자문화 중심주의	• 의미: 자기 문화만이 우월하다고 보아 다른 문화를 부정적으로 여기고 낮게 평가하는 태도 • 사회 통합에 이바지 • 전통문화 계승 및 보존에 유리 • 국수주의로 이어져 국제적 고립을 초래할 수 있음.
문화 사대주의	• 의미: 다른 문화를 숭상하고 자기 문화를 낮게 평가하는 태도 • 자기 문화의 낙후 개선 • 선진 문물 수용에 이바지 • 자기 문화의 정체성을 상실할 우려가 있음.
문화 상대주의	• 의미: 문화 간 우열을 가리려는 태도를 경계하고 각 문화를 그 사회의 특수한 환경과 역사적 상황, 사회적 맥락에서 이해하려는 태도 • 문화의 다양성을 보존하는 데 이바지함. • 다문화 사회를 이해하는 데 적합함. • 극단적 문화 상대주의로 치우치면 인류의 보편적 가치를 훼손할 우려가 있음. • 극단적 문화 상대주의: 모든 문화는 그 나름대로 가치가 있으므로 어떤 문화든 존중하고 인정해야 한다는 태도

3 보편 윤리와 문화 성찰

보편 윤리의 의미	시대와 장소를 초월하여 모든 인간에게 타당하다고 인정되는 윤리 규범
보편 윤리의 필요성	인류의 보편적 가치를 훼손하는 문화도 존중해야 한다는 극단적 문화 상대주의의 태도를 방지할 수 있음.
보편 윤리에 바탕을 둔 문화 성찰	사회 구성원의 인간다운 삶을 침해하는 타 문화와 자문화를 비판적으로 성찰하고 평가해야 함.

1 다문화 사회의 의미와 의의

의미	다양한 인종, 종교, 언어 등 서로 다른 문화적 배경을 가진 사람들이 함께 어우러져 살아가는 사회
등장 배경	세계화의 영향으로 인구 이동이 활발해짐.
의의	• 문화의 다양성 증진에 이바지하고 문화 발전을 촉진함. • 저출생, 고령화에 따른 노동력 부족 문제를 완화하고 경제 성장에 이바지함. • 새로운 문화를 접하고 다양한 문화를 경험할 수 있음.

2 다문화 사회의 갈등과 해결 방안

갈등 양상		• 서로의 문화에 대한 이해가 부족하거나 무지할 경우 갈등이 발생할 수 있음. • 문화적 소수자에 대한 편견과 사회적 차별 • 경제적 자원과 일자리 경쟁 등 경제적 분야에서의 갈등 • 의사소통의 어려움에 따른 갈등
해결 방안	개인적 측면	• 다른 문화를 깊이 이해하려는 자세와 노력이 먼저 이루어져야 함. • 관용의 자세가 필요함. • 문화 상대주의적 태도를 함양해야 함. • 세계시민 의식을 함양함.
	사회적 측면	• 다문화 교육 강화 • 법과 제도적 장치 강화 • 다양한 캠페인을 하여 문화적 다양성을 존중하는 사회 분위기 조성

3 다문화 사회를 바라보는 관점

용광로 이론 (동화주의)	• 주류 문화의 용광로에 소수 문화를 녹여 내어 주류 문화에 적응하도록 하는 것으로 이민자를 일방적으로 주류 사회에 통합하자는 입장 • 주류 문화를 중심으로 하나의 정체성이 형성되므로 사회 통합에 유리함. • 소수 집단의 문화가 주류 집단의 문화로 동화되어 사라짐.
샐러드 볼 이론 (다문화주의)	• 국가라는 샐러드 볼 안에서 각 문화의 고유한 맛이 나타날 수 있도록 다양한 인종과 문화가 함께 어울리는 문화를 만들자는 입장 • 여러 문화가 대등하게 공존하므로 문화 다양성 증진에 이바지함. • 문화 차이로 인해 갈등이 나타날 수 있음.

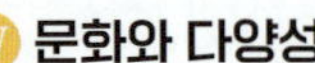

01 사진은 두 종교의 주요 건축물이다. (가), (나) 종교에 관한 옳은 설명만을 〈보기〉에서 고른 것은?

(가)　　　　　(나)

> **보기**
> ㄱ. (가)는 윤회 사상을 믿으며 많은 신을 섬긴다.
> ㄴ. (가)의 신자들은 돼지고기와 술을 금기시한다.
> ㄷ. (나)는 석가모니의 가르침을 전하고 실천한다.
> ㄹ. (나)의 신자들은 소를 신성시하여 소고기를 먹지 않는다.

① ㄱ, ㄴ　　② ㄱ, ㄷ　　③ ㄴ, ㄷ
④ ㄴ, ㄹ　　⑤ ㄷ, ㄹ

02 자료는 어느 국가에 관한 이미지 카드이다. 이 국가를 지도의 A~E에서 고른 것은?

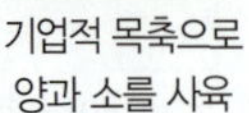

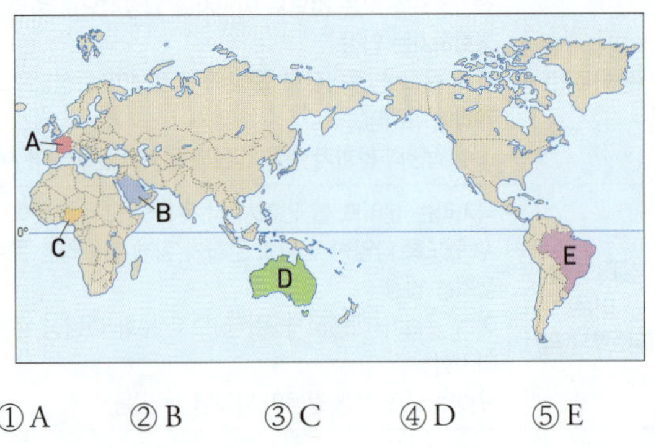

① A　　② B　　③ C　　④ D　　⑤ E

[03~05] 지도는 세계의 문화권을 구분한 것이다. 물음에 답하시오.

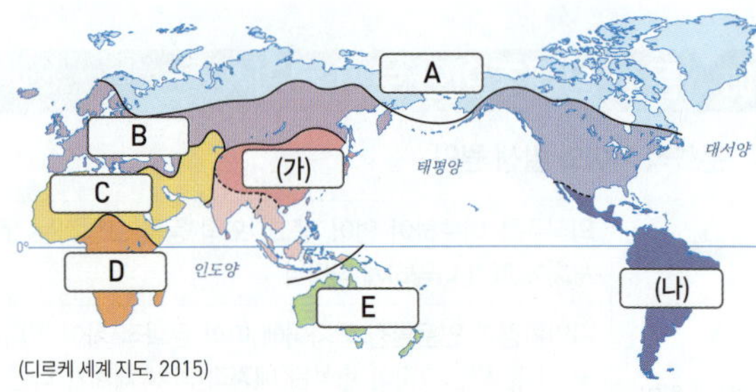

(디르케 세계 지도, 2015)

서술형
03 위 지도의 (가) 문화권에서 공통적으로 나타나는 문화 요소를 두 가지 서술하시오.

____

____

04 위 지도의 (나) 문화권에 관한 설명으로 옳은 것은?

① 불교와 힌두교의 발상지이며, 언어와 종교가 다양하게 나타난다.
② 개신교의 비율이 높고 산업 혁명의 발상지로 경제 발전 수준이 높다.
③ 북서 유럽의 식민 지배를 받아 주로 영어를 사용하고 개신교를 믿는다.
④ 농경이 어렵고 인간 거주에 불리하여 전통적으로 순록을 유목하며 생활한다.
⑤ 원주민, 백인, 흑인, 혼혈 등 다양한 인종이 분포하며 대부분 가톨릭교를 믿는다.

05 사진은 어느 문화권의 전통 의상이 잘 나타난 화폐이다. 이 문화권을 위 지도의 A~E에서 고른 것은?

① A　　② B　　③ C　　④ D　　⑤ E

06 다음 글에 관한 옳은 설명만을 〈보기〉에서 고른 것은?

문화는 고정되어 있지 않고 시간이 흐르면서 끊임없이 변화한다. 이때 ㉠새로운 문화 요소가 등장하거나 ㉡다른 문화와의 접촉을 통해 문화가 변화하는데 이러한 현상을 ______ (가) ______ (이)라고 한다.

보기

ㄱ. (가)에는 '문화 변동'이 들어갈 수 있다.
ㄴ. 발명에 의한 문화의 변화는 ㉠의 사례에 해당한다.
ㄷ. ㉡은 자발적으로 이루어질 수 없다.
ㄹ. 발견에 의한 문화의 변화는 ㉡의 사례에 해당한다.

① ㄱ, ㄴ   ② ㄱ, ㄷ   ③ ㄴ, ㄷ
④ ㄴ, ㄹ   ⑤ ㄷ, ㄹ

07 문화 변동의 요인 A~C에 관한 옳은 설명만을 〈보기〉에서 있는 대로 고른 것은?

구분	내용
A	서로 다른 사회 구성원 간에 매개나 수단 없이 직접적인 접촉을 통해 문화 요소가 전해진다.
B	인쇄물, 영상 매체, 인터넷 등 매개체를 통해 문화 요소가 전해진다.
C	다른 사회의 문화 요소에서 아이디어를 얻어 새로운 문화 요소가 만들어진다.

보기

ㄱ. 목화씨가 원에서 들여와 목화를 재배하게 된 것은 A의 사례이다.
ㄴ. 한국 드라마를 통해 한국 전통놀이가 전 세계에 전파된 것은 B의 사례이다.
ㄷ. C는 기존에 존재하고 있었지만 알려지지 않았던 것을 찾아낸 것이다.
ㄹ. A는 직접 전파, B는 간접 전파, C는 자극 전파이다.

① ㄱ, ㄷ   ② ㄱ, ㄹ   ③ ㄴ, ㄷ
④ ㄱ, ㄴ, ㄹ   ⑤ ㄴ, ㄷ, ㄹ

08 그림은 문화 변동 양상 A~C를 구분한 것이다. 이에 관한 옳은 설명만을 〈보기〉에서 있는 대로 고른 것은? (단, A~C는 각각 문화 동화, 문화 병존, 문화 융합 중 하나임.)

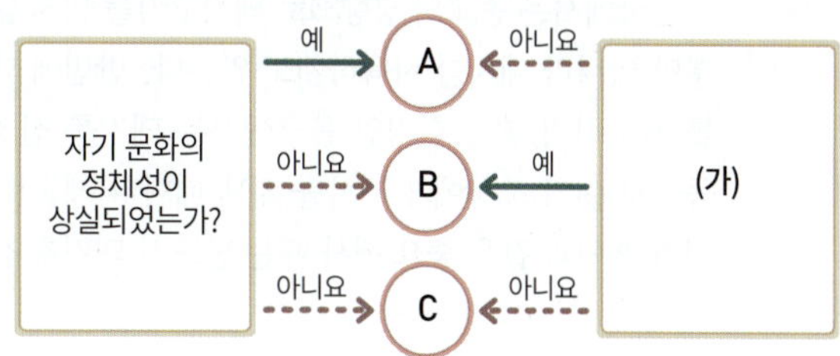

보기

ㄱ. (가)에는 '강제적으로 문화 변동이 이루어졌는가?'가 들어갈 수 있다.
ㄴ. (가)에 '새로운 문화 요소가 만들어졌는가?'가 들어간다면 C는 문화 병존이다.
ㄷ. C가 문화 병존이면 (가)에는 '김치 스파게티가 예로 들어갈 수 있는가?'가 들어갈 수 있다.
ㄹ. C가 문화 융합이면 (가)에는 '문화 접변에 의한 문화 변동이 나타났는가?'가 들어갈 수 없다.

① ㄱ, ㄴ   ② ㄱ, ㄹ   ③ ㄴ, ㄷ
④ ㄱ, ㄷ, ㄹ   ⑤ ㄴ, ㄷ, ㄹ

09 밑줄 친 ㉠에 해당하는 학생으로 옳은 것은?

교사: 전통문화를 주제로 발표해 보세요.
갑: 한 사회에서 오래 기간 유지되면서 그 사회의 고유한 가치로 인정받는 문화입니다.
을: 한국은 효와 예를 중시하는 유교 문화가 발달해 왔습니다.
병: 전통문화의 발전을 위해 다른 나라의 문화 요소를 받아들이는 것은 지양해야 합니다.
정: 세계 문화의 다양성 증진에는 이바지하지 못합니다.
교사: 두 명의 학생은 옳은 내용을, ㉠두 명의 학생은 옳지 않은 내용을 발표했어요.

① 갑, 을   ② 갑, 병   ③ 을, 병
④ 을, 정   ⑤ 병, 정

10 다음 글을 통해 파악할 수 있는 옳은 내용만을 〈보기〉에서 고른 것은?

> 갑국에서는 종교의 영향으로 돼지고기를 먹지 않을 뿐만 아니라 돼지를 사육하지도 않는다. 반면에 돼지를 사육하기 좋은 환경인 을국에서는 돼지를 신성한 동물로 여겨 조상에게 제사를 지낼 때마다 제물로 바치며 혼인과 같은 중요 행사 때는 반드시 돼지를 잡아서 함께 나누어 먹는다.

┌ 보기 ─
ㄱ. 각 사회의 문화에 관해 우열을 가릴 수 있다.
ㄴ. 각 사회의 문화가 형성된 배경에는 공통점이 있다.
ㄷ. 문화는 각 사회 구성원이 공유하는 인문환경의 영향을 받아 형성된다.
ㄹ. 각 사회의 문화를 이해하기 위해서는 문화 상대주의 태도를 가져야 한다.

① ㄱ, ㄴ　　　② ㄱ, ㄷ　　　③ ㄴ, ㄷ
④ ㄴ, ㄹ　　　⑤ ㄷ, ㄹ

11 그림의 (가), (나)에 들어갈 수 있는 옳은 질문만을 〈보기〉에서 고른 것은?

> A, B는 각각 문화 사대주의, 자문화 중심주의 중 하나이며 '다른 문화를 일방적으로 추종하는가?'라는 질문에 A의 경우 '예'라고 응답한다.

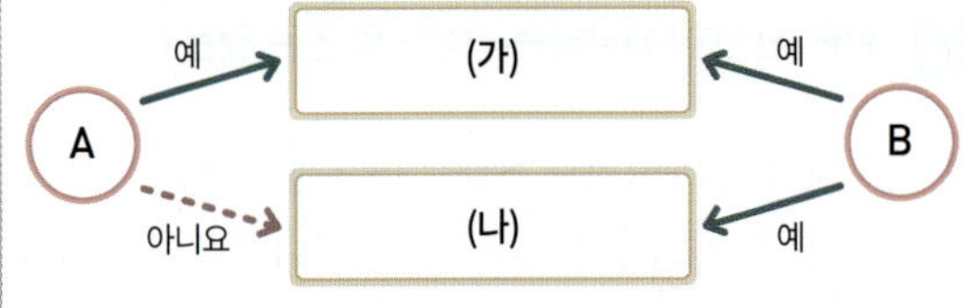

┌ 보기 ─
ㄱ. (가)–문화를 평가하는 절대적인 기준이 없다고 보는가?
ㄴ. (가)–문화의 다양성 확보에 불리한가?
ㄷ. (나)–다른 사회와 마찰을 초래할 가능성이 작은가?
ㄹ. (나)–문화 제국주의로 나아갈 수 있다는 비판을 받는가?

① ㄱ, ㄴ　　　② ㄱ, ㄷ　　　③ ㄴ, ㄷ
④ ㄴ, ㄹ　　　⑤ ㄷ, ㄹ

12 서술형 갑과 을이 지닌 문화 이해 태도의 특징을 <u>한 가지씩</u> 쓰시오.

> 갑: 얼마 전 책에서 A 부족의 생활 모습을 봤어. 그런데 대부분 사람들이 옷을 거의 입지 않고 있고 음식을 조리하는 방법과 먹는 방법이 너무 야만적이더라. 우리나라의 선진적인 의복 문화와 음식 문화를 빨리 전파해야 할 것 같아.
>
> 을: 그렇지 않아. A 부족의 의복 문화와 음식 문화는 그것 나름대로 형성된 환경과 역사적 맥락이 있어. 우리 기준으로만 A 부족의 문화를 평가하는 것은 바람직하지 않아.

13 다음 자료에 관한 옳은 설명만을 〈보기〉에서 고른 것은? (단, A~C는 각각 문화 사대주의, 문화 상대주의, 자문화 중심주의 중 하나임.)

〈수행 평가〉

※ 다음 질문에 답하시오. (단, 옳은 내용은 1점, 옳지 않은 내용은 0점임.)

질문	답안 내용	점수
A와 다른 B의 특징을 한 가지만 쓰시오.	국수주의로 흐를 가능성이 크다.	1점
B와 다른 C의 특징을 한 가지만 쓰시오.	(가)	0점
C와 다른 A의 특징을 한 가지만 쓰시오.	문화의 다양성 증진에 이바지한다.	0점

┌ 보기 ─
ㄱ. (가)에는 '각 사회의 문화가 나름의 가치를 지닌다고 본다.'가 들어갈 수 있다.
ㄴ. (가)에는 '문화를 평가의 대상이 아닌 이해의 대상으로 본다.'가 들어갈 수 없다.
ㄷ. C와 달리 A, B는 문화 간에 우열이 존재한다고 본다.
ㄹ. B, C와 달리 A는 다른 사회와 마찰을 초래할 가능성이 크다.

① ㄱ, ㄴ　　　② ㄱ, ㄷ　　　③ ㄴ, ㄷ
④ ㄴ, ㄹ　　　⑤ ㄷ, ㄹ

서술형

14 다음 글을 통해 파악할 수 있는 한국 사회의 변화를 인구 구성 측면에서 서술하시오.

> 행정 안전부가 통계청 인구 주택 총조사 자료를 분석해 공개한 '2022 지방 자치 단체 외국인 주민 현황'에 따르면 2022년 11월 1일 기준 국내 거주 외국인 주민 수는 225만 8,248명이다. 이 외국인 주민 수는 전년 대비 12만 3,679명(5.8%) 늘어나 관련 통계를 처음 발표한 2006년 이후 역대 가장 많은 숫자이다. 총인구(5,169만 2,272명) 대비 외국인 주민 비율도 4.4%로 역대 최고치를 기록하였다.

15 다음 수업에 관한 옳은 설명만을 〈보기〉에서 있는 대로 고른 것은?

> 교사: 다문화 사회의 의미와 등장 배경을 주제로 발표해 보세요.
> 갑: 서로 다른 문화적 배경을 가진 사람들이 함께 어우러져 살아가는 사회가 다문화 사회입니다.
> 을: 세계화의 확산은 다문화 사회의 중요한 등장 배경입니다.
> 교사: (㉠)의 학생이 옳은 내용을 발표했네요. 그렇다면 다문화 사회의 영향을 발표해 볼까요?
> 갑: 저출생, 고령화에 따른 노동력 부족 문제를 해결할 수 있습니다.
> 을: _______(가)_______
> 교사: 한 명만 옳은 내용을 발표했네요.

〈보기〉
ㄱ. ㉠은 '2명'이다.
ㄴ. (가)에는 '문화의 다양성이 확대됩니다.'가 들어갈 수 없다.
ㄷ. (가)에는 '사회 통합의 어려움이 발생할 수 있습니다.'가 들어갈 수 있다.

① ㄱ   ② ㄷ   ③ ㄱ, ㄴ
④ ㄴ, ㄷ   ⑤ ㄱ, ㄴ, ㄷ

16 다음 자료에 관한 옳은 설명만을 〈보기〉에서 고른 것은?

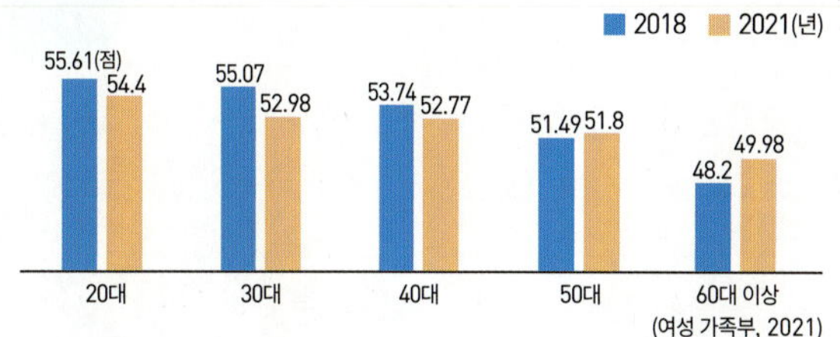

▲ 성인 연령대별 다문화 수용성

〈보기〉
ㄱ. 2018년 대비 2021년에 20대와 60대 이상의 다문화 수용성 격차는 감소하였다.
ㄴ. 2018년과 달리 2021년에 성인 연령대가 높을수록 다문화 수용성은 하락하였다.
ㄷ. 2018년 대비 2021년에 다문화 수용성이 가장 큰 폭으로 하락한 연령대는 30대이다.
ㄹ. 2018년에 비해 2021년에 다문화 수용성을 높이는 교육이 필요한 연령대는 50대와 60대 이상이다.

① ㄱ, ㄴ   ② ㄱ, ㄷ   ③ ㄴ, ㄷ
④ ㄴ, ㄹ   ⑤ ㄷ, ㄹ

17 다문화 사회를 바라보는 갑, 을의 관점에 관한 설명으로 옳은 것은?

> 갑: 다문화 사회에서 우리는 외국에서 이민 온 사람들 각각의 고유한 문화를 우리 사회의 지배적인 주류 문화에 녹여야 합니다. 이를 통해 다양한 문화 요소는 우리 주류 문화 안에서 하나로 융화되는 것입니다.
> 을: 다문화 사회에서 이민 온 여러 사람의 문화는 각자의 고유한 문화 특성을 유지하면서 우리 사회에 존재해야 합니다. 각 재료의 고유한 맛을 유지한 채 조화로운 맛을 내는 샐러드처럼 말입니다.

① 갑은 을과 달리 문화 상대주의 태도를 보이고 있다.
② 갑의 관점은 '다문화주의', 을의 관점은 '동화주의'에 해당한다.
③ 을의 관점과 달리 갑의 관점은 문화의 다양성 증진을 강조한다.
④ 갑에 비해 을의 관점이 자문화 중심주의에 가깝다.
⑤ 을과 달리 갑의 관점은 공통의 정체성 확립을 강조한다.

V

생활공간과 사회

이 단원을 배우면 ______
생활공간과 생활양식의 변화로 나타난 문제를 해결하려는 시민의 실천을 통해
지역사회의 변화를 이끌어 낼 수 있다.

10 산업화와 도시화

1 산업화와 도시화에 따른 생활공간의 변화

1 산업화와 도시화 자료①

(1) 의미

산업화	농림어업 중심의 산업 구조에서 광공업 및 서비스업 중심의 사회로 변하는 현상
도시화	전체 인구 중 도시 거주 인구 비율이 증가하고 도시적 생활양식이 확대되는 현상

(1차 산업 / 2차 산업 / 3차 산업)

(2) 전개

① 산업화 과정에서 촌락의 인구가 일자리가 많은 도시로 이동하는 이촌향도 현상으로 도시화가 촉진됨.

② 우리나라: 1960년대 1차 산업 종사자 비율이 60% 이상 → 이후 본격적 경제 개발이 이루어지면서 2·3차 산업 종사자 비율이 증가하고 도시화율도 급격히 높아짐.

2 거주 공간의 변화

시가지 면적 증가	산업 활동이 활발해지고 인구가 증가하면서 농업 용지나 삼림이 도로·주거·상업·업무 용지로 변경되며 시가지가 확장됨.
*토지의 집약적 이용	제한된 도시 내 공간을 효율적으로 이용하기 위해 고층 건물과 아파트 등이 등장함.
도시 내부 구조 분화 자료②	• 도시의 규모가 커지면서 *접근성과 *지대의 차이에 따라 기능별로 중심 업무 지구, 상업 지역, 주거 지역, 공업 지역 등으로 분화됨. • 접근성과 지대가 높은 도심에는 상업·업무 기능이 집중함. • 주거 및 공업 기능은 상대적으로 접근성과 지대가 낮은 외곽 지역으로 분산됨.

(도시의 큰 길거리를 이루는 지역)

3 생태환경의 변화

(1) **녹지 면적 감소**: 논·밭·숲 등과 같은 자연 상태의 토지가 산업 단지·시가지로 개발 → 콘크리트 건물, 아스팔트 포장 등 지표면을 덮는 인공 구조물의 면적 증가 자료③

(2) **대기 오염**: 도시 내 산업 시설이나 차량 등에서 배출된 오염 물질로 발생

2 산업화와 도시화에 따른 생활양식의 변화

직업 분화	기계화·산업화 → 직업의 세분화, 새로운 직업의 출현
*도시성 확산	• 효율성과 합리성을 추구하고 익명성을 띠는 도시적 생활양식의 보편화 • *2차적 인간관계를 형성하는 도시인의 특징적 사고와 행동 양식이 도시와 가까운 교외 지역이나 촌락으로 확산
생활 수준 향상	• 생산성 향상 → 상품과 서비스의 양이 증가, 주민의 소득 증대 • 대중교통 수단 발달, 다양한 상업·여가 시설 확충으로 편리해지는 생활
*개인주의적 가치관 확산	• 대가족에서 핵가족과 *1인 가구로 가족 형태 변화 • 도시 내 소득 수준과 직업 구성 등에서 주민 간 이질성 증대 • 공동체보다 개인이 강조되는 경향 심화, 개인의 가치와 성취를 중시하는 태도 확산

＊ 토지의 집약적 이용
토지에 자본과 노동력을 집중적으로 투입하여 한정된 공간을 최대한 활용하는 방식이다.

＊ 접근성
다른 지역으로 접근하기 쉬운 정도로, 일반적으로 교통이 편리한 지역이 접근성이 높다.

＊ 지대
토지 이용을 통해 얻을 수 있는 수익이나 비용이다. 대체로 접근성이 높은 지역은 지대도 높다.

＊ 도시성
도시에 거주하는 사람들이 가지는 특징적인 사고 및 행동 양식이다.

＊ 2차적 인간관계
특정한 목적 의식을 가지고 모인 수단적인 인간관계이다.

＊ 개인주의
국가나 공동체보다 개인을 우선시하며, 전통과 규범에 얽매이기보다는 자신의 신념이나 생활 방식을 선택하는 가치관이다. 개인주의는 개인의 자유와 권리 보장을 강조하는 자유주의와 연결된다.

＊ 1인 가구 비율 증가

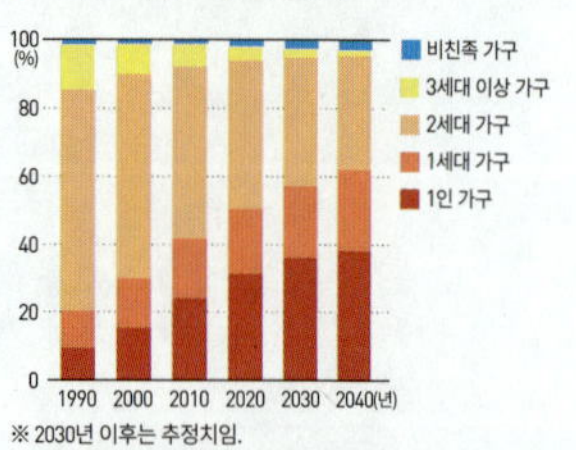

※ 2030년 이후는 추정치임.

개인주의적 가치관 확산으로 1인 가구 비율이 증가하고 있다.

자료 ❶ 우리나라의 산업 구조와 도시화율

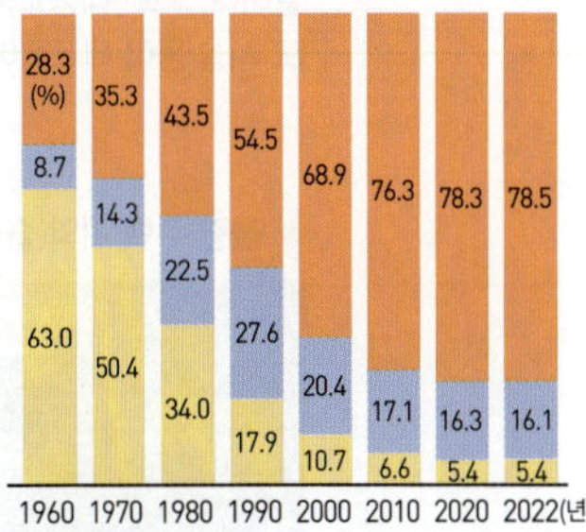

▲ 우리나라의 산업 구조 변화

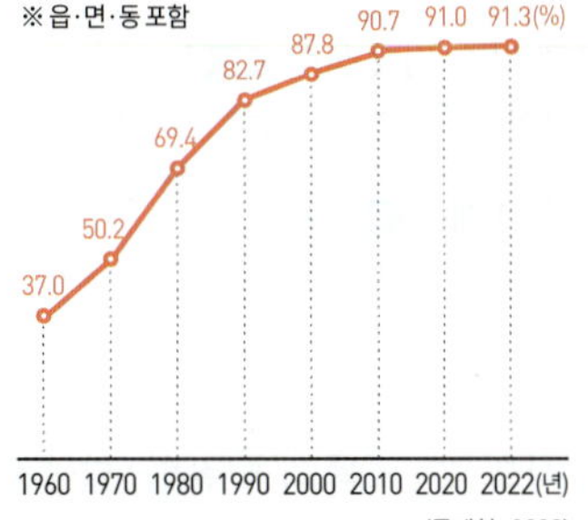

▲ 우리나라의 도시화율 변화

우리나라는 1960년대 이후 경제 개발 계획이 추진되어 수도권과 남동 임해 지역을 중심으로 산업화와 도시화가 본격적으로 이루어졌다. 오늘날 세계 인구의 절반 이상이 도시에 거주하고 있으며, 우리나라도 10명 중 9명 이상이 도시에 거주할 정도로 대부분의 인구가 도시에 거주하고 있다.

자료 ❷ 서울로 본 도시 내부 구조 분화

우리나라의 수도인 서울은 도시 규모가 커지면서 도시 내부가 분화하여 도심, 부도심, 주거 지역, 공업 지역 등이 형성되었다. 도시 중심부에 있는 도심은 접근성이 높고 교통이 편리하여 유동 인구가 많다. 부도심은 도심과 주변 지역을 연결하며 도심과 비슷한 경관이 나타난다. 주거 지역은 주로 도시 외곽에 형성되며 많은 인구를 수용하기 위한 신흥 주택 지역, 대규모 아파트 단지가 들어서기도 한다. 공업 지역은 주로 넓은 부지를 확보할 수 있는 지역에 형성되며, 최근에는 아파트형 공장이 들어서며 첨단 산업의 비중도 높아지고 있다.

자료 ❸ 도시화에 따른 생태환경의 변화가 하천 유출량에 미치는 영향

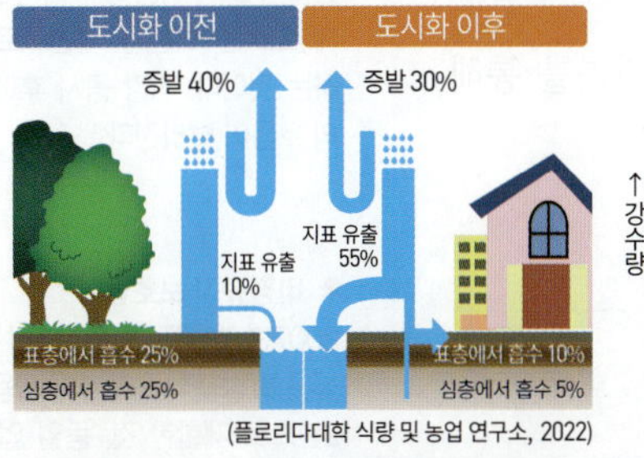

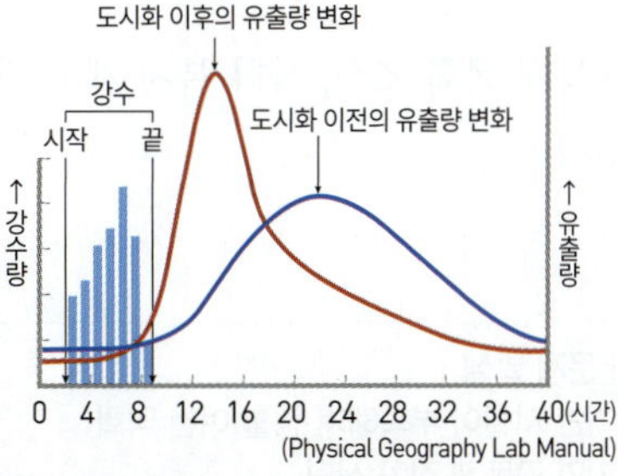

자연 상태에서는 비가 와도 빗물이 대부분 땅속에 흡수되어 하천 유량이 금방 불어나지 않는다. 그러나 도시에서는 폭우 시 빗물이 빠르게 하천으로 흘러 들어가 침수 피해가 발생하기 쉽다. 도시 지역의 침수 원인은 다양하지만, 불투수 면적이 늘어난 것도 큰 원인 중 하나이다.

✖ 우리나라의 산업화와 도시화

산업화	• 1차 산업: 1960~1970년 총종사자의 절반 이상이 농림어업에 종사, 이후 농림어업 종사자 비율 지속적으로 감소 • 2차 산업: 1960년 이후 광공업 종사자가 지속적으로 증가, 2000년대 이르러 광공업 종사자 비율은 소폭 감소 • 3차 산업: 1960년 이후 서비스업 종사자 비율 지속적으로 증가
도시화	• 1960~1990년: 도시화의 가속화 단계 → 이촌향도 현상으로 빠른 속도로 도시화 진행 • 1990년 이후: 도시화의 종착 단계 → 도시 인구의 완만한 증가.

Tip 도시화율이 가장 높은 시기와 도시 인구 증가율이 가장 높은 시기가 다르다는 것을 기억하자.

✖ 도시 내부 지역별 주요 경관

도심	• 업무와 상업 기능이 집중함. • 행정 기관, 대기업 본사, 백화점 등이 많음.
부도심	• 도심의 기능을 분담함. • 백화점, 금융 기관 등의 편의 시설 등이 모여 있음.
주거 지역	• 대규모 아파트 단지가 입지함. • 대형마트와 학교가 많음.
공업 지역	• 공업 단지가 조성되어 있음. • 최근 아파트형 공장이 밀집함.

✖ 도시화와 도시 홍수

도시화의 진행으로 아스팔트나 시멘트로 포장된 지표 면적이 증가함.

↓

빗물이 토양에 흡수되지 않는 불투수 면적이 증가함.

↓

• 도시화 이후 대기로 증발되는 수증기의 양이 줄어들고 도시의 상대 습도가 낮아짐.
• 하천으로 빠르게 유입되는 빗물양이 많아지고 강수 이후 하천 수위가 최고조에 도달하는 시기가 빨라짐.
• 하천 유량의 변동 폭이 커짐.

↓

도시 홍수의 발생 위험성이 높아짐.

1 주택 문제

현황	• 도시에 인구 밀집 → *도시 기반 시설 및 주택 부족, 집값 상승 자료④ • 주거 환경이 열악한 *불량 주택 지역(슬럼) 형성, 소득 수준에 따라 주거 지역 분리
해결 방안	*도시 재개발(재생) 사업을 통해 낙후된 정주 환경 개선 자료⑤

2 교통 문제

현황	도로 및 교통 시설 부족, 교통 체증 심화, 교통사고 증가, 소음 피해, 주차난 발생 등
해결 방안	대중교통 체계 정비, 도로와 주차장 등 기반 시설 확충

3 환경 문제

지표가 아스팔트와 시멘트로 덮힌 면적

현황	• 하천과 지하수 오염, 대기질 악화, 인간과 동식물의 생태환경 훼손 및 생물종 다양성 감소 • *열섬 현상: 포장 면적 및 인공열 방출 증가 등으로 도시 기온이 주변보다 높게 나타나는 현상 • 도시 홍수: 지표 포장 면적의 증가, *하천의 직강 공사와 복개 → 빗물이 땅속으로 스며들지 않는 불투수 면적 증가 → 하천 수위가 급격하게 높아지면서 도시 홍수 발생 가능성이 높아짐.
해결 방안	• 국가 및 지역 차원: 환경과 조화를 이루는 도시 개발 추진, 공원과 생태 하천 등의 녹지 공간을 확충하고 생태환경 복원, 오염 물질 배출을 규제하고 관리하는 정책 마련 • 개인: 생태시민으로서 친환경적인 생활 실천

하천을 콘크리트 구조물 등으로 덮어 포장하는 것

4 노동 문제

현황	• 실업: 산업 구조 변화와 생산 과정의 자동화로 실업 증가 → 인적 자원 낭비, 빈부 격차 심화, 범죄 증가 등의 문제 발생 • 노사 갈등: 노동자와 사용자 간의 이해관계 충돌
해결 방안	• 실업자를 위한 직업 교육과 취업 정보 제공 확대, 노사 간 소통과 협력 유도 • 사회 복지 제도 강화: 고용 보험, 최저 임금제, *비정규직 보호법 등 실시

실업자에게 보험금을 주어 직업 능력 개발과 향상, 실업자의 생활 안정과 재취업을 지원하는 보험

5 타인에 대한 무관심과 이기주의 자료⑥

(1) 현황

인간 소외 현상	• 기계화·분업화 과정에서 노동의 주체였던 인간이 기계의 부속품처럼 생산을 위한 수단으로 전락하면서 인간성이 상실되어 인간다운 삶을 잃어버리는 현상 • 다른 사람과의 소통과 교류가 줄어들고 서로에게 무관심해지는 경향
이기주의	물질적 가치와 경쟁을 추구하는 사회에서 개인이 사회나 타인의 이익보다 자신의 이익만을 추구하는 이기주의적 태도를 지니게 됨.

(2) 해결 방안: 주민이 상호 배려하고 협력하는 공동체 문화 조성, 사회 복지 제도 강화를 통해 노인 등 소외 계층을 돌보기 위한 서비스 등 실시

6 촌락의 쇠퇴

현황	• 촌락의 인구와 기능이 도시로 빠져나가 문제 발생 • 빈집이 늘어나고 의료와 교육 등 생활 기반 시설이 부족해져 생활 여건 악화 • 생산 가능 인구 감소와 휴경지 증가로 지역 공동체 점차 쇠퇴
해결 방안	지역 격차 해소를 위한 산업·행정 등의 기능 분산, 촌락 생활 여건 개선을 통한 국토 균형 발전 추구

농사를 짓지 않고 내버려둔 땅

생산 활동을 할 수 있는 연령인 15~64세의 청장년층 인구

✳ 도시 기반 시설
도시 주민들의 생활이나 도시 기능 유지를 위해 꼭 필요한 기초 시설을 말하며 도로, 대중교통, 전기·상하수도 시설 등이 대표적이다.

✳ 불량 주택 지역(슬럼)

▲ 인도 뭄바이의 불량 주택 지역
슬럼은 급격한 도시화 과정에서 많은 인구가 도시로 모이면서 도시의 주택이 부족해지고 시설이 낙후되면서 나타나는 지역이다.

✳ 도시 재개발 사업
오래되고 낡은 주택이나 시설물들을 교체하여 주거 환경을 개선하는 사업이다.

✳ 열섬 현상

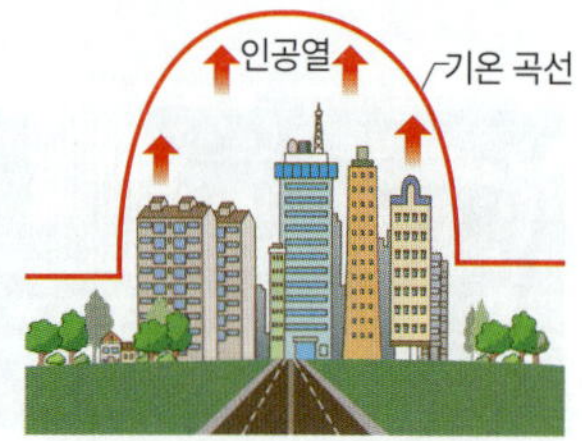

자동차나 에어컨 실외기 등에서 나오는 인공열, 콘크리트와 아스팔트가 내뿜는 열 등으로 도시 지역의 기온이 주변 지역보다 높아지는 현상이다. 이를 완화하기 위해서는 옥상 정원 조성, 녹지 공간 확대, 건물 간 바람길 조성 등이 필요하다.

✳ 하천의 직강 공사
효율적 토지 이용을 위해 구불구불하게 흐르는 하천을 직선으로 흐르게 하는 것이다. 직강 공사 후에는 하천의 흐름이 빨라진다.

✳ 비정규직 보호법
2007년 시행된 법으로, 이 법의 핵심은 비정규직 근로자의 사용 기간을 2년으로 제한한 것, 동일 업무·동일 처우의 기본 원칙에 따라 정규직과 동일 업무를 맡는 비정규직 근로자에 대한 차별을 하지 못하도록 한 차별 시정 제도이다.

자료 ❹ 주택 문제

▲ 생애 최초 주택 마련 소요 연수

우리나라 국민은 가구주가 된 이후 생애 첫 내 집을 마련하기까지 7년 넘게 걸리는 것으로 나타났다. 수도권에서 주택을 구입하려면 10년치 소득을 한 푼도 쓰지 않고 모아야 하는 것으로 파악되어 내 집 마련에 드는 시간이 점차 늘어나고 있다.

도시에 인구가 과도하게 밀집하면 주택이 부족해지고 집값이 상승하는 문제가 발생한다. 특히 젊은 세대의 경우 내 집 마련에 어려움을 겪으며, 이는 결혼과 출산의 감소로 이어진다.

✖ 주택·교통 문제의 원인과 해결 방안

원인	한정된 공간에 인구가 밀집하면서 도시 기반 시설 부족
해결 방안	• 노후화된 주택과 시설물의 재개발 사업 • 대중교통 수단과 도로 확충, 공영 자전거 대여 시스템 및 자전거 도로 확충 등 • 거주자 우선 주차 제도 정착, 공영 주차장 확대

자료 ❺ 다양한 도시 재생 사례

대구의 모습이 변하고 있다. 정비 사업이 200여 곳에서 진행 중이며 재개발과 재건축이 활발하여 구도심 상당수가 대단지 아파트로 바뀌고 있다. 동구 신암동 일대는 오래되고 낡은 주거지가 밀집하였지만 최근 주변 지역의 개발로 유동 인구가 늘면서 신암 뉴타운 사업이 진행되고 있다. 이 사업이 마무리되면 아파트 약 8,700가구가 들어선다.

부산 영도구 대평동은 국내 최초의 조선소가 들어선 곳으로 수리 조선소와 공업사 등이 밀집한다. 선박을 수리할 때 나는 소리 때문에 '깡깡이 마을'로도 불린다. 한 때 조선업의 불황으로 지역이 쇠락하였지만, 예술가의 주도로 마을이 변하고 있다. 낡은 건물을 고쳐 생활 문화 센터와 마을 공작소 등의 거점 시설을 조성하였고, 다양한 주민 참여 프로그램을 만들어 전국에서 관광객이 찾는 명소가 되었다.

대구광역시 동구 신암동 일대처럼 낡은 주거지를 철거하고 새로운 아파트 단지를 구성하는 것은 철거 재개발의 사례이며, 부산광역시 영도구 대평동처럼 낡은 건물을 조금씩 고쳐 재개발하고 마을의 이미지를 개선해 나가는 것은 수복 재개발의 사례이다.

✖ 재개발 유형 비교

구분	철거 재개발	수복 재개발
건물 재활용 비율	낮음.	높음.
투입 자본의 규모	큼.	작음.
원거주민의 재정착률	낮음.	높음.

TIP 모든 건물을 철거하고 새롭게 만드는 철거 재개발과 기존 건물을 유지하며 이루어지는 수복 재개발의 특징을 서로 비교하여 학습하자.

자료 ❻ 타인에 대한 무관심과 이기주의

늘 혼자가 편한 진아는 전화 상담실에서 기계처럼 일하고, 대부분의 시간을 이어폰을 꽂은 채 휴대 전화만 들여다본다. 신입 사원 수진은 진아에게 먼저 말을 걸며 친해지려 노력하지만 진아는 마음을 열 생각이 없다. 그러던 어느 날, 출퇴근길에 맨날 말을 걸던 옆집 남자가 아무도 모르게 혼자 죽었다는 걸 알게 되면서 진아의 마음이 복잡해진다. － 영화 〈혼자 사는 사람들〉 줄거리 －

서울특별시는 주거비 상승, 공동체 해체에 따른 고립, 주거 불안 등의 문제를 개인이 아닌 입주자가 함께 해결하도록 저렴한 공동체 주택의 공급을 활성화하였다. 공동체 주택은 입주자들이 공동체 공간을 가꾸고 공동체의 약속을 만들어 지키며 생활하는 주택이다. － 공동체 주택 플랫폼, 2023 －

타인에 대한 무관심이 커지면서 홀로 사는 사람이 가족이나 이웃 모르게 죽는 고독사가 사회문제로 부각되었다. 최근 고독사는 노년층뿐만 아니라 청년층에게서도 나타나고 있다.

✖ 타인에 대한 무관심·이기주의의 원인과 해결 방안

원인	• 직업의 세분화 및 업무 분업화, 잦은 거주지 이동 등으로 공동체 의식 약화 • 물질적 가치와 경쟁을 강조하는 사회 구조
해결 방안	• 지역 공동체 회복 전략: 공동체 주택 건설, 마을 공동체 운영 등 • 사회 복지 제도 확충: 소외 계층인 노인을 돕기 위한 돌봄 서비스 등

포인트 Pick

1 산업화와 도시화

(❶)	농림어업 중심의 산업 구조에서 광공업 및 서비스업 중심의 사회로 변하는 현상
도시화	전체 인구 중 도시 거주 인구 비율이 높아지고, 도시적 생활양식이 확대되는 현상

2 산업화와 도시화에 따른 생활공간의 변화

거주 공간의 변화	• 시가지 면적 증가 및 토지의 (❷) 이용 증가 • 도시 내부 구조의 분화
생태환경의 변화	• (❸) 면적 감소와 인공 구조물의 면적 증가 • 산업 및 주거 시설에서 배출하는 물질로 대기 오염 발생

3 산업화와 도시화에 따른 생활양식의 변화

직업 분화	기계화·산업화 → 직업의 세분화, 새로운 직업의 등장
도시성 확산	효율성과 합리성을 추구하고 익명성을 띠는 도시적 생활양식의 보편화
생활 수준 향상	생산성이 향상되면서 상품과 서비스의 양이 증가하고 주민의 소득 증대
개인주의적 가치관 확산	• 공동체보다 (❹)이/가 강조되는 경향 심화 • 개인의 가치와 성취를 중시하는 태도 확산

4 산업화와 도시화에 따른 문제

주택 문제	주택 부족 및 집값 상승, 불량 주택 지역 형성
교통 문제	교통 혼잡, 주차난, 교통사고 증가, 소음 피해
환경 문제	• 수질 오염, 대기 오염, 생태환경 훼손 등 • (❺): 도시 기온이 주변보다 높게 나타남. • (❻): 지표 포장 면적 증가 등으로 발생
(❼)	실업 문제 및 노사 갈등 발생
무관심과 이기주의	인간 (❽) 현상 및 이기주의 확산
촌락의 쇠퇴	생활 기반 시설 부족 및 생활 여건 악화

5 산업화와 도시화에 따른 문제의 해결 방안

주택 문제	도시 재개발(재생) 사업을 통해 낙후된 정주 환경 개선
교통 문제	(❾) 체계 정비 및 교통 기반 시설 확충
환경 문제	• 녹지 공간 확충 및 생태환경 복원 • 오염 물질 배출 규제 및 관리 정책 마련
노동 문제	고용 보험, 최저 임금제, 비정규직 보호법 등 실시
이기주의	주민이 상호 배려하고 협력하는 공동체 문화 조성
촌락의 쇠퇴	산업·행정 등의 기능 분산, 촌락 생활 여건 개선

---

01 ㉠, ㉡에 들어갈 알맞은 말을 쓰시오.

> 농업 중심의 산업 구조가 18세기 산업 혁명을 계기로 광공업과 서비스업 중심의 산업 구조로 변화하는 과정을 (㉠   )(이)라고 한다. 산업 구조의 고도화로 많은 촌락 인구가 도시로 이동하여 전체 인구 중 도시에 거주하는 인구 비율이 증가하고 도시적 생활양식이 확산되는 (㉡   )이/가 나타났다.

02 ㉠, ㉡ 중 알맞은 것을 고르시오.

(1) 산업화 및 도시화로 특정한 목적의식을 가지고 모인 수단적이고 간접적인 (㉠ 1차적, ㉡ 2차적) 인간관계를 형성하는 경우가 많아졌다.

(2) 산업화 및 도시화로 가족 형태 중 (㉠ 대가족, ㉡ 1인 가족)의 비율이 높아졌다.

(3) 도시화가 진행되면 건물이 고층화되고, 토지 이용의 집약도가 (㉠ 낮아진다, ㉡ 높아진다).

03 설명이 옳으면 ○표, 틀리면 ×표를 하시오.

(1) 산업화와 도시화로 개인보다 공동체를 강조하는 가치관이 확산된다.   (   )

(2) 도시적 생활양식은 도시와 가까운 교외나 촌락으로 확산되기도 한다.   (   )

(3) 도시화가 진행되면 지표의 포장 면적 비율이 높아져, 강우 시 토양의 빗물 흡수 능력이 저하된다.   (   )

04 빈칸에 들어갈 알맞은 말을 쓰시오.

(1) 산업화 과정에서 많은 농촌의 인구가 일자리를 찾아 도시로 향하는 (   ) 현상이 발생하였다.

(2) (   )은/는 도시에서 인공열 방출이 증가하고 녹지 면적이 감소하면서 도시의 기온이 주변 지역보다 높게 나타나는 현상이다.

05 산업화·도시화에 따른 문제점과 해결 방안을 바르게 연결하시오.

(1) 노동 문제 •　　　• ㉠ 낙후된 정주 환경 개선

(2) 주택 문제 •　　　• ㉡ 녹지 공간 확충, 생태환경 복원

(3) 환경 문제 •　　　• ㉢ 고용 보험, 비정규직 보호법 실시

실력 완성 문제

01 ⊙~ⓒ에 관한 설명으로 옳지 <u>않은</u> 것은?

> 농업 중심의 산업 구조가 광공업과 서비스업 중심의 산업 구조로 변화하는 과정을 (⊙)(이)라고 한다. 이 과정에서 산업 구조가 점차 고도화되고 일자리가 많은 도시로 촌락 인구가 이동하는 (ⓒ) 현상이 나타났으며, 전체 인구 중 도시 거주 인구 비율이 높아지는 (ⓒ)이/가 촉진되었다.

① ⊙은 산업 혁명을 계기로 나타났다.
② ⊙으로 생산력이 증대되고 생활 수준이 향상되었다.
③ ⓒ에는 '이촌향도'가 들어갈 수 있다.
④ ⓒ은 개발 도상국보다 선진국에서 먼저 나타났다.
⑤ ⓒ으로 전체 가족 형태 중 대가족이 차지하는 비율이 높아졌다.

중요
02 (가)에 들어갈 옳은 내용만을 〈보기〉에서 고른 것은?

> 교사: 그래프는 우리나라의 산업 구조별 종사자 비율을 나타낸 것입니다. 이를 통해 무엇을 추론할 수 있나요?
>
> 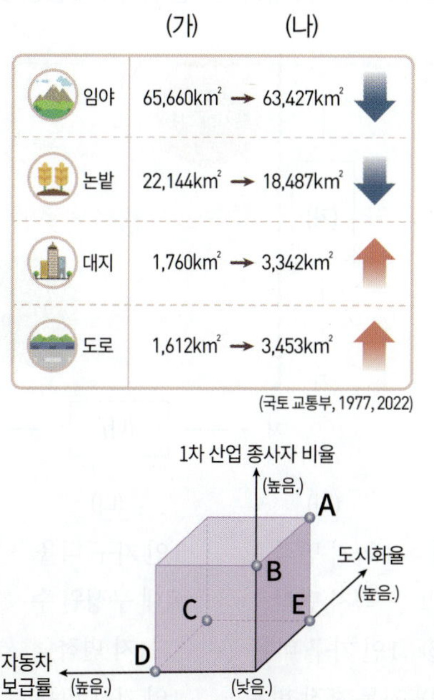
>
> 학생: ___________________(가)___________________

> **보기**
>
> ㄱ. 1960년보다 2000년에 직업의 종류가 다양할 거예요.
> ㄴ. 1970년보다 2010년에 농림어업 종사자 수가 많을 거예요.
> ㄷ. 1980년보다 2020년의 산업 구조가 더 고도화되었어요.
> ㄹ. A는 1차 산업, B는 3차 산업, C는 2차 산업이에요.

① ㄱ, ㄴ ② ㄱ, ㄷ ③ ㄴ, ㄷ ④ ㄴ, ㄹ ⑤ ㄷ, ㄹ

03 그래프는 우리나라의 도시화율 변화를 나타낸 것이다. 이에 관한 옳은 설명만을 〈보기〉에서 고른 것은?

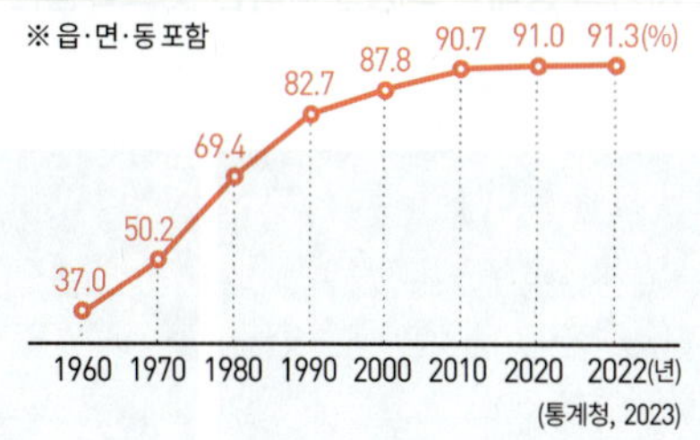

> **보기**
>
> ㄱ. 1960년은 도시 인구가 촌락 인구보다 많다.
> ㄴ. 1970년대는 2000년대보다 이촌향도 현상이 뚜렷하게 나타난다.
> ㄷ. 1980년은 2010년보다 3차 산업 종사자 비율이 높다.
> ㄹ. 1990~2000년은 2010~2020년보다 도시 인구 증가율이 높다.

① ㄱ, ㄴ ② ㄱ, ㄷ ③ ㄴ, ㄷ ④ ㄴ, ㄹ ⑤ ㄷ, ㄹ

04 다음은 두 시기의 우리나라 토지 이용 현황을 나타낸 것이다. (가)와 비교한 (나) 시기의 상대적 특징을 그림의 A~E에서 고른 것은?

	(가)	(나)	
임야	65,660km²	→ 63,427km²	↓
논밭	22,144km²	→ 18,487km²	↓
대지	1,760km²	→ 3,342km²	↑
도로	1,612km²	→ 3,453km²	↑

(국토 교통부, 1977, 2022)

① A ② B ③ C ④ D ⑤ E

05 항공 사진은 우리나라 ○○시의 변화를 나타낸 것이다. (가), (나) 시기의 상대적 특성을 나타낸 것으로 옳은 것은?

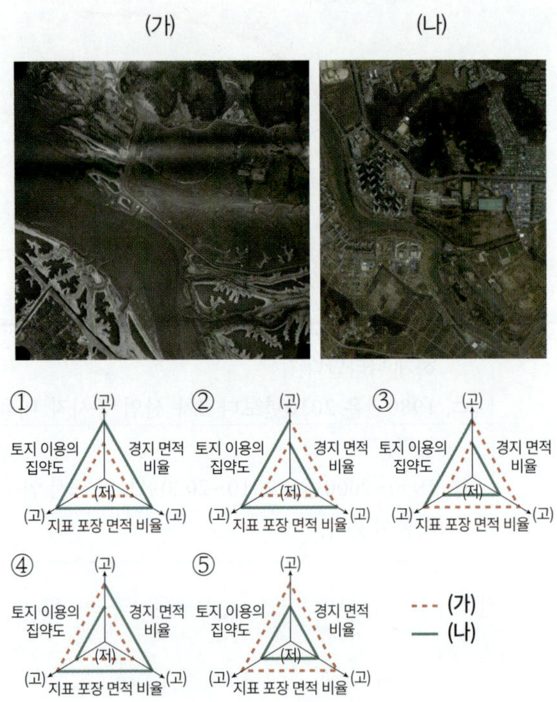

06 그래프의 (가), (나)에 들어갈 항목으로 옳은 것은?

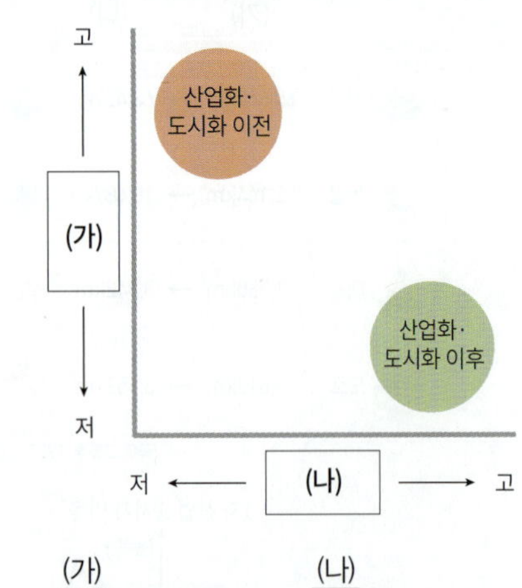

	(가)	(나)
①	녹지 면적	1인 가구 비율
②	녹지 면적	세대 구성원 수
③	1인 가구 비율	녹지 면적
④	교통 혼잡 비용	1인 가구 비율
⑤	교통 혼잡 비용	세대 구성원 수

07 다음은 노래 가사의 일부이다. 밑줄 친 ㉠~㉣을 통해 알 수 있는 도시의 특징만을 〈보기〉에서 있는 대로 고른 것은?

> 아침엔 우유 한잔 점심엔 *FAST FOOD*
> 쫓기는 사람처럼 시계 바늘 보면서
> ㉠ 거리를 가득 메운 자동차 경적 소리 어깨를 늘어뜨린 학생들
> *THIS IS THE CITY LIFE!*
> 어젯밤 술이 덜 깬 흐릿한 두 눈으로
> 자판기 커피 한잔 구겨진 셔츠 샐러리맨
> 기계 부속품처럼 ㉡ 큰 빌딩 속에 앉아 점점 빨리가는 세월들
> *THIS IS THE CITY LIFE!*
> ㉢ 모두가 똑같은 얼굴을 하고 손을 내밀어 악수하지만
> 가슴 속에는 모두 다른 마음 각자 걸어가고 있는 거야
> 아무런 말없이 어디로 가는가
> ㉣ 함께 있지만 외로운 사람들

보기

ㄱ. ㉠ – 교통 체증 및 소음 피해의 발생 빈도가 높다.
ㄴ. ㉡ – 토지 이용의 집약도가 높다.
ㄷ. ㉢ – 직업의 종류가 단조롭다.
ㄹ. ㉣ – 개인주의적 가치관이 확산되었다.

① ㄱ, ㄴ   ② ㄴ, ㄷ   ③ ㄷ, ㄹ
④ ㄱ, ㄴ, ㄹ   ⑤ ㄱ, ㄷ, ㄹ

08 다음 글을 통해 학습할 수 있는 도시화 관련 주제로 가장 적절한 것은?

> 나는 편의점에 간다. 많게는 하루에 몇 번 적게는 일주일에 한 번 정도 편의점에 간다. 편의점에는 많은 사람들이 오간다. 그들은 모두 누구일까? 그러나 우리는 서로를 알아보지 못한다. 큐마트의 청년은 내게 꼭 필요한 말만 건넨다. …… 나는 그 점이 아주 마음에 든다. …… 마음만 먹는다면 우리는 어떤 말도 안 할 수 있다.

① 도시의 일자리 부족 문제
② 도시의 교통 및 주택 문제
③ 도시 성장에 따른 생태환경의 변화
④ 도시화에 따른 직업의 분화와 전문성 증가
⑤ 도시적 생활양식과 개인주의 가치관의 확산

09 그래프는 우리나라 세대 구성 변화를 나타낸 것이다. 이에 관한 설명으로 적절한 것은?

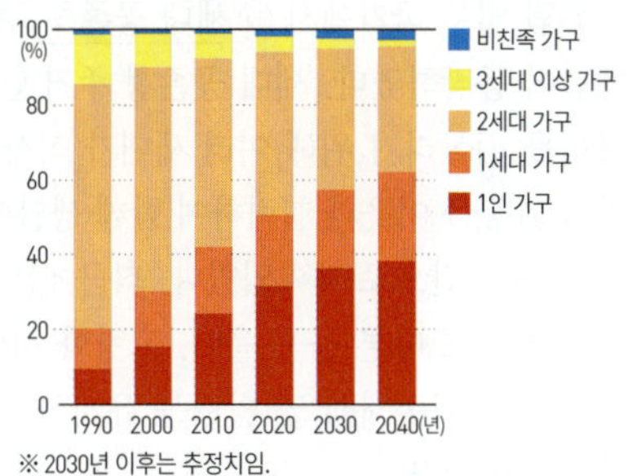

① 평균 가구원 수가 증가하고 있다.
② 가족 형태 중 대가족 비율이 증가하고 있다.
③ 결혼이 가구를 구성하는 필수 요소가 되었다.
④ 1차적 인간관계를 중시하는 경향이 심화되고 있다.
⑤ 전통이나 규범보다 개인의 생활 방식을 중시하는 경향이 커지고 있다.

10 자료에 나타난 서울의 A, B 지역에 관한 옳은 설명만을 〈보기〉에서 고른 것은?

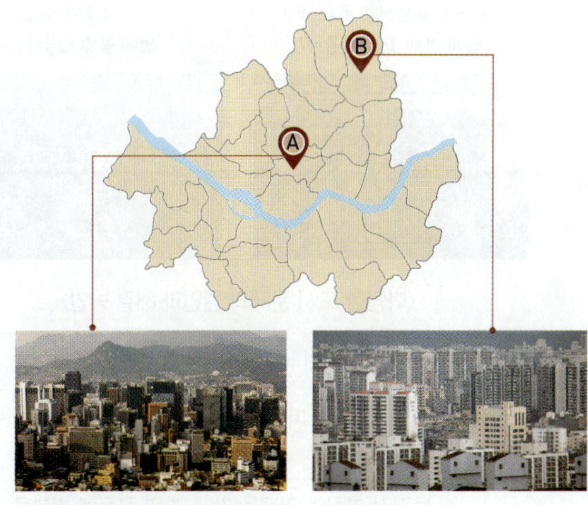

> **보기**
> ㄱ. A는 B보다 아파트와 학교 수가 많다.
> ㄴ. A는 B보다 시가지의 형성 시기가 이르다.
> ㄷ. B는 A보다 출근 시간대 유출 인구가 많다.
> ㄹ. B는 A보다 상업 및 업무 기능의 집중도가 높다.

① ㄱ, ㄴ   ② ㄱ, ㄷ   ③ ㄴ, ㄷ
④ ㄴ, ㄹ   ⑤ ㄷ, ㄹ

11 다음 글은 두 시기 서로 다른 학생이 쓴 일기이다. (가)와 비교한 (나) 시기의 상대적 특성만을 〈보기〉에서 고른 것은?

> (가) 오늘 아버지는 아침 일찍부터 벼를 수확하기 위해 이웃들과 함께 품앗이를 하러 갔다. 나를 포함한 우리 7남매는 동네에서 제기차기, 딱지치기, 고무줄놀이 등을 하며 놀았다. 해가 지고 우리 7남매와 부모님, 할머니가 모두 둘러앉아 저녁을 먹었다.
>
> (나) 방학 첫날인 오늘 맞벌이를 하시는 부모님은 회사에 일찍 출근하셨고 나는 조금 늦잠을 잤다. 스마트폰을 꺼내서 온라인 게임을 하고 오후에는 학원을 갔다. 저녁에는 복합 쇼핑몰에서 부모님이 주신 용돈으로 영화를 보고 햄버거와 콜라를 사 먹었다.

> **보기**
> ㄱ. 공동체 의식이 강하다.
> ㄴ. 평균 가구원 수가 많다.
> ㄷ. 촌락 거주 인구 비율이 낮다.
> ㄹ. 직업군과 직업 종류가 다양하다.

① ㄱ, ㄴ   ② ㄱ, ㄷ   ③ ㄴ, ㄷ
④ ㄴ, ㄹ   ⑤ ㄷ, ㄹ

12 ㉠에 들어갈 말로 알맞은 것은?

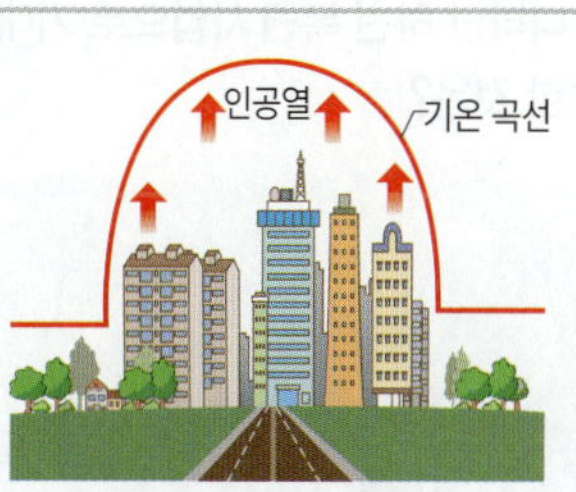

(㉠)은/는 자동차나 에어컨 실외기 등에서 나오는 인공열, 콘크리트와 아스팔트가 내뿜는 열 등으로 도시 지역의 기온이 주변 지역에 비해 높아지는 현상이다.

① 열섬 현상   ② 열대야 현상
③ 이촌향도 현상   ④ 인간 소외 현상
⑤ 도시 내부 구조의 분화

13 그래프는 도시화 이후 강우 시 하천 유출량 변화를 나타낸 것이다. 이에 관한 옳은 설명만을 〈보기〉에서 고른 것은?

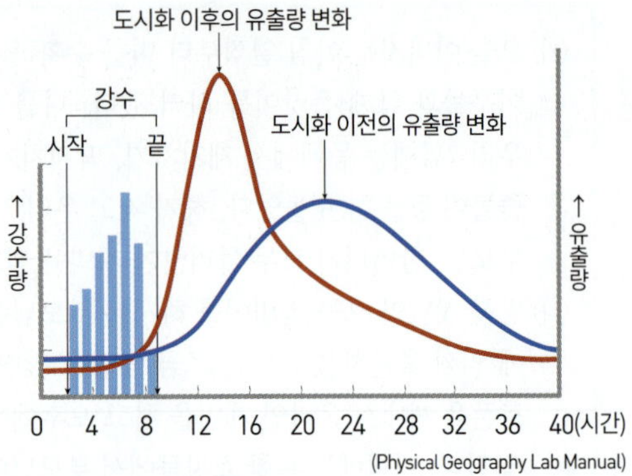

보기

ㄱ. 강우 시 하천 유출량의 변화가 커졌다.
ㄴ. 강우 시 하천 수위 상승 속도가 빨라질 것이다.
ㄷ. 지표의 포장 면적이 줄어들며 나타난 결과이다.
ㄹ. 도시화 이후 홍수가 발생할 위험도가 낮아졌다.

① ㄱ, ㄴ   ② ㄱ, ㄷ   ③ ㄴ, ㄷ
④ ㄴ, ㄹ   ⑤ ㄷ, ㄹ

14 (중요) 사진에 나타난 하천 복원 사업으로 기대할 수 있는 결과로 가장 적절한 것은?

▲ 과거 도로로 덮인 하천   ▲ 현재 도로를 걷어 내고 복원한 하천

① 인간 소외 현상의 해소
② 도시 내 지역 간 빈부 격차 완화
③ 도로와 주차 공간 부족 문제 해결
④ 인공열 방출에 따른 열섬 현상의 완화
⑤ 주택 부족에 따른 집값 상승 문제 해결

15 밑줄 친 ㉠의 설립 목적으로 가장 적절한 것은?

유럽 일부 국가에서 ㉠세대 공존형 주거 단지라는 개념이 등장하였다. 세대 공존형 주거 단지는 공동체 문화를 되살리기 위해 여러 세대가 식사 준비, 세탁, 가사 활동을 이웃과 협력하여 함께 생활할 수 있는 공동 주거 공간으로 계획되었다. 최근에는 여성의 경제 활동 증가에 따른 공동 육아, 고령화 시대의 노인 돌봄, 도시 기능 재생 및 활력을 유지하려는 방안으로 주목받고 있다.

① 토지의 집약적 이용
② 환경 오염 문제 해결
③ 인간 소외 현상의 해소
④ 일자리 부족 문제 해소
⑤ 지역 간 빈부 격차 완화

16 (가), (나) 도시 문제의 원인과 해결 방안을 A~C에서 고른 것은?

〈다양한 도시 문제의 원인과 해결 방안〉

구분	원인	해결 방안
A	인구 밀집에 따른 각종 시설 부족	교통 체계 개편을 위한 각종 정책 추진
B	물질적 가치와 경쟁을 강조하는 사회 구조	지역 공동체 회복을 위한 다양한 정책 추진
C	산업 시설 및 가정에서의 오염 물질 배출 증가	오염 물질 배출 규제 및 환경과 조화를 이루는 도시 개발 추진

	(가)	(나)		(가)	(나)		(가)	(나)
①	A	B	②	A	C	③	B	A
④	B	C	⑤	C	A			

17 밑줄 친 ㉠ 문제의 해결책을 〈보기〉에서 고른 것은?

> 도시에는 주변 촌락과 구별되는 기후 특성이 나타난다. 도시의 중심부는 지표면이 대부분 포장되어 있기 때문에 낮 동안 태양 복사 에너지를 많이 흡수한다. 빌딩과 지표에 흡수된 복사 에너지는 다시 대기 중으로 방출되어 ㉠기온 상승을 유발하고 여름에는 열대야 현상을 발생시키기도 한다.

보기
ㄱ. 옥상 정원을 조성하여 녹지 공간을 확대한다.
ㄴ. 도시 내 아스팔트와 시멘트 포장 면적을 확대한다.
ㄷ. 바람길 조성으로 건물 간 바람이 잘 통하도록 한다.
ㄹ. 냉방기 사용을 극대화하여 화석 에너지 사용을 늘린다.

① ㄱ, ㄴ 　　② ㄱ, ㄷ 　　③ ㄴ, ㄷ
④ ㄴ, ㄹ 　　⑤ ㄷ, ㄹ

18 (가), (나) 도시 재생에 관한 옳은 설명만을 〈보기〉에서 고른 것은?

> (가) 대구광역시 동구 신암동 일대는 과거 오래되고 낡은 주거지가 밀집하였다. 이곳에서 재개발의 일환으로 신암 뉴타운 사업이 진행되었으며 대규모 아파트 단지가 들어섰다. 이곳은 지하철 및 고속 철도와 가까워 지역에 활력이 생길 것으로 기대된다.
> (나) 부산광역시 영도구 대평동은 국내 최초의 조선소가 들어선 곳으로 조선업의 불황으로 쇠퇴하였다. 최근 낡은 건물을 고치고 생활 문화 센터와 공작소를 조성하고 다양한 주민 참여 프로그램을 만들어 많은 관광객이 찾는 명소가 되었다.

보기
ㄱ. (가)는 (나)보다 건물의 재활용 비율이 높다.
ㄴ. (가)는 (나)보다 투입되는 자본의 규모가 크다.
ㄷ. (나)는 (가)보다 원거주민의 재정착률이 높다.
ㄹ. (나)는 (가)보다 도시 재생 이후 토지 이용의 집약도가 높다.

① ㄱ, ㄴ 　　② ㄱ, ㄷ 　　③ ㄴ, ㄷ
④ ㄴ, ㄹ 　　⑤ ㄷ, ㄹ

19 그래프는 어느 지역의 산업별 종사자 비율 변화를 나타낸 것이다. 1962년과 비교한 2021년의 변화 모습을 서술하시오. (단, 산업 구조, 토지 이용을 포함함.)

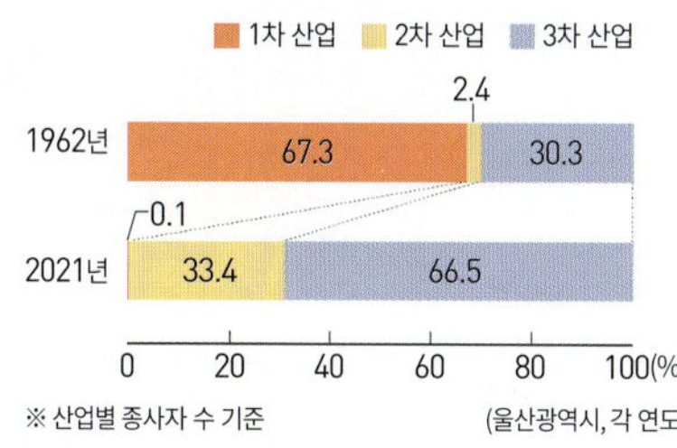

20 자료에 나타난 문제가 발생하는 원인을 서술하시오.

> 우리나라 국민은 가구주가 된 이후 생애 첫 내 집을 마련하기까지 7년 넘게 걸리는 것으로 나타났다. 수도권에서 주택을 구입하려면 10년치 소득을 한 푼도 쓰지 않고 모아야 하는 것으로 내 집 마련에 드는 시간이 점차 늘어나고 있다.

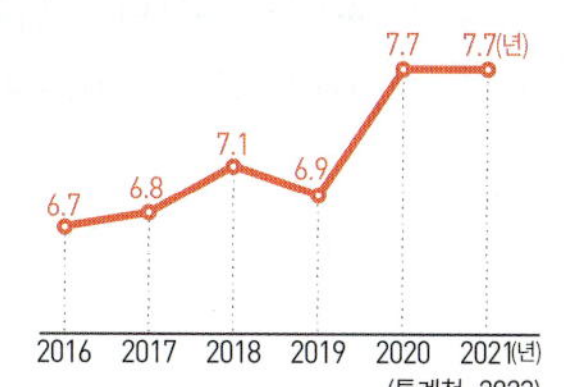

21 자료에 나타난 문제점에 관한 대책을 <u>두 가지</u> 서술하시오.

> **우리나라 촌락이 사라진다!**
> 통계청에 따르면 2023년 기준 우리나라 촌락의 빈집은 약 6만 6천 호에 달하고 있다. 많은 농어촌 인구가 도시로 이동하면서 촌락에는 빈집이 늘어나고 의료와 교육 등 생활 기반 시설이 부족해져 생활 여건이 악화되고 있다.

01 그래프는 지도에 표시된 세 국가의 도시화율 변화를 나타낸 것이다. (가)~(다) 국가에 관한 옳은 설명만을 〈보기〉에서 고른 것은?

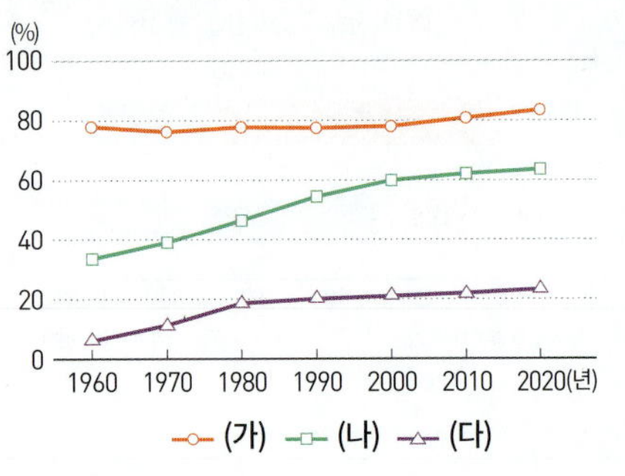

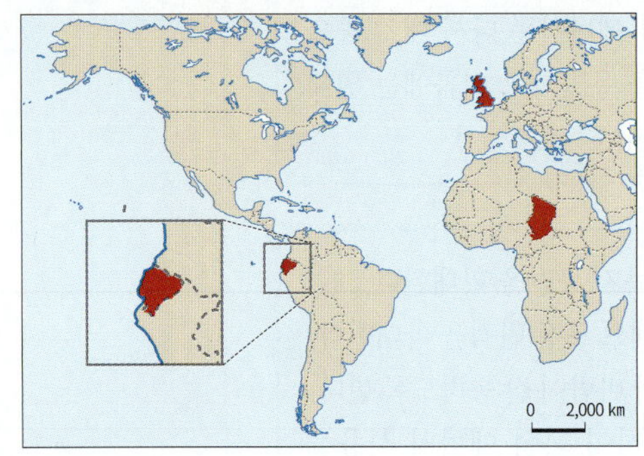

보기

ㄱ. (가)는 (나)보다 1980~1990년 도시 인구 증가율이 높다.

ㄴ. (나)는 (다)보다 2020년 국가 내 3차 산업 종사자 비율이 높을 것이다.

ㄷ. (다)는 (가)보다 산업화의 시작 시기가 빠를 것이다.

ㄹ. (가)는 유럽, (나)는 아메리카, (다)는 아프리카에 위치한다.

① ㄱ, ㄴ　　② ㄱ, ㄷ　　③ ㄴ, ㄷ　　④ ㄴ, ㄹ　　⑤ ㄷ, ㄹ

02 그래프는 (가)~(다) 국가의 도시 특성과 산업 구조를 비교한 것이다. 이에 관한 설명으로 옳은 것은? (단, (가)~(다)는 각각 영국, 멕시코, 나이지리아 중 하나임.)

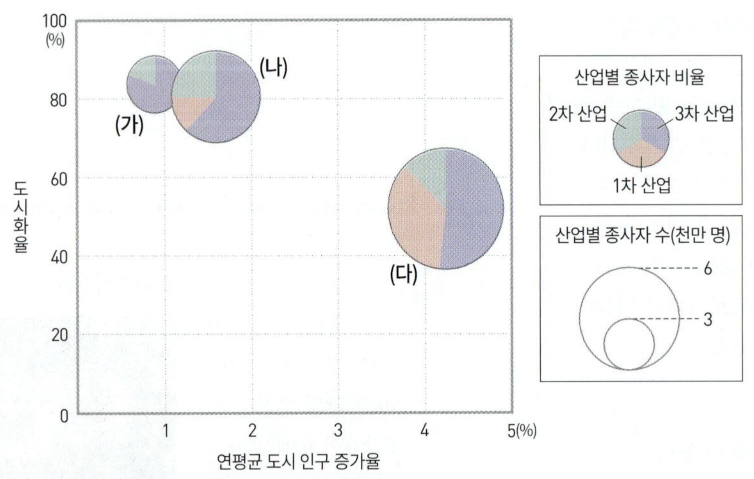

※ 연평균 도시 인구 증가율과 도시화율은 원그래프의 가운데 값임.
※※ 연평균 도시 인구 증가율은 2015~2020년, 도시화율과 산업별 종사자 비율 및 산업 종사자 수는 2020년 기준임.

① (가)는 (나)보다 산업화·도시화가 시작된 시기가 늦다.

② (나)는 (다)보다 1인당 국내 총생산(GDP)이 크다.

③ 영국은 멕시코보다 산업 종사자 수가 많다.

④ 멕시코는 나이지리아보다 연평균 도시 인구 증가율이 높다.

⑤ (가)는 멕시코, (나)는 영국, (다)는 나이지리아이다.

03 그래프는 두 지역에 위치한 서울 지하철역의 시간대별 승하차 인원을 나타낸 것이다. (가), (나) 지역에 관한 옳은 설명만을 〈보기〉에서 고른 것은?

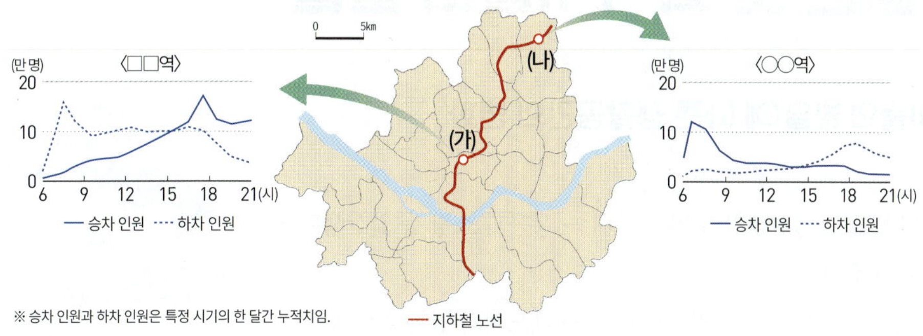

※ 승차 인원과 하차 인원은 특정 시기의 한 달간 누적치임.

> **보기**
>
> ㄱ. (가)는 출근 시간대 유입 인구보다 유출 인구가 많다.
> ㄴ. (가)는 (나)보다 시가지의 형성 시기가 이를 것이다.
> ㄷ. (가)는 (나)보다 다른 지역과의 접근성이 낮을 것이다.
> ㄹ. (나)는 (가)보다 아파트에 거주하는 인구가 많을 것이다.

① ㄱ, ㄴ　　② ㄱ, ㄷ　　③ ㄴ, ㄷ　　④ ㄴ, ㄹ　　⑤ ㄷ, ㄹ

키워드 Pick

'시간대별 승하차 인원'

키워드 꼬리 질문

Q1 출근 시간대 승차 인원보다 하차 인원이 많은 지역은?

Q2 출근 시간대 하차 인원보다 승차 인원이 많은 지역은?

Q3 어느 지역에 출근 시간대 하차 인원보다 승차 인원이 많다는 것의 의미는?

답변이 어렵다면 ↻ 다시 개념 학습

☞ 104쪽

---

04 다음은 하천의 (가), (나) 시기 강우 시 하천 유출량 변화를 모식적으로 나타낸 것이다. 이에 관한 설명으로 옳은 것은?

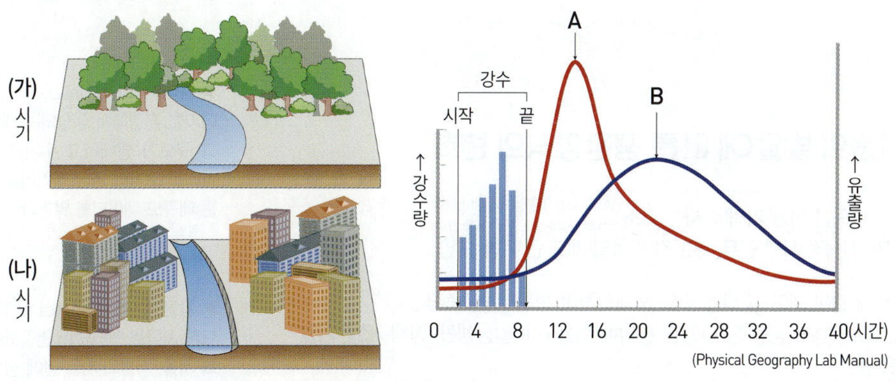

① (가)의 하천 유출량은 A, (나)의 하천 유출량은 B이다.
② (가)는 (나)보다 강우 시 유량 변화가 크다.
③ (나)는 (가)보다 강우 시 하천의 최고 수위 도달 시간이 늦을 것이다.
④ 녹지 공간의 면적이 넓어지면 하천 유출량은 A에서 B로 변할 것이다.
⑤ 지표의 평균 투수율이 낮아지면 하천 유출량은 A에서 B로 변할 것이다.

키워드 Pick

'강우 시 수위 변화'

키워드 꼬리 질문

Q1 (가), (나) 중 도시화가 진행된 시기는?

Q2 A, B 중 강우 시 유출량 변화가 급격하게 일어나고 있는 것은?

답변이 어렵다면 ↻ 다시 개념 학습

☞ 104쪽

11 교통·통신 및 과학기술의 발달

1 교통·통신 및 과학기술의 발달에 따른 생활공간의 변화

1 일상생활 범위의 확대 [자료①]

(1) **지역 간 접근성 향상**: 교통·통신의 발달로 일상생활의 범위 확대 → 통근과 쇼핑 등 일상생활 범위의 확대, 원거리 통근 및 통학자 증가

(2) **교외화 현상 발생**: 주거 및 공업 기능이 도시 외곽 지역으로 이동 → 대도시의 영향력 확대

(3) **대도시권 형성**: 지하철과 고속 국도 등 광역 교통망이 발달한 대도시의 기능과 영향력이 주변 도시로 확대 _{예 수도권: 서울을 중심으로 한 대도시권 → 신도시 건설 등으로 주거 기능이 경기도로 확대되면서 서울 – 경기 간 통근·통학 인구 증가}

2 경제활동 범위의 확대

(1) **공간적 분업**: 기업 활동에 있어 본사, 연구소, 생산 공장 등이 세계 곳곳에 분산되어 입지하는 경향 확대 예 대기업의 본사는 본국에 위치하며, 연구소는 우수 인력이 많은 지역, 생산 공장은 시장 규모가 크거나 인건비가 저렴한 지역에 주로 입지

(2) **전자 상거래 활성화** [자료②]

① *교통수단의 발달로 상품의 이동이 용이해짐.

② 인터넷과 스마트폰이 대중화되면서 국내외 전자 상거래 및 금융 거래 증가

3 여가 공간의 확대 [자료②]

(1) **국내외 여행 증가**: 장거리 이동이 가능해지면서 국내외 여행 기회 증가 → 관광 산업 발달

(2) **지역 간 상호 작용 증가**: 텔레비전·영화·뉴 미디어 등을 통한 지역 간 교류 활발, 문화 체험 기회 확대

4 생태환경의 변화: 교통망과 통신 시설 구축 과정에서 파괴된 생태환경 보호에 활용 예 위성 위치 확인 시스템을 활용한 멸종 위기 동물 관리·보호, 드론·헬리콥터를 활용한 동식물 생태환경 유지·관리

2 교통·통신 및 과학기술의 발달에 따른 생활양식의 변화

근무 환경의 변화	• 원격 근무 증가 → 출퇴근 이동 거리와 시간 감소 _{정보 통신 기술을 이용해 시간과 장소에 얽매이지 않고 언제 어디서나 업무 수행 가능} • *거점 오피스 운영, 선택적 시간 근무, 부분적 주 4일 제도 근무 등 도입
생활의 편리성 증대 [자료③]	• *인공지능과 로봇: 인간이 해야 할 다양한 일을 대신하며 생활이 편리해짐. • *빅데이터: 교통, 의료, 제조, 금융 등 다양한 분야에 활용되며 일상생활, 정책 개발, 기업 활동 등에 도움을 줌. • *사물 인터넷: 생활의 안전성과 편의성, 에너지 활용의 효율성을 높여줌.
다양한 인간관계 형성	여러 분야에서 비대면 접촉 비율 증가 → 대면 접촉을 통한 인간관계의 중요성이 약화되고 가상 공간에서의 교류 확대
정치 참여 기회 확대	• 동영상 공유 플랫폼, 누리 소통망 등을 통해 개인의 정치적 의견 표출 • *전자 민주주의 실현 가능성이 높아짐.

✻ 교통수단의 발달

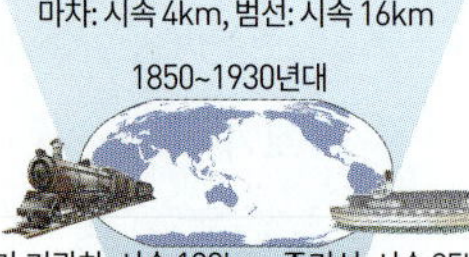

과학기술의 진보로 교통수단과 통신 기술이 발달하면서 생활 범위가 확대되고, 지역 간 교류 및 정보 획득이 쉬워져 세계가 점점 좁아지고 있다.

✻ 거점 오피스
고정된 사무실 공간 없이 가장 업무 효율이 높은 곳에서 자유롭게 일하는 근무 형태이다.

✻ 인공지능(AI)
인간의 학습 능력, 추론 능력, 지각 능력을 인공적으로 구현하려는 컴퓨터 과학의 세부 분야 중 하나이다.

✻ 빅데이터(big data)
디지털 환경에서 생성되는 데이터로, 그 규모가 방대하고 수치 데이터뿐 아니라 문자와 영상 데이터를 포함하는 대규모 데이터를 말한다.

✻ 사물 인터넷(Internet of Things)
모든 사물을 인터넷과 연결하여 사람과 사물, 사물과 사물 간에 정보를 상호 소통하는 기술과 서비스이다.

✻ 전자 민주주의
인터넷, 스마트폰 등을 이용해 시민이 직접 정치 과정에 참여함으로써 이루어지는 민주주의이다.

자료 ❶ 교통 발달에 따른 대도시권의 형성

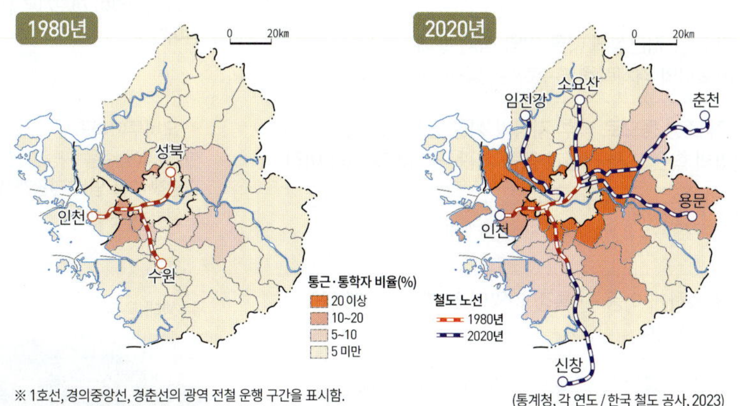

※ 1호선, 경의중앙선, 경춘선의 광역 전철 운행 구간을 표시함.

(통계청, 각 연도 / 한국 철도 공사, 2023)

지도는 철도 노선 확대로 변화한 서울로의 통근 및 통학권을 나타낸 것이다. 지도를 보면 1980년보다 2020년 서울의 통근 및 통학자 비율이 큰 폭으로 증가하였다는 것을 알 수 있다. 철도가 개통되면서 2020년 강원 춘천과 충남 아산(신창)은 수도권으로의 통근 및 통학이 가능한 지역이 되었다. 이처럼 철도 등과 같은 교통수단이 늘어나면 통근 및 통학권과 같은 일상생활의 범위가 확대된다.

자료 ❷ 전자 상거래 활성화와 여가 공간의 확대

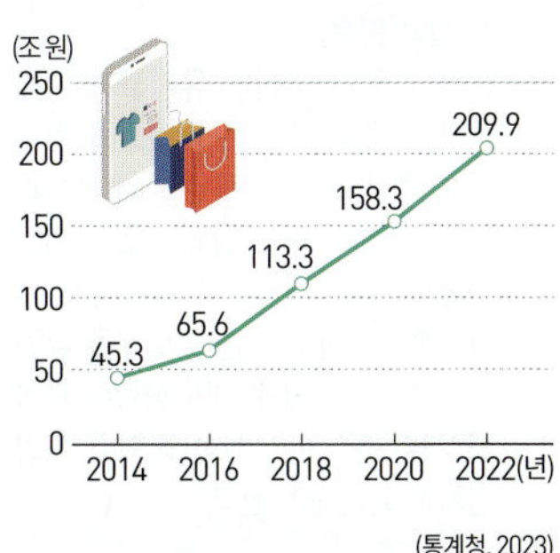

▲ 인터넷 쇼핑 시장 규모 변화

※ 코로나바이러스감염증―19의 영향으로 2020~2022년 관광객 수 감소

(한국 관광 공사, 2023)

▲ 우리나라를 찾는 외국인 관광객과 내국인 해외여행객 수

교통·통신의 발달로 전자 상거래가 활성화되어 2014년에 비해 2022년 우리나라 인터넷 쇼핑 시장 규모가 네 배 이상 커졌으며, 장거리 이동이 가능해지면서 2019년 우리나라 해외여행객 수가 약 2,800만 명에 이르는 등 여가 공간이 확대되었다.

자료 ❸ 산업 혁명

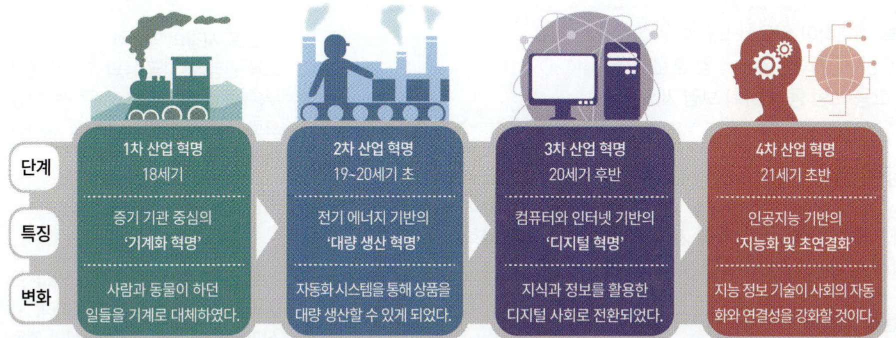

교통·통신 및 과학기술의 발달은 지식과 정보가 중심이 되어 가치를 만들어 내는 정보 사회로의 전환을 유도하였다. 이러한 기술 변화로부터 시작된 제4차 산업 혁명의 주요 기술로는 사물 인터넷, 로봇, 자율 주행, 인공지능, 3D 프린팅 등이 있다.

❈ 대도시권의 형성

대도시권	• 기능적으로 상호 밀접한 관계가 있는 대도시와 그 주변 지역 • 대도시를 중심으로 일상적인 생활이 이루어지고 통근 및 통학이 가능한 범위
형성 배경	• 대도시의 지가 상승에 따른 주택 및 교통 문제 발생 → 주거 기능의 교외화 • 대도시와 주변 지역 간 교통망 발달

❈ 교통·통신 발달의 영향

지역 간 접근성	향상됨.
지역 간 평균 이동 시간	줄어듦.
교류의 시공간적 제약	작아짐.
일상생활·경제활동 범위·여가 공간	확대됨.
원거리 통근·통학자 수	증가함.
기업 활동의 공간적 범위	확대됨.
지역 간 상호 의존성	높아짐.

Tip 교통·통신 및 과학기술의 발달로 생활공간과 생활양식의 모습이 어떠한 방향으로 변화했는지 살펴보자.

❈ 산업 사회와 정보 사회 비교

구분	산업 사회	정보 사회
재택 근무의 비중	낮음.	높음.
비대면 접촉 비중	낮음.	높음.
전자 상거래 비중	낮음.	높음.
쌍방향 매체 비율	낮음.	높음.
전자 민주주의 실현 가능성	낮음.	높음.

Tip 정보 사회의 특징을 기억할 때는 현재 우리 일상생활에서의 경험을 토대로 과거 산업 사회와 비교하여 학습하자.

3 교통·통신 및 과학기술의 발달에 따른 문제점과 해결 방안

1 지역 격차 확대 〔자료 **④**〕

문제점	• 교통이 발달한 지역과 낙후된 지역 간 교통 접근성에 따른 지역 격차 확대 • 접근성이 좋아진 대도시가 주변 중소 도시의 경제력을 흡수하는 *빨대 효과 발생
해결 방안	교통망 확충, 공공 기관 이전, 산업 단지 조성 등으로 낙후 지역의 성장 잠재력을 높이고 지역 간 균형 발전 방안 모색 예 우리나라의 혁신 도시 건설과 공공 기관·공기업의 지방 이전

• 목적: 지역 균형 발전(2023년 기준 총 10개 지역에 지정)
• 효과: 지역 일자리 창출, 수도권 과밀화 해소, 지역 특화 산업 육성 등

2 전염병 확산

문제점	교통의 발달로 세계 각지로 사람들이 신속하게 이동 → 특정 지역의 전염병이 세계 곳곳으로 급속하게 전파 예 코로나바이러스감염증-19
해결 방안	• 국제 사회의 노력: 각국의 전염병 관련 정보 공유 및 공동 연구, 국제 사회의 연대 강화 • 정부의 노력: 공항과 항만에서의 상시적인 방역 활동 강화 • 개인: 전염병 관련 정보와 대처 요령 파악, 개인 위생 관리와 청결 유지 노력

3 생태환경 파괴

문제점	• 환경 오염: 교통수단에 사용되는 화석 연료가 각종 오염 물질 배출 • 생태계 파괴: 도로와 철도 건설 과정에서 삼림 훼손 및 생태계 연속성 단절, 항공기와 선박 등을 통한 외래종 유입에 따른 생태계 교란 • *오버투어리즘: 관광지의 자연환경 훼손, 주민 거주 환경 악화
해결 방안	• 환경 오염 물질 배출 규제 정책 강화, 친환경 대체 연료 개발 노력 • *생태 통로 건설, *선박 평형수로 인한 생태 교란종의 국가 간 이동 통제 및 신속 대응 • 관광지의 관광객 수 제한 및 입장료 부과 필요, *공정 여행을 통한 주민과 관광객의 공존

4 정보 격차 발생 〔자료 **⑤**〕

문제점	• 정보 격차: 경제·사회·지역·신체적 여건 등으로 나타나는 정보의 불평등 현상 → 정보 격차는 소득이나 부의 불평등으로 이어져 경제적·사회적 격차로 확대 가능 • 정보 기기 접근과 활용에 상대적으로 큰 어려움을 겪는 디지털 소외 계층 발생
해결 방안	정보 기기의 접근성을 높일 수 있는 기술 및 제품 개발, 정보 격차 해소 교육 실시

5 *노동 시장의 양극화

문제점	단순 생산직·사무직·관리직 일자리 감소, 과학·수학·정보 통신 기술 분야의 일자리 증가 → 실업 증가, 빈부 격차 확대 등을 초래
해결 방안	• 미래 유망 직업이나 기술을 예측하여 필요한 노동력 양성 • 기존 노동력의 재취업을 위한 재교육을 통해 직업 훈련 지원 • 노동 시장 변화에 대응한 고용 보험 등의 사회 보장 제도 개편

6 디지털 중독, 사이버 범죄, 사생활 침해 증가

디지털 중독	• 의미: 디지털 기기에 지나치게 의존해 일상생활에 지장, 대면적 인간관계 약화 • 해결 방안: 정부의 디지털 중독 예방 및 프로그램 운영
사이버 범죄 〔자료 **⑥**〕	• 의미: 컴퓨터, 휴대 전화 등을 악용해 가상 공간의 익명성을 이용한 범죄 • 해결 방안: 관련 법과 제도 강화, 정보 시스템 보안 기구 및 전문 인력 강화, 가상 공간에서 *정보 윤리 실천
사생활 침해	디지털 기기로 개인 정보 유출 및 악용 → 관련 법률 정비·강화, 개인 정보 관리 교육 강화

정보 통신 보호법, 개인 정보 보호법 등

✻ 빨대 효과
음료를 빨대로 빨아들이듯이 새로운 교통수단의 개통으로 주변 도시의 인구와 경제력이 대도시로 유입되는 현상이다.

✻ 오버투어리즘
한 지역에 수용 가능한 적정 수준의 관광객 수를 넘는 관광객이 유입하여 발생하는 문제이다.

✻ 생태 통로

도로나 철도에 의해 단절된 생태 공간을 연결하여 야생 동물이 이동할 수 있도록 만든 구조물이다.

✻ 선박 평형수
선박의 무게 중심을 유지하기 위해 선박 내에 채워 넣는 바닷물을 말한다. 선박 평형수를 채우고 빼내는 과정에서 평형수에 포함되어 있던 해양 생물이 다른 지역으로 이동하게 된다. 선박 평형수로 인한 외래종 유입을 막기 위해 '국제 선박 평형수 관리 협약'을 준수하고 선박 평형수 처리 장치를 설치해야 한다.

✻ 공정 여행
대안 여행의 하나로, 여행지의 환경을 해치지 않고 현지 문화를 존중한다. 여행자는 지역 주민에게 적절한 비용을 지불하여 지역 경제에 혜택이 돌아가도록 노력한다.

✻ 노동 시장의 양극화
고용 안정성, 임금 등의 분포가 중간 부분에서 양극단으로 이동하는 현상으로, 사회적 불안과 갈등을 심화하며 사회 통합을 저해한다.

✻ 정보 윤리
정보 사회 구성원으로서 지켜야 할 올바른 가치관과 행동 양식이다. 자신과 타인에 대한 존중, 자신의 행동에 대한 책임, 타인의 권리를 침해하지 않고 정보의 진실성과 공정성을 추구하는 정의, 타인에 대한 해악 금지를 원칙으로 한다.

자료 ④ 고속 철도(KTX) 개통의 명과 암

▲ 고속 철도 강릉선 노선도

2018년 평창 동계 올림픽을 앞두고 개통한 고속 철도 강릉선은 서울 청량리에서 강릉까지의 소요 시간을 약 6시간에서 1시간 30분으로 단축해 주었다. 이렇게 접근성이 크게 향상되면서 2022년 강원특별자치도를 방문한 관광객 수는 2018년과 비교했을 때 약 15% 이상 증가했다. 올림픽이 열렸던 평창군에도 많은 변화가 나타났다. 평창의 지역 축제는 방문객이 많이 늘었고, 고속 철도 정차역 부근은 관광객이 많아져 상권이 성장하였다. 그러나 고속 철도 노선이 통과하지 않는 평창군 남부 지역은 이러한 효과를 보지 못했다. 또한 평창 주민들이 쇼핑 등의 목적으로 접근성이 개선된 다른 지역으로 빠져나가 지역 상권이 크게 위축되었으며, 고속 철도가 시외버스 이용객의 상당수를 흡수하면서 시외버스 노선 수가 급감하는 문제도 나타났다.

✖ 고속 철도 개통이 평창에 미친 영향

긍정적 영향	관광객 증가 및 지역 축제 활성화: 음식업 등의 매출 증가, 정차역 부근 상권 성장
부정적 영향	• 지역 내 경제 격차: 교통 접근성에 따른 지역 격차 확대 • 시외버스 노선 수 급감 • 빨대 효과: 쇼핑, 의료, 교육 등의 수요가 접근성이 개선된 다른 지역으로 유출

Tip 교통 발달에 따른 긍정적 영향과 부정적 영향은 주어진 상황과 조건에 따라 서로 다르게 나타나므로 제시된 사례글을 잘 읽고 해당 지역의 특징에 맞게 변화를 추론하자.

자료 ⑤ 디지털 정보 격차

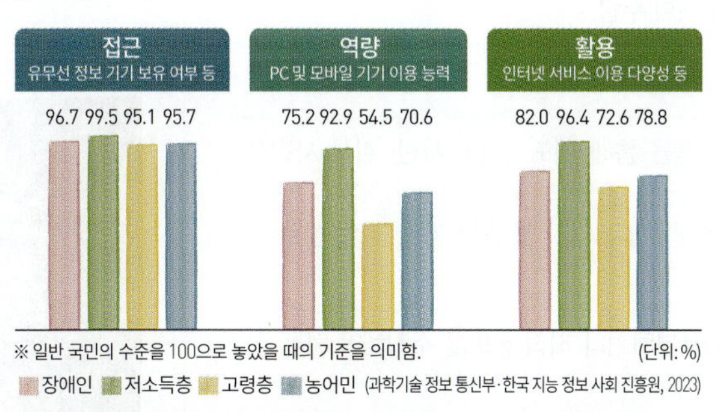

▲ 일반 국민과 디지털 소외 계층의 부문별 정보화 지수(2022년)

과학기술 정보 통신부에서 발표한 《디지털 정보 격차 실태 조사》에 따르면, 디지털 기술이 고도화되면서 계층별 디지털 기술에 관한 경험과 자원, 역량의 차이가 벌어져 정보 격차에 따른 불평등 문제가 커지고 있다. 일반 국민의 디지털 정보화 지수를 100으로 놓고 평가한 디지털 소외 계층의 정보화 지수는 100보다 낮게 나타나며, 그중 고령층의 수치가 가장 낮다.

✖ 배리어 프리 키오스크

배리어 프리	장애인과 고령층 등 사회적 약자가 편리하게 서비스를 이용할 수 있도록 물리적·제도적 장벽을 낮추려는 노력
등장 배경	디지털 소외 계층이 손쉽게 키오스크를 이용할 수 있도록 장애인 차별 금지법에 키오스크의 하드웨어와 소프트웨어 제작 기준 추가
개발 과정	기업이 인공지능을 활용한 '배리어 프리 키오스크' 기술을 연구·개발하여 키오스크에 디지털 소외 계층을 위한 부가 기능 탑재

자료 ⑥ 사이버 범죄 발생 건수 변화와 유형별 발생 비율

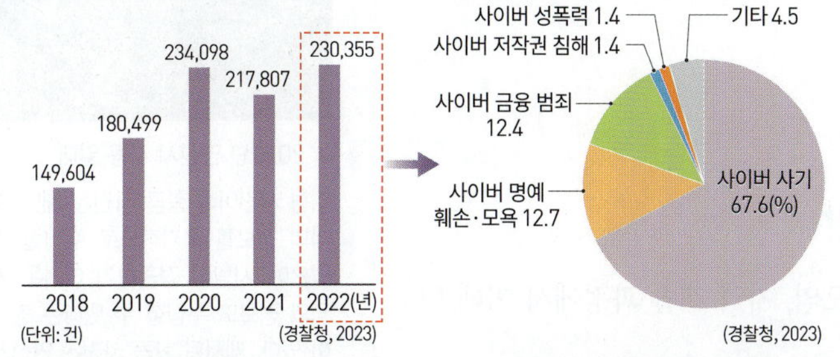

▲ 사이버 범죄 발생 건수   ▲ 사이버 범죄 유형별 발생 비율(2022년)

사이버 범죄 중 발생 비율이 가장 높은 사이버 사기의 대표적인 수법은 중고 거래 애플리케이션 등에서의 직거래 사기이다. 두 번째로 발생 비율이 높은 사이버 명예 훼손·모욕 범죄는 가짜 뉴스, 악성 댓글의 무분별한 확산으로 피해 사건이 증가하고 있다. 세 번째로 발생 비율이 높은 사이버 금융 범죄는 최근 인공지능(AI) 기술을 이용하여 지인을 사칭할 정도로 그 수법이 치밀해지고 있다.

✖ 정보화에 따른 문제점과 개인적 차원의 노력

디지털 중독	• 필요한 경우에만 스마트폰 사용하기 • 인터넷 사용 시간 미리 정하기
사이버 범죄	• 비밀번호 주기적으로 교체하기 • 가상 공간에서 정보 윤리 실천하기
사생활 침해	• 개인 정보 노출 최소화하기 • 개인 정보 유출 시 신속하게 신고하여 2차 피해 막기

4️⃣ 지역의 변화와 지역 조사

1 지역과 지역성

(1) **지역**: 지리적 특성이 다른 지역과 구별되는 지표상의 공간 범위

(2) **지역성**

① 지역성: 자연환경과 인문환경이 오랜 기간 상호 작용하여 형성된 지역의 고유한 특성
② 지역성의 변화: 산업화와 도시화, 교통·통신 및 과학기술의 발달로 지역성 변화 → 우리 생활 환경에 긍정적 변화뿐만 아니라 문제점도 유발

2 지역 조사

(1) **의미**: 지역의 특성과 변화를 파악하기 위해 해당 지역의 다양한 지리 정보를 수집·분석·종합하는 활동 ⑩ 토지 이용, 산업 구조, *인구, 생태 환경, 주민의 가치관 변화 등을 조사

> 한 나라의 국민 경제에서 농업과 공업, 서비스업 등이 그 나라 전체 산업에서 차지하는 비율 등으로 파악

> 주로 면담이나 설문 조사를 통해 수집할 수 있는 지역 정보

(2) **필요성**: 지역의 특성 이해, 지역 변화로 나타난 문제 상황을 파악하여 해결 방안 모색 가능

> 총인구 변화, 연령층별 인구 구조 변화, 외국인 주민 구성 변화 등을 조사

3 지역 조사 단계

지역 조사 계획 수립	• 조사 목적에 맞는 조사 주제와 지역 선정 • 조사 항목과 조사 방법을 선정하고 이에 따라 조사 계획 수립

↓

지역 정보 수집	실내 조사	• 자료 수집: 도서관·해당 관청·인터넷 등을 통해 지도, 문헌, 사진, 위성 사진과 *항공 사진, 통계 자료 등을 수집 • 야외 조사를 위한 준비: 조사 항목 및 방법, 답사 일자 및 방문 기관 결정, 설문 대상 선정 및 설문지 작성 등
	야외 조사	• 실시 목적: 실내 조사만으로 정보가 불충분하거나 직접 정보를 수집해야 하는 상황에서 시행 • 자료 수집: 주민 면담, 설문 조사, 관찰, 실측, 촬영 등

↓

지역 정보 분석 및 종합	• 수집한 자료를 조사 항목별로 구분하여 정리 • 정리된 지역 정보를 그래프, 통계 지도, 도표 등으로 표현 • 그래프, 통계 지도, 도표 등을 바탕으로 분석 및 종합

↓

보고서 작성	• 조사 목적, 방법, 결과 등을 체계적으로 작성 • 핵심을 파악하기 쉽도록 간결하고 분명하게 작성

5️⃣ 공간 변화로 나타난 지역 문제와 해결 방안

1 지역 문제의 발생 원인
: 무분별한 지역 개발에 따른 환경 오염, 지역 개발 과정에서 이해 당사자 간의 갈등 발생, 공동체 의식 약화 등

2 지역 문제의 해결을 위한 노력

(1) **지방 자치 단체**: 지역 문제를 파악하고, 다양한 의견을 수렴하여 실효성 있는 정책과 대안 마련

(2) **지역 주민**: 공동체 의식을 갖고 문제 해결에 적극 참여, 다양한 의견 제안

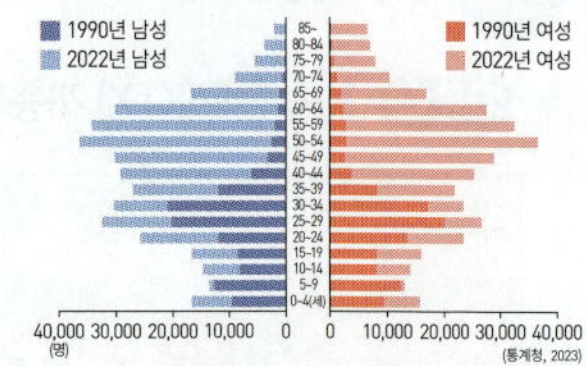

✱ 인구 구조 변화

제시된 그래프를 보면 1990년에 비해 2022년 안산의 인구가 증가하였으며, 전체적으로 평균 연령이 상승하고 노년층 인구 비율이 증가했음을 알 수 있다.

✱ 항공 사진

▲ 1980년 안산시 사리 일대

▲ 2022년 안산시 사동 일대

위성 사진이나 항공 사진은 해당 지역의 정보를 주기적으로 수집할 수 있으며, 사람이 접근하기 어려운 지역의 정보도 수집할 수 있다는 장점이 있다. 제시된 항공 사진은 안산시 사동의 동일한 지역을 촬영한 것이다. 1980년 당시 사리(里)였던 지역의 2022년 모습을 보면 간척 사업이 이루어지고 도시화가 진행되었음을 알 수 있다. 행정 구역은 사동(洞)으로 바뀌었다.

포인트 Pick

1 교통·통신 및 과학기술의 발달에 따른 생활공간의 변화

일상생활 범위 확대	• 교통·통신의 발달로 지역 간 접근성 향상 • (**❶**) 현상: 주거지와 공장 등이 도시 외곽 지역으로 이동 • (**❷**) 형성: 대도시의 기능과 영향력이 주변으로 확대
경제활동 범위 확대	• 국내외 (**❸**) 및 금융 거래 증가 • 기업의 공간적 분업 활발
여가 공간 확대	국내외 여행 기회 및 지역 간 상호 작용 증가
생태환경 변화	위성 위치 확인 시스템, 드론 등을 활용해 교통 및 통신 시설 구축 시 파괴된 생태환경 보호

2 교통·통신 및 과학기술의 발달에 따른 생활양식의 변화

근무 환경의 변화	(**❹**) 증가로 출퇴근 이동 거리 및 시간 감소
생활의 편리성 증대	인공지능과 로봇, 빅데이터, 사물 인터넷 등의 활용으로 일상생활의 편리성 증대
다양한 인간관계 형성	• 대면 접촉을 통한 인간관계의 중요성 약화 • (**❺**) 공간에서의 교류 확대
정치 참여 기회 확대	인터넷을 통한 개인의 정치적 의견 표출이 쉬워졌으며, (**❻**) 민주주의의 실현 가능성이 높아짐.

3 교통·통신 및 과학기술의 발달에 따른 문제점과 해결 방안

지역 격차 확대	교통이 발달한 지역과 접근성이 낮은 지역 간 경제 격차 발생 → 지역 간 균형 발전 모색
전염병 확산	전염병의 세계적 확산 → 방역 활동·국제 사회 연대 강화
생태환경 파괴	환경 오염 및 생태계 파괴 → 환경 오염 물질 규제 및 생태 교란종의 국가 간 이동 통제
정보 격차 발생	정보의 불평등 현상 발생 → 정보 기기의 접근성을 높이는 정책과 정보 기기 활용 교육 강화
노동 시장 (**❼**)	단순 생산직·사무직·관리직 일자리 감소 → 미래 기술 예측 및 유망 직종에 관한 직업 훈련 강화
디지털 중독과 사이버 범죄	디지털 중독, 사이버 범죄, 사생활 (**❽**) 증가 → 관련 법률 정비 및 강화, 개인 정보 관리 교육 강화

4~5 지역 조사와 지역 문제

지역 조사 단계	지역 조사 계획 수립 → 지역 정보 수집(실내 조사, 야외 조사) → 지역 정보 분석 및 종합 → 보고서 작성
지역 문제	환경 오염, 이해 당사자 간 갈등, 공동체 의식 약화 → 지자체와 지역 주민의 노력 필요

---

01 빈칸에 들어갈 알맞은 말을 쓰시오.

(1) 광역 교통망이 발달한 대도시는 도시의 기능과 영향력이 주변 지역까지 확대되면서 (   )을/를 형성한다.

(2) (   )은/는 경제적·사회적·지역적·신체적 여건 등으로 나타나는 정보의 불평등 현상이다.

02 ㉠, ㉡ 중 알맞은 것을 고르시오.

(1) 교통·통신의 발달로 주거 및 공업 기능이 (㉠ 도시의 중심지, ㉡ 도시 외곽 지역)(으)로 이동하는 교외화 현상이 나타났다.

(2) 정보화로 (㉠ 대면, ㉡ 비대면) 접촉을 통한 인간관계의 중요성이 상대적으로 약화되었다.

03 설명이 옳으면 ○표, 틀리면 ✕표를 하시오.

(1) 교통·통신이 발달하면서 출퇴근 이동 거리의 중요성이 감소하였다.   (   )

(2) 교통·통신의 발달로 노동 시장의 양극화가 심화되고 있다.   (   )

(3) 정보 사회가 되면서 인터넷을 통한 개인의 정치적 의견 표출이 어려워졌다.   (   )

04 교통·통신 및 과학기술의 발달에 따른 문제점과 해결 방안을 바르게 연결하시오.

(1) 정보 격차 •   • ㉠ 정보 소외 계층에 관한 정보화 교육 실시

(2) 사생활 침해 •   • ㉡ 해킹, 금융 사기 등을 예방하는 보안 기구 설치

(3) 사이버 범죄 •   • ㉢ 개인 정보 도용과 관련한 법적, 제도적 장치 마련

05 빈칸에 들어갈 알맞은 말을 쓰시오.

> 지역의 특성과 변화를 파악하기 위해 지리 정보를 수집·분석·종합하는 활동을 (   )(이)라고 하며, 주로 지역 조사 계획 수립 → 지역 정보 수집 → 지역 정보 분석 및 종합 → 보고서 작성의 순서대로 이루어진다.

01 다음 글에 나타난 사회 변화에 따른 우리 생활의 변화 모습으로 옳지 <u>않은</u> 것은?

> 18세기 증기 기관이 발명되면서 기차가 등장한 이후 자동차, 고속 열차, 항공기와 같은 교통수단이 발달하였다. 또한 19세기 전신과 전화가 발명되었고, 이후 인터넷과 휴대 전화를 이용하는 통신 기술이 발달하였다.

① 통근과 쇼핑 등 일상생활이 이루어지는 범위가 넓어졌다.
② 국내외 여행이 증가하고 여가 공간의 범위가 확대되었다.
③ 온라인 학습, 재택근무의 활성화로 비대면 인간 관계가 증가하였다.
④ 다국적 기업의 주요 기능이 분산·입지하는 공간적 분업이 활발해졌다.
⑤ 고속 국도나 철도, 항공 등의 교통망이 발달한 대도시의 기능과 영향력은 축소되었다.

02 그림은 교통수단 발달에 따른 지구의 상대적 크기 변화를 나타낸 것이다. 이러한 변화로 나타난 현상으로 옳은 것은?

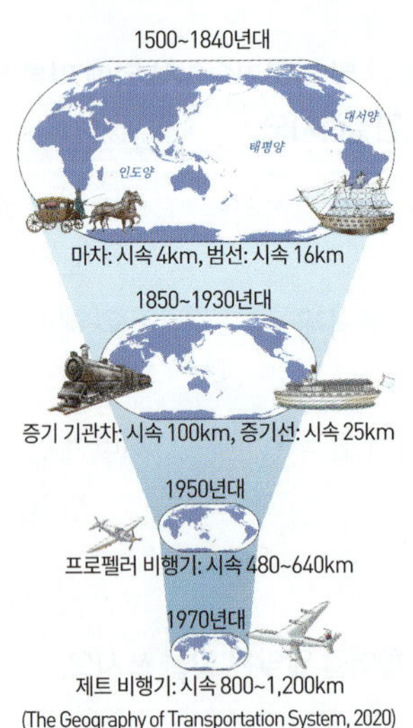

① 경제활동의 범위가 축소되었다.
② 지역 간 물리적 거리가 감소하였다.
③ 다양한 문화 체험의 기회가 감소하였다.
④ 국가 간 교류의 시공간적 제약이 커졌다.
⑤ 외래 생물종에 의한 생태환경 교란 문제가 심화되었다.

03 그래프를 보고 추론할 수 있는 교통 발달이 세계에 미친 영향으로 적절하지 <u>않은</u> 것은?

▲ 우리나라를 찾는 외국인 관광객과 내국인 해외여행객 수

① 여가 활동의 범위가 넓어졌을 것이다.
② 관광 산업 및 문화 산업이 성장하였을 것이다.
③ 다른 국가의 문화를 접할 기회가 확대되었을 것이다.
④ 여러 분야의 국가 간 상호 작용이 활발해졌을 것이다.
⑤ 전염병의 확산 범위가 축소되고 전파 속도가 늦어졌을 것이다.

04 지도는 수도권 통근 네트워크의 변화를 나타낸 것이다. 이에 관한 옳은 설명만을 〈보기〉에서 고른 것은?

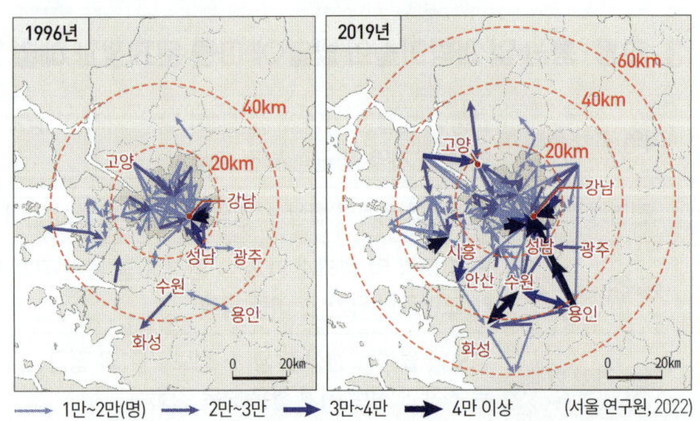

보기

ㄱ. 교통 발달로 지역 간 접근성이 향상되었다.
ㄴ. 교통·통신 시설의 건설 과정에서 생태계가 회복되었다.
ㄷ. 주거 기능이 도시 외곽으로 이동하는 교외화 현상이 나타났다.
ㄹ. 인터넷의 발달로 대면 접촉을 통한 인간관계의 중요성이 강화되었다.

① ㄱ, ㄴ　　② ㄱ, ㄷ　　③ ㄴ, ㄷ
④ ㄴ, ㄹ　　⑤ ㄷ, ㄹ

05

지도는 우리나라 고속 철도망 구축 계획을 나타낸 것이다. 이와 같은 계획이 실현되었을 때의 변화를 추론한 것으로 옳은 것만을 〈보기〉에서 고른 것은?

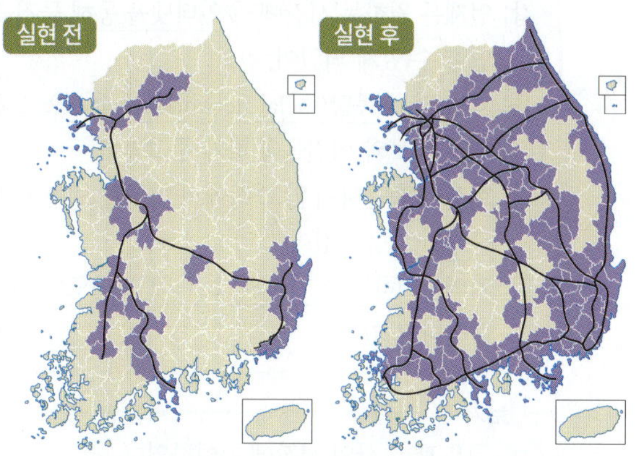

보기
ㄱ. 지역 간 평균 이동 시간이 늘어날 것이다.
ㄴ. 동해안 지역으로의 접근성이 향상될 것이다.
ㄷ. 고속 국도 통행량의 분산 효과가 나타날 것이다.
ㄹ. 고속 철도 신규 정차 지역의 상권이 축소될 것이다.

① ㄱ, ㄴ   ② ㄱ, ㄷ   ③ ㄴ, ㄷ
④ ㄴ, ㄹ   ⑤ ㄷ, ㄹ

06

밑줄 친 E시의 변화 모습에 관한 추론으로 가장 적절한 것은?

> 나는 이곳 E시에서 태어나 이곳에서 18년을 자랐다. 엄마가 나를 이곳에서 낳았을 때 이곳은 서울 근교의 작은 읍이었다고 했다. 서울에 둥지를 틀지 못한 가난한 젊은이들이 살던 곳이었다고. 벼가 익어가던 들판 위에 옹색한 아파트 단지들이 버려진 장독대처럼 우르르 몰려 서 있던 곳. 이제 이곳은 고층 빌딩이 빼곡한 하나의 거대한 위성 도시이다.

① 평균 지가가 하락했을 것이다.
② 서울과의 접근성이 높아졌을 것이다.
③ 토지 이용의 집약도가 낮아졌을 것이다.
④ 3차 산업 종사자 비율이 낮아졌을 것이다.
⑤ 서울로의 통근·통학자 수가 감소했을 것이다.

07 (중요)

지도는 수도권의 철도 노선 변화를 나타낸 것이다. 이러한 변화에 관한 옳은 설명만을 〈보기〉에서 있는 대로 고른 것은?

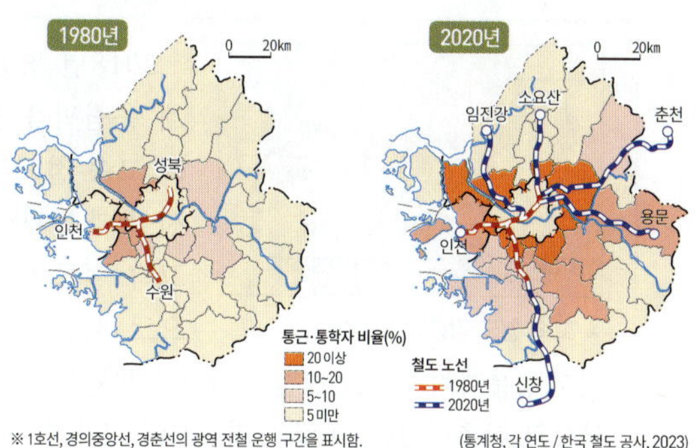

보기
ㄱ. 수도권 내 지역 간 접근성이 향상되었다.
ㄴ. 수도권 주민의 여가 공간 범위가 확대되었다.
ㄷ. 경기에서 서울로의 통근·통학자 수가 감소하였다.

① ㄱ   ② ㄴ   ③ ㄱ, ㄴ
④ ㄱ, ㄷ   ⑤ ㄱ, ㄴ, ㄷ

08

두 인터뷰 사례를 통해 공통적으로 학습할 수 있는 주제로 가장 적절한 것은?

① 교통 발달로 나타난 새로운 사회문제
② 새로운 교통로 건설에 따른 빨대 효과
③ 지역 및 계층 간 정보 격차의 심화 문제
④ 교통·통신 발달이 생태환경에 미친 영향
⑤ 정보화 사회의 비대면 접촉 증가에 따른 문제

09 밑줄 친 ㉠에 관한 추론으로 적절한 것만을 〈보기〉에서 고른 것은?

▲ 고속 철도 강릉선 노선도

2018년 평창 동계 올림픽을 앞두고 고속 철도 강릉선이 개통되었다. 고속 철도의 개통으로 서울 청량리에서 강릉까지의 소요 시간은 약 6시간에서 1시간 30분으로 단축되었다. 이렇게 접근성이 크게 향상되면서 ㉠평창군에는 많은 변화가 나타났다.

┌─ 보기 ─────────────────────┐
ㄱ. 시외버스 이용 비율이 증가하였을 것이다.
ㄴ. 지역 축제를 찾는 관광객이 증가하였을 것이다.
ㄷ. 쇼핑 및 의료 분야에서 빨대 효과가 나타날 것이다.
ㄹ. 정차역 부근과 노선이 통과하지 않는 지역 간 빈부 격차가 작아졌을 것이다.
└──────────────────────────┘

① ㄱ, ㄴ ② ㄱ, ㄷ ③ ㄴ, ㄷ
④ ㄴ, ㄹ ⑤ ㄷ, ㄹ

10 그래프는 일상생활에서 사용하는 필수 매체의 변화를 나타낸 것이다. 이에 따른 일상생활의 변화 모습으로 옳지 **않은** 것은?

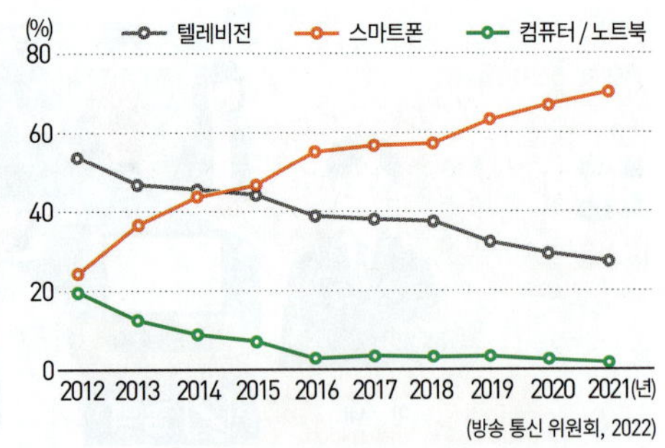

① 쌍방향 매체의 활용 비중이 감소하였다.
② 온라인 수업, 재택근무 등이 확대되었다.
③ 가상 공간에서의 인적 교류가 증가하였다.
④ 전자 상거래 횟수와 거래액이 증가하였다.
⑤ 정치 활동에 참여할 수 있는 기회가 확대되었다.

11 정보화에 관한 학생들의 대화 중 밑줄 친 ㉠~㉣에 관한 옳은 설명만을 〈보기〉에서 고른 것은?

┌────────────────────────────────┐
갑: 언제든 원하는 시간에 ㉠인터넷을 통해 물건을 구입할 수 있게 되었어.
을: ㉡누리 소통망(social network service)으로 친구들과 정보와 의견을 편하게 주고받아.
병: 회사에 출근하지 않고 집에서 업무를 보는 ㉢재택근무가 가능해졌어.
정: 지역 간 ㉣정보 기술의 소유 및 접근도에 차이가 나타나고 있어.
└────────────────────────────────┘

┌─ 보기 ─────────────────────┐
ㄱ. ㉠은 택배 산업 성장에 기여하였다.
ㄴ. ㉡으로 인간관계의 공간적 제약이 커졌다.
ㄷ. ㉢으로 인해 직장 선택 시 통근 거리의 중요성이 감소하였다.
ㄹ. ㉣은 촌락 지역이 도시 지역에 비해 우수하다.
└──────────────────────────┘

① ㄱ, ㄴ ② ㄱ, ㄷ ③ ㄴ, ㄷ
④ ㄴ, ㄹ ⑤ ㄷ, ㄹ

12 다음은 생성형 인공지능(AI)을 이용하여 얻은 결과이다. 밑줄 친 ㉠~㉤ 중 옳지 **않은** 것은?

정보 사회의 문제점에 관해 알려줘.

정보 사회의 문제점으로 먼저 ㉠개인정보 유출 등으로 인한 사생활 침해가 나타납니다. 또한 ㉡정보 접근성 차이에 따른 정보 격차가 발생하고 디지털 소외를 겪게 되는 사람이 발생합니다. ㉢해킹과 사이버 범죄 증가로 개인과 기업이 심각한 피해를 입기도 합니다. 정보 과부하로 인한 혼란도 발생하는데, 너무 많은 정보 속에서 ㉣잘못된 정보에 노출될 가능성이 높아집니다. ㉤온라인 상호 작용의 감소로 인한 사회적 고립도 발생하고 있는데, 특히 젊은 세대에 이런 현상이 두드러집니다.

① ㉠ ② ㉡ ③ ㉢ ④ ㉣ ⑤ ㉤

13 밑줄 친 ㉠~㉤에 관한 설명으로 옳지 <u>않은</u> 것은?

> 최근 제4차 산업 혁명으로 우리 생활에 많은 변화가 나타나고 있다. ㉠사물 인터넷(IoT)과 ㉡인공지능(AI) 기술이 적용된 제품이 등장하였으며, ㉢증강 현실 기술(AR)과 확장 가상 세계 기술(metaverse)을 활용한 가상의 현장 답사가 이루어질 수 있게 되었다. 또한 ㉣지리정보 시스템(GIS)과 위성 위치 확인 시스템(GPS) 등과 같은 공간 정보 기술도 발전하였다. 최근에는 ㉤빅데이터(big data)를 활용하여 고객 맞춤형 상품을 설계하는 것도 가능해지고 있다.

① ㉠은 에너지 절약에도 도움을 줄 수 있다.
② ㉡으로 신뢰할 수 있는 정보만 얻을 수 있다.
③ ㉢으로 물리적 공간의 제약이 완화되었다.
④ ㉣은 교통, 재난·재해 등의 공공 분야에 도움이 된다.
⑤ ㉤는 정보 수집 과정에서 개인의 사생활 유출 문제를 유발할 수 있다.

14 그래프와 같은 변화로 나타난 현상으로 옳은 것만을 〈보기〉에서 고른 것은?

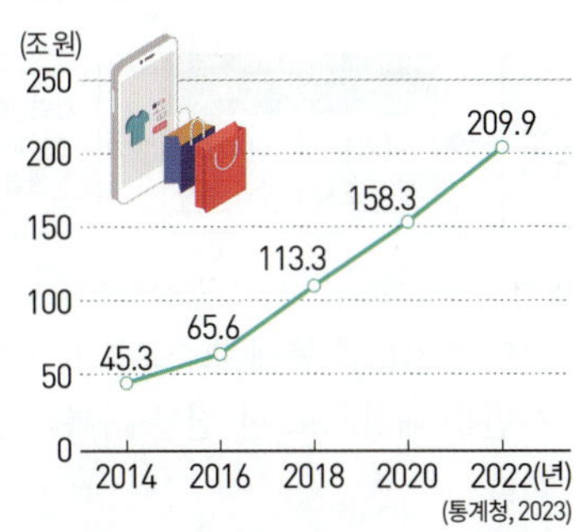

▲ 인터넷 쇼핑 시장 규모 변화

> **보기**
> ㄱ. 택배 및 물류 산업이 성장하였다.
> ㄴ. 생산자와 소비자 간의 유통 단계가 늘어났다.
> ㄷ. 비대면으로 상품을 구매하는 비율이 높아졌다.
> ㄹ. 상품 구매 활동의 시간적·공간적 제약이 커졌다.

① ㄱ, ㄴ ② ㄱ, ㄷ ③ ㄴ, ㄷ
④ ㄴ, ㄹ ⑤ ㄷ, ㄹ

15 그림에 공통적으로 나타나는 문제점을 해결하기 위한 대책으로 가장 적절한 것은?

① 정보 시스템 보안 전문 인력을 양성한다.
② 악성 댓글 작성자에 관한 처벌을 강화한다.
③ 유해 사이트 접속을 차단하는 장치를 개발한다.
④ 디지털 소외 계층에 관한 지원 및 교육을 강화한다.
⑤ 개인 정보 도용을 막을 수 있는 법적·제도적 장치를 마련한다.

16 그래프는 우리나라 디지털 소외 계층의 정보화 지수를 나타낸 것이다. 이에 관한 옳은 설명만을 〈보기〉에서 고른 것은?

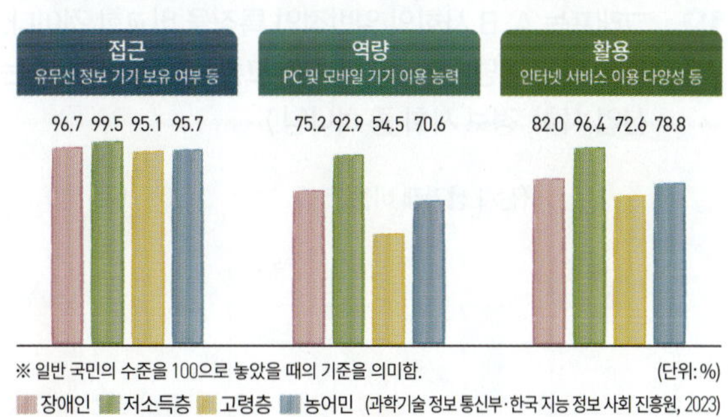

> **보기**
> ㄱ. 저소득층의 정보 격차 문제가 가장 크게 나타난다.
> ㄴ. 농어촌보다 도시 지역의 정보 기기 접근도가 높다.
> ㄷ. 소득에 따른 정보 격차가 연령에 따른 정보 격차보다 크게 나타난다.
> ㄹ. 정보 기기의 경제적 지원보다 정보 기기의 활용도를 높일 수 있는 정책의 필요성이 크다.

① ㄱ, ㄴ ② ㄱ, ㄷ ③ ㄴ, ㄷ
④ ㄴ, ㄹ ⑤ ㄷ, ㄹ

17 다음 글에 나타난 사회문제로 가장 적절한 것은?

> 최근 배달, 택시 예약 등의 애플리케이션과 누리 소통망(SNS)과 같은 플랫폼을 매개로 하여 일하는 '플랫폼 노동자'들이 늘어나고 있다. 지능 정보 기술을 활용한 플랫폼 기업과 관련 기술을 가진 계층은 고수익을 올릴 수 있게 되었다. 반면 플랫폼 노동자들은 비정규직으로 단기 계약, 시간제 근무 등으로 고용 계약을 맺는 일이 많아 소득과 일자리가 불안정하거나 근무 조건이 열악할 수 있어 우려를 낳고 있다.

① 정보 격차 심화
② 디지털 중독 문제
③ 사생활 침해 증가
④ 사이버 범죄 증가
⑤ 노동 시장의 양극화

18 그래프는 A, B 사회의 일반적인 특징을 비교한 것이다. 이에 관한 옳은 설명만을 〈보기〉에서 고른 것은? (단, A, B는 각각 산업 사회, 정보 사회 중 하나임.)

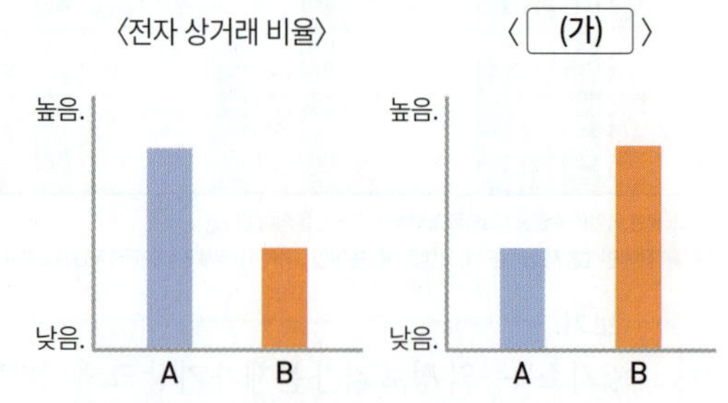

> **보기**
> ㄱ. A는 지식과 정보가 부가 가치의 주요 원천이다.
> ㄴ. A는 B보다 쌍방향 매체의 활용 비율이 높다.
> ㄷ. B는 A보다 비대면 접촉의 비율이 높다.
> ㄹ. (가)에는 '재택근무의 비율'이 들어갈 수 있다.

① ㄱ, ㄴ
② ㄱ, ㄷ
③ ㄴ, ㄷ
④ ㄴ, ㄹ
⑤ ㄷ, ㄹ

중요

19 다음은 지역 조사 과정을 정리한 것이다. A~C를 지역 조사 순서에 맞게 나열한 것은?

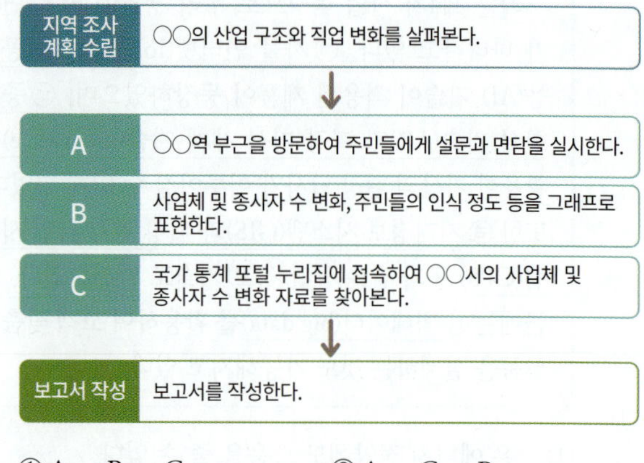

① A → B → C
② A → C → B
③ B → A → C
④ C → A → B
⑤ C → B → A

20 ○○시의 교통 문제에 관해 조사하고자 할 때, (가), (나) 단계에 해당하는 활동을 〈보기〉에서 고른 것은?

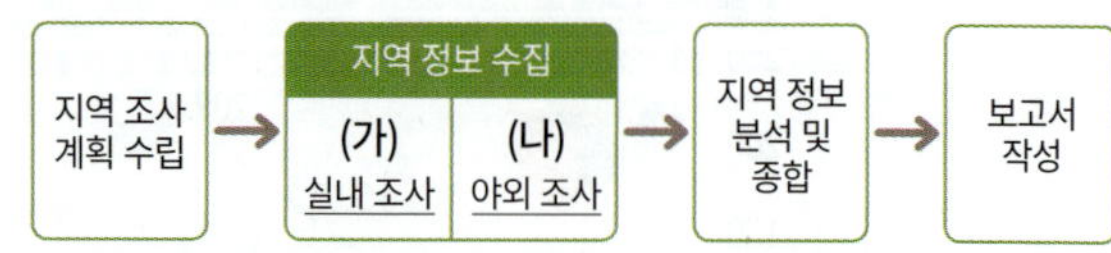

> **보기**
> ㄱ. 인터넷 지도를 통해 대중교통 노선을 검색한다.
> ㄴ. 시민을 대상으로 한 질문 목록과 설문지를 작성한다.
> ㄷ. 대중교통을 이용하는 시민을 만나 면담 및 설문을 실시한다.
> ㄹ. 상습 정체 구간을 직접 찾아가 버스와 자가용의 운행 비율을 조사한다.

	(가)	(나)		(가)	(나)
①	ㄱ, ㄴ	ㄷ, ㄹ	②	ㄱ, ㄷ	ㄴ, ㄹ
③	ㄴ, ㄷ	ㄱ, ㄹ	④	ㄴ, ㄹ	ㄱ, ㄷ
⑤	ㄷ, ㄹ	ㄱ, ㄴ			

21 그래프는 ○○시의 산업 구조 변화를 나타낸 것이다. 이 지역의 변화 모습에 관한 추론으로 적절한 것만을 〈보기〉에서 있는 대로 고른 것은?

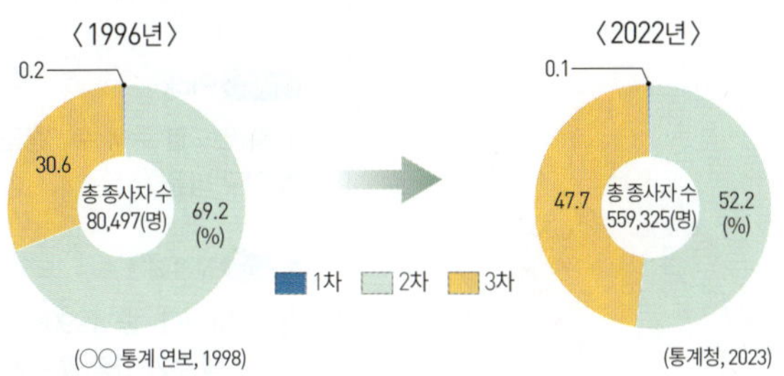

> **보기**
> ㄱ. 전입 인구가 증가하였을 것이다.
> ㄴ. 2차 산업 종사자 수가 감소하였다.
> ㄷ. 주거 및 학교 용지의 비율이 감소하였을 것이다.

① ㄱ ② ㄴ ③ ㄷ
④ ㄱ, ㄴ ⑤ ㄴ, ㄷ

22 그래프는 울산시의 인구 구조 변화를 나타낸 것이다. (가)와 비교한 (나) 시기의 상대적 특성으로 옳은 설명만을 〈보기〉에서 고른 것은?

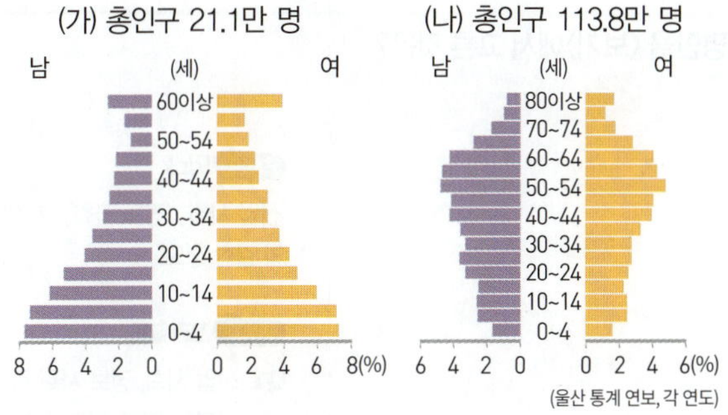

> **보기**
> ㄱ. 주거 용지의 면적이 넓어졌다.
> ㄴ. 유소년층 인구 비율이 높아졌다.
> ㄷ. 60세 이상 인구 비율이 높아졌다.
> ㄹ. 여성 1인당 출생아 수가 증가하였다.

① ㄱ, ㄴ ② ㄱ, ㄷ ③ ㄴ, ㄷ
④ ㄴ, ㄹ ⑤ ㄷ, ㄹ

서술형 문제

23 (가), (나)에 들어갈 내용을 각각 서술하시오.

> 서울–춘천 고속 국도, 경춘선 복선 철도, 도시간 특급 열차(ITX)의 개통된 이후 서울과 춘천 간 이동 시간이 단축되었다. 이렇게 새로운 교통망이 확충되면서 춘천시에서는 ______ (가) ______ 등과 같은 긍정적인 효과가 나타난 반면, ______ (나) ______ 등과 같이 부정적인 문제도 발생하였다.

(가):

(나):

24 (가) 시기에 나타날 우리 생활양식의 변화를 <u>세 가지</u> 서술하시오.

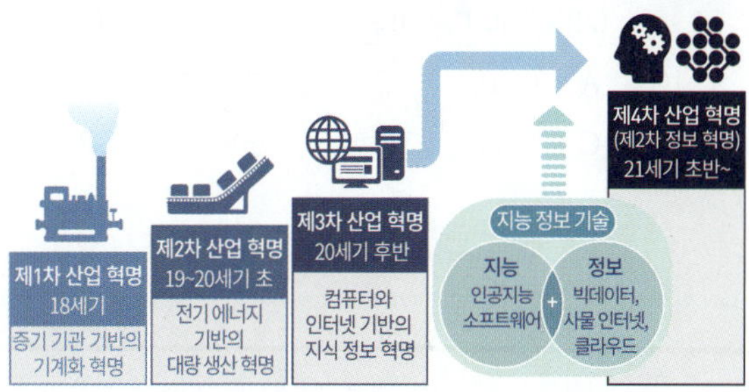

25 ㉠ 문제의 해결책을 <u>두 가지</u> 서술하시오.

> 정보화 시대가 되면서 (㉠)이/가 점차 증가하고 있다. 이 중 가장 발생 비율이 높은 것은 사이버 사기이다. 중고 거래 애플리케이션으로 이루어지는 직거래 사기가 대표적 수법이다. 두 번째는 사이버 명예 훼손·모욕이다. 가짜 뉴스와 악성 댓글 등이 무분별하게 퍼지면서 피해가 늘어나고 있다. 세 번째는 사이버 금융 범죄이다. 전화 금융 사기는 물론 최근에는 인공지능 기술을 활용하여 피해자의 지인을 사칭하여 돈을 가로채는 사례까지 발생하고 있다.

문제의 자료에서 키워드를 찾고, 키워드 꼬리 질문에 답해 보자.
만약 답변이 어렵다면 다시 개념 학습으로 돌아가 복습해 보자.

01 자료의 (가)~(다) 지역을 지도의 A~C 지역에서 고른 것은?

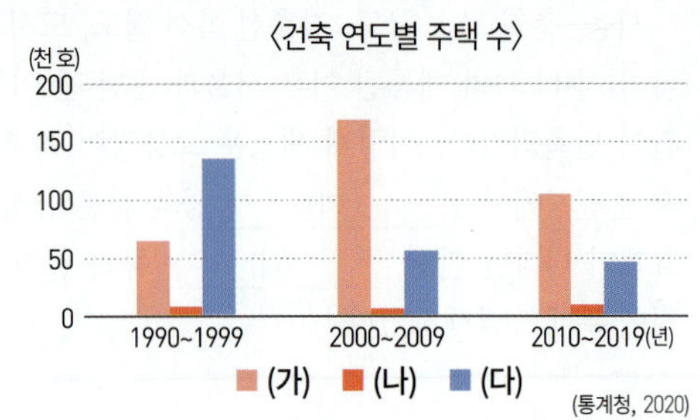

〈통근·통학지별 인구 비율〉

(단위: %)

지역	지역 내	서울	기타
(가)	56.8	15.7	27.5
(나)	83.4	6.4	10.2
(다)	60.1	24.5	15.4

(통계청, 2020)

	(가)	(나)	(다)		(가)	(나)	(다)		(가)	(나)	(다)
①	A	B	C	②	A	C	B	③	B	A	C
④	C	A	B	⑤	C	B	A				

키워드 Pick

'건축 연도별 주택 수', '통근·통학지별 인구 비율'

키워드 꼬리 질문

Q1 (가)~(다) 중 1990년대 건축된 주택 수가 가장 많은 지역은?

Q2 (가)~(다) 중 서울로의 통근·통학 인구 비율이 가장 높은 지역은?

Q3 A~C 중 서울과 경계를 접하며 가장 접근성이 높은 지역은?

답변이 어렵다면 다시 개념 학습

☞ 116쪽

02 그림은 A, B 사회의 상대적 특징을 비교한 것이다. 이에 관한 옳은 설명만을 〈보기〉에서 고른 것은? (단, A, B 사회는 각각 산업 사회, 정보 사회 중 하나임.)

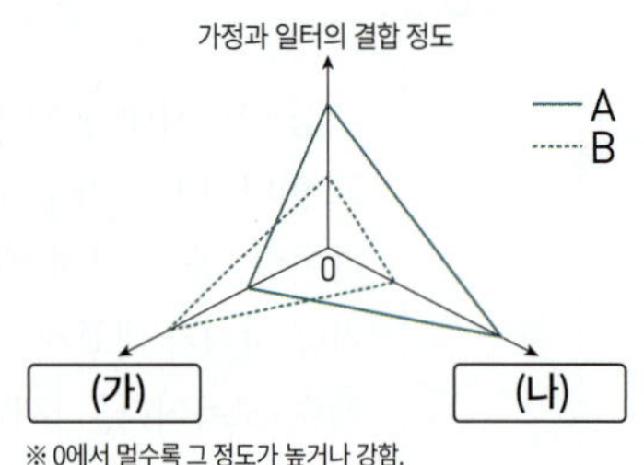

보기

ㄱ. A는 B보다 사회 구성원 간 대면 접촉 비율이 높다.

ㄴ. B는 A보다 전자 상거래의 비율이 높다.

ㄷ. (가)에는 '공간적 거리가 사회 활동에 미치는 제약 정도'가 들어갈 수 있다.

ㄹ. (나)에는 '쌍방향 매체의 활용도'가 들어갈 수 있다.

① ㄱ, ㄴ　　② ㄱ, ㄷ　　③ ㄴ, ㄷ　　④ ㄴ, ㄹ　　⑤ ㄷ, ㄹ

키워드 Pick

'산업 사회', '정보 사회', '가정과 일터의 결합 정도'

키워드 꼬리 질문

Q1 산업 사회, 정보 사회 중 가정과 일터의 결합 정도가 높은 사회는?

Q2 산업 사회와 비교한 정보 사회의 특징은?

답변이 어렵다면 다시 개념 학습

☞ 116쪽

03 다음 글에서 강조하는 정보 사회의 문제점으로 옳은 것만을 〈보기〉에서 고른 것은?

> 정보 사회는 사회 갈등 관계의 변화를 초래할 수 있다. 시민과 정보 독점 관료 간 갈등을 유발하는 것이다. 정보화가 진행되면서 수없이 많은 정보의 관리가 요구되고 정보를 독점적으로 관리하는 정보 독점 관료가 등장한다. 이들이 합리성을 명분으로 내세워 의사 결정을 독점함에 따라 이로부터 배제되고 소외된 다수 시민과 갈등을 일으킬 수 있다.

보기
ㄱ. 계층 간 정보 격차가 심화된다.
ㄴ. 정보 독점으로 인한 사회 불평등을 유발한다.
ㄷ. 디지털 기기 사용을 제어하지 못하는 디지털 중독이 증가한다.
ㄹ. 사이버 범죄 중 인공지능(AI) 기술을 활용한 사이버 금융 범죄가 증가한다.

① ㄱ, ㄴ ② ㄱ, ㄷ ③ ㄴ, ㄷ ④ ㄴ, ㄹ ⑤ ㄷ, ㄹ

키워드 Pick
'정보 독점', '소외된 다수 시민'

키워드 꼬리질문
Q1 정보 독점으로 일부 계층의 정보 소유와 접근성 측면 등에서 차이가 발생하는 현상은?
Q2 Q1의 현상이 심화되면 어떤 문제가 발생할까?

답변이 어렵다면 다시 개념 학습
☞ 118쪽

04 다음 자료는 ○○시에 관한 지역 조사를 위해 수집한 것이다. 2001년과 비교한 2021년 ○○시의 변화 모습으로 옳지 <u>않은</u> 것은?

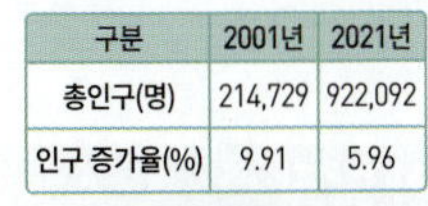

구분	2001년	2021년
총인구(명)	214,729	922,092
인구 증가율(%)	9.91	5.96

▲ 인구, 인구 증가율 변화

구분	2001년	2021년
전입 인구(명)	50,227	153,361
전출 인구(명)	32,390	124,882

▲ 전입·전출 인구 변화

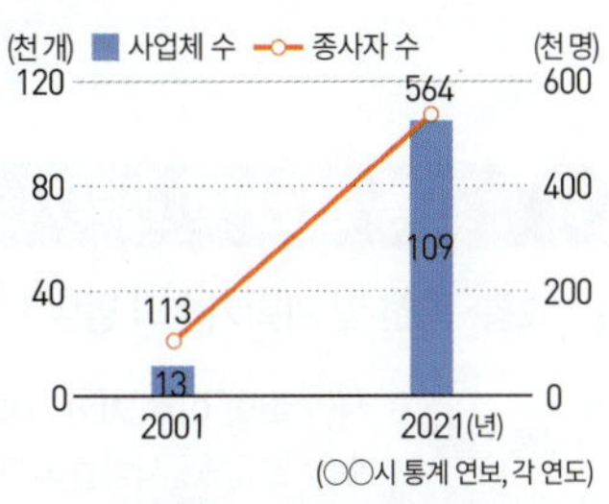

▲ 사업체 수 및 종사자 수 변화

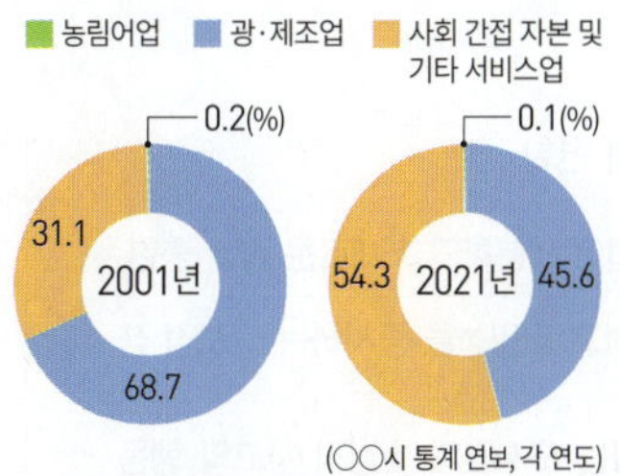

▲ 산업별 종사자 비율 변화

① 순유입 인구가 많다.
② 인구 증가율이 낮다.
③ 2차 산업 종사자 수가 적다.
④ 3차 산업 사업체 수가 많다.
⑤ 사업체당 종사자 수가 적다.

키워드 Pick
'총인구', '전입·전출 인구', '사업체 수 및 종사자 수', '산업별 종사자 비율'

키워드 꼬리질문
Q1 ○○시의 인구가 20년 동안 4배 이상 증가할 수 있었던 요인은 무엇일까?
Q2 ○○시의 산업 구조는 어떻게 바뀌었을까?

답변이 어렵다면 다시 개념 학습
☞ 120쪽

10 산업화와 도시화 ↻ 104~1115쪽

1 산업화와 도시화

산업화	농림어업 중심의 산업 구조에서 광공업 및 서비스업 중심의 사회로 변하는 현상
도시화	전체 인구 중 도시 거주 인구 비율이 높아지고, 도시적 생활 양식이 확대되는 현상
전개	• 산업화 과정에서 촌락의 인구가 일자리가 많은 도시로 이동하는 이촌향도 현상으로 도시화 촉진 • 우리나라: 1960년대 이후 본격적인 경제 개발이 이루어지면서 산업화 및 도시화 진행

2 산업화와 도시화에 따른 거주 공간의 변화

시가지 면적 증가	농업 용지나 삼림이 도로·주거·상업·업무 용지로 변경되며 시가지가 확장
토지의 집약적 이용	제한된 공간을 효율적으로 이용하기 위해 고층 건물과 아파트 등 등장
도시 내부 구조 분화	접근성과 지대의 차이에 따라 기능별로 중심 업무 지구, 상업 지역, 주거 지역, 공업 지역 등으로 분화

3 산업화와 도시화에 따른 생태환경의 변화

녹지 면적 감소	자연 상태의 토지가 산업 단지·시가지로 개발 → 인공 구조물의 증가
대기 오염	도시 내 산업 시설이나 차량 등에서 배출된 오염 물질로 발생

4 산업화와 도시화에 따른 생활양식의 변화

직업 분화	기계화·산업화로 점차 직업이 세분화되고 새로운 직업 출현
도시성 확산	• 효율성과 합리성을 추구하고 익명성을 중시하는 도시적 생활양식 보편화 • 2차적 인간관계를 형성하는 도시인의 특징적 사고와 행동 양식이 교외 지역이나 촌락으로 확산
생활 수준 향상	• 생산성이 향상되고 주민의 소득이 증대됨. • 다양한 상업·여가 시설이 확충되며 생활이 편리해짐.
개인주의적 가치관 확산	• 핵가족과 1인 가구의 보편화 • 도시 내 직업 구성 등에서 주민 간 이질성 증대 • 공동체보다 개인이 강조되는 경향이 심화되며, 개인의 가치와 성취를 중시하는 태도 확산

5 산업화와 도시화에 따른 문제

주택 문제	주택 부족 및 집값 상승, 불량 주택 지역 형성
교통 문제	교통 혼잡, 주차난, 교통사고 증가, 소음 피해
환경 문제	• 오폐수, 쓰레기, 배기가스, 미세 먼지 등 다양한 오염 물질 배출 • 물 오염, 대기 오염, 생태환경 훼손, 생물종 다양성 감소
노동 문제	• 산업 구조 변화와 생산 과정 자동화로 실업 증가 • 노사 갈등: 노동자와 사용자 간의 이해관계 충돌
타인에 대한 무관심과 이기주의	• 인간 소외 현상: 인간이 기계의 부속품처럼 생산을 위한 수단으로 전락하는 현상 • 이기주의 확산: 개인의 이익만을 추구하는 태도가 확산
촌락의 쇠퇴	생활 기반 시설 부족 및 생활 여건 악화

6 산업화와 도시화에 따른 문제의 해결 방안

주택 및 교통 문제	• 도시 재개발(재생) 사업을 통해 낙후된 정주 환경 개선 • 대중교통 체계 정비 및 교통 기반 시설 확충
환경 문제	• 녹지 공간 확충 및 생태환경 복원 • 오염 물질 배출 규제 및 관리 정책 마련
노동 문제	• 실업자를 위한 직업 교육과 취업 정보 제공 확대, 노사 간 소통과 협력 유도 • 사회 복지 제도 강화: 고용 보험, 최저 임금제, 비정규직 보호법 등 실시
타인에 대한 무관심과 이기주의	• 주민이 상호 배려하고 협력하는 공동체 문화 조성 • 사회 복지 제도 강화: 노인 등 소외 계층을 돌보기 위한 서비스 등 실시
촌락의 쇠퇴	산업·행정 등의 기능 분산, 촌락 생활 여건 개선

11 교통·통신 및 과학기술의 발달 ↻ 116~129쪽

1 교통·통신 및 과학기술의 발달

교통 발달	산업 혁명 이후 기차, 자동차, 고속 철도, 항공기와 같은 교통 수단 발달 → 사람들의 이동 가능 거리 확대
통신 발달	전신과 전화 발명 이후 통신 기술 발달 → 인터넷, 스마트폰 등으로 많은 양의 정보를 시간과 거리 제한 없이 교환
정보화	• 정보화: 지식과 정보가 중요한 자원이 되어 산업을 비롯한 사회 전반에 큰 변화가 나타나는 것 • 정보 사회: 지식과 정보가 부가 가치를 창출하는 사회 • 제4차 산업 혁명: 인공지능(AI), 빅데이터, 사물 인터넷(IoT) 등의 지능 정보 기술 발달

2 교통·통신 및 과학기술의 발달에 따른 변화

일상생활 범위의 확대	• 교통·통신의 발달로 지역 간 접근성 향상 • 교외화 현상: 주거지와 공장 등이 도시 외곽 지역으로 이동하는 현상 • 대도시권 형성: 대도시의 기능과 영향력이 주변으로 확대되어 형성 → 원거리 통근 및 통학 인구 증가
경제활동 범위의 확대	• 전자 상거래 및 금융 거래 증가 • 기업의 공간적 분업: 기업의 본사, 연구소, 생산 공장 등이 세계 곳곳에 분산되어 입지
여가 공간의 확대	• 국내외 여행 기회 증가 및 문화 체험 기회 확대 • 텔레비전, 영화, 뉴 미디어 등을 통한 지역 간 상호 작용 증가
생태환경의 변화	위성 위치 확인 시스템 등을 활용해 교통 및 통신 시설 구축 과정에서 파괴된 생태환경 보호
근무 환경의 변화	• 원격 근무 증가 → 출퇴근 이동 거리와 시간 감소 • 거점 오피스 운영, 선택적 시간 근무, 부분적 주 4일제 근무 등 도입
생활의 편리성 증대	• 인공지능과 로봇: 생활의 편리성 증대 • 빅데이터: 일상생활, 정책 개발, 기업 활동 등에 도움 • 사물 인터넷: 생활의 안전성과 편의성, 에너지 활용의 효율성 제고
다양한 인간관계 형성	• 가상 공간에서의 교류 확대 • 대면 접촉을 통한 인간관계의 중요성 약화
정치 참여 기회 확대	• 동영상 공유 플랫폼, 누리 소통망 등을 통해 개인의 정치적 의견 표출 • 전자 민주주의 실현 가능성 증대

3 교통·통신 발달에 따른 문제점과 해결 방안

지역 격차 확대	• 빨대 효과: 접근성이 좋은 대도시가 주변 중소 도시의 경제력을 흡수하는 효과 • 교통이 발달한 지역과 접근성이 낮은 지역 간 경제 격차 발생 • 해결 방안: 낙후 지역에 교통망 확충, 공공 기관 이전 및 산업 단지 조성, 지역 간 균형 발전 모색
전염병 확산	• 특정 지역의 전염병이 세계 곳곳으로 급속히 전파 • 해결 방안: 방역 활동 강화 및 국제 사회 연대 강화
생태환경 파괴	• 교통수단 이용 시 오염 물질 배출, 오버투어리즘으로 인한 환경 오염 • 생태계 파괴: 삼림 훼손, 생태계 연속성 단절과 동물 교통사고, 외래종 유입에 따른 생태계 교란 • 해결 방안: 환경 오염 물질 규제, 생태 통로 건설, 생태 교란종의 국가 간 이동 통제

(오른쪽 단)

정보 격차 발생	• 정보 격차: 경제·사회·지역·신체적 여건 등으로 나타나는 정보의 불평등 현상 → 디지털 소외 계층은 정보 기기 접근과 활용에 상대적으로 큰 어려움을 겪음. • 해결 방안: 정보 기기의 접근성을 높이는 정책과 정보 기기 활용 교육 강화
노동 시장 양극화	• 단순 생산직·사무직·관리직 일자리 감소 • 해결 방안: 미래 기술 예측 및 유망 직종에 관한 직업 훈련 강화
디지털 중독	• 디지털 기기에 지나치게 의존해 일상생활에 지장, 대면적 인간관계 약화 • 해결 방안: 디지털 중독 예방 및 치료를 위한 프로그램 마련, 인터넷 사용 시간 미리 정하기
사이버 범죄	• 가상 공간에서 익명성을 이용한 사이버 폭력, 해킹, 사이버 금융 범죄 등 발생 • 해결 방안: 관련 법률 강화, 관련 기구 및 전문 인력 강화, 정보 통신 윤리 교육 강화 등
사생활 침해	• 개인 정보 유출과 악용, 폐회로 텔레비전(CCTV)과 휴대 전화 위치 추적 기술을 활용한 감시와 통제 • 해결 방안: 개인 정보의 관리 강화, 개인 정보 노출 최소화

4 지역 조사

의미	지역의 특성과 변화를 파악하기 위해 다양한 지리 정보를 수집·분석·종합하는 활동
필요성	지역의 변화 모습과 문제 상황을 파악하여 지역 문제를 합리적으로 해결할 수 있음.

5 지역 조사 단계

지역 조사 계획 수립	• 조사 목적에 맞는 조사 주제와 지역 선정 • 조사 항목과 조사 방법 선정에 따라 조사 계획 수립
지역 정보 수집	• 실내 조사: 지도, 문헌, 사진, 위성 사진과 항공 사진, 통계 자료 등 활용 • 야외 조사: 실내 조사만으로 정보가 불충분하거나 직접 정보를 수집해야 하는 상황에서 시행하며 면담, 설문 조사, 관찰, 실측, 촬영 등 실시
지역 정보 분석 및 종합	• 수집한 자료를 조사 항목별로 구분하여 정리 • 정리된 지역 정보를 그래프, 통계 지도, 도표 등으로 표현 • 그래프, 통계 지도, 도표 등을 바탕으로 분석 및 종합
보고서 작성	• 조사 목적, 방법, 결과 등을 체계적으로 작성 • 핵심을 파악하기 쉽도록 간결하고 분명하게 작성

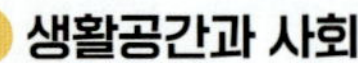

대단원 문제

01 사진은 우리나라 울산의 변화를 나타낸 것이다. 과거와 비교한 현재 울산에 관한 설명으로 옳은 것은?

▲ 과거의 울산(1960년대)

▲ 현재의 울산

① 경지 면적이 증가하였다.
② 녹지 면적의 비율이 높아졌다.
③ 도로 포장 면적이 감소하였다.
④ 토지 이용의 집약도가 높아졌다.
⑤ 1차 산업 종사자 비율이 높아졌다.

02 그래프는 우리나라의 산업별 종사자 비율과 도시화율 변화를 나타낸 것이다. 이에 관한 설명으로 옳은 것은?

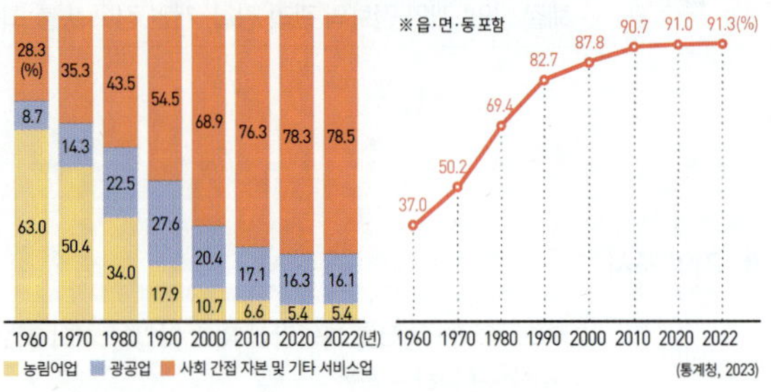
▲ 산업별 종사자 비율   ▲ 도시화율

① 1960년은 촌락보다 도시 거주 인구가 많다.
② 1970년은 2000년보다 산업 구조의 고도화 정도가 높다.
③ 1980년은 2010년보다 이촌향도 현상이 활발하다.
④ 1990년은 2020년보다 도시 인구 증가율이 낮다.
⑤ 2000년은 2022년보다 3차 산업 종사자 비율이 높다.

서술형
03 그래프를 보고 해당 지역에서 나타난 토지 이용의 변화에 관해 서술하시오.

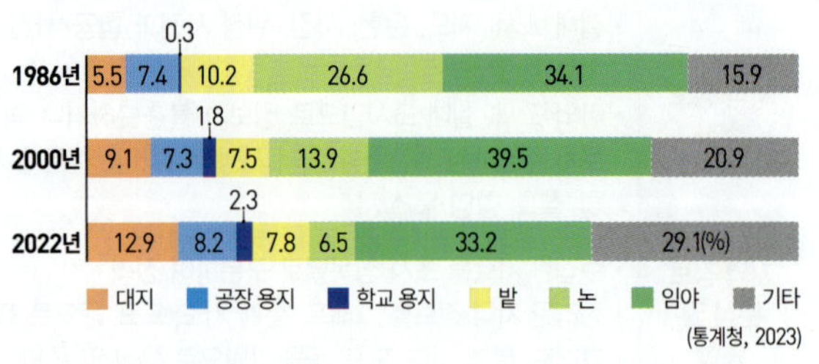

04 그래프는 우리나라의 가구당 구성원 수와 1인 가구 비율 변화를 나타낸 것이다. 이에 관한 옳은 설명만을 〈보기〉에서 고른 것은?

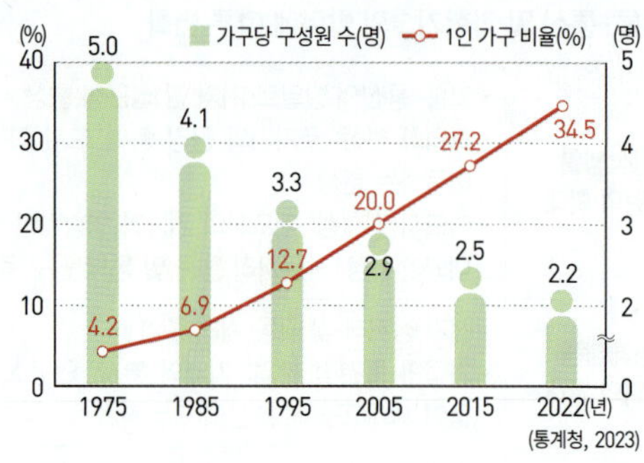

보기
ㄱ. 인간 소외 현상이 완화되었다.
ㄴ. 대가족보다 핵가족의 비율이 늘어났다.
ㄷ. 2차적 인간관계를 형성하는 행동 양식이 확산되었다.
ㄹ. 결혼과 자녀 출산을 가족 구성의 필수 조건으로 인식하는 경향이 커졌다.

① ㄱ, ㄴ   ② ㄱ, ㄷ   ③ ㄴ, ㄷ
④ ㄴ, ㄹ   ⑤ ㄷ, ㄹ

05 그림은 하천 주변 개발 전후의 모습을 나타낸 것이다. (가) 시기와 비교한 (나) 시기의 상대적 특징만을 〈보기〉에서 고른 것은?

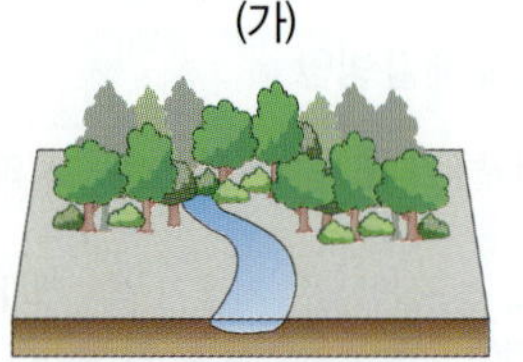
(가)

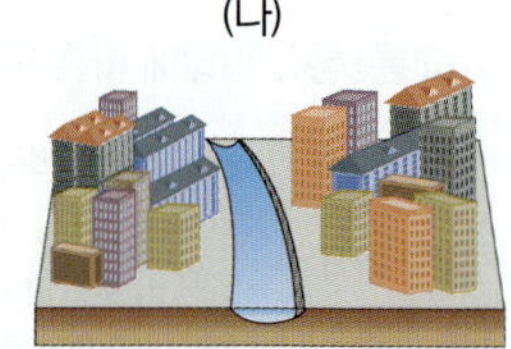
(나)

보기
ㄱ. 연평균 기온이 높다.
ㄴ. 생물종의 다양성이 높다.
ㄷ. 강우 시 하천 유량 변화가 크다.
ㄹ. 강우 시 하천의 최고 수위 도달 시간이 늦다.

① ㄱ, ㄴ   ② ㄱ, ㄷ   ③ ㄴ, ㄷ
④ ㄴ, ㄹ   ⑤ ㄷ, ㄹ

06 그래프는 서울 지도에 표시된 두 지역의 토지 이용 면적 현황을 나타낸 것이다. 이에 관한 설명으로 옳은 것은? (단, (가), (나)는 각각 A, B 중 하나임.)

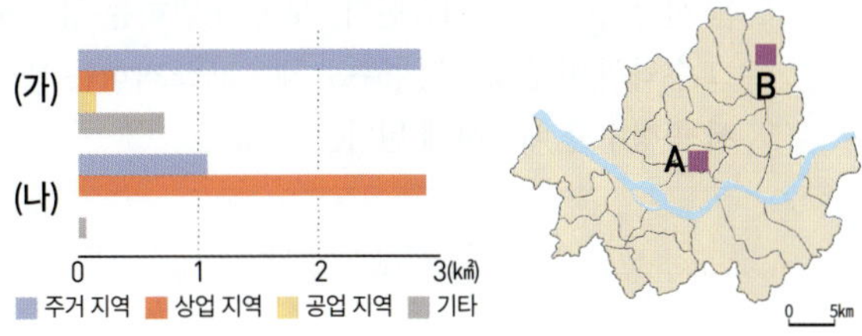

① A는 B보다 주거 지역의 범위가 넓다.
② B는 A보다 출근 시간대 유입 인구가 많다.
③ (가)는 (나)보다 상업 지역의 평균 지가가 높다.
④ (나)는 (가)보다 시가지가 발달한 시기가 이르다.
⑤ (가)는 A, (나)는 B이다.

07 다음은 학생 필기 내용의 일부이다. (가)~(마)에 들어갈 내용으로 적절하지 <u>않은</u> 것은?

<도시 문제와 해결 방안>

1. 발생 원인: ______(가)______
2. 문제점과 해결 방안

문제점	해결 방안
주택 문제	(나)
환경 문제	(다)
노동 문제	(라)
(마)	주민 간 상호 배려하고 협력하는 공동체 문화 조성

① (가) – 인구와 기능의 과도한 집중
② (나) – 도시 재생 사업으로 낙후된 정주 환경 개선
③ (다) – 온실가스, 오·폐수 배출 및 처리 기준 완화
④ (라) – 고용 보험, 비정규직 보호법 등 실시
⑤ (마) – 타인에 대한 무관심과 이기주의

08 다음은 학생들의 형성 평가 답안을 정리한 것이다. 각 진술에 모두 옳게 응답한 학생을 고른 것은?

※ 산업화·도시화로 인한 변화 양상과 문제점에 관한 설명이 맞으면 ○, 틀리면 ×를 표시하시오.

설명 \ 학생	갑	을	병	정	무
직업이 세분화되고 전문화되었다.	○	○	○	×	×
도시와 촌락 간 경제 및 생활 수준 격차가 커졌다.	○	○	×	○	×
개인보다 공동체를 더욱 중시하는 사고관이 확대되었다.	○	×	×	○	○

① 갑　　② 을　　③ 병　　④ 정　　⑤ 무

09 밑줄 친 ㉠의 원인으로 옳은 것만을 〈보기〉에서 고른 것은?

　　최근 서울을 비롯한 대도시 지역에 서식하는 매미가 농촌 지역보다 최대 13배까지 많은 것으로 밝혀졌다. 이는 기온이 높은 곳에서 매미 유충이 성장하기에 유리하며, ㉠ 대도시는 도시 외곽의 농촌 지역보다 기온이 높게 나타나는 현상이 나타나기 때문이다.

보기
ㄱ. 건물 사이에 바람길 조성 증가
ㄴ. 생태 공원 등의 녹지 면적 확대
ㄷ. 냉·난방 시설에서 배출되는 인공열
ㄹ. 콘크리트 건축물과 아스팔트 도로의 복사열

① ㄱ, ㄴ　　② ㄱ, ㄷ　　③ ㄴ, ㄷ
④ ㄴ, ㄹ　　⑤ ㄷ, ㄹ

서술형
10 다음 글에 나타난 도시 문제를 해결하기 위한 방안을 <u>두 가지</u> 서술하시오.

　　2018년 전국의 교통 혼잡 비용이 67조 원을 넘어 국내 총생산(GDP)의 약 3.6%를 차지한다는 조사 결과가 나왔다. 차량 정체로 발생하는 기름값과 시간 손실 등을 비용으로 바꿔 계산한 것이며, 연도별 교통 혼잡 비용은 2016년부터 매년 약 10%씩 증가하고 있다.

11 (가)에 들어갈 적절한 답변만을 〈보기〉에서 고른 것은?

교사: 수도권 광역 급행 철도(GTX) 노선이 개통되면 수도권에 어떤 변화가 나타날까요?

학생: _______________ (가)

보기
ㄱ. 서울의 상업 및 업무 기능이 약화될 것입니다.
ㄴ. 경기에서 서울로 인구 집중 효과가 커질 것입니다.
ㄷ. GTX 정차역 일대의 상업 기능이 활성화될 것입니다.
ㄹ. 경기에서 서울로의 통근·통학자 수가 증가할 것입니다.

① ㄱ, ㄴ ② ㄱ, ㄷ ③ ㄴ, ㄷ ④ ㄴ, ㄹ ⑤ ㄷ, ㄹ

12 다음 글을 읽고 과거와 비교한 21세기 사회의 상대적 특징을 그림의 A~E에서 고른 것은?

19세기 초까지 라틴 아메리카에서 유럽까지 편지를 보내면 약 3개월이 걸렸다. 19세기 후반에는 전보를 이용하여 하루면 메시지를 보낼 수 있지만 한 줄 이상 보내기 어려웠다. 20세기 중반 이후 유선 전화기로 음성 정보를 실시간으로 보낼 수 있게 되었으며, 21세기에 스마트폰으로 정보를 문자, 음성, 사진, 영상 등 다양한 형태로 실시간으로 보낼 수 있게 되었다.

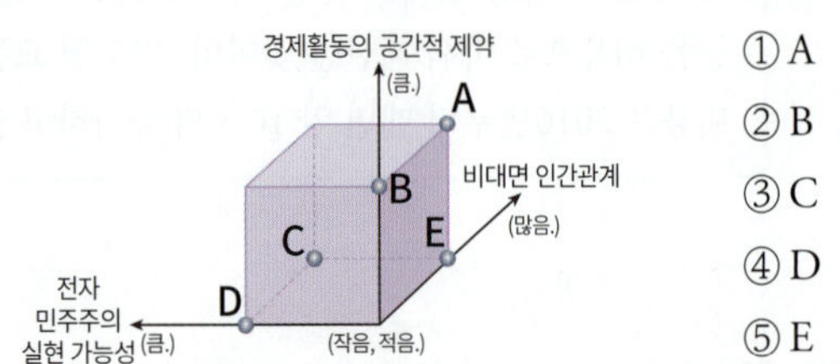

① A ② B ③ C ④ D ⑤ E

서술형

13 밑줄 친 ㉠으로 나타나는 환경 문제가 무엇인지 서술하시오.

선박이 운항할 때 배의 무게 중심을 유지하기 위해 ㉠ 선박 평형수를 이용한다. 보통 출발하는 항구에서 그 수역의 바닷물을 평형수로 채우고 도착하는 항구에서 평형수를 배출하게 된다.

14 그림은 산업 혁명의 단계를 표현한 것이다. (가)~(라) 단계의 특징으로 옳은 것만을 〈보기〉에서 고른 것은?

(가) (나) (다) (라)

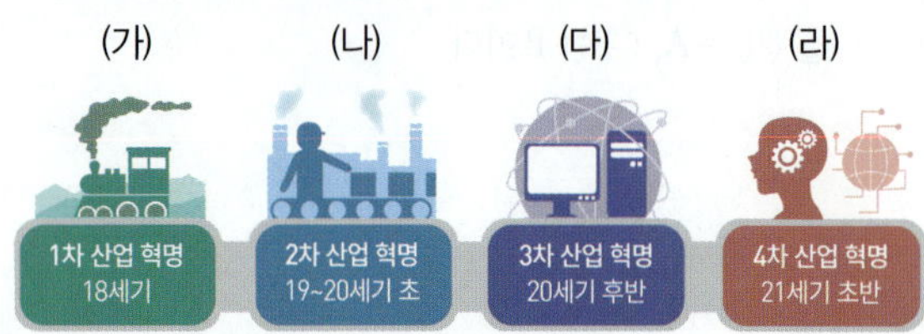

보기
ㄱ. (가) – 전기 에너지 기반의 '대량 생산 혁명'
ㄴ. (나) – 증기 기관 중심의 '기계화 혁명'
ㄷ. (다) – 컴퓨터와 인터넷 기반의 '디지털 혁명'
ㄹ. (라) – 인공지능 기반의 '지능화 및 초연결화'

① ㄱ, ㄴ ② ㄱ, ㄷ ③ ㄴ, ㄷ ④ ㄴ, ㄹ ⑤ ㄷ, ㄹ

15 그림은 A, B 사회의 일반적인 특징을 비교한 것이다. 이에 관한 옳은 설명만을 〈보기〉에서 고른 것은? (단, A, B는 각각 산업 사회, 정보 사회 중 하나임.)

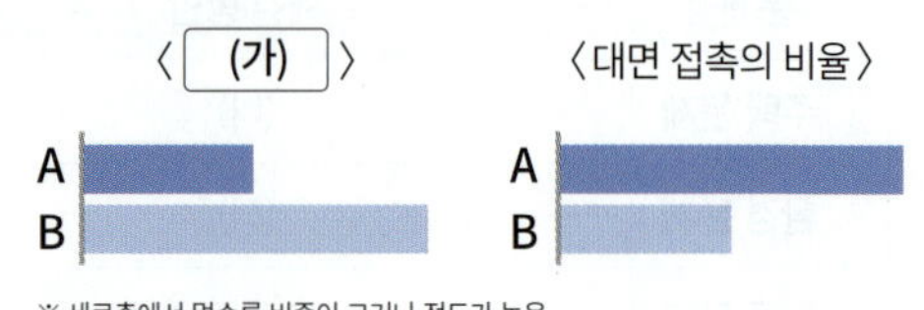

보기
ㄱ. A는 정보 사회, B는 산업 사회이다.
ㄴ. A는 B보다 개인이 정치적 의견을 표출할 수 있는 경로가 다양하다.
ㄷ. B는 A보다 유연 근무제, 선택적 시간 근무 등의 실현 가능성이 높다.
ㄹ. (가)에는 '쌍방향 매체 활용 비율'이 들어갈 수 있다.

① ㄱ, ㄴ ② ㄱ, ㄷ ③ ㄴ, ㄷ ④ ㄴ, ㄹ ⑤ ㄷ, ㄹ

16 밑줄 친 ㉠~㉣에 관한 옳은 설명만을 〈보기〉에서 고른 것은?

> ㉠교통의 발달로 지역 간 교류가 활발해지고 지역 경제가 활성화되었다. 하지만 이 과정에서 삼림이 훼손되었으며, ㉡생태환경의 변화가 나타났다. 정보 통신 기술의 발달로 많은 정보를 쉽게 주고받을 수 있게 되었으며, ㉢전자 상거래가 활성화되었다. 하지만 ㉣정보화로 인한 다양한 문제도 발생하였다.

┌ 보기 ┐
ㄱ. ㉠으로 여가 활동의 공간적 제약이 강화되었다.
ㄴ. ㉡의 사례로 '교통로 건설에 따른 야생 동물의 이동 통로 단절'을 들 수 있다.
ㄷ. ㉢으로 소비 활동의 시간적 제약이 강화되었다.
ㄹ. ㉣의 사례로 '지역 간, 계층 간 정보 격차 발생'을 들 수 있다.

① ㄱ, ㄴ　② ㄱ, ㄷ　③ ㄴ, ㄷ　④ ㄴ, ㄹ　⑤ ㄷ, ㄹ

17 다음 글에 나타난 정보화 사회의 문제점으로 가장 적절한 것은?

> 지체 장애인 A씨는 키오스크로만 주문을 받는 식당에서 불편을 겪었다. 휠체어에서는 키오스크의 터치스크린이 너무 높아 닿지 않았기 때문이다. 장애인뿐만 아니라 고령층 10명 중 6명 이상은 키오스크 조작에 어려움을 느낀다고 토로했다.

① 정보 격차 심화　　② 디지털 중독 문제
③ 사생활 침해 증가　④ 사이버 범죄 증가
⑤ 노동 시장의 양극화

서술형

18 다음 글에 나타난 문제점을 쓰고, 해결책을 서술하시오.

> 최근 사이버 렉카라는 용어가 등장하였다. 사이버(cyber)와 견인차를 뜻하는 렉카(wrecker)의 합성어로, 사회적 이슈가 발생했을 때 재빨리 영상을 만들어 온라인 공간에 게시하고 조회수를 올리는 사람을 뜻한다. 이들이 온라인 공간에 유명인의 개인 정보 등을 유포하여 사회적 문제가 되고 있다.

19 ○○시의 전통 시장 상권 변화에 관해 조사하고자 할 때, (가)~(다) 단계에 해당하는 활동을 〈보기〉에서 고른 것은?

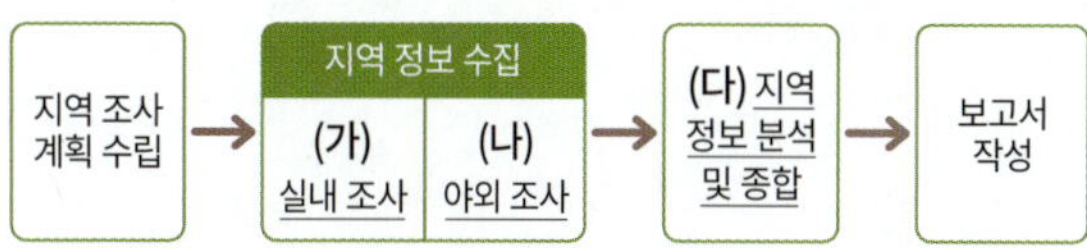

┌ 보기 ┐
ㄱ. 인터넷 지도를 통해 전통 시장의 위치를 파악한다.
ㄴ. 전통 시장 방문객의 거주지와 거주지별 평균 이용 횟수를 통계 지도로 표현한다.
ㄷ. 전통 시장 방문객을 대상으로 거주지와 이용 횟수 등에 관한 설문 조사를 실시한다.

	(가)	(나)	(다)			(가)	(나)	(다)
①	ㄱ	ㄴ	ㄷ		②	ㄱ	ㄷ	ㄴ
③	ㄴ	ㄱ	ㄷ		④	ㄴ	ㄷ	ㄱ
⑤	ㄷ	ㄱ	ㄴ					

20 표는 어느 지역의 토지 면적 변화를 나타낸 것이다. 이 지역의 변화에 관한 추론으로 가장 적절한 것은?

용도별 토지 ＼ 시기	10년 전	현재
밭	8,997	8,051
논	12,861	11,850
임야	46,782	45,569
주택 용지	1,655	2,243
공장 용지	583	1,309
도로	2,133	2,994

(단위: 만 m²)

① 경지 면적 비율이 증가했을 것이다.
② 제조업 종사자 수가 감소했을 것이다.
③ 초등학교 학생 수가 감소했을 것이다.
④ 주변 지역과의 접근성이 높아졌을 것이다.
⑤ 전입 인구보다 전출 인구가 많아졌을 것이다.

메모
CHECK LIST
SUMMARY

Mirae **N** 에듀

가 슴 엔 · 듯 · 눈 엔 · 듯 · 또 · 피 줄 엔 ·
듯 · 마 음 이 · 도 른 도 른 · 숨 어 · 있 는 · 곳 ·
내 · 마 음 의 · 어 딘 · 듯 · 한 편 에 · 끝 없 는 ·
강 물 이 · 흐 르 네

문학은 감상입니다. 감상을 통한 손쉬운 공부 비법을 배웁니다.

고등학교 문학 입문서
손쉬운

손쉬운 학습　　각종 국어 교과서 대표 작품으로 익힙니다.
손쉬운 이해　　문학 개념부터 작품 핵심까지 술술 읽으며 터득합니다.
손쉬운 대비　　자주 출제되는 문제 유형으로 내신과 수능을 준비합니다.

고등 도서 안내

문학 입문서

손쉬운

작품 이해에서 문제 해결까지
손쉬운 비법을 담은 문학 입문서

현대 문학, 고전 문학

비주얼 개념서

룩 LOOK

이미지 연상으로 필수 개념을 쉽게 익히는
비주얼 개념서

국어　문법
영어　분석독해

수학 개념 기본서

수학중심

개념과 유형을 한 번에 잡는 강력한
개념 기본서

수학Ⅰ, 수학Ⅱ, 확률과 통계, 미적분, 기하

수학 문제 기본서

유형중심

체계적인 유형별 학습으로 실전에서 강력한
문제 기본서

수학Ⅰ, 수학Ⅱ, 확률과 통계, 미적분

사회·과학 필수 기본서

개념 학습과 유형 학습으로 내신과 수능을 잡는
필수 기본서

[2022 개정]
사회　통합사회1, 통합사회2*, 한국사1, 한국사2*
과학　통합과학1, 통합과학2, 물리학*, 화학*, 생명과학*,
　　　지구과학*

*2025년 상반기 출간 예정

[2015 개정]
사회　한국지리, 사회·문화, 생활과 윤리, 윤리와 사상
과학　물리학Ⅰ, 화학Ⅰ, 생명과학Ⅰ, 지구과학Ⅰ

기출 분석 문제집

완벽한 기출 문제 분석으로 시험에 대비하는 1등급 문제집

1등급 만들기

[2022 개정]
수학　공통수학1, 공통수학2, 대수, 확률과 통계*, 미적분Ⅰ*
사회　통합사회1, 통합사회2*, 한국사1, 한국사2*,
　　　세계시민과 지리, 사회와 문화, 세계사, 현대사회와 윤리
과학　통합과학1, 통합과학2

*2025년 상반기 출간 예정

[2015 개정]
국어　문학, 독서
수학　수학Ⅰ, 수학Ⅱ, 확률과 통계, 미적분, 기하
사회　한국지리, 세계지리, 생활과 윤리, 윤리와 사상,
　　　사회·문화, 정치와 법, 경제, 세계사, 동아시아사
과학　물리학Ⅰ, 화학Ⅰ, 생명과학Ⅰ, 지구과학Ⅰ,
　　　물리학Ⅱ, 화학Ⅱ, 생명과학Ⅱ, 지구과학Ⅱ

엔픽

통합사회1

바른답
알찬풀이

Mirae N 에듀

바른답 ✦ 알찬풀이

Study Point

1. 바른 해설
정확하고 자세한 해설을 통해 문제의 핵심을 찾을 수
있습니다.

2. 알찬 선지분석
모든 선지에 대한 세세한 분석을 통해 오답의 함정을
피할 수 있습니다.

3. 서술형 채점 기준
채점 기준을 상, 중, 하로 세분하여 서술 문항의 노하
우를 익힐 수 있습니다.

바른답 · 알찬풀이

01 통합적 관점과 행복

개념 체크 문제

14쪽

포인트 Pick

❶ 시간적 ❷ 시대적 ❸ 상호 작용 ❹ 윤리적
❺ 도덕규범 ❻ 통합적 ❼ 정주 환경 ❽ 민주주의

01 통합적 관점 **02** (1) × (2) ○ (3) ×
03 (1) ⓒ (2) ⊙ (3) ⓔ **04** (1) 질 높은 정주 환경 (2) 경제적
안정 (3) 도덕적 실천 **05** 아리스토텔레스

실력 완성 문제

15~18쪽

01 ③ **02** ⑤ **03** ② **04** ② **05** ④ **06** ④ **07** ③
08 ① **09** ④ **10** ① **11** ① **12** ④ **13** ② **14** ②
15 ④

16 (1) (가) 시간적 관점 (나) 윤리적 관점 (2) **예시 답안** 시간적 관점은 역사적 배경과 시대적 맥락에 초점을 두고 사회 현상을 살펴보는 것이고, 윤리적 관점은 도덕적 가치와 도덕규범을 바탕으로 사회 현상을 해석하고 문제점을 찾아 바람직한 삶의 모습을 모색하는 것이다.

17 (1) **예시 답안** 민주주의의 발전을 위해서는 민주적인 정치 제도를 잘 갖추는 것과 함께 시민이 책임 의식을 가지고 정치에 참여하는 민주적 문화를 형성해야 한다. (2) 질 높은 정주 환경, 경제적 안정, 도덕적 실천

01 밑줄 친 ⊙은 시간적 관점이다. 시간적 관점은 역사적 배경과 시대적 맥락에 초점을 두고 사회 현상을 이해하는 관점이다.

알찬 선지 분석

① ✕ 공간적 관점에 대한 설명이다.
② ✕ 윤리적 관점에 대한 설명이다.
③ ◎ 시간적 관점에 대한 설명이다. 시간적 관점은 과거의 사실과 사건을 바탕으로 현재의 사회 현상을 이해하고 미래를 예측하여 바람직한 해결 방안을 모색한다.
④ ✕ 사회적 관점에 대한 설명이다.
⑤ ✕ 공간적 관점에 대한 설명이다.

02 제시문은 우리가 사회에서 만나게 되는 문제는 다양한 요인이 복잡하게 얽혀 있어 한 가지의 관점으로만 탐구해서는 문제를 근본적으로 해결할 수 없고, 다양한 관점에서 사회 현상을 탐구해야 함을 강조하고 있다.

알찬 선지 분석

① ◎ 제시문은 사회 현상은 다양한 요인이 복잡하게 연결되어 있다고 본다.
② ◎ 제시문은 사회 현상에 영향을 미치는 여러 요인을 확인해야 문제를 해결할 수 있다고 본다.
③ ◎ 제시문은 사회 현상을 명확하게 이해하기 위해 통합적 관점이 필요하다고 본다.
④ ◎ 제시문은 하나의 관점만으로는 사회 현상의 다양한 측면을 파악하기 어렵다고 본다.
⑤ ✕ 제시문은 하나의 사회 현상을 해결하기 위해 다양한 관점이 필요함을 강조하는 것이지, 하나의 사회 현상을 해결하면 다른 사회 현상까지 해결된다고 주장하는 것은 아니다.

03 밑줄 친 ⊙은 장소와 지역 및 공간적 상호 작용에 중점을 두고 사회 현상을 살펴보는 공간적 관점이다.

알찬 선지 분석

ㄱ. ◎ 지역과 공간의 특징에 중점을 두는 공간적 관점에서 제기할 수 있는 질문이다.
ㄴ. ✕ 과거의 사례를 통해 현재의 문제를 해결하고자 하는 시간적 관점에서 제기할 수 있는 질문이다.
ㄷ. ✕ 시간의 흐름에 따른 변화 추세에 중점을 두는 시간적 관점에서 제기할 수 있는 질문이다.
ㄹ. ◎ 자연환경과 인문환경이 삶에 미치는 영향에 중점을 두는 공간적 관점에서 제기할 수 있는 질문이다.

04 '사회 구조가 인간 삶에 미치는 영향에 중점을 두는가?'라는 질문에 '아니요'라고 답하는 (가)는 윤리적 관점이고, '예'라고 답하는 (나)는 사회적 관점이다.

알찬 선지 분석

ㄱ. ◎ (가)는 윤리적 관점이므로 ⊙에 들어갈 대답은 '예'이다.
ㄴ. ✕ 자연환경과 인문환경에 따라 달라지는 지역의 생활 모습을 파악하는 것은 공간적 관점이다.
ㄷ. ◎ 사회 현상이 나타난 배경을 사회의 구조적·제도적 측면에서 살펴보는 것은 (나) 사회적 관점이다.
ㄹ. ✕ 보편적 가치를 중심으로 사회문제를 해결하고자 하는 것은 (가)이다.

05 제시문에는 햄버거 문화를 바라보는 다양한 관점과 관련된 질문이 제시되어 있다. (가)는 시간적 관점, (나)는 공간적 관점, (다)는 윤리적 관점, (라)는 사회적 관점에서 제시된 질문이다. 따라서 ㄴ-ㄷ-ㄹ-ㄱ이 적절하다.

06 그림에는 철도와 관련한 A. 시간적 관점, B. 공간적 관점, C. 사회적 관점, D. 윤리적 관점이 제시되어 있다. <보기>에 제시된 각 관점과 관련된 탐구 활동이 적절하게 연결된 것은 ㄴ과 ㄹ이다.

[알찬 선지 분석]

ㄱ. ✗ 철도 노선 결정 과정에서 지역 사회의 의견을 수렴할 수 있는 제도적 절차를 조사하는 것은 사회적 관점이므로 C에 해당한다.

ㄴ. ◯ 인구 밀도와 유동 인구를 고려하여 지역별 철도 사용 현황을 비교하는 것은 공간적 관점이므로 B에 해당한다.

ㄷ. ✗ 과거부터 지금까지의 다양한 철도 개통 사례를 분석하는 것은 시간적 관점이므로 A에 해당한다.

ㄹ. ◯ 공정하고 투명하게 철도 노선을 결정할 수 있는 정의로운 방안을 탐색하는 것은 윤리적 관점이므로 D에 해당한다.

07 제시문은 전기차의 제조 과정에 숨겨져 있던 불공정한 아동 노동의 현실과 기업의 사회적 책임에 대해 서술하고 있다. 따라서 제시문이 취하고 있는 관점은 윤리적 관점에 해당한다.

[알찬 선지 분석]

① ✗ 사회 구조의 영향에 중점을 두고 문제를 인식하는 것은 사회적 관점이다.

② ✗ 과거 역사와 현재 상황의 상호 연관성을 탐구하는 것은 시간적 관점이다.

③ ◯ 도덕적 가치에 바탕을 두고 문제의 해결 방안을 모색하는 것은 윤리적 관점이다.

④ ✗ 법과 제도를 토대로 사회 현상을 이해하고 파악하는 것은 사회적 관점이다.

⑤ ✗ 공간적 상호 작용의 다양한 양상을 파악하는 것은 공간적 관점이다.

08 공간적 관점은 장소와 지역, 공간적 상호 작용에 중점을 두고 인간과 세상을 이해하는 관점이다. 공간적 관점에서 세상을 바라보면 인간, 사회, 환경이 공간 속에서 어떻게 관련되어 있고 상호 작용하는지 파악할 수 있다.

[알찬 선지 분석]

ㄱ. ◯ 지역의 특성과 다른 지역과의 상호 작용에 대해 탐구하는 것은 공간적 관점에 해당한다.

ㄴ. ✗ 역사적 배경과 시대적 맥락을 토대로 사회 현상을 탐구하는 것은 시간적 관점에 해당한다.

ㄷ. ◯ 자연환경과 인문환경이 인간의 삶에 어떤 영향을 주는지 탐구하는 것은 공간적 관점에 해당한다.

ㄹ. ✗ 사회 현상이 언제부터 시작되어 어떻게 변화했는지 탐구하는 것은 시간적 관점에 해당한다.

09 제시문에는 두 가지 활동이 제시되어 있다. 개정된 공직 선거법이 학생들의 정치 참여와 민주주의 발전에 어떤 영향을 미치는지 탐구하는 것과 학교 주변 시설이 생기거나 사라지는 현상을 사회 구조나 제도의 영향과 관련지어 이해하는 것은 모두 사회적 관점에 해당한다.

10 제시문은 같은 시기라도 지역적 여건에 따라 행복의 기준이 달라질 수 있음을 보여 준다. 집단의 협력을 중시하는 농업이 중심이었던 고대 중국에서는 타인과의 조화를 이루는 것이 행복의 기준이 되었다. 반면 상업과 민주주의가 발달한 고대 그리스 도시 국가에서는 개인이 자율성을 발휘하는 것이 행복의 기준이 되었다.

[알찬 선지 분석]

① ◯ 제시문은 자연환경과 같은 지역적 여건에 따라 행복의 기준이 달라질 수 있다고 본다.

② ✗ 제시문은 시대가 아닌 지역적 여건을 기준으로 행복의 모습을 서술한다.

③ ✗ 제시문은 지역적 여건에 따라 행복의 모습이 달라질 수 있다고 주장한다.

④ ✗ 제시문은 행복이 오직 감각적 즐거움을 의미한다고 주장하지 않는다.

⑤ ✗ 제시문은 행복이 지역적 여건에 영향을 받는다고 본다.

11 제시문의 사상가는 에피쿠로스이다. 에피쿠로스는 정신적 쾌락을 통해 행복을 실현할 수 있으며, 불만족으로부터 오는 정신적 고통을 제거하기 위해 욕구를 줄임으로써 진정한 쾌락을 얻을 수 있다고 주장한다.

[알찬 선지 분석]

ㄱ. ◯ 에피쿠로스는 정신적 쾌락을 통해 진정한 행복을 실현할 수 있다고 본다.

ㄴ. ◯ 에피쿠로스는 욕구를 최대한 충족하는 것이 아니라 욕구를 줄임으로써 오히려 진정한 쾌락을 누릴 수 있다고 본다.

ㄷ. ✗ 에피쿠로스는 진정한 행복을 위해서는 욕구를 줄여야 한다고 주장한다.

ㄹ. ✗ 아리스토텔레스의 주장이다.

12 행복의 의미를 이해하고 행복의 다양한 기준을 고려하여 자기 삶을 반성하고 성찰할 때 진정한 행복을 누릴 수 있다.

[알찬 선지 분석]

ㄱ. ✗ 행복은 다른 목적을 위한 수단이 아니라 그 자체로 선택하고 추구하는 삶의 목적이다.

ㄴ. ◯ 행복은 일반적으로 삶에서 충분한 만족감이나 즐거움을 느끼는 상태를 의미한다.

ㄷ. ✗ 행복은 비교적 장기간에 걸쳐 삶 전체를 통해 느끼는 지속적이고 정신적인 즐거움이다.

ㄹ. ◯ 행복은 감각적 만족감이나 즐거움뿐만이 아니라 바람직한 가치의 실현이 더해질 때 진정한 의미가 있다.

13 행복의 조건 중에서 ㉠은 경제적 안정, ㉡은 도덕적 실천이다. 경제적 안정은 인간다운 삶을 누리기 위해 필요한 재화나 서비스를 안정적으로 갖추는 것이고, 도덕적 실천은 타인을 배려하거나 돕는 행동을 의미한다.

① ✕ 행복의 조건 가운데 질 높은 정주 환경에 대한 설명이다.
② ◯ 도덕적 실천은 자신의 이익보다는 타인과 공동체 전체의 행복을 고려하는 것이다.
③ ✕ 행복의 조건 가운데 민주주의 발전에 대한 설명이다.
④ ✕ 행복의 조건 가운데 질 높은 정주 환경에 대한 설명이다.
⑤ ✕ 일정 수준 이상의 소득을 행복의 핵심 조건으로 꼽는 것은 ㉠에만 해당되는 설명이다.

14 제시문의 사상가는 맹자이다. 맹자는 백성들이 고정적인 생업이 없으면 도덕적인 마음을 갖기 어려우므로 경제적 안정을 갖출 수 있도록 국가적 지원이 필요하다고 주장한다.

① ✕ 맹자는 고정적인 생업과 도덕적인 마음의 관련성을 주장하지만, 두 가지가 동일하다고 보지는 않는다.
② ◯ 맹자는 항산과 항심의 관련성을 강조하며 경제적 안정과 도덕적 실천이 밀접한 관련이 있다고 주장한다.
③ ✕ 맹자는 경제적 안정을 위해 지혜로운 왕이 백성의 생업을 보장해야 한다고 주장한다.
④ ✕ 맹자는 국가가 개인의 생업 보장을 위해 노력해야 한다고 보지만, 제한 없이 경제적 지원을 해야 한다고 주장하지는 않는다.
⑤ ✕ 맹자에 따르면 일반 백성은 고정적 생업 없이 도덕적 마음을 갖는 것이 어렵지만 선비는 가능하다.

15 제시문은 개인의 소득이 정서적 행복감과 삶의 만족도에 미치는 영향을 분석한 것이다. 이를 통해 소득이 일정 수준에 도달하면 정서적 행복감이나 삶의 만족도가 더 이상 증가하지 않으며, 오히려 감소하기도 한다는 점을 알 수 있다.

① ✕ 소득이 일정 수준에 도달할 때까지는 소득이 증가하면 정서적 행복감과 삶의 만족도도 증가하지만, 일정 수준을 넘어서면 오히려 정서적 행복감과 삶의 만족도가 감소한다. 이를 통해 경제적 수준이 삶의 만족도에 영향을 미친다는 것을 알 수 있다.
② ✕ 제시문을 통해 정서적 행복감과 삶의 만족도가 유사한 수준으로 증가하고 감소하는 것을 알 수 있다.
③ ✕ 제시문을 통해 행복은 소득과 같은 경제적 요소에 영향을 받는다는 것을 알 수 있다.
④ ◯ 제시문을 통해 일정 수준의 소득을 갖게 되면 높은 소득이 반드시 높은 행복감과 만족감을 주는 것은 아님을 알 수 있다.
⑤ ✕ 제시문에서는 소득이 일정한 수준을 넘어서면 행복감과 삶의 만족도가 감소한다고 설명하고 있다.

16 (2) 자료의 (가)는 시간적 관점, (나)는 윤리적 관점에 해당한다. 시간적 관점은 역사적 배경과 시대적 맥락에서 사회 현상을 분석하고, 윤리적 관점은 도덕적 가치와 도덕규범을 토대로 바람직한 삶의 모습을 성찰한다.

상	(가), (나)에 해당하는 관점을 쓰고, 시간적 관점과 윤리적 관점의 특징을 바르게 서술한 경우
중	(가), (나)에 해당하는 관점을 썼지만, 시간적 관점과 윤리적 관점의 특징 중 한 가지만 바르게 서술한 경우
하	(가), (나)에 해당하는 관점만을 정확하게 쓴 경우

17 (1) 제시문에서는 행복을 실현하기 위해서 개인의 지속적 노력뿐만 아니라 민주주의의 발전을 포함한 일정 조건을 갖추어야 함을 강조한다.

상	민주주의의 발전을 위한 조건으로 민주적인 정치 제도의 확립과 시민이 책임 의식을 바탕으로 정치에 참여하는 민주적 문화를 형성해야 한다고 서술한 경우
하	민주주의의 발전을 위한 조건으로 민주적인 정치 제도의 확립과 시민이 책임 의식을 바탕으로 정치에 참여하는 민주적 문화를 형성해야 한다는 내용 중 한 가지만 서술한 경우

19쪽

01 ④   02 ③

01 자료에는 세계 기아 문제에 대한 통합적 관점이 제시되어 있다. 통합적 관점은 시간적, 공간적, 사회적, 윤리적 관점을 통합하여 사회 현상을 바라보는 관점이다.

ㄱ. ◯ 세계 기아 인구의 변화 추이를 조사하는 것은 시간적 관점에 따른 활동이다.
ㄴ. ◯ 기아 위기가 심각한 지역을 알아보는 것은 공간적 관점에 따른 활동이다.
ㄷ. ◯ 기아 문제 해결을 위한 정책과 제도를 탐구하는 것은 사회적 관점에 따른 활동이다.
ㄹ. ✕ 식량 위기와 정치적·사회적 구조의 관련성을 분석하는 것은 사회 현상을 사회 구조를 중심으로 이해하는 것이므로 사회적 관점에 따른 활동이다.

Q1 시간적 관점
Q2 공간적 관점
Q3 사회적 관점
Q4 윤리적 관점

02 갑은 아리스토텔레스, 을은 에피쿠로스이다. 아리스토텔레스는 행복이 이성을 잘 발휘하여 덕이 있는 삶을 살아갈 때 실현할 수 있는 것이라고 보고, 덕이 있는 삶을 위해서는 좋은 습관을 형성해야 한다고 보았다. 에피쿠로스는 행복을 고통의 부재와 심리적 평온 상태라고 보고, 방탕한 쾌락이나 육체적 쾌락이 아닌 정신적 쾌락을 추구해야 한다고 보았다.

① ◎ 아리스토텔레스는 행복을 최고선이라고 보고, 행복에 도달하기 위해서는 이성적 기능을 잘 발휘해야 한다고 보았다.

② ◎ 아리스토텔레스는 이성적 활동은 그 활동에 알맞은 덕을 토대로 수행할 때 더 탁월하게 발휘할 수 있다고 보았다.

③ ✕ 에피쿠로스는 쾌락이 인간이 가진 욕구를 최대한 충족시킬 때 얻어지는 감정이 아니라, 최소한의 욕구에 만족함으로써 얻어지는 감정이라고 보았다.

④ ◎ 에피쿠로스는 가장 적은 것을 필요로 하는 사람이 가장 큰 만족과 기쁨을 얻을 수 있다고 보았다.

⑤ ◎ 아리스토텔레스와 에피쿠로스 모두 행복이 인간의 삶에서 추구해야 할 궁극적인 목적이라고 보았다.

키워드 꼬리 질문

Q1 인간 행위의 최고의 목적과 이상이 되며 행위의 근본 기준이 되는 선

Q2 자극적인 쾌락만을 추구하다 보면 점점 더 강도가 높은 쾌락을 추구하게 되어 역설적으로 쾌락 대신 권태나 고통을 경험하게 되는 것

22~23쪽

01 ③　　**02** ②　　**03** ①　　**04** 예시답안 ⊙은 통합적 관점이다. 한 가지 관점으로만 보면 사회 현상의 다양하고 복잡한 측면을 이해하기 어렵고 적절한 해결책을 제시할 수 없기 때문에 통합적 관점이 필요하다.　　**05** ⑤　　**06** ④　　**07** ④

08 예시답안 제시문에 나타난 행복한 삶을 실현하기 위한 조건은 민주주의의 발전이다. 민주주의의 발전이 필요한 이유는 시민이 주권자로서 자기 삶을 결정하고 주체적으로 사회문제를 해결할 때 성취감과 행복감을 느낄 수 있기 때문이다.

01 '난민에 대한 이해'라는 주제에 대해 갑은 시간적 관점, 을은 공간적 관점, 병은 사회적 관점, 정은 윤리적 관점에서 탐구 활동 계획을 발표하고 있다.

① ✕ 도덕적 가치에 따라 평가하는 것은 윤리적 관점인 정에 해당한다.

② ✕ 시간의 흐름에 따라 탐구하는 것은 시간적 관점인 갑에 해당한다.

③ ◎ 제도와 정책적 측면에서 접근하는 것은 사회적 관점인 병에 해당한다.

④ ✕ 문제 해결을 위해 시대적 맥락에 주목하는 것은 시간적 관점인 갑에 해당한다.

⑤ ✕ 과거의 사실을 토대로 현재의 사회 현상을 이해하는 것은 시간적 관점인 갑에 해당한다.

02 제시문은 저출산으로 인해 학령 인구가 감소하면서 늘어나는 학교 유휴 시설 문제를 통합적 관점을 통해 해결해야 함을 강조하고 있다.

ㄱ. ◎ 학교 유휴 시설이 발생한 시점에 대한 질문이므로 시간적 관점에 해당한다.

ㄴ. ✕ 학교 유휴 시설 문제를 해결하기 위한 핵심적 가치를 탐구하는 질문이므로 윤리적 관점에 해당한다. 윤리적 관점은 도덕적 가치 등을 바탕으로 사회 현상을 이해하고자 한다.

ㄷ. ◎ 학교 유휴 시설의 적절한 활용을 위한 정부의 지원, 즉 법률이나 정책과 같은 사회 제도와 관련된 질문이므로 사회적 관점에 해당한다.

ㄹ. ✕ 지역에 따른 학교 유휴 시설 현황을 비교하는 질문이므로 공간적 관점에 해당한다.

03 제시문의 ⊙에 들어갈 개념은 '윤리적 관점'이다. 윤리적 관점은 도덕적 가치와 도덕규범을 바탕으로 사회 현상을 해석하고 문제점을 찾아 바람직한 삶의 모습을 살펴보는 것이다.

첫 번째 진술. ◎ 윤리적 관점은 사회가 지향해야 할 도덕적 가치가 무엇인지 탐구하는 관점이다.

두 번째 진술. ◎ 윤리적 관점은 바람직한 삶을 위해 어떤 가치를 추구해야 하는지에 관심을 갖는다.

세 번째 진술. ✕ 지역과 공간의 상호 작용을 바탕으로 사회 현상을 비교하고 분석하는 것은 공간적 관점이다.

네 번째 진술. ✕ 사회 구조와 사회 제도에 중점을 두고 사회 현상과 문제를 이해하는 것은 사회적 관점이다.

04 제시문의 ⊙에 해당하는 개념은 '통합적 관점'이다. 통합적 관점은 시간적, 공간적, 사회적, 윤리적 관점을 통합하여 다양하고 복잡한 사회 현상을 올바르게 이해하고 적절한 해결책을 모색하기 위해 필요하다.

상	㉠이 통합적 관점임을 쓰고, 통합적 관점이 필요한 까닭을 바르게 서술한 경우
중	㉠이 통합적 관점임을 썼지만, 통합적 관점이 필요한 까닭을 바르게 서술하지 못한 경우
하	㉠이 통합적 관점이라고만 쓴 경우

05 가상 편지의 사상가는 아리스토텔레스이다. 아리스토텔레스는 행복한 삶을 실현하기 위해 이성을 탁월하게 발휘하고 좋은 습관을 형성해야 한다고 강조하였다.

알찬 선지 분석

ㄱ. ✗ 아리스토텔레스는 쾌락을 행복한 삶의 시작이자 끝이라고 주장하지 않았다.

ㄴ. ✗ 에피쿠로스가 주장한 행복의 상태인 아타락시아(ataraxia)에 대한 설명이다.

ㄷ. ◎ 아리스토텔레스는 행복이 궁극적 목적이자 최고선이라고 보고, 그 자체가 목적이기 때문에 다른 것의 수단이 될 수 없다고 보았다.

ㄹ. ◎ 아리스토텔레스는 이성적 기능이 탁월하게 발휘될 때 행복이 실현될 수 있다고 보았다.

06 (가)는 이중환의 《택리지》의 일부분이고, (나)는 인도 다라비의 열악한 주거 환경의 모습을 묘사한 것이다. (가)와 (나)는 모두 행복한 삶을 위해 질 높은 정주 환경이 필요함을 강조하고 있다.

알찬 선지 분석

① ✗ 행복한 삶의 실현을 위한 조건 중 민주주의 발전에 관한 설명이다.

② ✗ 행복한 삶의 실현을 위한 조건 중 도덕적 실천에 관한 설명이다.

③ ✗ 행복한 삶의 실현을 위한 조건 중 경제적 안정에 관한 설명이다.

④ ◎ 쾌적한 자연환경과 인문환경은 질 높은 정주 환경을 조성하기 위해 필요하다.

⑤ ✗ 행복한 삶의 실현을 위한 조건 중 민주주의 발전에 관한 설명이다.

07 제시문은 도덕적 행동을 떠올리는 것만으로도 행복감이 느껴지며, 그것이 실제 도덕적 실천으로 이어지기도 한다는 연구 결과에 대해 설명하고 있다. 이를 통해 도덕적 실천과 행복감이 서로 관련 있음을 알 수 있다.

알찬 선지 분석

① ◎ 제시문은 타인에 대한 배려와 도덕적 실천이 행복의 원인이 될 수 있다고 본다.

② ◎ 제시문은 도덕적 실천과 행복감이 밀접하게 관련되어 있다고 본다.

③ ◎ 제시문은 타인을 위한 이타적인 행동이 행복감을 높이는 데 기여할 수 있다고 본다.

④ ✗ 제시문은 도덕적인 행동을 떠올리는 것이 도덕적 실천으로도 이어질 수 있다고 본다.

⑤ ◎ 제시문은 다른 사람의 행복에 관심을 두는 것이 자신의 행복 증진에도 도움이 된다고 본다.

08 제시문에서는 스위스의 사례를 들어 행복한 삶을 실현하기 위한 조건으로 민주주의의 발전을 제시하고 있다. 민주주의의 발전이 행복한 삶을 실현하기 위해 필요한 까닭은 시민이 주권자로서 자기 삶을 결정하고 주체적으로 사회문제를 해결할 때 성취감과 행복감을 느낄 수 있기 때문이다.

상	행복한 삶을 실현하기 위한 조건으로 민주주의 발전을 쓰고, 해당 조건이 행복한 삶을 실현하기 위해 필요한 까닭을 바르게 서술한 경우
중	행복한 삶을 실현하기 위한 조건으로 민주주의 발전을 썼지만, 해당 조건이 행복한 삶을 실현하기 위해 필요한 까닭을 바르게 서술하지 못한 경우
하	행복한 삶을 실현하기 위한 조건으로 민주주의 발전만 쓴 경우

28쪽

포인트 Pick

❶ 고상 가옥　❷ 플랜테이션　❸ 스텝　❹ 수목 농업
❺ 계절풍　❻ 타이가　❼ 유목　❽ 고산 도시
❾ 관광

01 (1) ㉠ (2) ㉠　　　　**02** (1) ㉡ (2) ㉢ (3) ㉠
03 (1) × (2) ○ (3) ○　　**04** (1) 이동식 화전 농업 (2) 혼합 농업
05 (1) ㄱ (2) ㄴ (3) ㄷ

실력 완성 문제

29~32쪽

01 ①　**02** ④　**03** ②　**04** ④　**05** ③　**06** ④　**07** ①
08 ④　**09** ②　**10** ④　**11** ④　**12** ④　**13** ④　**14** ①

15 예시 답안 지열과 습기, 해충을 피하기 위해 지면으로부터 집의 바닥을 높게 띄워 집을 짓는다. 강수량이 많아 급경사의 지붕을 만들고 무더운 기후로 개방적인 구조가 나타난다.

16 (1) (가) 사막 기후 (나) 툰드라 기후　(2) 예시 답안 (가) 사막 기후 지역의 주민들은 오아시스 농업이나 관개 농업을 통해 대추야자, 밀 등을 재배한다. (나) 툰드라 기후 지역의 주민들은 주로 순록을 유목한다.

17 예시 답안 저위도에 위치하며 해발 고도가 높기 때문이다.

01 지도의 A는 적도 주변에 분포하는 열대 우림 기후 지역으로, 일 년 내내 강수량이 많은 기후가 나타난다.

알찬 선지 분석

① ◎ 열대 우림 기후는 일 년 내내 기온이 높고 강수량이 많다.
② ✕ 건조 기후의 특징이다. 주로 북부 아프리카와 서남아시아, 오세아니아 등지에 넓게 분포한다.
③ ✕ 열대 기후 지역은 기온의 연교차가 기온의 일교차보다 작다.
④ ✕ 여름이 고온 건조하고, 겨울이 온난 습윤한 기후는 온대 기후에 속한 지중해성 기후이다.
⑤ ✕ 일 년 내내 우리나라의 봄과 같은 날씨가 나타나는 기후는 저위도의 해발 고도가 높은 지역에 분포하는 고산 기후이다.

02 자료에서 설명하는 기후 지역은 전통적으로 숲의 나무를 태운 뒤 경지를 만들고 카사바, 얌 등을 재배하는 형태의 이동식 화전 농업이 행해지는 열대 기후 지역이다.

알찬 선지 분석

ㄱ. ✕ 수목 농업은 지중해성 기후 지역에서 주로 이루어진다.
ㄴ. ◎ 열대 기후 지역의 주민들은 전통적으로 지면의 열기와 습기, 해충을 막기 위해 가옥의 바닥을 지면에서 띄워 짓는 형태의 고상 가옥을 짓고 살아간다.

ㄷ. ✕ 건조 기후 중 사막 기후 지역에서 주로 볼 수 있는 생활 모습이다.
ㄹ. ◎ 열대 기후 지역에서는 근대 이후 선진국의 기술과 자본, 현지의 저렴하고 풍부한 노동력이 결합하여 커피와 카카오 등의 기호 작물이나 천연고무와 같은 원료 작물을 대규모로 재배하는 플랜테이션이 이루어지고 있다.

03 사진의 (가)는 지붕이 평평하고 창이 작은 흙벽돌집이 나타나는 사막 기후의 경관이며, (나)는 가옥의 조립과 해체가 용이한 형태의 이동식 가옥인 게르가 나타나는 스텝 기후의 경관이다. 지도의 A는 사막 기후가 넓게 분포하는 북부 아프리카의 모로코, B는 지중해성 기후가 넓게 분포하는 남부 유럽의 그리스, C는 스텝 기후가 넓게 나타나 초원이 발달한 아시아의 몽골이다. 따라서, (가)와 같은 기후 경관이 나타나는 지역은 모로코(A), (나)와 같은 기후 경관이 나타나는 지역은 몽골(C)이다. 그리스(B)에서는 고온 건조한 여름에 집 안으로 들어오는 열기를 차단하기 위해 벽이 하얗고 두꺼우며 창문이 작은 형태의 가옥을 볼 수 있다.

04 강수량보다 증발량이 많아 물이 부족하고, 주민들이 강한 햇볕과 모래바람을 막기 위해 손과 얼굴의 일부를 제외하고 온몸을 감싸는 형태의 헐렁한 옷을 입는 기후 지역은 사막 기후 지역이다.

알찬 선지 분석

① ✕ 사막 기후 지역은 강수량이 적어 벼농사를 짓기에 불리하다.
② ✕ 주민들이 순록을 유목하거나 어로 및 수렵 생활을 하는 기후 지역은 한대 기후 지역이다.
③ ✕ 주민들이 전통적으로 이동식 화전 농업을 하며 살아가는 기후 지역은 열대 기후 지역이다.
④ ◎ 주민들이 오아시스 농업을 통해 대추야자, 밀 등을 재배하는 기후 지역은 사막 기후 지역이다.
⑤ ✕ 주민들이 작물 재배와 가축 사육을 함께하는 혼합 농업을 하며 살아가는 기후 지역은 서안 해양성 기후 지역이다.

05 지도의 A는 중위도 대륙 서안에 위치한 이탈리아의 로마이며, B는 중위도 대륙 동안에 위치한 우리나라의 서울이다. 이탈리아 로마(A)에서 높은 수치가 나타나는 (가)에는 1월 평균 기온과 겨울 강수 집중률이 들어갈 수 있다. 이탈리아 로마는 여름에 고온 건조하고 겨울에 온난 습윤하여 우리나라 서울보다 1월 평균 기온이 높고 겨울 강수 집중률 또한 높다. 우리나라 서울(B)에서 높은 수치가 나타나는 (나)에는 계절풍의 영향과 기온의 연교차가 들어갈 수 있다. 우리나라 서울은 계절풍의 영향을 크게 받아 여름에 고온 다습하고 겨울에 한랭 건조하며 이탈리아 로마보다 기온의 연교차가 크다.

06 (가)는 6~8월이 여름으로 고온 건조하고, 12~2월이 겨울로 온난 습윤한 북반구의 지중해성 기후 지역이다. (나)는 12~2월이 여름, 6~8월이 겨울이며 연중 습윤하고 기온의 연교차가 작은 남반구의 서안 해양성 기후 지역이다.

알찬 선지 분석
① ✕ 지중해성 기후가 나타나는 (가)는 겨울에 온난 습윤하다.
② ✕ 서안 해양성 기후가 나타나는 (나)는 여름 평균 기온이 22℃를 넘지 않으며 습윤하다.
③ ✕ (가)는 (나)보다 연 강수량이 적다.
④ ◎ 서안 해양성 기후가 나타나는 (나)는 지중해성 기후가 나타나 여름 강수량이 적은 (가)보다 여름 강수 집중률이 높다.
⑤ ✕ (가)는 6~8월이 여름, 12~2월이 겨울이므로 북반구에, (나)는 6~8월이 겨울, 12~2월이 여름이므로 남반구에 위치한다.

07 (가)에는 습윤한 기후의 영향으로 안개가 낀 영국 런던의 모습이 담겨 있으며 서안 해양성 기후의 특징이 표현되어 있다. (나)에는 여름의 뜨거운 태양과 건조한 여름에도 잘 자라는 올리브의 모습이 담겨 있으며 지중해성 기후의 특징이 표현되어 있다.

알찬 선지 분석
ㄱ. ◎ 서안 해양성 기후 지역은 편서풍의 영향으로 연중 습윤한 기후가 나타난다.
ㄴ. ◎ 지중해성 기후 지역은 여름에 고온 건조하고 겨울에 온난 습윤하여 여름 강수량보다 겨울 강수량이 많다.
ㄷ. ✕ 서안 해양성 기후 지역은 목초 재배에 유리하여 가축 사육과 작물 재배가 함께 행해지는 혼합 농업이 주로 행해진다. 지중해성 기후 지역은 여름철 고온 건조한 날씨를 활용하여 여름에 수목 농업, 겨울에 곡물 농업이 주로 이루어진다.
ㄹ. ✕ 서안 해양성 기후는 주로 유럽의 북서부에서 나타나며, 지중해성 기후는 주로 유럽의 남부에서 나타난다.

08 지도에 표시된 A 기후 지역은 고위도의 유라시아 대륙과 북아메리카 대륙에 주로 분포하는 냉대 기후 지역이다.

알찬 선지 분석
① ✕ 양과 염소가 풀을 뜯는 초원과 이동식 가옥인 게르를 볼 수 있는 곳은 스텝 기후 지역이다.
② ✕ 넓게 펼쳐진 논에서 벼농사를 짓는 사람들을 볼 수 있는 기후 지역은 열대 및 온대 기후 지역 중 계절풍의 영향을 많이 받는 기후 지역이다.
③ ✕ 상록 활엽수림이 우거진 밀림과 고상 가옥을 볼 수 있는 기후 지역은 열대 기후 지역이다.
④ ◎ 냉대 기후가 나타나는 러시아와 캐나다 등지에서는 타이가를 이용한 목재·펄프 산업이 발달하였다. 또한 주변에서 구하기 쉬운 나무로 만든 통나무집을 볼 수 있다.
⑤ ✕ 이끼류가 자라는 툰드라 지대에서 순록을 유목하는 사람들을 볼 수 있는 곳은 툰드라 기후 지역이다.

09 지붕이 가파르고 개방적인 형태의 고상 가옥이 나타나는 (가)는 열대 기후, 폐쇄적인 구조의 통나무집이 나타나는 (나)는 냉대 기후 지역에서 주로 볼 수 있다. 냉대 기후 지역은 열대 기후 지역에 비해 침엽수림의 비중이 높고, 연 강수량이 적다. 플랜테이션은 열대 기후에서 주로 행해지는 농업 형태이며, 냉대 기후는 열대 기후보다 플랜테이션 농업의 비중이 작다.

10 왼쪽 사진의 가옥은 이글루이며, 이글루는 북극 주변의 툰드라 기후 지역에 살고 있는 이누이트족이 눈으로 지은 임시 가옥이다. 오른쪽 사진의 송유관은 짧은 여름에 땅이 녹아 구조물이 붕괴되지 않도록 땅에서 띄워 설치한 것이다. 따라서 사진은 툰드라 기후 지역에 해당하는 D에서 볼 수 있는 경관을 나타낸 것이다.

알찬 선지 분석
① ✕ A는 북서부 유럽의 서안 해양성 기후가 나타나는 지역이다.
② ✕ B는 북부 아프리카의 사막 기후가 나타나는 지역이다.
③ ✕ C는 유라시아 대륙 내부 몽골의 스텝 기후가 나타나는 지역이다.
④ ◎ D는 미국 알래스카 북부의 툰드라 기후가 나타나는 지역이다.
⑤ ✕ E는 남아메리카 아마존의 열대 기후가 나타나는 지역이다.

11 (가)는 일 년 내내 기온이 높고 강수량이 많은 열대 우림 기후 지역이며, (나)는 일 년 내내 우리나라의 봄과 같은 기온이 나타나는 열대 고산 기후 지역이다. 지도의 A는 사막 기후가 나타나는 사우디아라비아의 리야드, B는 열대 우림 기후가 나타나는 싱가포르, C는 열대 고산 기후가 나타나는 에콰도르의 키토이다. 따라서, (가)는 싱가포르(B), (나)는 에콰도르의 키토(C)이다.

12 베트남의 탑 카르스트와 우리나라의 석회 동굴은 모두 석회암이 바닷물, 빗물이나 지하수에 의해 용식되어 형성된 카르스트 지형이다.

알찬 선지 분석
① ✕ 바람의 침식 및 퇴적 작용으로 형성된 지형은 식생이 부족한 사막에서 주로 나타난다.
② ✕ 빙하의 침식 및 퇴적 작용으로 형성된 지형은 과거 또는 현재 빙하가 위치한 냉·한대 기후 지역이나 해발 고도가 높은 지역에서 주로 나타난다.
③ ✕ 파랑의 침식 및 퇴적 작용으로 형성된 지형은 해안가에서 주로 나타난다.
④ ✕ 화산 폭발에 따른 용암 분출로 형성된 화산 지형은 화산 활동이 활발한 지역에서 주로 나타난다.
⑤ ◎ 베트남 할롱 베이와 중국 구이린의 탑 카르스트는 세계적으

로 유명한 카르스트 지형이다.

13 A는 노르웨이의 북서 해안, B는 라인강 유역의 평야 지역, C는 알프스 산지이다. 그러므로 (가)는 B, (나)는 C이다.

14 A는 아이슬란드, B는 영국, C는 몽골, D는 나이지리아, E는 마다가스카르이다. 그러므로 ㉠은 화산 활동이 활발한 지역에 위치한 아이슬란드(A)이다.

15 ㉠은 열대 기후로, 일 년 내내 기온이 높고 강수량이 많다.

채점 기준	
상	고상 가옥의 형태와 경사가 가파른 지붕 등을 모두 바르게 서술한 경우
하	고상 가옥, 경사가 가파른 지붕, 개방적인 가옥 구조 중 한 가지만 바르게 서술한 경우

16 (2) (가)는 연 강수량이 매우 적은 사막 기후이며, (나)는 최고 높은 달의 평균 기온이 0~10℃이며 여름이 짧고 겨울이 길고 추운 툰드라 기후 지역이다.

채점 기준	
상	사막 기후와 툰드라 기후의 주요 농목업 특징을 모두 바르게 서술한 경우
하	사막 기후와 툰드라 기후의 주요 농목업 특징 중 한 가지만 바르게 서술한 경우

17 안데스 산지에는 고산 도시가 형성되어 많은 사람이 거주하고 있다.

채점 기준	
상	해발 고도가 높기 때문이라는 까닭을 바르게 서술한 경우
하	해발 고도라는 기후 요인만 서술한 경우

33쪽

01 ⑤	02 ③

01 열대 기후 지역에서 플랜테이션 농업의 형태로 재배되며 초콜릿의 원료가 되는 ㉠은 카카오이다.

알찬 선지 분석
① ✖ 이집트, 사우디아라비아, 이란, 알제리는 모두 건조 기후에 속한 국가이다. 이 그래프는 건조 기후 지역에서 주로 생산되는 대추야자의 국가별 생산 비율 그래프이다.
② ✖ 독일, 폴란드, 러시아, 벨라루스는 모두 냉대 기후가 분포하는 국가이다. 이 그래프는 호밀의 국가별 생산 비율 그래프이다.

③ ✖ 중국, 인도, 방글라데시, 인도네시아는 모두 계절풍의 영향을 받는 아시아에 위치한 국가이며, 이 그래프는 쌀의 국가별 생산 비율 그래프이다.
④ ✖ 에스파냐, 이탈리아, 튀르키예, 모로코는 모두 지중해성 기후가 나타나는 국가이며, 이 그래프는 올리브의 국가별 생산 비율 그래프이다.
⑤ ◎ 코트디부아르, 가나, 인도네시아, 브라질은 모두 적도 주변의 저위도에 위치하며 열대 기후가 나타나는 국가이다. 이 그래프는 카카오의 국가별 생산 비율 그래프이다.

키워드 꼬리 질문
Q1 열대 기후
Q2 코트디부아르

02 (가)는 월 강수 편차가 가장 고르게 나타나며 기온의 연교차가 작은 서안 해양성 기후 지역, (나)는 기온의 연교차가 가장 크고 여름 강수량이 많은 온대 겨울 건조 기후 지역, (다)는 여름보다 겨울 강수량이 많은 지중해성 기후 지역이다.

알찬 선지 분석
① ✖ 서안 해양성 기후가 나타나는 (가)는 벼농사에 불리하다. 벼농사에 유리한 기후 지역은 (나)이다.
② ✖ (나)는 겨울 강수량이 여름 강수량보다 적다.
③ ◎ 연중 강수가 고른 (가)는 강수 편차가 큰 (나)보다 하천의 수운 교통 발달에 유리하다.
④ ✖ (나)는 (다)보다 기온의 연교차가 크다.
⑤ ✖ 서안 해양성 기후가 나타나는 (가)와 지중해성 기후가 나타나는 (다)는 유럽에 위치하며, 온대 겨울 건조 기후가 나타나는 (나)는 아시아에 위치한다.

키워드 꼬리 질문
Q1 서안 해양성 기후
Q2 온대 겨울 건조 기후
Q3 지중해성 기후

개념 체크 문제

36쪽

포인트 Pick

❶ 자연재해 ❷ 온난화 ❸ 홍수 ❹ 산불 ❺ 폭설
❻ 중위도 ❼ 폭염 ❽ 지진 ❾ 안전권

01 (1) ○ (2) × (3) ○   **02** (1) ㉠ (2) ㉡ (3) ㉠, ㉡
03 (1) ㉢ (2) ㉠ (3) ㉡ (4) ㉣   **04** (1) 홍수 (2) 태풍 (3) 지진
해일(쓰나미)   **05** 환경권

실력 완성 문제

37~40쪽

01 ② **02** ③ **03** ⑤ **04** ② **05** ⑤ **06** ② **07** ④
08 ③ **09** ① **10** ① **11** ② **12** ③ **13** ⑤ **14** ⑤
15 (1) ㉠ 홍수 ㉡ 가뭄 (2) 예시 답안 인간의 경제활동으로 온실가
스 배출이 많아져 기후변화가 나타났으며, 이로 인해 자연재해의 빈
도와 규모가 증가하여 이에 따른 피해가 발생하고 있다.
16 예시 답안 안전 교육, 안전 재난 훈련과 환경 교육 등에 적극적으
로 참여하고, 자연재해로 인한 피해를 입었을 때 정부 기관에 즉각
적인 복구와 보상을 요청한다.

01 자연재해는 인간의 안전한 생활에 피해를 주는 자연 현상
으로 홍수, 가뭄, 열대 저기압, 폭염 등의 기후 관련 재해와
지진, 화산 활동 등의 지형 관련 재해로 구분할 수 있다. 그
러므로 1단계의 '홍수는 기후적 요인에 의한 자연재해이
다.'는 옳은 진술이며, 2단계의 '열대 저기압은 지형적 요인
에 의한 자연재해이다.'는 틀린 진술이다. 자연환경은 인간
의 활동에 의해 변화하여 인간의 삶을 위협하기도 하며, 기
후변화에 따라 자연재해의 발생 횟수와 피해 규모가 증가
한다. 따라서 3단계의 '기후변화에 따라 자연재해의 발생
횟수와 피해 규모가 달라진다.'는 옳은 진술이다. 이를 순서
대로 옳게 연결한 것은 ②의 ○ → × → ○이다.

02 인간은 급격한 기상 변화나 지각 변동에 의한 자연재해로
많은 피해를 입기도 한다. 많은 비가 내려 하천이 범람하는
자연재해인 ㉢은 홍수, 장기간 비가 내리지 않아 발생하는
㉣은 가뭄, 땅이 갈라지고 흔들리는 자연재해인 ㉤은 지진
이다.

알찬 선지 분석

① ❌ 급격한 기상 변화로 인한 자연재해는 기후 관련 재해이며,
홍수와 가뭄, 열대 저기압 등이 대표적이다. 화산 활동은 지각
변동에 의한 지형 관련 재해이다.
② ❌ 인간의 활동으로 자연재해로 인한 피해의 규모는 줄일 수

있으나 자연재해를 완벽하게 극복할 수는 없다.
③ ◎ ㉢ 홍수는 하천의 범람을 야기하며, 이로 인한 농경지와 가
옥의 침수 피해를 유발한다.
④ ❌ 건축물 붕괴, 산사태 등의 피해를 유발하는 자연재해는 땅이
갈라지고 흔들리는 ㉤ 지진이다.
⑤ ❌ ㉤ 지진은 자연재해의 진행 속도가 빠르며, 진행 속도가 느
린 자연재해는 ㉣ 가뭄이다.

03 중심 부근의 최대 풍속이 17m/s 이상인 저기압으로, 이동
경로에 위치한 국가들이 제출한 이름을 순차적으로 사용하
는 (가)는 태풍이다. 우리나라에서는 열대 저기압을 태풍이
라 부르며, 태풍의 이름으로 '개미', '나리', '장미', '미리내',
'노루' 등을 제출하였다.

알찬 선지 분석

① ❌ 마그마 분출로 인한 피해를 유발하는 자연재해는 화산 활동
이다.
② ❌ 많은 눈이 쌓여 교통 체증을 유발하는 자연재해는 폭설이다.
③ ❌ 건조한 날씨로 각종 용수 부족을 초래하는 자연재해는 가뭄
이다.
④ ❌ 미세 먼지 농도를 높여 호흡기 질환을 일으키는 자연재해는
황사이다. 태풍이 발생하면 미세 먼지 농도는 낮아진다.
⑤ ◎ 태풍을 포함한 열대 저기압은 적도 주변 바다에서 발생하여
중위도로 이동하며 풍수해를 유발한다.

04 지도의 A는 알프스-히말라야 조산대, B는 환태평양 조산
대이다. 알프스-히말라야 조산대와 환태평양 조산대는 산
지나 산맥을 형성하는 지각 변동이 나타나는 지역으로 지
진과 화산 활동이 활발하게 나타난다.

알찬 선지 분석

① ❌ A는 알프스-히말라야 조산대이며, 환태평양 조산대는 B이다.
② ◎ 환태평양 조산대(B)는 화산 활동이 활발한 지역으로 '불의 고
리'라고도 불린다.
③ ❌ 알프스-히말라야 조산대(A)와 환태평양 조산대(B)는 모두
지진과 화산 활동이 활발한 지역이다.
④ ❌ 알프스-히말라야 조산대(A)와 환태평양 조산대(B)는 모두
판의 경계부에 해당한다.
⑤ ❌ 알프스-히말라야 조산대(A)와 환태평양 조산대(B)는 모두
지각 운동이 활발하며 지각 변동에 의한 자연재해인 지진과 화
산 활동이 빈번하다.

05 우리나라는 계절별로 기후와 관련된 자연재해가 다르게 발
생한다. 주로 봄에는 가뭄, 여름에는 홍수와 태풍, 폭염, 겨
울에는 폭설과 한파 등이 발생한다. 이 중 우리나라에 가장
많은 피해액을 유발하는 자연재해인 A는 호우이며, 두 번
째로 많은 피해액을 유발하는 B는 태풍이다. 호우와 태풍

다음으로 많은 피해액을 유발하는 주는 C는 대설이다.

06 (가)는 '한재', '모두 말라서', '곡식만 타죽는 것이 아니라 채
소도 모두 마르고' 등의 표현을 통해 가뭄임을 알 수 있다.
(나)는 '대풍이 불어서 나무가 뽑히고', '바닷물이 넘쳐서',
'물에 떠내려가거나 잠겼고' 등의 표현을 통해 열대 저기압
(태풍)임을 알 수 있다.

> **알찬 선지 분석**
> ㄱ. ◎ 가뭄이 발생하면 대기가 건조해져 산불 발생 가능성이 높아
> 진다.
> ㄴ. ✕ 마그마가 지각의 갈라진 틈을 뚫고 분출하는 현상은 화산 활
> 동이다.
> ㄷ. ◎ 적도 주변 바다에서 발생하여 우리나라까지 피해를 유발하
> 는 (나)는 열대 저기압(태풍)이다.
> ㄹ. ✕ 가뭄과 열대 저기압(태풍)은 모두 기후와 관련된 자연재해
> 이다.

07 첫째 고개에서 기후적 요인에 의한 자연재해로는 홍수, 가
뭄, 열대 저기압, 폭설, 폭염, 한파 등이 있다. 둘째 고개에
서 정답에 해당하는 자연재해는 물 부족 문제를 유발하지
않으므로 가뭄은 제외된다. 셋째 고개에서 정답에 해당하
는 자연재해는 주로 여름철에 발생하므로 폭설과 한파는
제외된다. 넷째 고개에서 정답에 해당하는 자연재해는 강
풍에 의한 피해가 발생하므로 스무고개의 정답에 해당하는
자연재해는 열대 저기압이다.

> **알찬 선지 분석**
> ① ✕ 산불의 발생 빈도를 높이는 자연재해는 가뭄이 대표적이다.
> ② ✕ 한꺼번에 많은 눈이 내려 발생하는 자연재해는 폭설이다.
> ③ ✕ 오랜 기간 비가 내리지 않아 발생하는 자연재해는 가뭄이다.
> ④ ◎ 열대 저기압은 강한 바람과 많은 비를 동반하여 각종 시설물
> 의 침수 및 파괴를 유발한다.
> ⑤ ✕ 땅이 갈라지거나 흔들리는 과정에서 발생하는 자연재해는
> 지진이다.

08 오랜 기간 비가 내리지 않아 땅을 메마르게 하는 ㉠은 가
뭄이다. 땅이 갈라지거나 흔들리는 과정에서 건물을 무너
뜨리는 ㉡은 지진이다.

> **알찬 선지 분석**
> ㄱ. ✕ 판의 경계에서 주로 발생하는 자연재해는 지진과 화산 활동
> 이다.
> ㄴ. ◎ 지진은 건축물의 내진 설계를 강화하여 그 피해를 줄일 수
> 있다.
> ㄷ. ◎ 가뭄은 오랜 기간 비가 내리지 않아 발생하는 반면 지진은
> 짧은 시간 동안 땅이 흔들리면서 많은 피해를 유발한다. 따라서
> 가뭄은 지진보다 자연재해의 진행 속도가 느리다.

ㄹ. ✕ 가뭄은 기후적 요인에 의한 자연재해이며, 지진은 지형적 요
인에 의한 자연재해이다.

09 자연재해의 규모를 리히터 규모로 측정하며, 여진을 주의
해야 하는 ㉠은 지진이다. 우리나라에서 북쪽으로 이동하
며, 호우 및 강풍에 의한 선박 파손과 저지대 침수에 유의
해야 하는 ㉡은 태풍이다. 야외 활동을 자제하고 충분한 수
분 섭취가 필요한 ㉢은 폭염이다.

10 건물이 흔들리는 경우 탁자 아래로 들어가 낙하물로부터
머리와 몸을 보호해야 하는 (가)는 지진이다. 집 근처와 지
붕 위의 눈을 수시로 치워야 하는 (나)는 폭설이다.

> **알찬 선지 분석**
> ① ◎ 지진의 피해를 줄이기 위해서는 건물의 내진 설계를 강화해
> 야 한다.
> ② ✕ 강풍과 침수로 인한 피해를 유발하는 자연재해는 열대 저기
> 압이다.
> ③ ✕ 지진은 지형적 요인에 의한 자연재해로 계절과 상관없이 발
> 생하며, 폭설은 기후적 요인에 의한 자연재해로 주로 겨울에 발
> 생한다.
> ④ ✕ 지진은 지각 변동에 의한 자연재해로 예보가 어렵다. 폭설은
> 기상 변화에 의한 자연재해로 지진보다 예보를 통한 재해 대비
> 가능성이 높다.
> ⑤ ✕ 지진은 지형적 요인에 의한 자연재해이며, 폭설은 기후적 요
> 인에 의한 자연재해이다.

11 이상 기후에 의해 3개월 가까이 지속된 폭우로 파키스탄에
서 많은 사망자가 발생하였다. 특히 파키스탄의 열악한 기
반 시설, 무분별한 벌목으로 폭우에 의한 피해가 더 커졌다.

> **알찬 선지 분석**
> ㄱ. ◎ 인간의 화석 연료 사용 증가로 기후변화가 나타나고 이로 인
> 한 이상 기후로 3개월 가까이 폭우가 지속되었으며, 인간의 무
> 분별한 벌목이 폭우에 의한 피해를 더 크게 하였다. 따라서 인
> 간의 활동으로 자연재해의 피해 규모가 커질 수 있다.
> ㄴ. ✕ 해당 내용을 통해 도시 지역과 촌락 지역의 피해 규모를 비
> 교할 수 없다.
> ㄷ. ◎ 파키스탄의 열악한 기반 시설이 피해를 키웠으므로 국가가
> 기반 시설 확충을 위해 노력했다면 자연재해의 피해를 줄일 수
> 있었을 것이다.
> ㄹ. ✕ 과학기술의 발달로 자연재해로 인한 피해 규모를 줄일 수는
> 있으나 자연재해 자체를 막을 수는 없다.

12 기후변화로 자연재해의 피해 규모는 커지고 있으며 시민의
안전이 위협받고 있다. 국가는 이러한 상황 속에서 국민의
안전권과 환경권을 보장하기 위해 노력해야 한다.

ㄱ. ✕ ㉠ 기후변화는 산업 혁명 이후 공장과 가정 등에서 화석 에너지 자원의 사용량이 증가하면서 온실가스의 배출량이 늘어난 것이 주요 원인이다. 따라서 기후변화를 인간의 활동과 무관하다고 볼 수 없다.

ㄴ. ◯ ㉡ 인간다운 생활 유지를 위해서는 안전하고 쾌적한 환경에서 살아가기 위한 안전권과 환경권이 보장되어야 한다.

ㄷ. ◯ ㉢ 국가는 국민의 생명과 재산을 보호하기 위해 재해 예방 관련 정책을 수립하고 환경을 정비하는 등의 노력을 해야 한다.

ㄹ. ✕ ㉣ 시민에게는 자연재해로 인한 피해에 대한 복구 및 보상을 국가에 요청할 수 있는 권리가 있다.

13 모든 국민은 안전하고 쾌적한 환경에서 살아갈 권리를 지니고 있다. 우리나라는 헌법에 시민의 안전권과 환경권 관련 조항을 명시하고, 이를 바탕으로 법률을 제정하여 국민의 생명과 재산 보호를 법적으로 보장하고 있다.

ㄱ. ✕ 자연재해 예방 및 대응에 대한 일차적 책임은 주로 정부 및 지방 자치 단체에 있다.

ㄴ. ✕ 헌법 조항에는 국가와 국민 모두 환경 보전을 위하여 노력하여야 함을 명시하고 있다.

ㄷ. ◯ 헌법 조항을 통해 국민의 생명과 재산 보호를 법적으로 보장하고 있음을 알 수 있다.

ㄹ. ◯ 헌법 조항에는 국가가 재해를 예방하고 그 위험으로부터 국민을 보호하기 위해 노력하여야 함을 명시하고 있다.

14 튀르키예의 작은 도시 에르진은 한층 강화된 건축법으로 지진의 피해를 최소화하였다. 일본은 자동 지진 속보 시스템과 지진 대피 안전 교육의 의무화를 통해 자연재해로 인한 피해를 최소화하고자 한다. 이는 모두 자연재해로부터 시민의 안전권을 보장하기 위한 정부의 노력에 해당한다.

15 (1) ㉠은 도시가 물에 잠긴 홍수이며, ㉡은 오랜 기간 비가 오지 않아 산불을 유발한 가뭄이다.

(2) 두 사례 모두 기후변화로 인해 자연재해의 피해가 더 커진 상황을 보여준다.

상	인간이 자연에 미친 영향과 기후변화가 인간에게 미친 영향을 모두 바르게 서술한 경우
하	인간이 자연에 미친 영향과 기후변화가 인간에게 미친 영향 중 한 가지만 바르게 서술한 경우

16 제시된 글을 통해 국가는 시민의 안전권과 환경권을 보장하기 위해 노력하고 있음을 알 수 있다. 시민 또한 자신의 안전권과 환경권을 보장받기 위한 노력을 기울여야 한다.

상	시민의 안전권과 환경권을 보장받기 위한 실천 방안 두 가지를 모두 바르게 서술한 경우
하	시민의 안전권과 환경권을 보장받기 위한 실천 방안을 한 가지만 바르게 서술한 경우

41쪽

01 ⑤	02 ②

01 중국 내륙의 사막 지역에서 발원하여 편서풍을 타고 우리나라로 이동하며, 우리나라의 봄에 주로 발생하는 A는 황사이다.

ㄱ. ✕ 백령도는 우리나라 서해안에 위치하며, 울릉도는 동해에 위치한다. 그래프를 보면 중국과 가까운 서해안에 위치한 백령도가 동해에 위치한 울릉도보다 황사 발생 일수가 많음을 알 수 있다. 따라서 우리나라는 대체로 동해안보다 중국과 가까운 서해안의 황사 발생 일수가 많다.

ㄴ. ✕ 적도 부근에서 발생하며 강풍과 많은 비를 동반하는 자연재해는 열대 저기압이다.

ㄷ. ◯ 중국 내륙 지역의 가뭄이 길어지면 땅이 건조해지고 황사 발생 일수가 증가한다.

ㄹ. ◯ 황사는 미세 먼지 농도를 높이고 호흡기 질환 환자 수를 증가시킨다.

02 (가)는 겨울철인 12~2월에 피해 발생률이 높은 대설, (나)는 여름철인 7~8월에 피해 발생률이 높은 호우, (다)는 늦은 여름~초가을에 발생률이 높은 태풍이다.

ㄱ. ◯ 대설은 빙판길 교통 장애와 비닐하우스 등의 붕괴를 유발한다.

ㄴ. ✕ 적도 주변 바다에서 발생하여 우리나라로 이동하는 것은 (다) 태풍이다.

ㄷ. ◯ 대설은 호우보다 우리나라 연 강수량에 미치는 영향이 작다.

ㄹ. ✕ 강한 바람에 의한 피해가 큰 자연재해는 (다) 태풍이다.

개념 체크 문제

44쪽

포인트 Pick

❶ 이익 ❷ 도구적 ❸ 도덕적 고려 ❹ 전일론
❺ 내재적 ❻ 유기적 ❼ 생태 공동체

01 생태 중심주의 **02** (1) × (2) ○ (3) ○
03 (1) ⓒ (2) ⑤ (3) ⓒ **04** (1) 전일론적 관점 (2) 이분법적
세계관 (3) 내재적 가치 (4) 도구적 가치
05 생태계 전체

실력 완성 문제

45~48쪽

01 ① **02** ③ **03** ③ **04** ② **05** ③ **06** ④ **07** ②
08 ③ **09** ③ **10** ② **11** ④ **12** ② **13** ② **14** ⑤
15 ②

16 [예시 답안] ⑤은 인간 중심주의이다. 인간 중심주의는 인간과 자연을 구분하는 이분법적 세계관을 추구한다. 또한 자연은 그 자체로 가치가 있는 것이 아니라 인간의 생존과 복지를 위한 도구적 가치만을 지닌다고 본다.

17 (1) 생태 중심주의 (2) [예시 답안] 인간을 포함한 자연 전체를 하나로 보는 전일론적 관점을 취한다. 또한 자연은 그 자체로 가치를 지니고 있다고 본다.

18 [예시 답안] 자연은 인간의 이익과 무관하게 그 자체로 가치를 지니고 있으므로 자연의 어떠한 존재도 인간의 이익을 위한 수단으로만 고려되어서는 안 된다.

01 갑은 레오폴드, 을은 베이컨이다. 레오폴드는 생태 중심주의 관점에서 인간의 이익보다는 인간을 포함한 생태계 전체의 균형과 안정을 우선하였다. 베이컨은 인간 중심주의 관점에서 인간을 가장 가치 있는 존재로 여기고 인간의 이익이나 행복을 위해 자연을 이용할 수 있다고 보았다.

알찬 선지 분석

① ◎ 레오폴드는 자연이 그 자체로 가치 있는 존재라고 보았다.
② ✕ 레오폴드는 인간과 자연의 관계에서 인간의 이익보다는 생태계 전체의 안정과 균형을 우선하였다.
③ ✕ 개별 생명체보다 생태계 전체에 관심을 갖는 것은 레오폴드의 입장이다.
④ ✕ 전일론적 관점에서 인간과 자연의 관계를 파악하는 것은 레오폴드의 입장이다.
⑤ ✕ 인간이 자연을 지배할 권리가 있음을 강조하는 것은 베이컨만의 입장에 해당한다.

02 제시문의 사례에는 모두 자연을 인간과 연결된 공존의 대상으로 인식하는 태도가 나타나 있다. 주민들의 생존을 위해 고래상어와 공존하는 방법을 택하고, 야생 동물을 고려하여 생태 통로를 건설하는 방법을 택한 것은 모두 자연과 인간의 조화를 추구하는 모습을 보여 준다.

알찬 선지 분석

① ✕ 사례는 인간의 이익을 위한 행위는 하되, 그로 인해 자연이 겪게 되는 피해를 최소화하고 보상하는 방법을 제시한다.
② ✕ 사례는 인간의 이익을 추구하면서도 동시에 생태계를 보호할 수 있는 방법을 모색한다.
③ ◎ 사례는 자연을 인간과 연결된 공존의 대상으로 인식한다.
④ ✕ 사례는 인간의 행위가 생태계에 미칠 영향을 고려하고 있다.
⑤ ✕ 사례는 인간과 자연이 서로 영향을 주고받는 관계라고 본다.

03 갑은 인간 중심주의 입장, 을은 생태 중심주의 입장을 취한다. 갑에 비해 을은 인간을 자연으로부터 독립된 존재로 보는 정도는 낮고, 유용성을 기준으로 자연을 판단하는 정도도 낮으며, 자연의 본래적 가치를 강조하는 정도는 높으므로 을의 상대적 특징은 ⓒ에 해당한다.

04 갑은 레오폴드이다. 레오폴드는 생태계 전체의 안정성 및 통합성을 유지하는 것이 우선되어야 함을 주장하며, 대지를 윤리적·심미적 관점에서도 바라보아야 한다고 강조하였다. <문제 사례>의 A는 골프장 건설을 계획하고 있지만, 주민들의 반발이 심해 고민하고 있다.

알찬 선지 분석

① ✕ 레오폴드는 인간의 이익을 위해서가 아니라 생태계의 안정을 위해 골프장 건설을 중단하라고 주장할 것이다.
② ◎ 레오폴드는 골프장 건설이 생태계에 미치는 영향을 고려하여 생태계의 통합성과 안정성을 훼손하는지의 여부를 성찰해야 한다고 주장할 것이다.
③ ✕ 레오폴드는 인간의 필요가 아닌 자연 그대로의 가치를 존중해야 한다고 볼 것이다.
④ ✕ 레오폴드는 자연 안의 개별 생명체보다 생태계 전체를 우선하여 행위를 선택하라고 주장할 것이다.
⑤ ✕ 레오폴드는 자연을 인간의 생존과 복지를 위한 수단으로만 인식해서는 안 된다고 보았다.

05 갑, 을은 자연을 바라보는 관점에 따라 인간의 삶의 방향이 달라질 수 있다고 본다. 갑은 자연 그 자체의 가치를 인정하여 자연을 도덕적 고려의 대상으로 삼아야 한다고 보지만, 을은 인간만을 도덕적 고려의 대상으로 삼아야 한다고 주장한다.

알찬 선지 분석

① ✕ 인간의 본래적 가치 존중 여부는 토론의 핵심 쟁점이라 할 수 없다.

② ❌ 갑은 자연의 본래적 가치를, 을은 자연의 도구적 가치를 인정한다. 따라서 갑, 을 모두 자연이 어떠한 가치를 지니고 있다고 본다.

③ ⭕ 갑은 도덕적 고려의 대상을 자연까지 확대해야 한다고 보고, 을은 인간만이 도덕적 고려의 대상이라고 주장하므로 토론의 핵심 쟁점으로 적절하다.

④ ❌ 갑, 을 모두 자연을 바라보는 관점이 인간의 삶에 영향을 준다고 본다.

⑤ ❌ 갑의 주장은 자연을 오직 인간의 이익을 위한 수단으로만 삼아서는 안 된다는 것이지, 자연을 수단으로 삼는 모든 행위가 부당하다고 보는 것은 아니다. 따라서 갑, 을이 모두 부정의 대답을 할 질문이다.

06 (가)를 주장한 사상가는 동물 중심주의자인 싱어이다. 싱어는 동물도 쾌락과 고통을 느낄 수 있는 쾌고 감수 능력이 있으므로 도덕적으로 고려해야 한다고 주장하였다. ㉠에는 싱어의 입장에서 동물에 대해 가져야 할 바람직한 태도가 제시되어야 한다.

`알찬 선지 분석`

① ❌ 싱어는 쾌고 감수 능력을 가진 동물을 도덕적 고려의 대상으로 인식해야 한다고 주장한다. 따라서 싱어에게 식물은 도덕적 고려의 대상이 아니다.

② ❌ 싱어는 쾌고 감수 능력이 있는 동물은 평등의 원리에 따라 도덕적으로 고려해야 한다고 주장하였다.

③ ❌ 싱어는 도덕적 고려 대상 여부를 판단하는 유일한 기준이 쾌고 감수 능력이라고 보았다.

④ ⭕ 싱어는 평등의 원리에 따라 인간과 동물의 고통을 동등하게 고려해야 한다고 보았다.

⑤ ❌ 싱어는 쾌고 감수 능력 여부를 기준으로 도덕적 고려 대상을 인식하므로 쾌고 감수 능력이 없는 생명체는 도덕적 고려 대상으로 인식하지 않는다.

07 ㉠은 유교, ㉡은 도가, ㉢은 불교이다. 유교는 인간과 자연의 조화를, 도가는 인위적인 것을 배제하고 자연에 따르는 삶을, 불교는 우주 만물이 가진 상호 의존성을 강조한다. 따라서 유교, 도가, 불교는 모두 인간과 자연의 조화를 중시한다.

08 생태 중심주의는 인간과 자연의 관계에서 인간을 자연의 일부라고 여기고 인간을 포함한 자연 전체의 균형과 안정을 중시하는 입장이다.

`알찬 선지 분석`

ㄱ. ❌ 인간 중심주의가 가지는 한계에 해당한다.

ㄴ. ❌ 인간 중심주의가 가지는 한계에 해당한다.

ㄷ. ⭕ 생태 중심주의가 가지는 한계에 해당한다.

ㄹ. ⭕ 생태 중심주의가 가지는 한계에 해당한다.

09 제시문에 서술된 개념은 전일론적 관점이다. 전일론적 관점은 인간을 포함한 자연 전체를 하나로 보며, 인간과 자연 전체가 서로 끊임없이 영향을 주고받으며 유기적으로 연결되어 있다고 본다.

`알찬 선지 분석`

① ❌ 인간 중심주의는 인간과 자연의 관계에서 인간을 가장 가치 있는 존재로 여기고 인간의 행복과 이익을 중시하는 입장이다.

② ❌ 동물 중심주의는 도덕적 고려의 대상을 동물까지 확대하자는 입장이다.

③ ⭕ 전일론적 관점은 인간을 포함한 자연 전체를 하나로 보는 관점이다.

④ ❌ 이분법적 세계관은 인간을 자연으로부터 독립된 우월한 존재로 바라보는 관점이다.

⑤ ❌ 자연의 도구적 가치란 자연을 인간의 생존과 복지를 위한 도구로서 평가하는 것이다.

10 제시문은 생태계에 미치는 영향을 고려하지 않고 생태계의 균형을 깨뜨렸을 때, 그로 인한 피해가 어떻게 인간에게 돌아오는지를 보여 주는 사례이다. 이를 통해 인간과 자연은 서로 영향을 주고받는 관계로, 인간과 자연의 조화와 균형이 얼마나 중요한가에 관해 알 수 있다.

`알찬 선지 분석`

① ❌ 제시문에 따르면 자연과 인간은 서로 밀접하게 연결되어 있다.

② ⭕ 제시문에 따르면 자연과 인간은 서로 영향을 주고받는 관계이다.

③ ❌ 제시문에 따르면 인간과 자연은 조화와 균형을 이루어야 하는 관계이다.

④ ❌ 제시문은 인간이 자연을 위해 존재한다고 주장하지 않는다.

⑤ ❌ 제시문에 따르면 자연을 도구적 수단으로만 인식해서는 안 되며, 자연과 인간의 공존을 추구해야 한다.

11 그림의 사상가는 슈바이처이다. 슈바이처는 모든 생명이 살고자 하는 의지를 지니고 있으며 그 자체로 신성하다는 생명 외경 사상을 주장하였다.

`알찬 선지 분석`

① ❌ 생태 중심주의 입장이다.

② ❌ 인간 중심주의 입장이다.

③ ❌ 동물 중심주의 사상가 싱어의 입장이다.

④ ⭕ 생명 중심주의 사상가 슈바이처의 입장이다.

⑤ ❌ 인간 중심주의 입장이다.

12 가상 편지를 쓴 사람은 자연을 인간의 삶의 질 개선을 위한 도구로 인식하는 인간 중심주의 관점을 가지고 있다.

`알찬 선지 분석`

ㄱ. ⭕ 가상 편지를 쓴 사람은 도덕적 고려의 대상을 인간으로 한정해야 한다고 볼 것이다.

ㄴ. ❌ 가상 편지를 쓴 사람은 인간과 자연이 구분되어 있으며 인간이 자연보다 우월한 존재라고 볼 것이다.

ㄷ. ⭕ 가상 편지를 쓴 사람은 이성을 지닌 인간만이 자연과 구별되는 우월한 존재라고 볼 것이다.

ㄹ. ❌ 가상 편지를 쓴 사람은 인간만이 그 자체로 내재적 가치가 있는 존재이며 자연은 인간의 유용성을 충족하기 위해 존재한다고 볼 것이다.

13 놀이 장면에 제시된 관점은 인간 중심주의이다. 인간 중심주의는 자연의 본래적 가치를 인정하지 않고, 인간의 이익과 행복을 최우선으로 삼는다. (가)에는 인간 중심주의 입장에서 긍정의 대답을 할 질문이 들어가야 한다.

알찬 선지 분석

① ❌ 인간 중심주의는 인간이 자연보다 우월한 존재라고 본다.

② ⭕ 인간 중심주의는 인간에게 얼마나 유용한지를 기준으로 자연을 평가해야 한다고 본다.

③ ❌ 인간 중심주의는 자연이 인간의 유용성을 위한 도구적 가치만을 갖는다고 본다.

④ ❌ 인간 중심주의는 인간의 이익과 욕구 충족을 최우선으로 삼는다. 자연 전체의 균형과 안정을 최우선으로 삼는 입장은 생태 중심주의에 해당한다.

⑤ ❌ 인간 중심주의는 인간과 자연의 유기적 관계를 강조하지 않는다.

14 뉴스는 생태 중심주의에 대한 내용을 보도하고 있다. (가)에는 생태 중심주의의 한계가 들어가야 한다.

알찬 선지 분석

① ❌ 생태 중심주의는 생태계의 내재적 가치를 고려한다.

② ❌ 동물 중심주의 사상가 싱어가 받을 수 있는 비판이다.

③ ❌ 생태 중심주의는 흙, 물 등의 무생물을 포함한 생태계 전체를 도덕적 고려 대상으로 삼는다.

④ ❌ 인간 중심주의의 한계에 해당한다.

⑤ ⭕ 생태 중심주의는 생태계의 안정을 위해 개별 생명체를 희생할 수도 있어, 환경 파시즘이라는 비판을 받는다.

15 갑은 데카르트, 을은 베이컨이다. 데카르트와 베이컨은 모두 인간 중심주의 사상가로 인간이 자연보다 우월하다고 보고, 자연을 인간의 욕구를 충족시키는 도구이자 인간의 풍요를 위한 개발과 극복의 대상이라고 보았다.

알찬 선지 분석

① ❌ 데카르트와 베이컨이 모두 부정의 대답을 할 질문이다.

② ⭕ 데카르트와 베이컨이 모두 긍정의 대답을 할 질문이다. 두 사상가는 자연이 인간의 이익을 위한 수단이라고 본다.

③ ❌ 데카르트와 베이컨이 모두 부정의 대답을 할 질문이다.

④ ❌ 데카르트와 베이컨이 모두 부정의 대답을 할 질문이다.

⑤ ❌ 데카르트와 베이컨이 모두 부정의 대답을 할 질문이다.

16 ㉠은 인간 중심주의이다. 인간 중심주의는 이분법적 세계관과 자연의 도구적 가치를 강조하는 특징을 갖는다.

채점 기준	
상	㉠이 인간 중심주의라는 것을 쓰고, 인간 중심주의의 특징을 두 가지 모두 바르게 서술한 경우
중	㉠이 인간 중심주의라는 것을 썼지만, 인간 중심주의의 특징 두 가지 중 한 가지만 바르게 서술한 경우
하	㉠이 인간 중심주의라는 것만 쓴 경우

17 (2) 제시문에는 자연 휴식년제라는 제도를 통해 생태계를 보호하고자 하는 제주특별자치도의 노력이 나타나 있다. 이를 통해 제주특별자치도가 생태 중심주의 입장에서 자연을 바라보고 있음을 알 수 있다.

채점 기준	
상	㉠에서 추구하는 자연관의 특징을 두 가지 모두 바르게 서술한 경우
하	㉠에서 추구하는 자연관의 특징 두 가지 중 한 가지만 바르게 서술한 경우

18 갑은 생태 중심주의 사상가 레오폴드, 을은 인간 중심주의 사상가 베이컨이다. 레오폴드의 입장에서 베이컨에게 제기할 수 있는 적절한 비판을 서술해야 한다.

채점 기준	
상	레오폴드의 입장에서 베이컨에게 제기할 수 있는 비판을 바르게 서술한 경우
하	레오폴드의 입장에서 베이컨에게 제기할 수 있는 비판을 바르게 서술하지 못한 경우

49쪽

01 ④　　**02** ③

01 생태계의 안정에 대한 고려 정도가 낮은 A는 인간 중심주의, 높은 B는 생태 중심주의이다.

알찬 선지 분석

① ❌ 인간을 포함한 자연 전체를 하나로 보는 전일론적 관점은 생태 중심주의(B)의 특징에 해당한다.

② ❌ 인간만이 도덕적 지위를 지닌 유일한 존재라고 보는 것은 인간 중심주의(A)의 특징에 해당한다.

③ ❌ 자연의 가치를 인간의 필요에 따라 판단하지 않는 것은 생태 중심주의(B)의 특징에 해당한다.

④ ◯ 인간이나 개별 생명체보다 자연 전체에 관심을 갖는 것은 생태 중심주의(B)의 특징에 해당한다.

⑤ ✕ 인간과 자연을 구분하는 정도는 인간 중심주의(A)가 높고, 생태 중심주의(B)가 낮으므로 (가)에 들어가기에 적절하지 않다.

02 표의 첫 번째 진술과 네 번째 진술만 생태 중심주의에 관한 옳은 진술이므로 모두 옳게 응답한 학생은 '병'이다.

알찬 선지 분석

첫 번째 진술 ◯ 생태 중심주의는 인간과 자연이 상호 의존하며 조화를 이루는 관계라고 본다.

두 번째 진술 ✕ 인간 중심주의의 특징이다.

세 번째 진술 ✕ 인간 중심주의의 특징이다.

네 번째 진술 ◯ 생태 중심주의는 생태계 전체를 하나의 유기체로 보고, 생태계를 모든 존재가 어울려 살아가는 생명 공동체로 인식한다.

05 환경 문제의 발생과 해결을 위한 노력

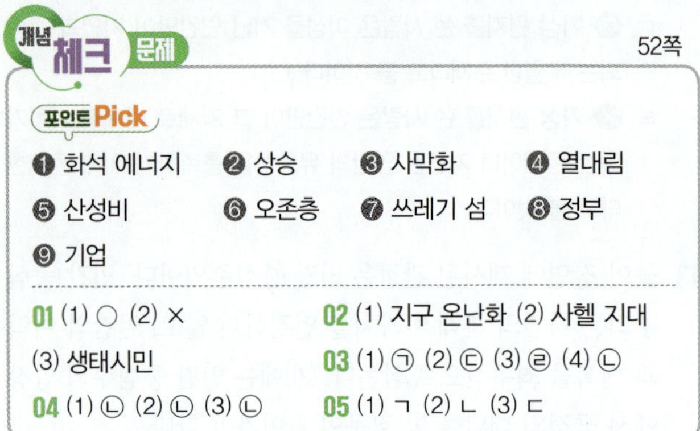

01 산업화와 과학기술의 발달로 인간의 삶은 편리해지고 풍요로워졌다. 하지만 지구의 생산 능력과 자정 능력을 고려하지 않은 자원의 무분별한 소비로 자연환경이 훼손되고 환경 오염이 심화되었다. 오늘날 세계적 규모의 환경 문제로는 지구 온난화, 열대림 파괴, 사막화, 산성비 등이 있다.

알찬 선지 분석

ㄱ. ✕ 환경 문제는 지구의 자정 능력을 초과한 개발로 발생하였으며 선진국만의 노력으로는 해결이 불가능하다.

ㄴ. ◯ 환경 문제는 발생 이후 회복하는 데 오랜 시간과 많은 비용이 소요된다.

ㄷ. ◯ 환경 문제는 발생 지역이나 국가의 경계를 넘어 전 지구적 차원에서 발생하며 생태계 전반을 위협하고 있다.

ㄹ. ✕ 산업화와 인구 증가, 생활 수준 향상 등으로 환경 오염이 심화되고 있다.

02 기후변화는 장기간에 걸쳐 기후의 평균 상태가 변화하는 현상이다. 특히 화석 에너지 자원의 사용량이 증가하여 온실가스 배출량이 늘어나면서 온실 효과가 심화되어 지구의 평균 기온이 높아지는 지구 온난화가 가속화되고 있다. 지구 온난화로 알프스 산지(A) 정상부의 빙하가 녹고 빙하의 분포 범위가 축소되고 있다.

① ✕ A는 히말라야 산지이며, 지구 온난화로 정상부의 빙하 면적이 감소하고 있다.

② ◎ B는 툰드라 기후가 나타나는 지역이며, 지구 온난화로 영구 동토층이 녹아 건물이나 가스관이 붕괴되어 파괴되는 문제가 발생하고 있다.

③ ◎ C는 남부 아프리카 지역이며, 기후 변화에 따른 오랜 가뭄으로 산불 피해가 증가하고 사막화가 가속화되고 있다.

④ ◎ D는 인도네시아의 산호초가 분포하는 지역이며, 지구 온난화에 따른 수온 상승으로 산호초의 백화 현상이 심화되고 있다.

⑤ ◎ E는 남태평양에 위치한 섬이며, 지구 온난화에 따른 해수면 상승으로 침수 피해가 증가하고 있다.

03 그래프를 보면 이산화 탄소의 농도 증가와 함께 지구의 평균 기온이 상승하고 있으며, 이를 통해 지구 온난화가 나타나고 있음을 알 수 있다. 이산화 탄소는 지구 온난화를 일으키는 대표적인 온실가스이다.

ㄱ. ◎ 열대림은 이산화 탄소를 흡수하는 '지구의 허파' 역할을 한다. 산업화 이후 무분별한 삼림 벌채로 열대림이 파괴되면서 이산화 탄소 농도가 높아져 지구 온난화가 심화되고 있다.

ㄴ. ✕ 지구 온난화로 인한 기후변화 및 이상 기후로 지역에 따라 오랜 가뭄이 계속되기도 한다.

ㄷ. ◎ 화석 에너지의 연소 과정에서 주로 이산화 탄소가 발생하며, 이산화 탄소는 대표적인 온실가스로 대기 중 이산화 탄소 농도가 증가하면 지구 온난화가 더욱 심화된다.

ㄹ. ✕ 염화 플루오린화 탄소 배출량 증가는 오존층 파괴의 직접적 원인이 된다.

04 사진을 보면 1979년에 비해 2021년 북극해의 빙하 면적이 감소하였음을 알 수 있다. 이는 지구 온난화로 지구 평균 기온이 상승하여 극지방의 빙하가 녹고 있기 때문이다. 지구 온난화가 지속될 경우 해수면 상승으로 해안 저지대의 침수가 빈번해질 것이다.

① ✕ 지구 온난화가 지속되면 북극해 주변의 서식 환경 변화로 북극곰의 개체 수는 줄어들 것이다.

② ✕ 지구 온난화가 지속되면 평균 기온 상승으로 만년설이 녹아 만년설의 분포 면적이 줄어들 것이다.

③ ✕ 지구 온난화가 지속되면 평균 기온 상승으로 열대성 질병의 발병률이 높아질 것이다.

④ ◎ 지구 온난화로 평균 기온이 상승하면 해수면이 상승하고 이에 따른 해안 저지대의 침수 문제가 발생할 것이다.

⑤ ✕ 지구 온난화로 평균 기온이 상승하면 영구 동토층이 녹아 그 범위가 축소될 것이다.

05 아랄해 주변은 호수로 유입되는 강물을 관개 농업용수로 과도하게 사용하면서 사막화가 나타나고 있으며, 그 결과 아랄해의 호수 범위가 크게 축소되었다. 따라서 ㉠에 들어갈 환경 문제는 사막화이다.

ㄱ. ✕ 바젤 협약은 유해 폐기물의 국가 간 이동을 막기 위한 목적으로 맺어진 국제 협약이다. 사막화 문제를 해결하기 위한 국제 협약은 사막화 방지 협약이다.

ㄴ. ✕ 삼림 파괴와 호수의 산성화 문제를 유발하는 환경 문제는 산성비이다.

ㄷ. ◎ 사막화는 장기간의 가뭄이나 과도한 목축 및 개간 등으로 발생한다.

ㄹ. ◎ 아프리카 사하라 사막 남쪽의 가장자리인 사헬 지대는 사막화로 인한 피해가 발생하고 있다.

06 염화 플루오린화 탄소의 사용 증가로 오존층 파괴 문제가 발생하였다. 국제 사회는 오존층을 보호하기 위해 몬트리올 의정서를 체결하고, 염화 플루오린화 탄소와 같은 오존층 파괴 물질의 생산 및 사용에 대한 규제를 명시하였다.

① ✕ 파리 협정은 기후변화에 대비하여 선진국과 개발 도상국 모두 온실가스 배출 감축 의무가 있는 국제 협약이다.

② ✕ 람사르 협약은 물새 서식지로서 중요한 습지를 국제적으로 보호하기 위해 맺어진 협약이다.

③ ◎ 몬트리올 의정서는 오존층 파괴 물질의 생산 및 사용을 단계적으로 감축하기 위해 맺어진 국제 협약이다.

④ ✕ 사막화 방지 협약은 사막화를 방지하기 위해 맺어진 국제 협약이다.

⑤ ✕ 생물 다양성 협약은 생물 다양성을 보존하고 지속가능한 방식으로 생물 다양성의 요소를 사용하기 위해 맺어진 국제 협약이다.

07 지도는 동남아시아에 위치한 보르네오섬의 열대림 분포 변화를 나타내고 있으며, 이를 통해 열대림의 분포 면적이 축소되고 열대림 파괴 문제가 발생하고 있음을 알 수 있다.

ㄱ. ✕ 오존층 파괴의 가장 큰 원인은 염화 플루오린화 탄소의 사용량 증가이다.

ㄴ. ◎ 열대림은 이산화 탄소를 흡수하는 '지구의 허파' 역할을 하며 열대림이 파괴될 경우 대기 중 이산화 탄소 농도가 높아져 지구 온난화가 심화된다.

ㄷ. ✕ 몬트리올 의정서는 오존층 파괴 물질 배출을 감축하기 위해 맺어진 협약이다.

ㄹ. ◎ 열대림 파괴는 토양 침식 및 생물종 다양성 감소 문제를 유발한다.

08 자료에는 태평양 쓰레기 섬의 모습과 위치가 표시되어 있다. 쓰레기 섬은 해양으로 유입된 쓰레기가 해류를 따라 이동하면서 형성되며, 대부분 플라스틱이나 비닐 등으로 구성되어 있어 해양 생태계를 위협하고 있다.

알찬 선지 분석

① ✘ 사막 주변 지역의 녹화 사업은 사막화를 방지하기 위한 대책이다.

② ✘ 염화 플루오린화 탄소 사용량을 줄이는 것은 오존층 파괴를 막기 위한 대책이다.

③ ◉ 쓰레기 섬은 주로 플라스틱과 비닐 등으로 구성되어 있으며, 이와 같은 해양 오염을 막기 위해서는 플라스틱과 비닐의 사용량을 줄여야 한다.

④ ✘ 농지 개발을 위한 무분별한 벌목을 막는 것은 열대림 파괴를 막기 위한 대책이다.

⑤ ✘ 람사르 협약을 준수하는 것은 물새 서식지로서의 습지를 보호하기 위한 것이다.

09 주로 북서 유럽과 동아시아, 미국 북동부에서 피해가 심각한 A는 산성비이다. 산성비는 삼림과 농경지를 황폐화하고 호수의 산성화를 일으키며 건축물이나 문화 유적 등을 부식시킨다.

알찬 선지 분석

ㄱ. ◉ 산성비는 건축물이나 문화 유적의 부식 문제를 유발한다.

ㄴ. ◉ 도시나 공업 지역에서의 화석 에너지 소비로 배출된 대기 오염 물질이 빗물과 결합하면 산성비가 발생한다.

ㄷ. ✘ 대기 오염 물질이 바람을 타고 이동하여 산성비는 원인 물질 배출 지역과 피해 지역이 일치하지 않는 경우가 많다.

ㄹ. ✘ 오랜 가뭄과 과도한 목축 및 개간은 사막화 발생의 주요 원인이다.

10 주로 사하라 사막 남쪽의 가장자리에 위치한 사헬 지대를 비롯하여 사막 주변에서 나타나는 A는 사막화이며, 주로 적도 주변의 열대림 분포 지역에서 나타나는 B는 열대림 파괴이다.

알찬 선지 분석

① ◉ 사막화(A)는 오랜 가뭄과 과도한 목축 및 개간으로 발생하는 환경 문제이다.

② ◉ 사막화(A)가 지속되면 식량 생산량이 감소하고 기근이 발생하며 이로 인해 지역을 떠나는 기후 난민이 증가한다.

③ ◉ 무분별한 벌채와 경지 개간 등으로 열대림 파괴(B)가 나타나면 생물종 다양성이 감소할 수 있다.

④ ✘ 사막화 방지 협약은 사막화(A)를 막기 위한 협약이다.

⑤ ◉ A는 사막 주변에서 주로 발생하는 사막화, B는 저위도의 열대림 분포 지역에서 주로 발생하는 열대림 파괴이다.

11 자료는 인간의 경제활동과 인구 증가에 따라 여러 가지 환경 문제가 발생하고 있음을 나타내고 있다. 인간의 경제활동으로 오존층 파괴, 산성비 등의 문제가 발생하며, 이산화 탄소 배출 증가로 인한 기후 변동, 인구 증가에 따른 삼림 파괴로 사막화 등이 나타남을 알 수 있다.

알찬 선지 분석

① ✘ 경제활동으로 발생하며 오존층 파괴를 유발하는 A는 염화 플루오린화 탄소 배출이다.

② ◉ 경제활동으로 이산화 탄소와 질소 산화물, 황산화물 배출을 일으키는 B는 화석 에너지의 대량 소비이다. 화석 에너지가 연소되는 과정에서 이산화 탄소와 질소 산화물, 황산화물 등이 배출된다.

③ ◉ 이산화 탄소 배출로 발생하며 기후 변동을 일으키는 C는 지구 온난화이다.

④ ◉ 오존층 파괴로 발생하는 D에는 피부암 및 백내장의 발병률 증가가 들어갈 수 있다.

⑤ ◉ 인구 증가로 발생하며 사막화를 유발하는 E는 과도한 방목 및 경작이다.

12 폐기물의 해양 투기를 금지하며 일본의 후쿠시마 원전 오염수 처리로 이슈화된 ㉠은 런던 협약이다. 물새 서식지로서 습지를 보호하기 위해 맺어진 ㉡은 람사르 협약이다. 몬트리올 의정서는 오존층 파괴 물질의 배출을 감축하기 위해 맺어진 협약이다.

13 (가)는 프랑스 파리에서 맺어졌으며 선진국과 개발 도상국 모두에 온실가스 감축 의무를 부여한 파리 협정이다. (나)는 일본 교토에서 맺어졌으며 선진국의 온실가스 감축 목표를 규정한 교토 의정서이다.

알찬 선지 분석

ㄱ. ✘ 온실가스 배출권 거래 제도가 처음으로 도입된 것은 교토 의정서이다.

ㄴ. ◉ (가)는 선진국과 개발 도상국 모두에 온실가스 감축 의무를 부여한 파리 협정, (나)는 선진국의 온실가스 감축 목표를 규정한 교토 의정서이다.

ㄷ. ✘ 파리 협정은 2015년에 체결되었으며, 교토 의정서는 1997년에 체결되었다. 교토 의정서는 선진국에만 온실가스 감축 목표를 규정한 반면, 파리 협정에서는 개발 도상국에게도 온실가스 감축 의무를 부여하였다.

ㄹ. ◉ 파리 협정과 교토 의정서는 모두 기후변화를 해결하기 위한 목적으로 맺어진 국제 협약이다.

14 환경 문제의 해결을 위해 국제 사회뿐만 아니라 정부, 시민 사회, 기업이 다양한 노력을 하고 있다. 정부는 환경 관련 법률을 제정하고 정책을 수립(ㄱ)하며, 환경을 보호하고 훼손된 환경을 복원하기 위해 노력한다. 시민 사회의 대표

적 사례인 시민 단체는 시민이 환경 문제에 관심과 환경 의식을 바탕으로 환경 문제 해결을 위한 실천에 참여하도록 다양한 시민운동을 전개(ㄷ)한다. 기업은 제품 생산 시 환경 오염 물질 배출량을 줄이기 위해 노력하고 자원 재활용이나 기술 혁신을 통해 친환경 제품을 개발(ㄴ)하기 위해 노력한다.

15 유럽의 폭염과 같은 기상 이변을 일으킨 ㉠은 지구 온난화이다. 지구 온난화로 인해 앞으로 자연재해의 빈도와 강도가 모두 심화될 것으로 예상되며 이를 해결하기 위한 다양한 주체의 노력이 필요하다.

채점 기준	
상	지구 온난화의 해결 방안 두 가지를 모두 바르게 서술한 경우
하	지구 온난화의 해결 방안을 한 가지만 바르게 서술한 경우

16 공장과 차량 등에서 배출된 오염 물질인 질소 산화물과 이산화황 등이 비와 합쳐져 내리는 A는 산성비이다. 산성비는 식생과 물, 토양, 건축물 등에 여러 가지 피해를 입힌다.

채점 기준	
상	산성비로 나타나는 피해 두 가지를 모두 바르게 서술한 경우
하	산성비로 나타나는 피해를 한 가지만 바르게 서술한 경우

17 자료는 우리가 사용하는 디지털 기기 역시 온실가스를 배출하고 있음을 알려주고 있다. 전자 우편, 전화 통화, 동영상 시청에도 우리는 온실가스를 배출하고 있으며, 이를 최소화하기 위해 개개인이 노력을 기울여야 한다.

채점 기준	
상	디지털 탄소 발자국을 줄이기 위한 실천 방안 두 가지를 모두 바르게 서술한 경우
하	디지털 탄소 발자국을 줄이기 위한 실천 방안을 한 가지만 바르게 서술한 경우

57쪽

01 ③ **02** ④

01 차드호는 사하라 사막의 남쪽에 위치한 호수이며, 호수 범위의 축소를 일으킨 ㉠은 사막화이다. 북극권 해빙 범위의 축소를 일으킨 ㉡은 지구 온난화이다.

알찬 선지 분석
ㄱ. ✕ 염화 플루오린화 탄소의 사용량 증가는 오존층 파괴의 주요 발생 원인이다. 사막화는 장기간의 가뭄과 과도한 방목 등이 주

요 발생 원인이다.
ㄴ. ◎ 지구 온난화가 지속되면 우리나라의 평균 기온이 높아져 서리가 내리는 날 수가 감소하고, 서리가 없는 기간인 무상 일수는 증가한다.
ㄷ. ◎ 사막화로 인해 식량 생산이 줄고 식수 공급이 어려워지면서 기후 난민이 발생하며, 지구 온난화로 인한 해수면 상승으로 해안 저지대 주민들이 기후 난민으로 전락하기도 한다.
ㄹ. ✕ 사막화를 막기 위한 국제 협약은 사막화 방지 협약이며, 지구 온난화를 막기 위한 국제 협약으로는 교토 의정서, 파리 협정 등이 있다.

키워드 꼬리 질문
Q1 사막화
Q2 지구 온난화

02 유럽과 중국, 미국과 캐나다의 동부에서 주로 발생하는 A는 산성비이며, 사하라 사막 주변을 비롯하여 사막 기후 주변에서 주로 나타나는 B는 사막화이다. 적도 주변의 열대 기후 지역에서 주로 나타나는 C는 열대림 파괴이다.

알찬 선지 분석
① ◎ 산성비(A)는 건축물 부식, 토양 및 호수의 산성화, 삼림의 고사 등의 피해를 유발한다.
② ◎ 사막화(B)는 각종 용수의 부족을 일으키고 이로 인한 식량 생산량 감소로 기아 문제를 유발한다.
③ ◎ 다양한 생물종의 보고인 열대림이 파괴(C)되면, 생물종 다양성이 감소하는 문제가 발생한다.
④ ✕ 사막화(B)는 주로 사막 주변에서 발생한다. 따라서 사막화(B)는 열대림 파괴(C)보다 강수량이 적은 지역에서 주로 발생한다.
⑤ ◎ 산성비(A), 사막화(B), 열대림 파괴(C)는 모두 식물 개체 수의 감소를 초래한다.

키워드 꼬리 질문
Q1 산성비
Q2 사막화
Q3 열대림 파괴

> **01** ③　**02** ⑤　**03** ⑤　**04** ②　**05** 예시 답안 A는 열대 고
> 산 기후가 나타나는 지역으로, 주민들은 밭에서 감자, 옥수수 등을
> 재배하고, 알파카와 라마 등을 사육한다. 또한 챙이 넓은 모자를 쓰
> 고 판초를 즐겨 입는다.　**06** ②　**07** ④　**08** ⑤
> **09** 예시 답안 가스 밸브를 잠그고 출입문을 열어 두어 대피로를 확
> 보한다. 머리를 감싸고 책상 밑으로 숨는다. 대피할 때는 엘리베이
> 터를 타지 않고 계단을 이용한다. 낙하물이 없는 운동장 등으로 대
> 피한다.　**10** ④　**11** ③　**12** ④　**13** ②　**14** ③　**15** ②
> **16** ①　**17** 예시 답안 정부는 환경 관련 법률을 제정하고 정책을
> 수립·시행한다. 기업은 자원 재활용이나 기술 혁신을 통해 친환경
> 제품을 개발하고 오염 방지 시설을 설치한다.　**18** ③　**19** ③

01 지도에 표시된 (가) 기후는 고위도의 북극해 연안에 주로 분
포하는 툰드라 기후이다.

알찬 선지 분석

① ✕ 넓은 평야 지대에서 벼를 주로 재배하는 지역은 계절풍의 영
향을 받는 동부 아시아와 동남 및 남부 아시아가 대표적이다.

② ✕ 넓은 타이가 지대에서 통나무집을 짓고 사는 것은 냉대 기후
지역의 주민 생활 모습이다.

③ ◎ 툰드라 기후 지역은 추운 날씨로 농경에 불리하며 주민들은
전통적으로 순록을 유목하며 살아간다.

④ ✕ 지면의 열기와 해충을 피해 고상 가옥을 짓고 사는 것은 열
대 기후 지역의 주민 생활 모습이다.

⑤ ✕ 이동식 화전 농업으로 카사바, 얌 등을 재배하는 것은 열대
기후 지역의 주민 생활 모습이다.

02 매일 무덥고 오후에는 소나기가 내리고 다양한 생물종이 있
는 밀림과 플랜테이션의 형태로 재배되는 천연고무 농장이
있는 ㉠은 열대 우림 기후 지역이다. 지도에서 열대 기후에
해당하는 지역은 남아메리카의 아마존에 위치한 E이다.

알찬 선지 분석

① ✕ A는 지중해성 기후가 나타나는 지역으로 여름에 고온 건조
하고 겨울에 온난 습윤하며, 수목 농업을 통해 올리브, 포도 등
을 재배하기에 유리하다.

② ✕ B는 냉대 기후가 나타나는 지역으로 넓은 침엽수림대인 타
이가가 발달한다.

③ ✕ C는 사막 기후가 나타나는 지역으로 사막이 넓게 분포하며
관개 농업을 통해 밀이나 대추야자 등을 재배한다.

④ ✕ D는 툰드라 기후가 나타나는 지역으로 나무가 자라기 불리
하여 주민들은 전통적으로 순록을 유목하며 살아간다.

⑤ ◎ E는 열대 우림 기후가 나타나는 지역으로 열대림이 분포하
며 플랜테이션을 통해 천연고무 등을 재배한다.

03 (가)는 1월과 7월 강수량이 비슷하고 겨울이 따뜻하고 여름
이 서늘한 서안 해양성 기후 지역이다. (나)는 겨울인 1월에
강수량이 많고 여름인 7월에 강수량이 적은 지중해성 기후
지역이다. (다)는 1월에 한랭 건조하고 7월에 고온 다습한
온대 겨울 건조 기후 지역이다.

알찬 선지 분석

① ✕ (가)는 (나)보다 수목 농업에 불리하다. 지중해성 기후 지역
은 고온 건조한 여름에도 잘 자랄 수 있는 올리브, 포도 등을 재
배하는 수목 농업이 활발하다.

② ✕ (나)는 온대 겨울 건조 기후가 나타나는 (다)보다 벼농사에 불
리하다. 계절풍의 영향을 크게 받는 온대 겨울 건조 기후 지역은
벼 재배에 유리하다.

③ ✕ (다)는 서안 해양성 기후가 나타나는 (가)보다 혼합 농업에 불
리하다. 서안 해양성 기후 지역에서는 작물 재배와 가축 사육을
함께 하는 혼합 농업이 주로 행해진다.

④ ✕ (가)~(다)는 모두 온대 기후에 속한다.

⑤ ◎ 지중해성 기후가 나타나는 (나)는 여름에 고온 건조하여
(가)~(다) 중 (나)의 여름 강수 집중률이 가장 낮다.

04 주민들이 강한 햇빛과 모래 바람을 막기 위해 헐렁한 옷을
입으며 오아시스 주변에서 밀과 대추야자를 재배하는 기후
는 사막 기후이다. 사막 기후의 전통 가옥은 지붕이 평평하
고 창이 작으며, 가옥 간의 간격을 가깝게 하여 그늘이 생
기도록 한다.

알찬 선지 분석

① ✕ 지붕이 가파르고 개방적인 구조이며 바닥을 지면에 띄워 지
은 열대 기후 지역의 고상 가옥이다.

② ◎ 지붕이 평평하고 창이 작으며, 가옥 간의 간격이 좁은 형태
의 가옥으로 주로 사막 기후에서 나타나는 형태이다.

③ ✕ 창이 작고 폐쇄적인 구조이며 바닥을 지면에서 띄워 여름철
땅이 녹아 가옥이 붕괴되는 것을 막는 툰드라 기후 지역의 고상
가옥이다.

④ ✕ 가옥의 설치와 해체가 용이한 스텝 기후 지역의 이동식 가옥
이다.

⑤ ✕ 툰드라 기후 지역에서 임시 거처로 활용하는 이글루이다.

05 지도에 표시된 지역은 안데스산맥에 위치한 에콰도르의 키
토이다. 해발 고도가 높은 곳에 위치하여 저위도에 위치함
에도 기후 그래프와 같이 연중 우리나라의 봄과 같은 기후
가 나타난다.

채점 기준

상	고산 기후의 주민 생활 모습 두 가지를 모두 바르게 서술한 경우
하	고산 기후의 주민 생활 모습을 한 가지만 바르게 서술한 경우

06 제시된 사진은 화산이 폭발하고 있는 모습을 담은 것이다. 화산 폭발은 주로 판의 경계부에서 발생하며 용암과 화산재 유출로 인한 피해를 유발한다.

알찬 선지 분석
① ✖ 강한 바람과 많은 비를 동반한 피해를 유발하는 자연재해는 열대 저기압이다.
② ◎ 화산 폭발은 용암과 화산재 유출로 인한 마을·농경지 훼손 피해를 유발한다.
③ ✖ 지구 온난화로 빙하가 녹으면 해수면이 상승하고 저지대가 침수되는 피해가 나타난다.
④ ✖ 하천 주변 농경지와 가옥 침수로 인한 피해를 유발하는 자연재해는 홍수이다.
⑤ ✖ 많은 눈이 쌓여 구조물이 붕괴되고 도로 교통이 마비되는 피해를 유발하는 자연재해는 폭설이다.

07 하천 수위를 재는 수표의 눈금이 3척 이하인 ㉠ 자연재해는 가뭄이다. 하천 수위를 재는 수표의 눈금이 9척 이상인 ㉡ 자연재해는 홍수이다. 경주 불국사의 그랭이 공법은 좌우 흔들림에 건물이 무너지는 것을 방지하는 일종의 내진 설계이다. 즉, 그랭이 공법은 지진에 대비하기 위한 시설물이며 ㉢ 자연재해는 지진이다.

알찬 선지 분석
ㄱ. ✖ 교통 혼란 및 비닐하우스 등의 시설물 붕괴를 일으키는 자연재해는 폭설이다.
ㄴ. ◎ 우리나라는 여름철 강수가 집중되며, 홍수는 겨울보다 여름에 자주 발생한다.
ㄷ. ✖ 지진은 주로 판의 경계부에서 자주 발생하며, 아프리카 사헬 지대는 오랜 가뭄으로 사막화가 진행되고 있는 지역이다.
ㄹ. ◎ 가뭄과 홍수는 기상 이변에 의해 발생한 자연재해이며, 지진은 지각 변동에 의해 발생한 자연재해이다.

08 입간판이 바람에 날리고 침수 피해를 유발하는 ㉠ 자연재해는 태풍이다.

알찬 선지 분석
① ✖ 태풍은 우리나라의 늦은 여름에서 초가을에 주로 발생한다.
② ✖ 태풍은 기상 변화에 의한 자연재해이며, 지각 변동에 의한 자연재해로는 지진, 화산 활동 등이 있다.
③ ✖ 오랫동안 비가 내리지 않아 발생하는 자연재해는 가뭄이다.
④ ✖ 미세 먼지 농도를 높여 호흡기 질환 환자를 증가시키는 자연재해는 황사이다.
⑤ ◎ 태풍은 적도 주변 바다에서 발생하여 중위도 지역으로 이동하는 열대 저기압이다.

09 자료는 조선시대에 일어난 자연재해에 대한 기록물이다. 우레와 같은 소리와 함께 담벽이 무너지고 기와가 떨어졌으며, 산악이 크게 흔들려 암석이 추락했다는 내용을 통해

이 자연재해는 지진임을 알 수 있다.

채점 기준

상	지진 발생 시 행동 요령 두 가지를 모두 바르게 서술한 경우
하	지진 발생 시 행동 요령을 한 가지만 바르게 서술한 경우

10 우리나라의 재난 및 안전 관리 기본법에서는 국가와 지방 자치 단체가 재난이나 각종 사고로부터 국민의 생명·신체 및 재산을 보호할 책무를 지고 있음을 명시하고 있다.

알찬 선지 분석
ㄱ. ✖ 국가는 재해 예방 및 신속한 대응 및 복구를 통해 국민의 생명·신체 및 재산을 보호할 책무가 있다.
ㄴ. ◎ 해당 내용을 통해 국가가 국민의 생명·신체 및 재산 보호를 법으로 보장하고 있음을 알 수 있다.
ㄷ. ✖ 법 조항에 재해에 취약한 국민만을 보호한다는 내용은 없으며, 이는 모든 국민을 대상으로 한다.
ㄹ. ◎ 국가는 피해 발생 시 대응 및 복구를 통해 일상으로 회복할 수 있도록 지원할 책무가 있으며, 국민은 재해로 피해를 입었을 경우 이에 대한 복구를 국가에 요청할 권리가 있다.

11 (가)는 인간 중심주의, (나)는 생태 중심주의이다. (가)는 인간과 자연의 관계에서 인간의 행복과 이익을 가장 우선하며, (나)는 생태계의 안정과 균형을 가장 우선한다.

알찬 선지 분석
ㄱ. ✖ 인간 중심주의는 이분법적 세계관을 바탕으로 인간을 생태계의 구성원이 아닌 자연으로부터 독립된 존재로 본다.
ㄴ. ◎ 인간 중심주의는 인간의 삶에 기여한 정도를 기준으로 자연의 가치를 평가한다.
ㄷ. ◎ 생태 중심주의는 전일론적 관점에서 생태계 전체를 하나의 유기체로 보고 생태계를 유지하기 위한 조화와 균형을 중시한다.
ㄹ. ✖ 오직 인간만을 도덕적 고려 대상으로 보는 것은 인간 중심주의만의 입장에 해당한다.

12 갑은 레오폴드, 을은 베이컨이다. 레오폴드는 생태계 전체를 하나의 유기체로 보고 공동체의 범위를 대지까지 확대할 것을 주장한다. 베이컨은 인간 중심주의 입장에서 자연을 인간의 이익을 위해 활용해야 한다고 보고, 과학적 지식으로 자연을 정복할 수 있다고 주장한다.

알찬 선지 분석
① ✖ 생태계 전체를 도덕적으로 고려해야 한다고 보는 것은 레오폴드의 입장에 해당한다.
② ✖ 레오폴드는 인간뿐만 아니라 생태계 전체가 본래적 가치를 지닌다고 본다.
③ ✖ 전일론적 관점에서 인간과 자연을 이해해야 함을 강조하는 것은 레오폴드의 입장에 해당한다.
④ ◎ 베이컨은 레오폴드에게 인간만이 도덕적 지위를 지닌 존중의

대상임을 간과한다고 비판할 수 있다.
⑤ ✖ 생태계의 모든 존재가 생명 공동체의 동등한 구성원이라고
보는 것은 레오폴드의 입장에 해당한다.

13 제시문은 꿀벌이 멸종 위기에 처하면 생태계가 무너지면서
인간도 먹을 것을 구하기 어려워지는 상황에 처하게 된다
는 내용을 서술하고 있다. 이를 통해 인간과 자연이 연결되
어 있음을 알 수 있다.

알찬 선지 분석
① ✖ 제시문에서는 인간이 자연에 대해 지배적 우위를 가지고 있
다고 주장하지 않는다.
② ◉ 제시문에서는 인간과 자연이 의존적으로 연결된 관계임을
강조하고 있다.
③ ✖ 제시문에서는 인간과 자연이 서로 영향을 주고받는 유기적
관계임을 강조하고 있다.
④ ✖ 제시문에서는 인간이 자연으로부터 독립적인 존재가 아님을
강조하고 있다.
⑤ ✖ 이분법적 세계관은 인간과 자연을 구분하여 바라보는 관점이
다. 제시문에서는 인간과 자연의 유기적 관계를 강조하고 있다.

14 제시문의 사상가는 레오폴드이다. 레오폴드는 생태 중심주
의 입장에서 대지를 흙과 물을 포함한 수많은 존재가 서로
균형을 맞추며 살아가는 공동체로 인식하고 존중해야 한다
고 보았다.

알찬 선지 분석
ㄱ. ✖ 레오폴드는 인간과 자연이 동등한 생명 공동체의 구성원이
라고 본다.
ㄴ. ✖ 레오폴드는 자연의 내재적 가치를 강조한다.
ㄷ. ◉ 레오폴드는 생태계 전체를 상호 의존적인 유기체라고 본다.
ㄹ. ◉ 레오폴드는 인간뿐만 아니라 생태계 전체를 도덕적 고려의
대상으로 존중해야 한다고 본다.

15 열대 기후 지역에 분포하는 상록 활엽수림인 열대림의 기
능, 그리고 열대림 파괴에 관해 설명한 글을 읽고, 옳은 설
명을 찾는 문항이다.

알찬 선지 분석
ㄱ. ◉ 열대림(㉠)은 적도 주변 저위도 지역의 열대 기후 지역에 주
로 분포한다.
ㄴ. ✖ 열대림의 키가 큰 나무(㉡)는 일 년 내내 푸른 상록 활엽수
이며, '타이가'는 냉대 기후 지역에 분포하는 침엽수림대이다.
ㄷ. ◉ 열대림 파괴의 원인 중 하나로 '경지 개간으로 인한 무분별
한 벌채'가 들어갈 수 있다. 목장이나 경지를 개간하는 과정에서
벌채가 이루어지며 이로 인해 열대림이 파괴된다.
ㄹ. ✖ 열대림 파괴(㉣)가 심화되면 대기 중 이산화 탄소 농도는 증
가하고, 지구 온난화 또한 심화된다.

16 그래프는 서울의 시기별 계절 변화를 나타낸 것이다. 그래
프를 살펴보면 여름 일수는 점차 증가하고 겨울 일수는 감
소하여 지구 온난화가 심화되고 있음을 알 수 있다.

알찬 선지 분석
① ◉ 지구 온난화가 심화되면 평균 기온이 상승하고 봄이 시작하
는 날짜가 빨라져 봄꽃의 개화 시기 또한 빨라질 것이다.
② ✖ 지구 온난화가 심화되면 여름 일수가 증가하고 열대야 발생
일수가 증가할 것이다.
③ ✖ 지구 온난화가 심화되면 해수 온도가 상승하고 한류성 어종
의 어획량이 감소할 것이다.
④ ✖ 지구 온난화가 심화되면 평균 기온이 상승하고 농작물의 재
배 북한계선이 북상할 것이다.
⑤ ✖ 지구 온난화가 심화되면 평균 해수면이 상승하고 해안 저지
대의 침수 가능성이 높아질 것이다.

17 세계적으로 지구 온난화, 산성비, 사막화, 오존층 파괴 등
의 문제가 발생하며, 이러한 환경 문제를 해결하기 위해서
는 국제 사회, 정부, 기업, 시민 사회, 개인 모두가 함께 노
력해야 한다.

채점 기준

상	국가와 기업 측면의 환경 문제 해결 노력을 모두 바르게 서술한 경우
하	국가와 기업 측면의 환경 문제 해결 노력 중 한 가지만 바르게 서술한 경우

18 자료는 인간의 경제활동과 인구 증가에 따라 여러 가지 환
경 문제가 발생하고 있음을 나타내고 있다. 화석 에너지의
대량 소비에 따른 이산화 탄소 배출로 나타나는 A는 지구
온난화이며, 질소 산화물과 황산화물의 배출로 발생하는 B
는 산성비이다. 인구 증가에 따른 과방목과 과경작으로 발
생하는 C는 사막화이다.

알찬 선지 분석
① ◉ 지구 온난화(A)로 평균 기온이 상승하면서 북극해의 빙하가
녹고 북극해의 빙하 분포 범위가 축소되었다.
② ◉ 산성비(B)는 호수의 산성화와 건축물의 부식, 삼림의 고사 등
을 유발한다.
③ ✖ 사막화(C)를 막기 위한 국제 협약은 사막화 방지 협약이다.
몬트리올 의정서는 오존층 파괴 물질의 배출을 감축하기 위한
협약이다.
④ ◉ A는 지구 온난화, B는 산성비, C는 사막화이다.
⑤ ◉ 지구 온난화(A), 산성비(B), 사막화(C)는 모두 인간의 경제활
동과 연관되어 있음을 자료를 통해 확인할 수 있다.

19 ㉠은 바다 위를 떠다니는 해양 쓰레기이다. 25세의 네덜란
드 청년은 해류의 흐름을 이용해 해양 쓰레기를 수거하는

방안을 고안하였다. ⓛ은 탄소 배출 감축을 통해 해결할 수 있는 기후변화이다. 17세의 스웨덴 소녀는 기후변화의 심각성을 알리는 여러 가지 활동을 전개하였다.

ㄱ. ✘ 대기권 내 자외선 농도 증가의 원인이 되는 환경 문제는 오존층 파괴이다.
ㄴ. ◉ 기후변화로 홍수, 가뭄, 폭염 등의 빈도와 강도가 커지는 등의 기상 이변이 증가한다.
ㄷ. ◉ ⊙은 해양 쓰레기, ⓛ은 기후변화이다.
ㄹ. ✘ 해양 쓰레기 문제 해결을 위한 협약은 런던 협약이며, 기후변화의 해결을 위한 협약은 교토 의정서, 파리 협정 등이다.

06 다양한 문화권의 특징과 삶의 방식

68쪽

포인트 Pick

❶ 문화 ❷ 점이 지대 ❸ 지형 ❹ 유교 ❺ 남부
❻ 유럽 ❼ 이슬람교 ❽ 토속 ❾ 앵글로
❿ 에스파냐어

01 문화권   **02** (1) 건조 문화권 (2) 동양 문화권
(3) 북극 문화권   **03** (1) ○ (2) ✕ (3) ○
04 (1) ⓛ (2) ⓒ (3) ⊙   **05** (1) ⊙ (2) ⊙ (3) ⊙

69~72쪽

01 ③ **02** ① **03** ① **04** ② **05** ③ **06** ① **07** ②
08 ① **09** ⑤ **10** ① **11** ② **12** ④ **13** ② **14** ②

15 예시 답안 (가)는 열대 우림 기후 지역으로 일 년 내내 기온이 높고 강수량이 많아 주민들은 얇고 가벼운 옷을 입으며, (나)는 사막 기후 지역으로 건조하고 모래바람이 불어 이를 피하기 위해 주민들은 온몸을 가리는 긴 옷을 입는다.

16 (1) 점이 지대 (2) 예시 답안 이스탄불은 점이 지대로 유럽 문화권의 경관과 건조 문화권의 경관이 함께 나타난다.

17 예시 답안 유럽 문화권의 영향으로 A, B는 주로 영어, C는 에스파냐어와 포르투갈어를 사용하며, A~C 모두 크리스트교 신자 수가 많다.

01 문화권은 기후, 지형과 같은 자연환경과 종교, 산업과 같은 인문환경의 영향을 받아 형성된다. 기후의 영향으로 의식주와 산업 등이 지역마다 다르게 나타나며, 지형의 영향으로 산지·평야·해안 지역 주민들의 생활양식도 차이가 나타난다.

갑. ✘ 산업이 발달한 지역에서 나타나는 고층 건물이 밀집한 도시 경관과 도시적 생활 양식은 인문환경에 해당하는 산업의 영향을 받아 형성된 것이다.
을. ◉ 비가 적게 내리는 몽골 초원에서 나타나는 유목 문화는 자연환경에 해당하는 기후의 영향을 받아 형성된 것이다.
병. ◉ 열대 기후 주민들이 얇고 가벼운 옷을 입는 문화는 자연환경에 해당하는 기후의 영향을 받아 형성된 것이다.
정. ✘ 캐나다 퀘벡주의 사람들이 프랑스어를 사용하고 프랑스 문화를 유지하는 것은 퀘벡주로 프랑스인들이 이주하였기 때문이며 이는 인문환경의 영향을 받은 사례이다.

02 지도에서 A는 유럽의 주식이며, 오세아니아와 미국에서 고기와 함께 주식을 이루는 밀이다. B는 아시아의 계절풍 기

후 지역에서 주식을 이루는 쌀이다.

ㄱ. ◎ 밀(A)로 만든 음식으로는 이탈리아의 전통 음식인 피자, 파스타 등이 있다.

ㄴ. ◎ 쌀(B)로 만든 음식으로는 베트남의 쌀국수인 퍼, 인도네시아의 볶음밥인 나시 고렝 등이 있다.

ㄷ. ✕ 밀(A)은 고온 다습한 기후에서 잘 재배되는 쌀(B)보다 계절풍 기후의 충적 평야에서 생산에 불리하다.

ㄹ. ✕ 쌀(B)은 밀(A)보다 빵이나 면의 재료로 이용되는 비율이 낮다.

03 지도에서 앵글로아메리카와 오세아니아, 필리핀 등을 포함하는 지역은 대부분 영국의 식민지를 경험하였으며 영어 문화권에 속한다. 라틴 아메리카의 멕시코, 칠레, 아르헨티나 등을 포함하는 지역은 대부분 에스파냐의 식민지를 경험하였으며 에스파냐어 문화권에 속한다. 라틴 아메리카의 브라질은 포르투갈의 식민지를 경험하였으며 포르투갈어 문화권에 속한다. 따라서, (가)는 영어, (나)는 에스파냐어, (다)는 포르투갈어이다.

04 이슬람교 문화권에서는 돼지를 불결히 여기며, 주민들은 종교적 원인으로 돼지고기를 먹지 않는다. 따라서 ⊙에 해당하는 음식은 돼지고기로 만든 소시지이다.

05 지도의 A는 유럽과 아메리카, 오세아니아에 주로 분포하는 크리스트교이다. B는 북부 아프리카와 서남아시아에 주로 분포하는 이슬람교이다. C는 남부 아시아의 인도에 주로 분포하는 힌두교이며, D는 동부 아시아와 동남아시아에 주로 분포하는 불교이다.

ㄱ. ✕ 소를 신성시하여 소고기를 먹지 않는 문화는 힌두교(C)와 관련된 것이다.

ㄴ. ◎ 하루에 다섯 번 메카를 향해 기도하는 문화는 이슬람교(B)와 관련된 것이다.

ㄷ. ◎ 갠지스강에서 목욕을 하며 자신의 죄를 씻는 문화는 힌두교(C)와 관련된 것이다.

ㄹ. ✕ 십자가를 세운 교회나 성당에 모여 기도를 하는 문화는 크리스트교(A)와 관련된 것이다.

06 불상 앞에 승려복을 입은 사람들이 있는 (가)는 불교이며, 갠지스강에서 주민들이 목욕을 하며 죄를 씻는 모습이 나타나는 (나)는 힌두교이다.

07 기후나 지형에 따라 집을 짓는 재료나 방식, 집의 구조가 달라진다. A는 지중해성 기후 지역의 전통 가옥, B는 한대 기후 지역의 고상 가옥, C는 건조 기후 지역의 흙벽돌집, D는 열대 기후 지역의 고상 가옥이다.

ㄱ. ◎ 지중해성 기후 지역은 여름에 고온 건조한 기후가 나타나며, 이 지역 가옥의 벽을 하얗게 칠한 까닭은 여름의 뜨거운 태양 빛을 반사시키기 위함이다.

ㄴ. ✕ 한대 기후 지역의 고상 가옥은 짧은 여름에 지표의 땅이 녹아 가옥이 붕괴되는 것을 막기 위해 만든 것이다.

ㄷ. ◎ 사막 기후 지역에서 흙벽돌집의 지붕을 평평하게 만든 것은 이 지역의 연 강수량이 적기 때문이다. 또한 이 지역은 기온의 일교차가 크기 때문에 가옥의 벽을 두껍게 만들며 뜨거운 모래 바람을 막기 위해 창을 작게 만든다.

ㄹ. ✕ 열대 기후 지역에서 전통 가옥의 지붕이 가파른 까닭은 이 지역의 연 강수량이 많기 때문이다. 또한 지면의 열기와 습기, 해충을 피하기 위해 고상 가옥을 짓는다.

08 지도의 A는 북극 문화권, B는 유럽 문화권, C는 아프리카 문화권, D는 남부 아시아 문화권, E는 앵글로아메리카 문화권이다.

① ◎ 북극 문화권(A)은 유라시아 대륙과 북아메리카의 북부 지역 일대에서 주로 나타나며 기온이 낮아 농경이 어려우며 주민들은 전통적으로 순록을 유목하며 생활한다.

② ✕ 이슬람교의 영향을 크게 받는 문화권은 건조 문화권이며, B는 크리스트교의 영향을 크게 받는 유럽 문화권이다.

③ ✕ 힌두교를 중심으로 다양한 종교가 공존하는 문화권은 남부 아시아 문화권(D)이다.

④ ✕ 유교·불교 문화가 나타나며, 한자를 사용하는 문화권은 동부 아시아 문화권이다.

⑤ ✕ 가톨릭교의 영향을 크게 받으며 에스파냐어를 주로 사용하는 문화권은 라틴 아메리카 문화권이다. E는 개신교의 영향을 크게 받으며 영어를 주로 사용하는 앵글로아메리카 문화권이다.

09 멕시코 화가인 프리다 칼로가 다양한 인종이 함께 버스에 타고 있는 모습을 그린 작품을 통해 이 문화권은 다양한 인종이 함께 살아가고 있는 문화권임을 알 수 있다. 또한 리우데자네이루의 거대한 예수상을 통해 크리스트교의 영향을 크게 받았음을 알 수 있다. 원주민과 백인, 흑인, 혼혈 등 다양한 인종(민족)이 함께 거주하며 크리스트교의 영향을 받은 이 문화권은 라틴 아메리카 문화권(E)이다. 지도의 A는 건조 문화권, B는 동양 문화권, C는 오세아니아 문화권, D는 앵글로아메리카 문화권이다.

10 돔 형태의 지붕과 첨탑이 솟은 사원은 이슬람교 사원으로 이 문화권은 이슬람교의 영향을 크게 받았음을 알 수 있다. 또한 사막의 열기와 건조함을 견디고 사는 대추야자 나무, 양고기 등을 통해 이 문화권은 건조한 기후의 영향을 크게

받았음을 알 수 있다. 그러므로 이슬람교와 건조한 기후의 영향을 크게 받은 문화권은 건조 문화권(A)이다.

11 부처의 축복을 기원하기 위해 불상을 물로 씻는 데서 유래한 송끄란 축제가 열리는 ㉠은 주민들이 대부분 불교를 믿는 타이(A)이다. 유럽에서 전파된 가톨릭 축제와 원주민의 전통·풍습, 아프리카계의 전통 음악과 춤이 어우러진 리우 카니발이 개최되는 ㉡은 브라질(C)이다. 나머지 B는 몽골이다.

12 지도의 A는 영국과 독일, 네덜란드, 덴마크 등을 포함하는 북서 유럽이며, B는 포르투갈과 에스파냐, 이탈리아 등을 포함하는 남부 유럽이다. C는 러시아와 우크라이나 등을 포함하는 동부 유럽이다.

알찬 선지 분석

① ❌ 개신교 신자 비율이 높은 북서 유럽(A)은 남부 유럽(B)보다 국가 내 가톨릭교 신자 비율이 낮다.

② ❌ 게르만족 인구 비율이 높은 북서 유럽(A)은 동부 유럽(C)보다 국가 내 슬라브족 인구 비율이 낮다.

③ ❌ 주로 지중해성 기후가 나타나는 남부 유럽(B)은 주로 서안 해양성 기후가 나타나는 북서 유럽(A)보다 혼합 농업에 불리하며 수목 농업에 유리하다.

④ ⭕ 라틴족 인구 비율이 높은 남부 유럽(B)은 슬라브족 인구 비율이 높은 동부 유럽(C)보다 국가 내 라틴족 인구 비율이 높다.

⑤ ❌ 정교회 신자 비율이 높은 동부 유럽(C)은 북서 유럽(A)보다 국가 내 개신교 신자 비율이 낮다.

13 지도에 표시된 A는 크리스트교 문화가 발달한 독일, B는 힌두교 문화가 발달한 인도, C는 불교 문화가 발달한 미얀마이다. 종탑과 십자가가 있는 크리스트교의 성당을 볼 수 있는 (가)는 독일(A), 부처의 사리를 안치하는 탑과 불당이 있는 불교 사원을 볼 수 있는 (나)는 미얀마(C), 다양한 신이 조각된 힌두교 사원을 볼 수 있는 (다)는 인도(B)이다.

14 스프링클러를 활용한 관개 농업이 이루어지는 곳의 원형의 경작지를 볼 수 있으며, 이슬람 율법에 따라 성지인 메카의 모스크를 방문하는 사람들을 볼 수 있는 문화권은 건조 문화권이다. 지도에 표시된 국가 중 건조 문화권에 속한 국가는 사우디아라비아(B)이다.

알찬 선지 분석

① ❌ A는 프랑스이며, 프랑스는 크리스트교의 영향을 받은 유럽 문화권에 속한다.

② ⭕ B는 건조 문화권에 속한 사우디아라비아이다.

③ ❌ C는 콩고 민주 공화국이며, 콩고 민주 공화국은 열대 기후가 넓게 나타나며 토속 종교의 영향이 남아 있는 아프리카 문화

권에 속한다.

④ ❌ D는 인도이며, 인도는 힌두교의 영향을 받은 남부 아시아 문화권에 속한다.

⑤ ❌ E는 오스트레일리아이며, 오스트레일리아는 크리스트교의 영향을 받은 오세아니아 문화권에 속한다.

15 (가)는 열대 우림 기후 지역의 얇고 가벼운 옷차림이 나타나며, (나)는 사막 기후 지역의 온몸을 가리는 긴 옷이 나타난다.

채점 기준

상	열대 우림 기후와 사막 기후의 의복 특징을 모두 기후와 연관지어 바르게 서술한 경우
하	열대 기후와 사막 기후의 의복 특징 중 한 가지만 기후와 연관지어 바르게 서술한 경우

16 (1) (가)의 ㉠은 두 문화의 경계에 위치하여 A 성격을 보이는 지역과 B 성격을 보이는 지역이 겹치는 점이 지대이다.
(2) 점이 지대에서는 서로 인접한 지역의 특성이 함께 섞여서 나타난다.

채점 기준

상	유럽 문화권과 건조 문화권의 문화가 함께 나타남을 점이 지대라는 용어와 함께 바르게 서술한 경우
하	점이 지대라는 용어만 쓴 경우

17 지도의 A는 오세아니아 문화권, B는 앵글로아메리카 문화권, C는 라틴 아메리카 문화권이다. A~C는 모두 유럽의 식민 지배를 받았으며 언어와 종교 등의 문화 요소에서 유럽 문화권의 영향이 나타난다.

채점 기준

상	A~C의 언어 분포와 종교 분포를 모두 바르게 서술한 경우
하	A~C의 언어 분포와 종교 분포 중 한 가지만 바르게 서술한 경우

73쪽

01 ④　　02 ①

01 그래프의 A는 신자들이 대부분 아시아·태평양 지역에 거주하고 있는 불교이다. 아시아·태평양 지역 중 동부 아시아와 동남아시아 문화권에는 불교 신자 수가 많다. B는 아시아·태평양 지역에 가장 많은 신자들이 분포하며, 그 다음으

로 서남아시아 및 북부 아프리카의 신자가 많은 이슬람교이다. 서남아시아 및 북부 아프리카는 대부분 건조 문화권에 속하며 이슬람교의 영향을 크게 받았다. 나머지 C는 앵글로아메리카와 라틴 아메리카, 유럽, 중·남부 아메리카에서 가장 많은 사람들이 신봉하는 크리스트교이다.

알찬 선지 분석

① ✘ 십자가와 종탑은 크리스트교(C)의 종교 건축물에서 볼 수 있다. 불교(A)의 사원에서는 불상과 불탑 등을 볼 수 있다.

② ✘ 이슬람교(B)의 신자들은 돼지를 불결히 여겨 돼지고기를 먹지 않는다. 힌두교 신자들은 소를 신성시 여겨 소고기를 먹지 않는다.

③ ✘ 크리스트교(C)의 사원은 성당 또는 교회이다. 이슬람교(B)의 사원을 모스크라 부른다.

④ ◎ 건조 문화권은 대체로 서남아시아와 북부 아프리카를 포함하는 지역으로 불교(A)보다 이슬람교(B) 신자 비율이 높다.

⑤ ✘ 불교(A)의 신자 수는 인도차이나반도의 타이, 미얀마, 캄보디아 등이 포함된 동남아시아 문화권이 남부 아시아 문화권보다 많다.

키워드 꼬리 질문

Q1 이슬람교

Q2 돼지고기 섭취 금기 등

02 자료의 히랄다 탑을 볼 수 있는 지역은 유럽의 에스파냐이다. 에스파냐는 남쪽으로 건조 문화권에 속한 북부 아프리카와 가까워 유럽 문화권의 크리스트교 건축 양식과 건조 문화권의 이슬람교 건축 양식을 함께 찾아볼 수 있다.

알찬 선지 분석

① ◎ A는 크리스트교의 영향을 받은 유럽 문화권과 이슬람교의 영향을 받은 건조 문화권의 경계에 해당한다.

② ✘ B는 이슬람교의 영향을 받은 건조 문화권과 힌두교를 중심으로 이슬람교, 불교 문화가 나타나는 남부 아시아 문화권의 경계에 해당한다.

③ ✘ C는 크리스트교의 영향을 받은 유럽 문화권과 유교, 불교 등의 영향을 받은 동아시아 문화권의 경계에 해당한다.

④ ✘ D는 한대 기후의 영향을 받은 북극 문화권과 크리스트교 문화가 나타나는 앵글로아메리카 문화권의 경계에 해당한다.

⑤ ✘ E는 크리스트교 중 개신교의 비중이 높고 주로 영어를 사용하는 앵글로아메리카 문화권과 크리스트교 중 가톨릭교의 비중이 높고 주로 에스파냐어·포르투갈어를 사용하는 라틴 아메리카 문화권의 경계이다.

키워드 꼬리 질문

Q1 건조 문화권

Q2 서로 인접한 지역의 특성이 함께 섞여서 나타나는 지리적 범위로 두 지역 간 경계에서 나타난다.

07 문화 변동과 전통문화

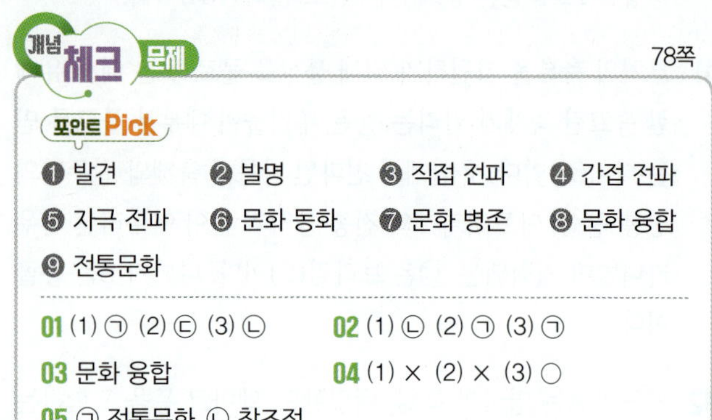

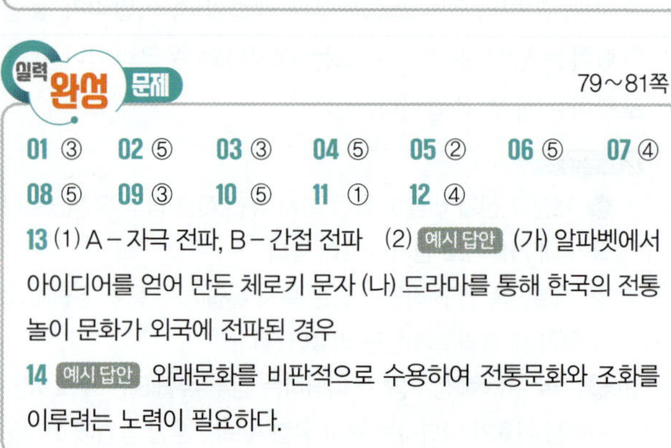

01 문화 변동의 요인에는 발견, 발명과 같은 내재적 요인과 전파와 같은 외재적 요인이 있다.

알찬 선지 분석

갑. ◎ 문화 변동의 요인은 내재적 요인과 외재적 요인으로 구분할 수 있다.

을. ◎ 내재적 요인 중 발견은 이미 존재하고 있었지만 알려지지 않았던 문화 요소를 찾아낸 것이다.

병. ✘ 매개체를 통해 문화가 전파되는 현상은 간접 전파이다.

02 문화 전파는 문화 변동의 요인 중 외재적 요인으로 직접 전파, 간접 전파, 자극 전파가 있다.

알찬 선지 분석

ㄱ. ✘ 인쇄물, 인터넷을 통해 문화 전파가 이루어지는 것은 간접 전파이다.

ㄴ. ✘ 현대 사회에서는 외재적 요인인 문화 전파에 의한 문화 변동이 빈번하게 나타난다.

ㄷ. ◎ 문화 전파는 서로 다른 문화 간의 접촉에 의해 새로운 문화 요소가 전달되는 것이다.

ㄹ. ◎ 다른 사회의 문화 요소에서 아이디어를 얻어 새로운 문화 요소를 발명해 내는 것은 자극 전파이다.

03 한복의 한 종류인 마고자는 흥선 대원군이 직접 청에서 입고 조선에 들어와 전파되었다.

알찬 선지 분석

① ✕ 발견은 이미 존재하고 있던 것을 찾아내는 내재적 요인이다.

② ✕ 발명은 존재하지 않았던 것을 새롭게 만들어 내는 내재적 요인이다.

③ ◎ 마고자는 직접적인 접촉을 통해 문화 요소가 전해진 것이다.

④ ✕ 간접 전파는 매개체를 통해 간접적으로 전해져 문화 변동이 나타나는 것이다.

⑤ ✕ 자극 전파는 다른 사회로부터 아이디어를 얻어 새로운 문화 요소를 만들어 내는 것이다.

04 세쿼이아는 로마자, 그리스 문자, 히브리 문자 등의 문자에서 아이디어를 얻고 체로키어의 음절을 연구하여 새로운 문자를 만들었다.

알찬 선지 분석

① ✕ 발견은 있던 것을 찾아내는 내재적 요인이다.

② ✕ 발명은 없던 것을 새롭게 만들어 내는 내재적 요인이다.

③ ✕ 직접 전파는 다른 사회의 구성원과 직접적인 접촉 과정에서 문화 요소가 전달되어 정착되는 현상으로 외재적 요인이다.

④ ✕ 간접 전파는 매개체를 통해 간접적으로 문화 요소가 전달되어 정착되는 현상으로 외재적 요인이다.

⑤ ◎ 자극 전파는 다른 사회로부터 아이디어를 얻어 새로운 문화 요소를 만들어 내는 것이다.

05 문화 변동의 요인 중 A는 내재적 요인인 발견, B는 새로운 문화 요소를 만들어 낸 외재적 요인인 자극 전파, C는 매체 요인에 의한 외재적 요인인 간접 전파이다. 따라서 D는 직접 전파이다.

알찬 선지 분석

ㄱ. ◎ 불, 전기로 문화 변동이 발생한 것은 있던 것을 찾아낸 것이므로 발견의 사례이다.

ㄴ. ✕ 서양 선교사에 의해 한국에 야구가 널리 퍼진 것은 직접적인 접촉에 의한 것으로 직접 전파의 사례이다.

ㄷ. ◎ 한국 드라마가 전 세계로 퍼지면서 한국어를 배운 외국인이 많아진 것은 매개체를 통한 문화 변동이므로 간접 전파의 사례이다.

ㄹ. ✕ 간접 전파, 직접 전파는 모두 외부 문화를 자발적으로 받아들이는 경우일 수도 있고 강제적으로 받아들이는 경우일 수도 있다.

06 문화 변동의 결과 중 (가)는 문화 융합, (나)는 문화 동화, (다)는 문화 병존이다.

알찬 선지 분석

(가) 성공회 강화 성당은 전통 한옥 양식과 기독교 건축 양식이 융합되어 새로운 형태의 양식이 만들어진 것이다. 이는 문화 융합 사례에 해당한다.

(나) 우리나라는 과거에는 한복을 입고 생활하였다. 하지만 현재는 일상생활에서 한복을 입는 사람을 찾아보기 힘들다. 이는 문화 동화의 사례에 해당한다.

(다) 우리나라에서 중국 문자인 한자와 고유 문자인 한글이 혼용되고 있는 것은 문화 병존의 사례이다.

07 갑국과 을국 사이에 교류가 이루어져 두 국가의 문화 요소가 변동하였다. 변동의 결과를 살펴보면 문화 병존, 문화 융합, 문화 동화가 모두 나타났음을 알 수 있다.

알찬 선지 분석

ㄱ. ◎ 갑국과 을국 모두에서 ●, ○과 ◇, ◆가 혼합되어 새로운 문화 요소인 ◉, ◈이 각각 나타났다. 이는 문화 융합에 해당한다.

ㄴ. ◎ 갑국에서는 원래 갑국의 문화 요소와 을국의 문화 요소가 병존하고 있고 을국에서도 원래 을국의 문화 요소와 갑국의 문화 요소가 병존하고 있다.

ㄷ. ✕ 갑국과 을국에서 내재적 요인인 발명 또는 발견에 의한 문화 변동이 나타났는지는 알 수 없다.

ㄹ. ◎ 을국에서는 고유 의복 문화(□)가 사라지고 갑국의 의복 문화(△)를 향유하므로 문화 동화가 나타났음을 알 수 있다.

08 (가) 불고기 피자는 문화 융합이고, (나) 미국 문화와 한국 문화가 나란히 존재하는 것은 문화 병존 사례이다.

① ✕ 발견의 사례는 나타나 있지 않다.

② ✕ 문화 병존은 (나)에만 나타나 있다.

③ ✕ 문화 동화의 사례는 나타나 있지 않다.

④ ✕ 문화 융합은 (가)에만 나타나 있다.

⑤ ◎ (가), (나) 모두 다른 사회의 문화와 접촉하여 문화 변동이 나타난 것이므로 외재적 요인인 문화 전파의 사례에 해당한다.

09 문화 변동의 양상 중 외래문화 요소를 바탕으로 새로운 문화 요소를 만들어 낸 C는 문화 융합이고, 자기 문화의 정체성이 사라지는 B는 문화 동화이다. 따라서 A는 문화 병존이다.

ㄱ. ◎ 외래문화 요소를 바탕으로 새로운 문화 요소를 만들어 내는 것은 문화 융합의 특징이고, 자기 문화의 정체성이 사라지는 것은 문화 동화의 특징이다. 따라서 ⊙, ⓒ은 모두 '아니요'가 된다.

ㄴ. ✕ 문화 병존, 문화 동화는 모두 문화를 자발적으로 받아들였을 때 나타날 수도 있고 강제적으로 문화를 받아들인 경우에 나타날 수도 있다.

ㄷ. ◎ 문화 동화는 기존의 문화가 사라지게 되므로 문화 다양성을 높인다고 단정지을 수 없다.

10 한 사회에서 과거로부터 전해 내려오는 문화 요소 중에서 오늘날까지 구성원들에게 그 가치를 인정받고 발전시킬 만한 가치가 있는 것을 전통문화라고 한다.

알찬 선지 분석

① ◎ 전통문화는 세계 문화의 다양성 증진에 이바지한다.

② ◎ 전통문화에는 한 사회의 문화 정체성이 나타나 있다.

③ ◎ 전통문화는 국가의 이미지를 높이며 문화 산업 육성에 이바
　지할 수 있다.
④ ◎ 전통문화는 세대 간 전승을 통하여 공동체 구성원의 생활에
　영향을 끼친다.
⑤ ✕ 전통문화를 창조적으로 발전시키려면 외래문화를 비판적인
　자세로 수용해야 한다.

11 줄다리기는 벼농사 중심의 문화권에서 공동체의 풍요와 화
합을 기원하는 민속놀이이다. 지신밟기는 마을 사람들이
농악대를 앞세우고 집마다 돌며 땅을 다스리는 신령을 달
래어 연중 무사를 비는 민속놀이이다. 품앗이는 힘든 일을
서로 거들어 주면서 품을 지고 갚고 하는 일로 농경 사회의
공동 노동 방식이다.

알찬 선지 분석

① ◎ 줄다리기, 지신밟기, 품앗이는 모두 우리나라가 농경 사회를
　바탕으로 하고 있음을 보여 주는 전통문화이다.
② ✕ 유교는 우리 전통문화 형성에 영향을 주었으나 사례와는 관
　련이 없다.
③ ✕ 사례와 관련이 없다.
④ ✕ 사례를 통해 알 수 없다.
⑤ ✕ 줄다리기, 지신밟기, 품앗이는 모두 집단주의를 기반으로
　한다.

12 전통문화는 현대 사회에서 여러 가지 기능을 하며 이러한
전통문화를 창조적으로 계승하고 발전시켜야 한다.

알찬 선지 분석

ㄱ. ◎ 전통문화는 사회 구성원 간 유대를 강화하여 사회 통합에 이
　바지한다.
ㄴ. ◎ 전통문화는 문화의 고유성, 정체성을 유지하는 데 이바지한다.
ㄷ. ✕ 전통문화를 창조적으로 계승하고 발전시키기 위해서는 단
　순히 과거 모습 그대로 유지하는 것을 넘어 시대적 변화에 맞게
　전통문화의 고유한 의미를 재해석할 필요가 있다.
ㄹ. ◎ 전통문화를 객관적으로 분석하고 외래문화를 비판적 관점
　에서 수용해야 한다.

13 다른 문화에서 아이디어를 얻어 기존에 없던 새로운 문화
요소를 만들어 낸 것은 자극 전파이다. 매개체를 통해 한 사
회의 문화가 다른 사회로 전파되어 문화 변동이 나타난 것
은 간접 전파이다.

채점 기준	
상	A와 B를 쓰고 (가), (나)에 해당하는 사례를 모두 바르게 서술한 경우
중	A와 B를 쓰고 (가), (나)에 해당하는 사례 중 한 가지만 바르게 서술한 경우
하	A와 B만 바르게 쓴 경우

14 ○○문화원이 사라져가는 전통 혼례 방식을 유지하는 것은
전통문화를 살리고 서양의 혼례 방식이 더 우수한 것은 아
니라는 점을 강조하기 위해서이다.

채점 기준	
상	전통문화를 그대로 유지하는 것을 넘어 전통문화의 창조적 계승 발전 방안을 바르게 서술한 경우
하	전통문화의 정체성을 유지해야 한다고만 서술한 경우

82쪽

01 ②	02 ②	03 ①	04 ①

01 내재적 요인이면서 이미 존재하고 있던 것을 찾아낸 것인
D는 발견이고, A는 발명이다. 외재적 요인이면서 새로운
문화 요소를 만들어 낸 것인 B는 자극 전파이고, C는 간접
전파이다.

알찬 선지 분석

ㄱ. ◎ 자극 전파는 외재적 요인이고 새로운 문화 요소를 만들어 낸
　것이다. 발명은 내재적 요인이고 새로운 문화 요소를 만들어 낸
　것이다. 따라서 ㉠, ㉢은 '예'이다. 이미 존재하고 있던 것을 찾
　아낸 것은 발견이고, 간접 전파는 새로운 문화 요소를 만들어 내
　는 것은 아니므로 ㉡, ㉣은 '아니요'이다.
ㄴ. ✕ 책을 통해 한 사회의 문화가 다른 사회로 전해져 문화 변동
　이 나타난 것은 매개체를 통한 것으로 간접 전파의 사례이다.
ㄷ. ✕ 전쟁으로 문화가 전파된 것은 직접 전파의 사례이다.
ㄹ. ◎ 발견, 발명, 간접 전파, 자극 전파는 모두 한 사회에 문화 요
　소를 추가하는 요인이다.

키워드 꼬리 질문

Q1 간접 전파, 자극 전파
Q2 이미 존재하고 있었지만 알려지지 않았던 문화 요소를 찾
　아내는 것이다.
Q3 다른 사회로부터 아이디어를 얻어 새로운 문화 요소를 만
　들어 내는 것이다.

02 갑국에서 을국 선수들의 노력으로 A가 국민 스포츠가 된
것은 직접 전파, 유튜브를 통해 정국의 음악이 병국에 전파
된 것은 간접 전파에 해당한다.

알찬 선지 분석

① ✕ 갑국과 병국에서는 모두 자발적으로 문화 변동이 나타났다.
② ◎ 갑국에서는 직접 전파, 병국에서는 간접 전파에 의한 문화
　변동이 나타났다.

③ ✕ 갑국과 병국에서는 모두 문화 접촉에 의한 변동이 나타났다.

④ ✕ 갑국과 병국에서는 모두 자극 전파에 의한 문화 변동이 나타
나지 않았다. 자극 전파는 다른 사회의 문화 요소에서 아이디어
를 얻어 새로운 문화 요소를 만들어 내는 것이다.

⑤ ✕ 을국과 정국에서는 발명으로 인한 문화 변동이 나타났다고
보기 어렵다.

03 새로운 문화 요소를 만들어 내는 B는 문화 융합이고, 자기
문화의 정체성이 상실되는 A는 문화 동화이다. 따라서 C는
문화 병존이다.

알찬 선지 분석

① ◎ 필리핀에서 타갈로그어와 영어가 함께 사용되는 것은 문화
병존의 사례이다.

② ✕ 기존 문화 구성원의 자발성을 전제로 하는지 아닌지로 문화
동화와 문화 융합을 구분할 수 없다.

③ ✕ 문화 융합과 문화 병존은 모두 문화의 다양성 보존에 이바지
한다.

④ ✕ 문화 동화, 문화 융합, 문화 병존은 모두 외재적 요인에 의한
문화 변동 양상이다.

⑤ ✕ A는 문화 동화, B는 문화 융합, C는 문화 병존이다.

04 제시문은 한국 전통문화가 전 세계의 사랑을 받는 '케이컬
처'가 되어 가고 있음을 보여 준다.

알찬 선지 분석

① ◎ 전 세계의 사랑을 받는 케이컬처가 한국 전통문화로 점점 확
대되고 있다는 것을 통해 한국 전통문화의 세계화 현상을 알 수
있다.

②~⑤ ✕ 제시문과 관련이 없다.

08 문화 상대주의와 보편 윤리

개념 체크 문제　　　　　86쪽

포인트 Pick

❶ 인문　　❷ 국수주의　　❸ 정체성　　❹ 다양성
❺ 보편 윤리

01 문화 상대주의　　**02** (1) ○ (2) ✕ (3) ○
03 (1) ㉡ (2) ㉢ (3) ㉠　　**04** (1) ㄷ (2) ㄱ (3) ㄹ
05 황금률

실력 완성 문제　　　　　87~88쪽

01 ①　**02** ④　**03** ②　**04** ⑤　**05** ⑤　**06** ③

07 (1) 황금률　(2) 예시 답안 황금률은 다양한 종교, 도덕, 철학에
서 제시하는 도덕 원칙으로, 자신과 다른 사람에게 똑같은 도덕 원
칙을 적용하라는 내용을 담고 있다.

08 (1) 보편 윤리　(2) 예시 답안 보편 윤리를 바탕으로 문화를 바라
보면 인간의 기본적인 권리를 존중할 수 있고, 극단적 문화 상대주
의에 빠지는 것을 방지할 수 있다.

01 문화 상대주의는 각 문화가 지닌 고유한 가치를 인정하며,
문화 간 우열을 가리지 않는 태도이다.

알찬 선지 분석

ㄱ. ◎ 문화 상대주의는 문화의 다양성과 특수성을 인정하고 존중
한다.

ㄴ. ◎ 문화 상대주의는 해당 사회의 맥락 속에서 문화를 이해하는
태도이다.

ㄷ. ✕ 문화 상대주의는 자문화를 중심으로 타 문화를 평가하지 않
는다.

ㄹ. ✕ 문화 상대주의는 문화를 평가하는 절대적인 기준이 있다고
보지 않으며, 문화의 우열을 가리지 않는다.

02 갑은 자문화 중심주의 입장이고, 을은 문화 사대주의 입장
이다. 자문화 중심주의는 문화적 특수성과 다양성을 고려
하지 않고 자기 문화만이 우월하다고 보는 입장이고, 문화
사대주의는 다른 문화를 숭상하여 자기 문화를 낮게 평가
하는 입장이다.

알찬 선지 분석

ㄱ. ✕ 갑은 자기 문화만이 우월하다고 보는 입장이므로 각 사회의
문화가 가지는 고유한 가치를 존중하지 않는다.

ㄴ. ◎ 갑은 자기 문화만이 우월하다고 여기는 태도인 자문화 중심
주의 입장이다.

ㄷ. ✕ 을은 자기 문화를 버리고 다른 문화를 따라야 한다고 주장
한다.

ㄹ. ⊙ 갑과 을은 모두 문화의 우열을 가릴 수 있는 기준이 존재한다고 본다.

03 가상 편지의 필자는 각 사회의 문화를 그것이 형성된 환경과 역사적 맥락 속에서 이해하고 존중하는 문화 상대주의를 강조하고 있다.

① ✕ 필자는 낡은 문화를 버리고 우수한 문화를 따르라고 주장하지 않는다.

② ⊙ 필자는 개별 문화가 가진 고유한 가치를 그 문화의 형성 맥락에서 이해하고 존중할 것을 강조한다.

③ ✕ 필자는 특정한 문화를 기준으로 각 문화를 평가해서는 안 된다고 주장한다.

④ ✕ 필자는 자기 문화의 우월성과 자부심을 강조하는 자문화 중심주의를 주장하지 않는다.

⑤ ✕ 필자는 보편 윤리가 문화를 평가하는 기준이 되어야 한다고 본다.

04 (가)는 자문화 중심주의, (나)는 문화 사대주의, (다)는 문화 상대주의이다. (가)는 자기 문화만의 우월성을, (나)는 다른 문화의 우수성만을 강조하는 경향이 있으나 (다)는 다양한 문화의 공존을 추구하는 경향이 있다.

① ✕ (가)는 자문화의 우월성을 강조하는 입장이다.

② ✕ (나)는 다른 문화를 맹목적으로 따르는 입장으로 각 문화의 고유한 가치를 인정하지 않는다.

③ ✕ (다)는 (가), (나)와 달리 문화를 평가하는 절대적인 기준이 없다고 보고, 각 문화의 고유성을 존중한다.

④ ✕ (나)는 (가)보다 타 문화에 관한 수용 정도가 높다.

⑤ ⊙ (다)는 (나)보다 각 문화의 고유한 가치를 존중함으로써 다양한 문화의 공존을 추구한다.

05 제시된 사례에는 돼지고기와 관련하여 나타나는 서로 다른 문화의 모습이 서술되어 있다. 이를 통해 서로 다른 환경의 차이가 서로 다른 문화적 차이를 만들 수 있다는 것을 알 수 있다.

① ✕ 제시문은 문화의 다양성에 관해 서술하고 있다.

② ✕ 제시문은 문화의 우열을 결정하는 절대적 기준에 관해 이야기하지 않는다.

③ ✕ 제시문은 동일한 기준으로 다양한 문화를 평가해야 한다고 주장하지 않는다.

④ ✕ 제시문을 통해 문화적 차이는 자연환경 및 인문환경으로 인해 나타난다는 것을 알 수 있다.

⑤ ⊙ 제시문은 서로 다른 환경에 적응하며 생활 방식을 형성하는 과정에서 나타나는 문화적 차이를 설명하고 있다.

06 제시문에는 음식 문화가 자연환경과 인문환경에 따라 다양하게 나타날 수 있음을 보여 주는 사례가 서술되어 있다.

① ✕ 자료에서는 문화를 평가하는 절대적 기준에 관해서는 언급하지 않고 있다.

② ✕ 자료에서는 서로 다른 문화권에서 다양한 문화의 모습이 나타남을 보여 준다.

③ ⊙ 자료에서는 각 사회의 음식 문화가 다름을 서술하며 각각의 문화가 해당 사회의 맥락 속에서 다양하게 나타난다는 것을 보여 주고 있다.

④ ✕ 자료에서는 각 문화권이 가지고 있는 문제점은 드러나지 않고 있다.

⑤ ✕ 자료에서는 우월한 문화를 따르는 것이 문화 발전의 토대가 된다고 주장하지 않는다.

07 (2) 제시문에서는 각 종교에서 제시하는 보편 윤리인 황금률의 내용을 서술하고 있다. 황금률은 다양한 종교와 도덕, 철학에서 볼 수 있는 원칙의 하나로, 다른 사람이 자신에게 해 주었으면 하는 행위를 다른 사람에게 하라는 윤리 원칙을 말한다.

상	황금률의 의미를 바르게 서술한 경우
하	황금률의 의미를 바르게 서술하지 못한 경우

08 (2) ㉠은 보편 윤리이다. 보편 윤리는 시대와 사회를 초월하여 모든 사람이 존중하고 따라야 할 윤리적 기준으로, 바람직한 방향으로 문화를 발전시키기 위해 필요하다.

상	보편 윤리가 필요한 까닭 두 가지를 바르게 서술한 경우
하	보편 윤리가 필요한 까닭 두 가지 중 한 가지만 바르게 서술한 경우

89쪽

01 ②	02 ④

01 자료는 문화를 바라보는 다양한 태도에 관해 서술하고 있다. 문화를 제대로 이해하기 위해서는 보편 윤리를 바탕으로 상대방의 문화적 가치를 인정하는 문화 상대주의적 태도를 추구해야 한다.

알찬 선지 분석

ㄱ. ◎ 자문화 중심주의는 자기 문화의 우월성에 빠져 다른 문화를 부정적으로 평가한다.

ㄴ. ✕ 문화 사대주의는 자기 문화를 열등하게 여기고 다른 민족이나 국가의 문화를 무비판적으로 동경한다.

ㄷ. ✕ 보편 윤리를 바탕으로 문화를 바라보면 인간의 존엄성, 생명 존중, 자유, 평등 등 인류가 공통으로 추구하는 가치에 어긋나는 잘못된 문화는 존중하지 않게 된다.

ㄹ. ◎ 문화 상대주의는 문화가 지닌 고유한 가치를 인정하며 특정한 문화를 기준으로 문화 간 우열을 구분하지 않는다.

키워드 꼬리 질문

Q1 황금률

Q2 인간의 기본적인 권리를 존중하고, 극단적 문화 상대주의로 흐르는 것을 막을 수 있다.

02 A는 문화 상대주의, B는 자문화 중심주의, C는 문화 사대주의이다.

알찬 선지 분석

ㄱ. ◎ A는 문화 상대주의, B는 자문화 중심주의, C는 문화 사대주의이다.

ㄴ. ✕ 자문화 중심주의는 문화 사대주의보다 타 문화를 거부하는 태도가 강하다.

ㄷ. ◎ 자문화 중심주의와 문화 사대주의는 모두 문화를 평가하는 절대적인 기준이 있다고 보고, 그 기준에 비추어 문화의 우열을 가릴 수 있다고 본다.

ㄹ. ◎ 각 문화가 가지는 고유한 가치를 존중해야 한다는 태도는 자문화 중심주의와 문화 사대주의가 모두 낮고, 문화 상대주의는 높다.

키워드 꼬리 질문

Q1 자문화 중심주의

Q2 문화 상대주의

개념 **체크** 문제　　92쪽

포인트 **Pick**

❶ 세계화　❷ 고령화　❸ 관용　❹ 세계시민　❺ 주류

❻ 다양성

01 (1) ○ (2) ○ (3) ✕　　**02** 관용　　**03** (1) ㉠ (2) ㉡

04 (1) ㉡ (2) ㉠　　**05** 용광로

실력 **완성** 문제　　93~94쪽

01 ④　**02** ③　**03** ④　**04** ③　**05** ⑤　**06** ④

07 예시 답안 서로의 문화와 전통을 존중하고 이해하며 공존하는 다문화 사회를 만들고자 한다.

08 (1) A–다문화주의, B–동화주의　(2) 예시 답안 다양한 문화가 조화를 이루어 문화 다양성을 증진한다. 다양한 문화가 동등하게 인정받는다.

09 예시 답안 한국은 서로 다른 문화나 이주민에 관해 부정적이거나 불편해하며 이것은 사회 통합에 부정적 요인으로 작용할 수 있다.

01 다문화 사회는 다양한 인종, 종교, 언어 등 서로 다른 문화적 배경을 가진 사람들이 함께 어우러져 살아가는 사회이다.

알찬 선지 분석

ㄱ. ◎ 외국인 근로자, 국제결혼 이주민의 증가는 다문화 사회로 진입하게 된 원인 중 하나이다.

ㄴ. ✕ 다문화 사회로 변화하면서 이주민 집중 주거 지역, 다문화 거리 등이 생겨나고 있다.

ㄷ. ◎ 세계화와 교통·통신의 발달로 인적·물적 교류가 증가하였다.

ㄹ. ◎ 다문화 사회에서는 여러 가지 문화가 공존하므로 문화적 다양성 보존에 이바지한다.

02 그래프를 보면 우리나라 다문화 학생의 수가 점차 증가함을 알 수 있다. 서로 다른 문화를 지닌 사람들이 증가하면서 우리 사회가 다문화 사회로 변화하고 있다.

알찬 선지 분석

① ◎ 다문화 사회에서는 우수한 인력이 유입되어 경제 활성화에 도움이 될 수 있다.

② ◎ 다문화 사회에서는 문화 다양성이 증대될 수 있다.

③ ✕ 다문화 사회에서는 일손이 부족한 현장에 필요한 노동력이 제공되어 노동력 부족 문제가 해결될 수 있다.

④ ◎ 다문화 사회에서는 문화 간 충돌 문제가 부각될 수 있다.

⑤ ◎ 다문화 사회에서는 서로에 대한 이해가 부족하거나 무지할 경우 편견과 차별에 따른 갈등이 심화될 수 있다.

03 자문화 중심주의 태도를, 을은 문화 상대주의 태도를 가지

고 있다.

ㄱ. ✕ 갑은 자문화 중심주의 태도를 가지고 있다.

ㄴ. ◎ 을은 다른 문화를 그 사회가 처한 맥락에서 이해하려고 하는 문화 상대주의 태도를 가지고 있다.

ㄷ. ✕ 갑은 문화적 차이를 인정하는 관용의 자세를 함양해야 한다.

ㄹ. ◎ 자문화 중심주의적 태도를 가지고 있는 갑은 문화적 편견에서 벗어나야 한다.

04 다문화 사회 정책의 바탕이 되는 이론에는 대표적으로 동화주의(용광로 이론)와 다문화주의(샐러드 볼 이론)가 있다. A는 동화주의이다.

ㄱ. ✕ 문화적 다양성과 존중의 태도를 강조하는 것은 다문화주의이다.

ㄴ. ◎ 동화주의는 주류 문화를 중심으로 하나의 정체성을 형성하여 사회를 통합하려 한다.

ㄷ. ◎ '로마에 가면 로마법을 따르라.'라는 주장은 동화주의와 일맥상통한다.

ㄹ. ✕ 동화주의가 이주민의 문화를 문화 사대주의 관점에서 파악하는 것은 아니다.

05 다문화 사회를 바라보는 이론 중 A는 용광로 이론이고, B는 샐러드 볼 이론이다.

① ✕ 샐러드 볼 이론은 문화의 다양성 보존을 중시한다.

② ✕ 용광로 이론은 주류 문화로의 문화 동화를 중시한다.

③ ✕ 샐러드 볼 이론과 달리 용광로 이론은 자문화 중심주의 태도를 지향하고 있다.

④ ✕ 용광로 이론에 비해 샐러드 볼 이론은 해당 사회의 문화를 그 사회의 입장에서 이해하려고 한다.

⑤ ◎ 용광로 이론과 샐러드 볼 이론은 모두 다문화 사회에서 나타날 수 있는 갈등을 해소하여 사회 전체의 통합을 추구하고자 한다.

06 필자는 다문화 사회로 변화함에 따라 법, 제도 등이 다문화 사회라는 실정에 맞게 변화해야 사회적 갈등과 불안정이 줄어들 수 있다고 본다.

① ✕ 이민자 문화를 우리 문화로 동화시켜야 한다는 주장은 자료에 나타나 있지 않다.

② ✕ 다문화 사회가 사회 통합을 저해하는 요인이라는 주장은 자료에 나타나 있지 않다.

③ ✕ 다문화 사회에 대응하기 위해서는 문화 상대주의 태도의 함양이 필요하지만 필자의 주장과는 관련이 없다.

④ ◎ 필자는 다문화 사회에서 일어날 수 있는 갈등에 대비하여 사

회적 차원에서 법과 제도적 지원을 확대해야 한다고 주장한다.

⑤ ✕ 적극적인 이민 정책을 펼쳐 인구가 유입되면 노동력 부족 문제 해결에 도움이 될 수 있지만 필자의 주장과는 관련이 없다.

07 세계시민의 날은 개인이 자신의 국경을 넘어 생각하고 점점 더 상호 연결되고 상호 의존하는 세계에서 세계시민으로서 자신의 역할을 인식하도록 장려하기 위해 제정되었다.

채점 기준	
상	세계시민의 날이 가지는 의의를 바르게 서술한 경우
하	세계시민의 날이 가지는 의의를 바르게 서술하지 못한 경우

08 다문화 사회를 바라보는 이론 중 A는 다문화주의이고, B는 동화주의이다.

채점 기준	
상	A, B를 바르게 쓰고 다문화주의의 장점을 서술한 경우
하	A, B만 바르게 쓴 경우

09 자료를 보면 한국은 다른 선진국보다 일자리 부족 시 자기 나라 국민의 우선 고용 찬성률이 높고 외국인 근로자나 이민자와 이웃이 되고 싶지 않다고 대답한 비율이 높게 나타났다.

채점 기준	
상	다른 나라와 비교하여 한국의 다문화 수용성에 관한 특징을 바르게 서술한 경우
하	한국의 다문화 수용성이 낮은 수준이라고만 서술한 경우

95쪽

01 ④ **02** ①

01 다문화 사회는 교통·통신의 발달, 세계화의 영향으로 인구 이동이 활발해짐에 따라 나타났다. 다문화 사회로의 변화는 긍정적 측면과 아울러 부정적 측면의 영향도 있다.

① ◎ 국제결혼 및 외국인 근로자의 유입은 다문화 사회의 등장 배경이 될 수 있다.

② ◎ 다문화 사회에서는 여러 문화를 경험하면서 문화 창조 능력이 향상될 수 있다.

③ ◎ 다문화 사회는 저출생, 고령화에 따른 노동력 부족 문제를 해소하는 데 이바지할 수 있다.

④ ✕ 문화적 차이에 따른 다양성 증가는 다문화 사회의 긍정적 영향이다.

⑤ ◎ 다문화 사회에서는 다른 문화에 대한 편견이 차별로 이어져 갈등이 발생할 수 있다.

02 다문화 사회를 바라보는 태도 중 갑은 동화주의를, 을은 다문화주의 태도를 가지고 있다.

ㄱ. ◎ 동화주의 태도를 보이는 갑은 용광로 정책을 옹호할 것이다.

ㄴ. ◎ 서로 다른 문화의 공존을 추구하는 을은 다문화주의를 지향할 것이다.

ㄷ. ✕ 을과 달리 갑은 문화 동화를 통해 다문화 사회의 문제를 해결할 수 있다고 볼 것이다.

ㄹ. ✕ 갑은 주류 문화에 이주민의 문화를 흡수시켜 사회의 동질성을 유지할 것을 강조한다.

98~101쪽

01 ③　**02** ④　**03** 예시 답안 유교적 생활양식과 불교, 한자 사용 등의 공통점이 나타난다. 또한 벼농사를 지으며 식사 도구로 젓가락을 사용한다. **04** ⑤　**05** ③　**06** ①　**07** ④　**08** ⑤ **09** ⑤　**10** ⑤　**11** ④　**12** 예시 답안 갑이 지닌 태도인 자문화 중심주의는 다른 문화를 차별하는 원인이 되어 갈등을 일으킬 수 있다. 을이 지닌 태도인 문화 상대주의는 다문화 사회에서 다른 문화를 바르게 이해하고 문화의 다양성을 보존하는 데 도움을 줄 수 있다. **13** ③　**14** 예시 답안 국내로 유입하는 외국인 주민의 수가 끊임없이 증가하여 한국은 다문화 사회로 변화하고 있다. **15** ③　**16** ②　**17** ⑤

01 (가)는 종교 사원에서 둥근 돔과 높은 첨탑을 볼 수 있는 이슬람교이다. (나)는 종교 사원에서 불탑과 불상을 볼 수 있는 불교이다.

ㄱ. ✕ 윤회 사상을 믿으며 많은 신을 섬기는 종교는 힌두교이다. 이슬람교는 윤회 사상을 믿지 않으며 알라만 섬기고 우상 숭배를 금기시한다.

ㄴ. ◎ 이슬람교 신자들은 돼지를 불결히 여기며 돼지고기와 술을 금기시한다.

ㄷ. ◎ 불교는 석가모니의 가르침을 전하고 실천하는 종교로 스스로 마음을 다스리는 수양을 통해 깨달음을 얻는 것을 중시한다.

ㄹ. ✕ 신자들이 소를 신성시하여 소고기를 먹지 않는 종교는 힌두교이다.

02 기업적 목축으로 양과 소를 사육하고 애버리지니와 같은 원주민의 전통문화가 사라져가고 있으며, 영국 식민 지배의 영향을 받아 영어를 사용하는 문화권은 오세아니아 문화권이다.

① ✕ A는 프랑스이며, 유럽 문화권에 속한다.

② ✕ B는 사우디아라비아이며, 건조 문화권에 속한다.

③ ✕ C는 나이지리아이며, 아프리카 문화권에 속한다.

④ ◎ D는 오스트레일리아이며, 오세아니아 문화권에 속한다. 오스트레일리아는 기업적 목축으로 양과 소를 사육하는 세계적인 농목업 국가이며, 원주민은 애버리지니이다. 영국의 식민 지배를 받는 과정에서 많은 원주민 문화가 파괴되고 사라졌으며, 지금은 인구의 다수가 백인이고 개신교의 비율이 높다.

⑤ ✕ E는 브라질이며, 라틴 아메리카 문화권에 속한다. 브라질은 포르투갈 식민 지배의 영향을 받아 주로 포르투갈어를 사용한다.

03 지도에 표시된 (가) 문화권은 우리나라와 중국, 일본 등을 포함한 동아시아 문화권이다.

상	동아시아 문화권의 문화 요소 두 가지를 모두 바르게 서술한 경우
하	동아시아 문화권의 문화 요소를 한 가지만 바르게 서술한 경우

04 지도에 표시된 (나) 문화권은 멕시코, 브라질, 아르헨티나 등을 포함하는 라틴 아메리카 문화권이다. 라틴 아메리카 문화권은 리오그란데강 남쪽 지역으로, 과거 남부 유럽의 식민 지배를 받아 이곳 주민들은 주로 에스파냐어와 포르투갈어를 사용하고 가톨릭교를 주로 믿는다.

① ✕ 불교와 힌두교의 발상지이며, 언어와 종교가 다양하게 나타나는 문화권은 남부 아시아 문화권이다.

② ✕ 개신교의 비율이 높고 산업 혁명의 발상지로 경제 발전 수준이 높은 문화권은 유럽 문화권(B)이다.

③ ✕ 북서 유럽의 식민 지배를 받아 주로 영어를 사용하고 개신교
　 를 믿는 문화권에는 앵글로아메리카 문화권과 오세아니아 문화
　 권(E)이 있다.
④ ✕ 농경이 어렵고 인간 거주에 불리하여 전통적으로 순록을 유
　 목하며 생활하는 문화권은 북극 분화권(A)이다.
⑤ ◎ 라틴 아메리카 문화권은 원주민, 유럽에서 온 백인, 아프리
　 카에서 강제 이주한 흑인, 그리고 혼혈 등 다양한 인종이 어우러
　 져 살며 남부 유럽 식민 지배의 영향으로 대부분 가톨릭교를 믿
　 는다.

05 자료 속 화폐는 요르단의 화폐이며 국왕의 모습이 그려져
　 있다. 국왕의 복장을 보면 강한 햇빛과 모래바람으로부터
　 머리와 얼굴을 보호하기 위한 천을 두르고 있다.

알찬 선지 분석

① ✕ A는 북극 문화권이며 기온이 낮아 농경이 어려우며 추위를
　 막기 위해 동물 가죽으로 옷을 만들어 입는다.
② ✕ B는 유럽 문화권이다.
③ ◎ C는 건조 문화권으로 주민들은 전통적으로 양과 염소를 유
　 목하고, 오아시스 농업을 통해 대추야자와 밀 등을 재배한다.
④ ✕ D는 아프리카 문화권으로 대체로 무더운 날씨에 대비하여
　 얇고 가벼운 형태의 옷을 주로 입는다.
⑤ ✕ E는 오세아니아 문화권이다.

06 새로운 문화 요소가 등장하거나 다른 문화와의 접촉을 통
　 해 한 사회의 문화 체계가 크게 변화하는 현상을 문화 변동
　 이라고 한다.

알찬 선지 분석

ㄱ. ◎ 문화는 고정되어 있지 않고 시간이 흐르면서 끊임없이 변화
　 하는데 이러한 현상을 문화 변동이라고 한다.
ㄴ. ◎ 발명에 의한 문화 변동은 문화 변동의 내재적 요인으로 새
　 로운 문화 요소가 등장한 경우이다.
ㄷ. ✕ 다른 문화와의 접촉에 의한 변동이 자발적으로 이루어질 수
　 도 있다.
ㄹ. ✕ 발견은 한 사회 내부에서 문화 변동을 가져오는 문화 변동
　 의 내재적 요인이다.

07 문화 변동의 요인 중 A는 직접 전파, B는 간접 전파, C는
　 자극 전파로 모두 문화 변동의 외재적 요인이다.

알찬 선지 분석

ㄱ. ◎ 원에 사신으로 갔던 문익점이 고려로 목화씨를 들여와 널리
　 재배하게 된 것은 직접 전파의 사례이다.
ㄴ. ◎ 드라마와 같은 매개체를 통해 한 사회의 문화가 다른 사회
　 에 전파된 것은 간접 전파의 사례이다.
ㄷ. ✕ 자극 전파는 다른 사회의 문화 요소에서 아이디어를 얻어 새
　 로운 문화 요소의 발명이 일어나는 것이다. 기존에 존재하고 있
　 었지만 알려지지 않았던 문화 요소를 찾아내는 것은 발견으로

문화 변동의 내재적 요인이다.
ㄹ. ◎ A는 직접 전파, B는 간접 전파, C는 자극 전파이다.

08 문화 변동 양상 중 자기 문화의 정체성이 상실되는 A는 문
　 화 동화이고, B, C는 각각 문화 병존과 문화 융합 중 하나
　 이다.

알찬 선지 분석

ㄱ. ✕ 문화 접변은 문화를 수용하는 주체의 자발성에 따라 자발적
　 으로 일어나기도 하고 강제적으로 일어나기도 한다.
ㄴ. ◎ 새로운 문화 요소가 만들어지는 것은 문화 융합이므로 해당
　 질문이 (가)에 들어가면 C는 문화 병존이다.
ㄷ. ◎ C가 문화 병존이면 (가)에는 문화 융합에 관한 질문이 들어
　 가야 한다. 김치 스파게티는 새로운 문화가 만들어진 문화 융합
　 사례이므로 (가)에 들어갈 수 있다.
ㄹ. ◎ 문화 접변에 따른 문화 변동의 결과 문화 동화, 문화 병존, 문
　 화 융합이 나타나므로 해당 질문은 (가)에 들어갈 수 없다.

09 전통문화는 한 사회에서 과거로부터 오랫동안 전해 내려오
　 는 문화 요소 중에서 오늘날까지 구성원들에게 그 가치를
　 인정받고 발전시킬 만한 가치가 있는 것이다.

알찬 선지 분석

갑. ◎ 전통문화는 한 사회에서 오랜 기간 유지되면서 그 사회의 고
　 유한 가치로 인정받는 문화이다.
을. ◎ 우리나라에서는 효와 예를 중시하는 유교 문화가 발달하였다.
병. ✕ 전통문화의 발전을 위해 다른 나라의 문화 요소를 비판적으
　 로 받아들이는 자세가 필요하다.
정. ✕ 각 문화권의 전통문화가 모이면 세계 문화는 다채로워지고
　 인류 문화의 다양성이 증진된다.

10 제시문은 갑국과 을국의 돼지고기와 관련된 문화를 각 사
　 회의 입장에서 설명하고 있다.

알찬 선지 분석

ㄱ. ✕ 갑국과 을국의 문화에 관해 우열을 가려 평가하고 있지
　 않다.
ㄴ. ✕ 갑국과 을국의 문화 형성에 영향을 미친 공통 배경은 나타
　 나 있지 않다.
ㄷ. ◎ 제시문을 통해 문화는 각 사회의 종교, 제사, 혼인 등 인문
　 환경의 영향을 받아 형성된다는 것을 알 수 있다.
ㄹ. ◎ 제시문은 갑국과 을국의 문화를 각 사회의 입장에서 설명하
　 고 있으며 이는 문화 상대주의 태도가 반영된 것이다.

11 문화 이해의 태도 중 다른 문화를 일방적으로 추종하는 태
　 도는 문화 사대주의이므로 A는 문화 사대주의이다.

알찬 선지 분석

ㄱ. ✕ 문화 사대주의와 자문화 중심주의는 모두 문화를 평가하는
　 절대적인 기준이 있다고 보므로 해당 질문은 (가)에 들어갈 수

없다.

ㄴ. ◎ 문화 사대주의와 자문화 중심주의는 문화 다양성 확보에 불리하므로 해당 질문은 (가)에 들어갈 수 있다.

ㄷ. ✕ 자문화 중심주의는 문화 사대주의에 비해 다른 사회와 마찰을 초래할 가능성이 크므로 해당 질문은 (나)에 들어갈 수 없다.

ㄹ. ◎ 자문화 중심주의는 문화 제국주의로 나아갈 수 있다는 비판을 받으므로 해당 질문은 (나)에 들어갈 수 있다.

12 갑은 A 부족의 문화는 야만적, 자국의 문화는 선진적 문화라고 평가하므로 자문화 중심주의 태도를 보인다. 을은 A 부족의 문화가 형성된 환경과 역사적 맥락을 고려하여 이해하므로 문화 상대주의 태도를 보인다.

채점 기준

상	갑과 을이 지닌 문화 이해 태도의 특징을 모두 바르게 서술한 경우
하	갑과 을이 지닌 문화 이해 태도의 특징 중 한 가지만 바르게 서술한 경우

13 문화 이해의 태도 중 국수주의로 흐를 가능성이 큰 것은 자문화 중심주의이므로 B는 자문화 중심주의이다. 문화 사대주의와 달리 문화 상대주의는 문화의 다양성 증진에 이바지하므로 A는 문화 사대주의, C는 문화 상대주의이다.

알찬 선지 분석

ㄱ. ✕ 문화 상대주의는 각 사회의 문화가 나름의 가치를 지닌다고 본다. (가)에는 옳지 않은 내용이 들어가야 하므로 해당 내용은 (가)에 들어갈 수 없다.

ㄴ. ◎ 문화 상대주의는 문화를 평가의 대상이 아닌 이해의 대상으로 본다. (가)에는 옳지 않은 내용이 들어가야 하므로 해당 내용은 (가)에 들어갈 수 없다.

ㄷ. ◎ 문화 사대주의와 자문화 중심주의는 문화 상대주의와 달리 문화 간에 우열이 있다고 본다.

ㄹ. ✕ 자신의 문화를 우수한 것으로 여기고 다른 문화를 낮게 평가하는 자문화 중심주의는 다른 사회와 마찰을 초래할 가능성이 큰 태도이다.

14 제시문은 우리나라에서 외국인 주민 비율이 늘어나고 있음을 보여 준다. 외국인 주민 비율이 늘어나게 되면서 우리 사회가 다문화 사회로 변해가고 있음을 알 수 있다.

채점 기준

상	외국인 주민 수가 증가하면서 우리 사회가 다문화 사회로 변화하고 있다는 내용을 바르게 서술한 경우
하	우리 사회가 다문화 사회로 변화하고 있다고만 서술한 경우

15 다문화 사회는 다양한 인종, 종교, 언어 등 서로 다른 문화적 배경을 가진 사람들이 함께 어우러져 살아가는 사회이

다. ㉠에는 옳은 내용을 발표한 학생의 수가 들어가고 (가)에는 옳지 않은 내용이 들어가야 한다.

알찬 선지 분석

ㄱ. ◎ 갑과 을 모두 옳은 내용을 발표하였다.

ㄴ. ◎ 다문화 사회에 진입하면 다양한 문화를 쉽게 접할 수 있으며 이 과정에서 문화이 다양성은 확대될 것이다.

ㄷ. ✕ (가)에는 옳지 않은 내용이 들어가야 하므로 해당 내용은 (가)에 들어갈 수 없다.

16 자료는 성인 연령대별 다문화 수용성 지수를 나타내며 전반적으로 연령이 낮을수록 다문화 수용성이 높다.

알찬 선지 분석

ㄱ. ◎ 2018년 대비 2021년에 20대와 60대 이상의 다문화 수용성 격차는 7.41점에서 4.42점으로 감소하였다.

ㄴ. ✕ 2018년과 2021년 모두 성인 연령대가 높을수록 다문화 수용성은 하락하였다.

ㄷ. ◎ 2018년 대비 2021년에 다문화 수용성이 가장 큰 폭으로 하락한 연령대는 55.07점에서 52.98점으로 하락한 30대이다.

ㄹ. ✕ 2018년과 비교하면 2021년에 50대 이상은 다문화 수용성이 상승하였다. 따라서 2018년에 비해 2021년에 다문화 수용성을 높이는 교육이 필요한 연령대가 50대와 60대 이상이라고 단정지을 수 없다.

17 갑은 용광로 이론을, 을은 샐러드 볼 이론을 바탕으로 다문화 사회를 바라보고 있다.

알찬 선지 분석

① ✕ 갑에 비해 을이 문화 상대주의 태도에 가깝다.

② ✕ 갑의 관점은 동화주의, 을의 관점은 다문화주의에 해당한다.

③ ✕ 을의 관점은 갑의 관점과 달리 문화의 다양성 증진을 강조한다.

④ ✕ 을에 비해 갑의 관점이 자문화 중심주의에 가깝다.

⑤ ◎ 갑의 관점은 공통의 정체성 확립을, 을의 관점은 다양한 문화의 공존을 목표로 한다.

개념 체크 문제
108쪽

포인트 Pick

❶ 산업화 ❷ 집약적 ❸ 녹지 ❹ 개인
❺ 열섬 현상 ❻ 도시 홍수 ❼ 노동 문제 ❽ 인간 소외
❾ 대중교통

01 ㉠ 산업화 ㉡ 도시화 02 (1) ㉡ (2) ㉡ (3) ㉡
03 (1) × (2) ○ (3) ○ 04 (1) 이촌향도 (2) 열섬 현상
(3) 인간 소외 현상 05 (1) ㉢ (2) ㉠ (3) ㉡

실력 완성 문제
109~113쪽

01 ⑤ 02 ② 03 ④ 04 ③ 05 ② 06 ① 07 ④
08 ⑤ 09 ⑤ 10 ④ 11 ⑤ 12 ① 13 ① 14 ④
15 ③ 16 ② 17 ② 18 ③

19 **예시 답안** 1차 산업 비율은 낮아지고 2·3차 산업 비율은 높아졌다. 이에 따라 농경지·임야 비율은 낮아지고 주거 용지, 공업 및 상업 용지 비율은 높아졌을 것이다.

20 **예시 답안** 인구가 도시로 밀집하면서 주택이 부족해지고 집값이 상승하였기 때문이다.

21 **예시 답안** 교육·의료·문화 시설의 확충 등을 통해 생활 여건을 개선하고, 일자리를 창출하여 도시와 촌락의 발전 격차를 해소한다.

01 농업 중심의 산업 구조가 광공업과 서비스업 중심의 산업 구조로 변화하는 과정을 뜻하는 ㉠은 산업화이며, 산업화로 촌락 인구가 도시로 향하는 ㉡은 현상인 이촌향도가 나타났다. 이촌향도 현상으로 전체 인구 중 도시 거주 인구 비율이 높아지는 ㉢ 도시화가 촉진되었다.

알찬 선지 분석

① ◉ 산업화는 18세기 산업 혁명을 계기로 생산 활동이 분업화·기계화되면서 나타났다.

② ◉ 산업화로 경제·사회·문화 등에서 변화가 발생하여 생산력 증대와 전반적인 생활 수준의 향상, 인구의 급증이 나타났다.

③ ◉ 촌락의 인구가 일자리가 많은 도시로 이주하는 현상은 이촌향도이다.

④ ◉ 도시화는 개발 도상국보다 산업화가 먼저 나타난 선진국에서 먼저 나타났다.

⑤ ⊗ 도시화로 전체 가족 형태 중 대가족이 차지하는 비율은 낮아지고 핵가족과 1인 가구가 차지하는 비율이 높아졌다.

02 그래프의 A는 1960년 이후 꾸준히 감소하여 2022년 가장 낮은 비율을 차지하는 1차 산업, C는 2022년 가장 높은 비율을 차지하고 있는 3차 산업, 나머지 B는 2차 산업이다.

알찬 선지 분석

ㄱ. ◉ 1차 산업 종사자 비율이 높은 1960년보다 3차 산업 종사자 비율이 높은 2000년에 직업의 종류가 더 다양하다.

ㄴ. ⊗ 1970년이 2010년보다 1차 산업 종사자 비율이 7배 이상 높고 농림어업 종사자 수도 많다.

ㄷ. ◉ 1980년보다 2020년의 1차 산업 종사자 비율은 낮고 3차 산업 종사자 비율은 높으므로 산업 구조는 더 고도화되었다.

ㄹ. ⊗ A는 1차 산업, B는 2차 산업, C는 3차 산업이다.

03 우리나라는 1960년 이후 도시화가 급속도로 진행되었으며, 1990년 이후 도시화율의 진행 속도가 완만해졌다.

알찬 선지 분석

ㄱ. ⊗ 1960년은 도시화율이 50% 이하이므로 도시 인구가 촌락 인구보다 적다.

ㄴ. ◉ 1970년대는 2000년대보다 도시화율이 급속히 높아진 것을 통해 이촌향도 현상이 더 뚜렷하게 나타났음을 알 수 있다.

ㄷ. ⊗ 1980년은 도시화율이 더 높은 2010년보다 3차 산업 종사자 비율이 낮다.

ㄹ. ◉ 1990~2000년은 2010~2020년보다 도시 인구 증가율이 높다.

04 (가) 시기보다 (나) 시기에 임야와 논밭의 면적이 감소하고, 대지와 도로의 면적이 증가하였음을 알 수 있다. 따라서 (나) 시기는 (가) 시기보다 도시화율과 자동차 보급률이 높고 1차 산업 종사자 비율은 낮으므로 C이다.

05 (가) 시기 농경지와 갯벌이었던 지역이 (나) 시기에 시가지로 발달하였다. 도시화가 이루어지면서 (가) 시기보다 (나) 시기는 토지 이용의 집약도와 지표 포장 면적 비율이 높고, 경지 면적 비율은 낮다.

06 그래프의 (가)에는 산업화·도시화 이전에 높게 나타나는 항목인 녹지 면적, 세대 구성원 수가 들어가야 한다. (나)에는 산업화·도시화 이후에 높게 나타나는 항목인 교통 혼잡 비용, 1인 가구 비율 등이 들어가야 한다.

07 제시된 노래 가사 속에는 도시의 특징과 도시에서 살아가는 사람들의 일상이 표현되어 있다.

알찬 선지 분석

ㄱ. ◉ 도시는 자동차 보급률이 높아 교통 체증 등의 교통 문제와 소음 피해 등이 발생 빈도가 높다.

ㄴ. ◉ 도시는 땅값과 임대료가 비싸므로 토지의 집약적 이용이 나타나 건물이 높아진다.

ㄷ. ⊗ 모두가 똑같은 얼굴을 하고 있다는 것이 직업의 종류가 단조로움을 의미하지 않는다. 도시화로 직업의 종류는 많아지고 직업군이 세분화되었다.

ㄹ. ◉ 함께 있는 사람들이 외로움을 느끼는 것은 2차적 인간관계

가 확대되고 개인주의적 가치관이 확산되었기 때문이다.

08 제시된 글에서 '나'는 편의점의 청년에게 필요한 말만 건네고 마음만 먹으면 어떤 말도 안할 수 있다. 또한 편의점을 오가는 많은 사람들이 서로를 알지 못한다. 이를 통해 학습할 수 있는 도시화 관련 주제로는 '도시적 생활양식과 개인주의 가치관의 확산'이 가장 적절하다.

09 우리나라 세대 구성 변화 그래프를 살펴보면 1990년 이후 1인 가구와 1세대 가구, 비친족 가구의 비율이 증가하고, 2세대 이상 가구 비율은 감소하고 있음을 알 수 있다. 도시화가 진행됨에 따라 핵가족과 1인 가구가 보편화되고 가족이 함께 해결해야 하는 일의 범위가 축소되고 있다.

> **알찬 선지 분석**
> ① ✕ 1인 가구와 1세대 가구 비율이 증가하고 있으며 평균 가구원 수는 감소하고 있다.
> ② ✕ 대가족은 부모와 자녀 외에 조부모나 형제자매, 사돈 등이 같이 거주하는 가족 형태이다. 3세대 이상 가구가 감소하는 것으로 보아 가족 형태 중 대가족의 비율은 감소하고 있다.
> ③ ✕ 1인 가구와 비친족 가구가 차지하는 비율이 높아지는 것을 보아 결혼이 가구를 구성하는 필수 요소가 아님을 알 수 있다.
> ④ ✕ 1인 가구가 증가하였으며 혈연이나 지연으로 형성된 1차적 인간관계를 중시하는 경향이 약화되고 있다.
> ⑤ ◎ 1인 가구와 1세대 가구가 증가한 것을 통해 전통이나 규범보다 개인의 생활 방식을 중시하는 경향이 커지고 있음을 알 수 있다.

10 서울의 A 지역은 도심이며, 접근성과 지대가 높아 상업 및 업무 기능이 집중된 중심 업무 지구이다. B 지역은 도시의 주거 지역이며, 도시 내부 구조의 분화로 학교와 아파트 등이 모여 있는 주거 지역이다.

> **알찬 선지 분석**
> ㄱ. ✕ 중심 업무 지구에 해당하는 A는 주거 지역에 해당하는 B보다 아파트와 학교 수가 적다.
> ㄴ. ◎ 중심 업무 지구에 해당하며 도시의 중심에 위치한 A는 도시의 주변부에 위치한 B보다 시가지의 형성 시기가 이르다.
> ㄷ. ◎ 주거 기능이 발달한 B는 상업 및 업무 기능이 발달한 A보다 출근 시간대 유출 인구가 많다.
> ㄹ. ✕ 주거 기능이 발달한 B는 상업 및 업무 기능이 발달한 A보다 상업 및 업무 기능의 집중도가 낮다.

11 (가)는 아버지가 농업에 종사하고, 가족 구성원이 7남매로 많고 부모, 자식 세대와 조부모 세대도 함께 사는 대가족을 이룬다. 따라서 (가)는 산업화·도시화가 본격적으로 이루어지기 이전 시기이다. (나)는 부모님이 모두 회사에 다니시며, 스마트폰으로 게임을 즐기고 복합 쇼핑몰에서 쇼핑을 즐기는 등 산업화·도시화 이후 시기이다.

> **알찬 선지 분석**
> ㄱ. ✕ 산업화와 도시화가 진행된 (나) 시기에는 다양성을 중시하는 개인주의가 확산되면서 공동체 의식은 약해졌다.
> ㄴ. ✕ (나) 시기에는 핵가족과 1인 가구가 보편화되면서 평균 가구원 수는 줄어들었다.
> ㄷ. ◎ 산업화·도시화가 진행되며 도시 거주 인구 비율은 높아지고 촌락 거주 인구 비율은 낮아졌다.
> ㄹ. ◎ 산업화·도시화로 직업의 분화가 진행되었으며 직업군과 직업 종류가 다양해졌다.

12 자동차나 냉·난방기에서 나오는 인공열, 콘크리트와 아스팔트가 내뿜는 복사열 등으로 도시 지역의 기온이 주변 지역에 비해 높아지는 현상을 열섬 현상이라고 한다.

> **알찬 선지 분석**
> ① ◎ 열섬 현상은 도시 내부의 지표 포장 면적 증대, 냉·난방 시 배출되는 인공열 등으로 도시의 기온이 주변보다 높게 나타나는 현상이다.
> ② ✕ 열대야 현상은 주로 밤이나 새벽에 해당하는 일 최저 기온이 25℃ 이상으로 높아지는 것을 말하며, 주로 무더운 여름철에 발생한다.
> ③ ✕ 이촌향도 현상은 촌락의 인구가 일자리가 많은 도시로 이주하는 현상을 말한다.
> ④ ✕ 인간 소외 현상은 인간이 본래 가지고 있는 인간성을 상실하고 인간다운 삶을 잃어버리는 현상을 말한다.
> ⑤ ✕ 도시 내부 구조의 분화는 도시 내의 접근성과 지대의 차이가 나타나 중심 업무 지구, 상업 지역, 주거 지역, 공업 지역 등으로 기능에 따라 지역이 분화되는 것을 말한다.

13 도시화 이전과 이후 강우 시 유출량 변화를 살펴보면, 도시화 이전보다 도시화 이후의 유출량 변화가 더 크게 나타남을 알 수 있다. 이는 도시의 지표에 포장 면적이 증가하고 물이 땅속으로 흡수되지 않는 불투수 면적이 늘어났기 때문이다.

> **알찬 선지 분석**
> ㄱ. ◎ 그래프를 통해 도시화 이후 강우 시 하천 유출량 변화가 커졌음을 알 수 있다.
> ㄴ. ◎ 도시화 이후 강우 시 하천 유출량이 최고점에 이르는 시간이 짧아졌으며, 하천 수위 상승 속도 역시 빨라질 것이다.
> ㄷ. ✕ 도시화 이후 하천 유출량 변화가 커진 것은 지표의 포장 면적이 증가하고 지표에서 불투수 면적이 차지하는 비율이 높아졌기 때문이다.
> ㄹ. ✕ 도시화 이후 하천 유출량이 최고점에 이르는 시기가 빨라지고, 하천 유출량 변화가 커진 점을 통해 도시화 이후 홍수 발생 위험도가 높아졌음을 알 수 있다.

14 <과거> 사진은 하천이 도로로 덮여 복개된 모습이며, <현재> 사진은 하천을 덮던 도로를 걷어내고 하천을 복원한 모습이다. 이러한 하천 복원 사업으로 지표 포장 면적이 감소하고 녹지 면적이 증가하며 인공열 방출에 따른 열섬 현상이 완화될 수 있다.

15 유럽 일부 국가에서 등장한 세대 공존형 주거 단지(㉠)는 여러 세대와 이웃 간의 소통과 교류를 늘리고 서로 협력하는 문화를 만들기 위한 공동 주거 공간이다. 이와 같은 주거 단지가 설립되고 활성화되면 공동체 의식이 향상되며 산업화·도시화, 지나친 개인주의에서 비롯되는 인간 소외 현상을 해소할 수 있다.

16 (가)는 지하철에서 많은 사람들이 북적이고 있는 모습이 표현된 교통 문제이며, (나)는 맑은 하늘을 볼 수 없어 안타까워하는 모습이 표현된 환경 문제이다. 교통 문제의 원인은 인구 밀집에 따른 도로 및 대중교통 시설 부족이며, 이를 해결하기 위해서는 대중교통 체계를 정비하고 도로와 주차장 등의 기반 시설을 확충해야 한다. 환경 문제의 원인은 산업 시설 및 가정에서의 오염 물질 배출이 증가하는 것이며, 이를 해결하기 위해서 국가는 오염 물질 배출을 규제하고 관리하는 정책을 시행하며 환경과 조화를 이루는 도시 개발을 추진해야 한다. 따라서, (가)는 A, (나)는 C이다. 물질적 가치와 경쟁을 강조하는 사회 구조로 나타난 B는 타인에 대한 무관심과 이기주의이며, 이를 해결하기 위해서는 지역 공동체 회복을 위한 다양한 정책을 추진해야 한다.

17 주변 촌락보다 도시에서 나타나는 기후 특성이며, 주변 지역보다 도시의 기온을 높게 만들고 열대야 현상을 유발하는 ㉠은 열섬 현상이다.

ㄱ. ✕ 옥상 정원을 조성하고 녹지 공간을 확대하면 인공열 방출에 따른 열섬 현상을 완화할 수 있다.

ㄴ. ✕ 도시 내 아스팔트와 시멘트 포장 면적이 확대되면 인공열 방출이 증가하고 열섬 현상이 심화될 수 있다.

ㄷ. ◎ 바람길 조성으로 건물 간 바람이 잘 통하도록 하면 도시의 기온이 내려가 열섬 현상이 완화될 수 있다.

ㄹ. ✕ 냉방기 사용이 증가하면 냉방열이 도시로 방출되며, 화석 에너지 사용이 늘어나면 온실가스가 증가하여 열섬 현상이 심화된다.

18 (가)는 오래되고 낡은 주거지를 철거하고 대규모 아파트 단지를 새로 조성하는 형태의 도시 재생 사업이며, (나)는 기존의 낡은 건물을 고치고 수리하여 문화 및 관광 산업을 육성하는 형태의 도시 재생 사업이다.

ㄱ. ✕ 기존의 낡은 건물을 철거하는 형태의 (가)는 기존 건물을 수리 및 개조하는 형태의 (나)보다 건물의 재활용 비율이 낮다.

ㄴ. ◎ 기존의 낡은 건물을 철거하고 새롭게 아파트 단지를 조성하는 (가)는 기존 건물을 수리·개조하는 (나)보다 투입되는 자본의 규모가 크다.

ㄷ. ◎ 기존 건물을 수리·개조하는 형태의 (나)는 기존의 건물을 철거하는 형태의 (가)보다 원거주민의 재정착률이 높다.

ㄹ. ✕ 기존의 건물을 수리·개조하는 형태의 (나)는 새로운 아파트 단지를 조성하는 (가)보다 도시 재생 이후 토지 이용의 집약도가 낮다.

19 자료는 어느 지역의 산업별 종사자 비율 변화를 나타낸 것이다. 이 지역의 1차 산업 종사자 비율은 67.3%에서 0.1%로 감소하였으며, 2차 산업 종사자 비율은 2.4%에서 33.4%로 증가하였고 3차 산업 종사자 비율 역시 30.3%에서 66.5%로 증가한 것을 통해 산업화·도시화가 이루어졌음을 알 수 있다.

상	산업화·도시화 이후 산업 구조와 토지 이용의 변화를 모두 바르게 서술한 경우
하	산업화·도시화 이후 산업 구조와 토지 이용의 변화 중 한 가지만 바르게 서술한 경우

20 자료는 생애 최초 주택 마련 소요 연수가 점차 늘어나고 있는 주택 문제에 관한 것이다. 인구가 도시로 밀집하면 도시의 주택이 부족해지고 집값이 상승하여 이러한 주택 문제가 발생한다.

상	인구의 도시 집중과 이로 인한 주택 부족 및 집값 상승을 모두 바르게 서술한 경우
하	집값 상승만 서술한 경우

21 자료는 우리나라 촌락의 빈집이 많아지고, 의료와 교육 등의 생활 기반 시설이 부족해지는 촌락 문제에 관한 것이다. 산업화·도시화로 많은 인구가 도시로 집중되면서 촌락은 노동력이 부족해지고 경제활동이 위축되며 생활 여건이 악화되는 문제가 발생한다.

상	촌락 쇠퇴 문제의 대책을 두 가지 모두 바르게 서술한 경우
하	촌락 쇠퇴 문제의 대책을 한 가지만 바르게 서술한 경우

01 ④　　**02** ②　　**03** ④　　**04** ④

01 지도에 표시된 세 국가는 남아메리카에 위치한 에콰도르, 유럽에 위치한 영국, 아프리카에 위치한 차드이다. 세 국가 중 1960년부터 2020년까지 도시화율이 가장 높은 (가)는 유럽에 위치한 영국이다. 1960년부터 2020년까지 도시화율이 가장 낮은 (다)는 아프리카에 위치한 차드이다. 나머지 (나)는 세 국가 중 도시화율이 빠르게 증가하고 있는 남아메리카의 에콰도르이다.

알찬 선지 분석

ㄱ. ✖ (가)는 1980~1990년 동안 도시화율이 크게 변화하지 않았으나 (나)는 1980~1990년 동안 도시화율이 크게 상승하였다. 따라서, (가)는 (나)보다 1980~1990년 도시 인구 증가율이 낮다. 에콰도르와 같은 개발 도상국은 1970~1990년대 농촌의 인구가 도시로 이주하는 이촌향도 현상이 활발하게 나타났다.

ㄴ. ◎ (나)는 (다)보다 2020년 도시화율이 높으며 국가 내 3차 산업 종사자 비율이 높다. 차드는 산업화·도시화가 본격적으로 진행되지 않아 도시화율이 낮고 3차 산업 종사자 비율이 낮다.

ㄷ. ✖ (다)는 (가)보다 도시화율이 낮으며, 산업화의 시작 시기가 늦다. 영국은 18세기 산업 혁명 이후 산업화·도시화가 시작되었으며 1960년에 이미 도시화율이 약 80%에 이르렀다.

ㄹ. ◎ (가)는 유럽의 영국, (나)는 아메리카의 에콰도르, (다)는 아프리카의 차드이다.

키워드 꼬리 질문

Q1 남아메리카, 유럽, 아프리카

Q2 유럽

Q3 영국, 산업 혁명이 시작되었으며 산업화와 도시화가 나타난 시기가 이르다.

02 그래프의 세 국가 중 도시화율이 가장 높으며, 1차 산업 종사자 비율이 가장 낮고 3차 산업 종사자 비율이 가장 높은 (가)는 영국이다. 세 국가 중 도시화율이 가장 낮으며, 1차 산업 종사자 비율이 가장 높고 3차 산업 종사자 비율이 가장 낮은 (다)는 나이지리아이다. 나머지 (나)는 멕시코이다.

알찬 선지 분석

① ✖ (가) 영국은 산업 혁명이 시작된 국가로 (나) 멕시코보다 산업화·도시화가 시작된 시기가 이르다.

② ◎ (나) 멕시코는 산업화·도시화가 진행되어 3차 산업 종사자 비율이 높아진 개발 도상국이다. (다) 나이지리아는 아직 도시화율이 약 50% 정도이며 1차 산업 종사자 비율이 높아 멕시코보다 산업화·도시화 정도가 작다. 따라서 1인당 국내 총생산은

(나)가 (다)보다 크다.

③ ✖ (가) 영국은 (나) 멕시코보다 산업 종사자 수가 적음을 그래프를 통해 확인할 수 있다.

④ ✖ (나) 멕시코는 (다) 나이지리아보다 연평균 도시 인구 증가율이 낮음을 그래프를 통해 확인할 수 있다.

⑤ ✖ (가)는 영국, (나)는 멕시코, (다)는 나이지리아이다.

키워드 꼬리 질문

Q1 영국

Q2 나이지리아

Q3 나이지리아는 이촌향도 현상이 활발하여 산업화와 도시화가 진행된 선진국에 비해 도시 인구 증가율은 높고 도시화율은 상대적으로 낮다.

03 (가)는 출근 시간대 승차 인원보다 하차 인원이 많고 퇴근 시간대 하차 인원보다 승차 인원이 많은 것으로 보아 상업 및 업무 기능이 발달한 도심 지역이다. (나)는 출근 시간대 하차 인원보다 승차 인원이 많고 퇴근 시간대 승차 인원보다 하차 인원이 많은 것으로 보아 주거 기능이 발달한 도시의 주변 지역이다.

알찬 선지 분석

ㄱ. ✖ (가)는 출근 시간대 승차 인원보다 하차 인원이 많은 것을 통해 출근 시간대 유입 인구가 유출 인구보다 많음을 알 수 있다. 도심 지역은 상업 및 업무 기능이 집중되어 출근 시간대에 유입되는 인구가 많다.

ㄴ. ◎ 도심에 해당하는 (가)는 주거 지역에 해당하는 (나)보다 시가지가 먼저 형성되었다.

ㄷ. ✖ 도심에 해당하는 (가)는 도시의 중심부에 위치하여 다른 지역과의 접근성이 높으며, 접근성이 높아 상업 및 업무 기능이 집중되고 땅값이 비싸다. 따라서 (가)는 (나)보다 다른 지역과의 접근성이 높고, 지가와 지대도 높다.

ㄹ. ◎ 주거 기능이 발달한 주변 지역에 해당하는 (나)는 (가)보다 아파트에 거주하는 인구가 많다.

키워드 꼬리 질문

Q1 (가)

Q2 (나)

Q3 출근 시간대 승차 인원이 많다는 것은 해당 지역에 주거하면서 다른 지역의 직장이나 상업 시설로 이동하는 사람이 많다는 것을 의미한다.

04 그림의 (가) 시기는 도시화 이전, (나) 시기는 도시화 이후를 뜻한다. 그래프의 A는 강우 시 하천 유출량이 빠르게 증가하는 것으로 보아 도시화 이후 지표의 포장 면적이 확대되고 지표의 평균 투수율이 낮아진 시기의 유출량 변화이며, B는 도시화 이전의 유출량 변화이다.

① ✕ (가)는 도시화 이전이며 이 시기의 하천 유출량은 B, (나)는 도시화 이후이며 이 시기의 하천 유출량은 A이다.

② ✕ 도시화 이전의 하천 수위 B를 보면 도시화 이후의 하천 유출량 A보다 강우 시 유출량 변화가 작음을 알 수 있다.

③ ✕ 도시화 이후의 하천 수위 A를 보면 도시화 이전의 하천 유출량 B보다 강우 시 최고 수위 도달 시간이 빠름을 알 수 있다.

④ ◎ 녹지 공간의 면적이 넓어지면 지표의 평균 투수율이 높아지고 하천 유출량은 A에서 B로 변할 것이다.

⑤ ✕ 지표의 평균 투수율이 낮아지면 하천 유출량은 B에서 A로 변할 것이다.

키워드 꼬리 질문
Q1 (나)
Q2 A

⑪ 교통·통신 및 과학기술의 발달

개념 체크 문제

121쪽

포인트 Pick

❶ 교외화 ❷ 대도시권 ❸ 전자 상거래 ❹ 원격 근무
❺ 가상 ❻ 전자 ❼ 양극화 ❽ 침해

01 (1) 대도시권 (2) 정보 격차
02 (1) ㉡ (2) ㉠   03 (1) ○ (2) ○ (3) ✕
04 (1) ㉠ (2) ㉢ (3) ㉡   05 지역 조사

실력 완성 문제

122~127쪽

01 ⑤	02 ⑤	03 ⑤	04 ②	05 ③	06 ②	07 ③
08 ①	09 ③	10 ①	11 ①	12 ⑤	13 ②	14 ②
15 ④	16 ④	17 ⑤	18 ①	19 ④	20 ①	21 ①
22 ②						

23 예시 답안 (가) 관광객 증가와 음식 및 숙박업의 매출 증가 (나) 쇼핑, 의료, 교육 분야의 매출이 감소하는 등의 빨대 효과 발생

24 예시 답안 제4차 산업 혁명으로 원격 및 재택근무가 증가하고, 생활의 편리성이 증대되며, 비대면 접촉을 통한 다양한 인간관계가 형성될 수 있다.

25 예시 답안 사이버 범죄 관련 법적·제도적 규제를 강화하고, 사이버 범죄 피해를 예방하기 위한 보안 프로그램을 개발한다.

---

01 제시된 글에는 자동차, 고속 열차, 항공기 등의 교통 발달과 인터넷, 휴대전화 등의 통신 발달에 관한 내용이 담겨 있다.

알찬 선지 분석

① ◎ 교통 발달로 거리에 따른 공간적 제약이 작아지고 통근과 쇼핑 등 일상생활이 이루어지는 범위가 넓어졌다.

② ◎ 교통 발달로 다른 지역과의 접근성이 높아지고, 국내외 여행이 증가하여 여가 공간의 범위가 확대되었다.

③ ◎ 통신의 발달로 온라인 학습, 재택근무가 활성화되면서 비대면 인간관계가 증가하였다.

④ ◎ 교통·통신의 발달로 다국적 기업의 본사, 연구소, 생산 공장 등이 세계 곳곳에 분산되어 입지하는 공간적 분업이 활발해졌다.

⑤ ✕ 고속 국도나 철도, 항공 등의 교통망이 발달한 대도시는 대도시권을 형성하며 그 기능과 영향력이 강화되었다.

02 그림을 통해 과거 마차, 증기 기관차, 프로펠러 비행기를 교통수단으로 활용하던 때보다 제트 비행기를 교통수단으로 활용하면서 지구의 상대적 크기가 작아졌음을 알 수 있다.

알찬 선지 분석

① ✕ 교통 발달로 경제활동 및 일상생활의 범위와 여가 공간은 확대되었다.

② ✕ 지역 간 물리적 거리는 그대로이지만, 교통 발달로 지역 간 시간적 거리는 감소하였다.

③ ✕ 교통 발달로 일상생활의 범위와 여가 공간이 확대되었으며 다양한 문화 체험의 기회가 증가하였다.

④ ✕ 교통 발달로 국가 간 교류의 시공간적 제약은 작아졌다.

⑤ ◎ 교통 발달로 선박과 항공기를 통해 사람과 물자의 이동이 활발해지면서 해외에서 유입된 동식물이 토종 동식물의 생태계를 위협하는 생태환경 교란 문제가 심화되었다.

03 그래프를 살펴보면 1980년 이후 우리나라를 찾는 외국인 관광객과 내국인 해외여행객 수가 꾸준히 증가하였음을 알 수 있다. 다만, 코로나바이러스감염증-19의 영향으로 2022년에는 우리나라를 찾는 외국인 관광객과 내국인 해외여행객 수가 크게 감소하였다.

알찬 선지 분석

① ◎ 국내외 해외여행객 수가 증가한 것을 통해 교통 발달 이후 여가 활동의 범위가 넓어졌음을 알 수 있다.

② ◎ 교통 발달 이후 국내외 해외여행객 수가 증가하고 관광 및 문화 산업이 성장하였다.

③ ◎ 교통 발달로 국내외 해외여행객 수가 증가하였으며 이를 통해 다른 국가의 문화를 접할 수 있는 기회가 확대되었다.

④ ◎ 교통 발달로 지역 간 교류가 활발해지고, 여러 분야에서 국가 간 상호 작용이 활발해졌다.

⑤ ✕ 교통이 발달하면 특정 지역에서 발생한 전염병이 세계 곳곳으로 전파되어 피해를 일으키는 경우가 많다. 대표적인 사례로

코로나바이러스감염증-19가 있으며, 이를 통해 교통 발달로 전염병의 확산 범위가 확대되고 전파 속도가 빨라졌음을 알 수 있다.

04 두 시기 수도권 통근 네트워크를 통해 1996년에 비해 2019년 수도권의 통근 범위가 확대되고 통근자 수 역시 증가하였음을 알 수 있다.

> **알찬 선지 분석**
> ㄱ. ◎ 교통 발달로 이동에 필요한 시간과 비용이 감소하면서 지역 간 접근성이 향상되었으며, 수도권 내 다른 지역으로 통근하는 사람의 숫자가 늘고, 통근 범위도 확대되었다.
> ㄴ. ✕ 교통·통신 시설 건설 과정에서 생태계가 파괴되었다.
> ㄷ. ◎ 교통·통신의 발달로 통근 가능 범위가 확대되고 대도시의 지가가 오르면서 주거 기능이 도시 외곽 지역으로 이동하는 교외화 현상이 나타났다. 주거지의 교외화로 인해 먼 지역까지 통근하는 사람의 숫자도 늘고, 통근 범위도 확대되었다.
> ㄹ. ✕ 인터넷 발달로 원격 근무가 일상화된다면 대면 접촉의 중요성이 낮아져 수도권 내 통근자 수는 오히려 감소할 수 있다.

05 지도를 보면 고속 철도망 구축 계획이 실현된 경우 고속 철도망이 더 복잡해지고, 고속 철도 정차 지역이 크게 늘어나게 됨을 알 수 있다.

> **알찬 선지 분석**
> ㄱ. ✕ 고속 철도망이 확장되면 300km/h 이상의 고속 철도와 200km/h 이상의 고속화 철도가 정차하는 지역이 많아지고 지역 간 평균 이동 시간이 줄어들 것이다.
> ㄴ. ◎ 고속 철도망 구축 계획이 실현되면 고속 철도가 동해안을 따라 지나가게 되어 동해안 지역으로의 접근성이 향상될 것이다.
> ㄷ. ◎ 고속 철도망이 구축되면 고속 철도를 이용하는 비율이 증가하고 고속 국도 통행량의 분산 효과가 나타날 것이다.
> ㄹ. ✕ 고속 철도 이용객이 증가하면 고속 철도 신규 정차 지역에 유동 인구가 많아지고, 해당 지역의 상권이 확대될 것이다.

06 제시된 글의 'E시'는 서울 근교의 작은 읍이었으나 지금은 거대한 위성 도시로 성장하였다. 서울과 가까운 지역에서 위성 도시로 성장한 곳의 변화 모습을 추론하는 문항이다.

> **알찬 선지 분석**
> ① ✕ 작은 읍이었던 지역이 위성 도시로 성장하면서 평균 지가는 상승하였을 것이다.
> ② ◎ 서울의 위성 도시로 성장하면서 서울과의 접근성이 높아졌을 것이다.
> ③ ✕ 고층 빌딩이 빼곡하게 들어선 모습을 통해 토지 이용의 집약도가 높아졌음을 추론할 수 있다.
> ④ ✕ 위성 도시로 성장하면서 1차 산업 종사자 비율은 낮아지고, 3차 산업 종사자 비율은 높아졌을 것이다.

⑤ ✕ 위성 도시로 성장하면서 서울과의 접근성이 높아지고 서울로의 통근·통학자 수가 증가하였을 것이다.

07 지도는 수도권의 철도 노선 확대로 나타난 서울로의 통근·통학자 비율 변화를 나타낸 것이다. 이를 통해 1980년에 비해 2020년 경기에서 서울로의 통근·통학자 비율이 큰 폭으로 증가하였음을 알 수 있다.

> **알찬 선지 분석**
> ㄱ. ◎ 철도 노선이 확대되면서 수도권 내 지역 간 접근성이 향상되었다.
> ㄴ. ◎ 철도 노선 확대로 지역 간 접근성이 향상되었으며 수도권 주민의 여가 공간 범위가 확대되었다.
> ㄷ. ✕ 수도권 내 지역 간 접근성이 향상되었으며 경기에서 서울로의 통근·통학자 수는 증가하였다.

08 첫 번째 인터뷰에서는 대도시로의 접근성이 높아지면서 지역 주민들이 대도시로 쇼핑을 떠나는 빨대 효과가 나타나고 있다. 두 번째 인터뷰에서는 전염성이 강한 해외의 질병이 국내로 전파되는 문제가 나타나고 있다. 두 인터뷰를 통해 공통적으로 학습할 수 있는 주제는 '교통 발달로 나타난 새로운 사회문제'가 가장 적절하다.

09 자료는 서울과 평창, 강릉, 동해까지 이어지는 고속 철도 개통 이후 서울 청량리에서 강원으로의 이동 시간이 단축되고 있음을 보여주고 있다.

> **알찬 선지 분석**
> ㄱ. ✕ 고속 철도가 시외버스 이용객의 상당수를 흡수하면서 시외버스 이용 비율이 감소할 것이다. 실제로 고속 철도 개통 이후 평창의 시외버스 노선 수가 감소하였다.
> ㄴ. ◎ 고속 철도의 개통으로 접근성이 향상되고 평창의 지역 축제를 방문하는 사람 수가 증가하였다.
> ㄷ. ◎ 평창 주민들이 쇼핑이나 의료의 목적으로 접근성이 개선된 다른 지역으로 빠져나가면서 쇼핑 및 의료 분야의 빨대 효과가 발생하였다. 빨대 효과란 음료를 빨대로 빨아들이듯 새로운 교통수단의 개통으로 주변 지역의 인구와 경제력이 대도시로 유입되는 현상을 말한다.
> ㄹ. ✕ 고속 철도 정차역 부근은 관광객과 유동 인구가 많아져 상권이 성장하였다. 그러나 노선이 통과하지 않는 평창의 남부 지역은 이러한 효과를 보지 못하여 지역 간 빈부 격차가 커졌다.

10 그래프를 살펴보면 필수 매체로 텔레비전의 비율은 낮아지고, 스마트폰의 비율이 크게 높아졌음을 알 수 있다.

> **알찬 선지 분석**
> ① ✕ 스마트폰을 일상생활에서 필수 매체로 사용하는 비율이 크게 증가한 것을 통해 정보의 생산자와 수용자가 소통하는 쌍방향 매체의 활용 비중이 증가하였음을 알 수 있다.

② ◎ 스마트폰을 일상생활에서 필수 매체로 사용하는 정보 사회
가 되면서 온라인 수업, 재택근무 등이 확대되었다.

③ ◎ 정보 사회가 되면서 가상 공간에서의 인적 교류가 증가하
였다.

④ ◎ 스마트폰을 통한 인터넷 접근성이 높아지면서 전자 상거래
횟수와 거래액이 증가하였다.

⑤ ◎ 스마트폰이 일상생활에서 사용되면서 누리 소통망, 동영상
공유 플랫폼 등을 통해 개인의 정치적 견해를 자유롭게 표출할
수 있게 되었으며 전자 민주주의의 실현 가능성도 높아졌다.

11 자료는 통신 및 과학 기술의 발달로 나타난 변화에 관해 이
야기하는 학생들의 모습이다.

알찬 선지 분석

ㄱ. ◎ 인터넷을 통해 물건을 구입(㉠)하는 전자 상거래가 활성화
되면서 택배 및 물류 산업은 성장하였다.

ㄴ. ✕ 누리 소통망(㉡)으로 서로 정보와 의견을 편하게 주고 받을
수 있게 되었으며, 인간관계의 시공간적 제약은 작아졌다.

ㄷ. ◎ 재택 근무(㉢)가 활성화되면 직장 선택 시 통근 거리의 중요
성은 감소할 것이다.

ㄹ. ✕ 정보 기술의 소유 및 접근도(㉣)는 도시 지역이 촌락 지역보
다 우수하다.

12 과학기술 발달에 따른 정보화와 4차 산업 혁명은 우리 삶
에 긍정적인 변화를 가져왔지만, 스마트폰 등 디지털 기기
에 지나치게 의존하는 디지털 중독 문제를 비롯한 다양한
사회문제를 불러오기도 했다.

알찬 선지 분석

① ◎ ㉠ 정보화로 인해 디지털 기기를 통해 개인 정보가 유출되
어 사생활 침해 사례가 늘어나고 있다.

② ◎ ㉡ 일반 국민과 디지털 소외 계층 간 디지털 기기 및 정보의
소유와 접근성, 역량 측면에서 차이가 나타나는 정보 격차가 심
화되고 있다. 정보 격차는 소득 불평등으로 이어져 경제·사회·
문화적 격차를 심화하는 요인이 되기도 한다.

③ ◎ ㉢ 정보화로 가상 공간의 익명성을 이용한 사이버 폭력이나
해킹, 사이버 금융 범죄, 사이버 저작권 침해 등과 같은 사이버
범죄가 증가하고 있다.

④ ◎ ㉣ 정보화로 인한 정보의 과부하 속에서 너무 많은 정보 중
잘못된 정보에 노출될 가능성이 높아진다.

⑤ ✕ ㉤ 정보화로 온라인 상호 작용은 증가하고 대면적 인간관계
가 약화되어 사회적 고립이 발생하기도 한다.

13 과학기술의 발달로 우리 사회는 정보 사회로 성장하였으
며, 최근에는 제4차 산업 혁명으로 우리 생활에 많은 변화
를 가져오고 있다.

알찬 선지 분석

① ◎ 사물 인터넷(㉠)은 사물에 감지기를 부착하여 실시간으로 데

이터를 주고받는 기술이나 환경을 의미하며, 사물 인터넷(㉠)의
발달은 멀리서도 각종 전자 기기를 조작할 수 있게 하여 에너지
절약에 도움을 줄 수도 있다.

② ✕ 인공지능(㉡)의 정보는 인공지능이 학습하는 정보의 편향성,
의도적인 조작 가능성, 최신 정보 업데이트와 지속적인 학습 문
제 등으로 무조건 신뢰하기는 어려우며, 이를 사용하는 사람의
판단과 검증이 반드시 필요하다.

③ ◎ 증강 현실 기술(AR)은 눈으로 보는 현실 세계에 가상 물체
를 겹쳐 보여 주는 기술이며, 확장 가상 세계(metaverse)는 가
상과 현실의 상호 작용으로 사회·경제·문화 활동이 벌어지는
세상을 말한다. 증강 현실 기술과 확장 가상 세계 기술(㉢)을 활
용하면 가상의 현장 답사 등이 가능해져 물리적 공간의 제약이
완화된다.

④ ◎ 지리 정보 시스템과 위성 위치 확인 시스템(㉣) 등과 같은 공
간 정보 기술의 발전은 일상생활뿐만 아니라 교통, 토지, 해양,
재난·재해 등의 공공 분야에도 큰 도움이 되었다.

⑤ ◎ 빅데이터(㉤)는 디지털 환경에서 생성되는 대규모의 데이터
를 의미하며, 정보를 수집하는 과정에서 개인의 사생활이 유출
되는 문제가 유발된다.

14 그래프를 통해 인터넷 쇼핑 시장의 규모가 2014년에 비해
2022년 네 배 이상 커졌으며 전자 상거래가 활성화되었음
을 알 수 있다.

알찬 선지 분석

ㄱ. ◎ 전자 상거래의 활성화로 택배 및 물류 산업이 성장하였다.

ㄴ. ✕ 전자 상거래의 활성화로 생산자와 소비자 간의 직거래가 증
가하고 생산자와 소비자 간 유통 단계는 줄어들었다.

ㄷ. ◎ 전자 상거래의 활성화로 대면이 아닌 비대면으로 상품을 구
매하는 비율이 늘어났다.

ㄹ. ✕ 전자 상거래로 소비 활동의 시간적·공간적 제약이 작아졌다.

15 왼쪽 그림에는 키오스크 사용을 힘들어하는 고령층의 모습
이 표현되어 있으며, 오른쪽 그림에는 인터넷 요금제 비용
지불에 큰 부담을 갖는 저소득층의 모습이 표현되어 있다.
두 그림에 공통적으로 나타난 정보 사회의 문제점은 정보
격차이다.

알찬 선지 분석

① ✕ 정보 시스템 보안 전문 인력을 양성하는 것은 사생활 침해와
사이버 범죄를 막기 위한 대책이다.

② ✕ 악성 댓글 작성자에 대한 처벌을 강화하는 것은 사이버 범죄
를 막기 위한 대책이다.

③ ✕ 유해 사이트 접속을 차단하는 장치를 막는 것은 사이버 범죄
를 막기 위한 대책이다.

④ ◎ 디지털 소외 계층에 대한 지원 및 교육을 강화하는 것은 정
보 격차를 해결하기 위한 대책이다.

⑤ ❌ 개인 정보 도용을 막을 수 있는 법적·제도적 장치를 마련하는 것은 사생활 침해와 사이버 범죄를 막기 위한 대책이다.

16 우리나라 디지털 소외 계층의 정보화 지수를 보면 장애인, 저소득층, 고령층, 농어민의 정보화 지수가 일반 국민보다 낮으며, 정보 격차 문제가 발생하고 있음을 알 수 있다.

알찬 선지 분석

ㄱ. ❌ 각 계층의 정보화 지수를 살펴보면 접근, 역량, 활용 측면에서 모두 고령층의 정보화 지수가 가장 낮음을 알 수 있다. 따라서 고령층의 정보 격차 문제가 가장 크게 나타난다.
ㄴ. ⭕ 농어민의 접근 측면의 정보화 지수가 100 이하이며, 이를 통해 농어촌보다 도시 지역의 정보 기기 접근도가 높음을 알 수 있다.
ㄷ. ❌ 저소득층의 정보화 지수가 접근, 역량, 활용 측면에서 모두 고령층보다 높게 나타나며, 이를 통해 소득에 따른 정보 격차가 연령에 따른 정보 격차보다 작게 나타남을 알 수 있다.
ㄹ. ⭕ 각 계층의 정보화 지수를 접근, 역량, 활용 측면에서 살펴보면 세 측면 중 접근 측면의 정보화 지수가 가장 높게 나타남을 알 수 있다. 따라서 우리나라의 디지털 소외 계층은 정보 기기에 대한 접근도는 상대적으로 높으나 이를 이용할 수 있는 역량과 활용 능력은 상대적으로 낮다. 이를 통해 정보 기기의 경제적 지원보다 정보 기기의 활용도를 높일 수 있는 정책의 필요성이 큼을 알 수 있다.

17 지능 정보 기술을 활용한 플랫폼 기업과 관련 기술을 가진 계층은 고수익을 올리지만, 플랫폼 노동자들은 소득과 일자리가 불안정하거나 근무 조건이 열악한 경우가 많다. 이는 과학기술의 발전과 정보화로 노동 시장이 양극화된 사례이다.

알찬 선지 분석

① ❌ 정보 격차는 일반 국민과 디지털 소외 계층 간 디지털 기기 및 정보의 소유와 접근성, 역량 측면에서 차이가 나타나는 현상이다.
② ❌ 디지털 중독 문제는 사람들이 스마트폰 등 디지털 기기에 지나치게 의존하는 현상이다.
③ ❌ 정보화로 디지털 기기를 통한 개인 정보 유출이 쉬워지고 이로 인한 사생활 침해가 늘어나고 있다.
④ ❌ 사이버 범죄는 가상 공간의 익명성을 이용한 사이버 폭력이나 해킹, 사이버 금융 범죄, 사이버 저작권 침해 등을 말한다.
⑤ ⭕ 노동 시장의 양극화는 고용 안정성, 임금 등의 분포가 중간 부분에서 양극단으로 이동하는 현상이다. 과학 기술의 발달과 4차 산업 혁명으로 인공지능과 로봇이 인간의 일부 일자리를 대체하면서 노동 시장이 양극화될 우려가 커지고 있다.

18 A는 전자 상거래의 비율이 상대적으로 높은 정보 사회이며, 나머지 B는 산업 사회이다. (가)에는 정보 사회(A)가 산업 사회(B)보다 상대적으로 낮게 나타나는 지표가 들어갈 수 있다.

알찬 선지 분석

ㄱ. ⭕ 정보 사회(A)는 지식과 정보가 부가 가치의 주요 원천이 된다.
ㄴ. ⭕ 정보 사회(A)는 산업 사회(B)보다 동영상 공유 플랫폼, 누리소통망(SNS) 등의 쌍방향 매체 활용 비율이 높다.
ㄷ. ❌ 산업 사회(B)는 정보 사회(A)보다 대면 접촉의 비율이 높고, 비대면 접촉의 비율이 낮다.
ㄹ. ❌ (가)에는 산업 사회(B)가 정보 사회(A)보다 높게 나타나는 지표가 들어가야 한다. '재택근무의 비율'은 산업 사회(B)가 정보 사회(A)보다 낮으므로, (가)에 '재택근무의 비율'은 들어갈 수 없다.

19 지역 조사는 지역 조사 계획 수립, 지역 정보 수집, 지역 정보 분석 및 종합, 보고서 작성의 순서로 이루어지며, 지역 정보 수집은 보통 실내 조사, 야외 조사의 순서대로 이루어진다. 직접 해당 지역을 방문하여 주민들에게 설문과 면담을 실시하는 것은 야외 조사(A)이며, 사업체 및 종사자 수 변화, 주민들의 인식 정도를 그래프로 표현하는 것은 지역 정보 분석 및 종합(B)이다. 국가 통계 포털 누리집에 접속하여 사업체 및 종사자 수 변화를 찾는 것은 실내 조사(C)이다. 이를 지역 조사 순서에 맞게 배열하면 실내 조사(C) → 야외 조사(A) → 지역 정보 분석 및 종합(B)이다.

20 교통 문제와 관련된 지역 조사 단계를 나타낸 것이다. 지역 정보 수집 방법 중 (가) 실내 조사와 (나) 야외 조사 단계에 해당하는 활동을 구분하는 문항이다. 인터넷 검색과 설문지 작성은 실내 조사, 면담 및 설문과 직접 밖에서 조사하는 것은 야외 조사이다.

21 그래프를 살펴보면 ○○시의 총 종사자 수가 증가하였다는 것을 알 수 있다.

알찬 선지 분석

ㄱ. ⭕ 1996년보다 2022년 총 종사자 수가 약 7배 증가한 것으로 보아 이 지역으로 전입오는 인구가 크게 증가하였음을 알 수 있다.
ㄴ. ❌ 2차 산업 종사자 비율은 17% 감소하였으나 총 종사자 수가 약 7배 증가하였으므로 2차 산업 종사자 수는 증가하였다.
ㄷ. ❌ 총 종사자 수가 약 7배 증가하였으므로 이 지역의 총인구 또한 증가하였고 주거 및 학교 용지의 비율은 증가하였다.

22 그래프를 통해 (가) 시기에 비해 (나) 시기에 울산시는 총인구가 증가하였고, 피라미드형 인구 구조에서 방추형 인구 구조로 변화하였음을 알 수 있다.

알찬 선지 분석

ㄱ. ⭕ 인구가 5배 이상 증가하였으며 주거 용지의 면적은 넓어졌을 것이다.

ㄴ. ✕ (가) 시기에는 유소년층에 해당하는 0~14세 인구 비율이 높지만, (나) 시기에는 0~14세 인구 비율이 상대적으로 낮다. 따라서 이 지역은 (가) 시기에 비해 (나) 시기의 유소년층 인구 비율이 낮아졌다.

ㄷ. ◎ 그래프를 살펴보면 60세 이상 인구 비율이 (가) 시기보다 (나) 시기에 높음을 알 수 있다.

ㄹ. ✕ 이 지역의 유소년층 인구 비율이 감소하고, 노년층 인구 비율이 증가한 것을 통해 여성 1인당 출생아 수가 감소하였음을 알 수 있다.

23 자료는 고속 국도, 복선 철도, 도시간 특급 열차 개통으로 서울과 춘천의 이동 시간이 단축된 사례를 제시하고 있다. 교통의 발달로 접근성이 향상된 지역은 다양한 경제활동이 집중되어 지역 경제가 성장하기도 하지만, 접근성이 좋은 대도시가 주변 중소 도시의 경제력을 흡수하는 빨대 효과가 나타나기도 한다.

	채점 기준
상	교통 발달 이후 춘천에 나타난 긍정적 영향과 부정적 영향을 모두 바르게 서술한 경우
하	교통 발달 이후 춘천에 나타난 긍정적 영향과 부정적 영향 중 한 가지만 바르게 서술한 경우

24 자료는 제1차 산업 혁명에서 제4차 산업 혁명에 이르기까지의 변화 과정을 제시하고 있다. 제4차 산업 혁명 시대에는 인공지능 소프트웨어, 빅데이터, 사물 인터넷, 클라우드 등의 지능 정보 기술이 발달하며, 이는 우리 사회의 전반에 큰 영향을 미친다.

	채점 기준
상	제4차 산업 혁명 시기의 생활양식 변화를 세 가지 모두 바르게 서술한 경우
중	제4차 산업 혁명 시기의 생활양식 변화를 두 가지만 바르게 서술한 경우
하	제4차 산업 혁명 시기의 생활양식 변화를 한 가지만 바르게 서술한 경우

25 ㉠은 사이버 범죄이다. 사이버 범죄는 컴퓨터, 휴대 전화 등을 악용해 가상 공간의 익명성을 이용한 범죄이다. 사이버 사기, 사이버 명예 훼손 및 모욕, 사이버 금융 범죄의 비중이 높으며, 이외에도 다양한 범죄 유형의 양상이 나타나고 있다.

	채점 기준
상	사이버 범죄 문제의 대책을 두 가지 모두 바르게 서술한 경우
하	사이버 범죄 문제의 대책을 한 가지만 바르게 서술한 경우

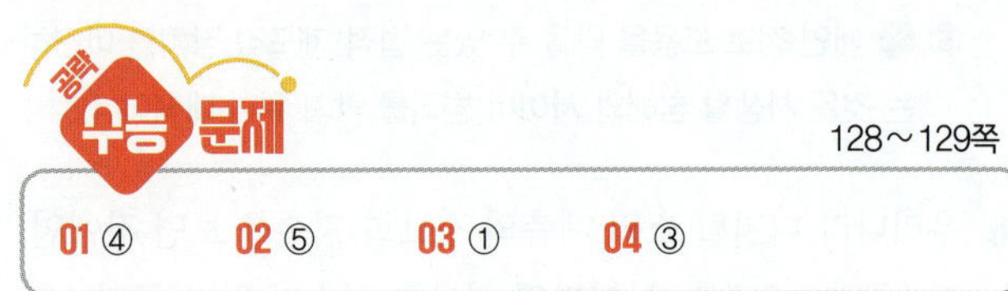

01 ④　　02 ⑤　　03 ①　　04 ③

01 지도에 표시된 지역은 서울과 인천, 경기 지역이며, A는 가평, B는 성남, C는 용인이다. (가)는 2000년 이후 건축된 주택 수가 많으며 서울로의 통근·통학 인구 비율이 두 번째로 높은 지역이다. 이는 2000년대 새로운 아파트 단지가 개발되고 인구가 크게 증가한 용인(C)이다. (나)는 세 시기 모두 건축된 주택 수가 가장 적으며, 서울로의 통근·통학 인구 비율이 가장 낮은 가평(A)이다. (다)는 1990년대 건축된 주택 수가 가장 많으며, 서울로의 통근·통학 인구 비율이 가장 높은 성남(B)이다. 성남은 서울과 가장 근접하고 접근성이 높아 1990년대 1기 신도시가 개발되었으며, 서울로의 통근·통학 인구 비율이 높다.

키워드 꼬리 질문
Q1 (다)
Q2 (다)
Q3 B

02 그림의 A는 상대적으로 가정과 일터의 결합 정도가 높은 정보 사회이며, B는 산업 사회이다. 정보 사회(A)는 재택근무, 원격 근무 등의 근무 방식이 확대되어 가정과 일터의 결합 정도가 산업 사회(B)보다 높다. (가)에는 산업 사회(B)에서 상대적으로 높거나 강하게 나타나는 지표, (나)에는 정보 사회(A)에서 상대적으로 높거나 강하게 나타나는 지표가 들어갈 수 있다.

알찬 선지 분석

ㄱ. ✕ 정보 사회(A)는 산업 사회(B)보다 구성원 간 비대면 접촉 비율은 높으며, 상대적으로 대면 접촉 비율은 낮다.

ㄴ. ✕ 산업 사회(B)는 정보 사회(A)보다 전자 상거래의 비율이 낮다.

ㄷ. ◎ (가)에는 산업 사회(B)에서 상대적으로 높거나 강한 지표가 들어갈 수 있다. '공간적 거리가 사회 활동에 미치는 제약 정도'는 산업 사회(B)가 정보 사회(A)보다 크다.

ㄹ. ◎ (나)에는 정보 사회(A)에서 상대적으로 높거나 강한 지표가 들어갈 수 있다. '쌍방향 매체의 활용도'는 정보 사회(A)가 산업 사회(B)보다 크다.

키워드 꼬리 질문
Q1 정보 사회
Q2 정보 사회는 산업 사회보다 구성원 간 비대면 접촉 비율과 전자 상거래 비율이 높다. 또한 활동의 시공간적 제약은 작으며, 쌍방향 매체의 활용도가 높다.

03 제시된 글을 통해 정보 사회에 따른 다양한 문제 중 정보의 독점과 이에 따른 갈등이 나타날 수 있음을 알 수 있다.

[알찬 선지 분석]

ㄱ. ◎ 제시된 글을 통해 정보를 독점하는 세력이 등장하면, 정보를 가진 계층이나 세력과 정보를 가지지 못한 계층 간의 정보 격차가 심화됨을 유추할 수 있다.

ㄴ. ◎ 제시된 글을 통해 정보를 독점적으로 관리하는 자의 정보 독점으로 의사 결정 과정에서 소외되는 시민이 발생하고 그 결과 사회 불평등이 유발될 수 있음을 알 수 있다.

ㄷ. ✕ 제시된 글을 통해 인터넷 중독이 증가함을 알 수 없다.

ㄹ. ✕ 제시된 글을 통해 인공지능(AI)을 활용한 사이버 금융 범죄가 증가함을 알 수 없다.

> [키워드 꼬리 질문]
> **Q1** 정보 격차
> **Q2** 소득이나 부의 불평등으로 이어져 경제적·사회적 격차로 확대될 수 있다.

04 자료를 보면 ○○시는 2001년에 비해 2021년 인구가 증가하였으며, 3차 산업 종사자 비율이 높아지고 있음을 알 수 있다.

[알찬 선지 분석]

① ◎ 순유입 인구는 전입 인구에서 전출 인구를 뺀 값이다. ○○시의 2001년 순유입 인구는 약 18,000명이며, 2021년 순유입 인구는 약 29,000명이다. 따라서 2001년보다 2021년의 순유입 인구가 많다.

② ◎ 제시된 표를 보면 ○○시의 2001년 인구 증가율은 9.91%이며, 2021년 인구 증가율은 5.96%이다. 따라서 2001년보다 2021년의 인구 증가율이 낮다.

③ ✕ ○○시의 2001년 광·제조업 종사자 비율은 68.7%에서 2021년 45.6%로 감소하였다. 그러나 전체 종사자 수가 2001년에 비해 2021년 약 5배 증가하였다. 따라서, 2001년보다 2021년 2차 산업 종사자 비율은 감소하였으나, 2차 산업 종사자 수는 오히려 증가하였다.

④ ◎ ○○시는 2001년보다 2021년 3차 산업 종사자 비율이 약 1.7배 증가하였으며, 전체 사업체 수 또한 약 9배 증가하였다. 따라서 2001년보다 2021년의 3차 산업 사업체 수가 많다.

⑤ ◎ 사업체당 종사자 수는 총 종사자 수를 총 사업체 수로 나누어 구할 수 있다. 2001년의 사업체당 종사자 수는 약 8.7명이며, 2021년의 사업체당 종사자 수는 약 5.2명이다. 따라서 2001년보다 2021년의 사업체당 종사자 수가 적다.

> [키워드 꼬리 질문]
> **Q1** 순유입 인구가 많아졌으므로 대규모 주거 지역이 개발되었을 것이다.
> **Q2** 제조업 중심의 2차 산업 구조에서 서비스업 중심의 3차 산업 구조 중심으로 바뀌었다.

01 ④ **02** ③ **03** [예시 답안] 주거 및 업무 기능의 공간이 확대되고 토지 이용의 집약도가 확대되었을 것이며, 녹지 공간 감소로 생물종 다양성 감소, 열섬 현상 등이 나타났을 것이다. **04** ③

05 ② **06** ④ **07** ③ **08** ② **09** ⑤

10 [예시 답안] 대중교통 체계를 정비하고 도로와 주차장 등 기반 시설을 확충한다. **11** ⑤ **12** ③ **13** [예시 답안] 외래종의 유입으로 생태계가 교란된다. **14** ⑤ **15** ⑤ **16** ④ **17** ①

18 [예시 답안] 사생활 침해 문제가 발생하며 이를 해결하기 위해 개인 정보를 보호하기 위한 보안 프로그램을 개발하고 개인 정보 노출을 최소화한다. **19** ② **20** ④

01 사진 속에서 과거의 울산은 강과 산이 많은 모습이지만 현재의 울산은 높은 건물이 많이 자리 잡은 도시의 모습이다. 이를 통해 울산은 1960년대 이후 산업화와 도시화가 진행되었음을 알 수 있다.

[알찬 선지 분석]

① ✕ 울산은 산업화와 도시화가 진행되면서 경지 면적은 감소하였다.

② ✕ 울산은 산업화와 도시화가 진행되면서 삼림을 비롯한 녹지 면적의 비율이 낮아졌다.

③ ✕ 울산은 산업화와 도시화가 진행되면서 아스팔트나 시멘트로 포장된 도로 면적이 증가하였다.

④ ◎ 울산의 산업화와 도시화로 많은 사람이 집중되었으며, 한정된 토지를 효율적으로 이용하기 위해 높은 건물이 늘어나 토지 이용의 집약도가 높아졌다.

⑤ ✕ 울산은 산업화와 도시화가 진행되면서 농림어업 등의 1차 산업 종사자 비율은 낮아지고, 2·3차 산업 종사자 비율은 높아졌다.

02 1960년대 이후 우리나라의 농림어업 종사자 비율은 지속적으로 감소하였으며, 사회 간접 자본 및 기타 서비스업 종사자 비율은 지속적으로 증가하였다. 또한 1960년 이후 도시화가 빠른 속도로 진행되었으며 1990년 이후 도시 인구 증가율이 완만하게 증가하였다.

[알찬 선지 분석]

① ✕ 1960년 도시화율은 약 37%이며, 전체 인구에서 도시 인구가 차지하는 비율이 약 37%이다. 따라서 1960년은 촌락보다 도시 거주 인구가 적다.

② ✕ 1970년은 1차 산업 종사자 비율이 약 50.4%이며, 2차 산업 종사자 비율은 약 14.3%, 3차 산업 종사자 비율은 약 35.3%이다. 이에 비해 2000년 1차 산업 종사자 비율은 크게 감소하였으며, 2·3차 산업 종사자 비율은 증가하였다. 이를 통해

1970년보다 2000년에 산업 구조가 더 고도화되었다.

③ ◎ 1980년은 2010년보다 도시 인구 증가율이 높으므로 도시화가 더 빠른 속도로 이루어졌다. 이를 통해 1980년이 2010년보다 이촌향도 현상이 활발했음을 알 수 있다.

④ ✕ 1990년은 2020년보다 도시화율이 더 빠른 속도로 증가하고 있으므로 1990년이 2020년보다 도시 인구 증가율이 높다.

⑤ ✕ 2000년은 2022년보다 3차 산업에 해당하는 사회 간접 자본 및 기타 서비스업 종사자 비율이 낮다.

03 제시된 그래프를 보면 집을 짓는 용도의 대지, 공장 용지, 학교 용지의 비율은 지속적으로 증가하였으며, 논과 임야 면적은 지속적으로 감소하였다. 이를 통해 해당 지역에 산업화와 도시화가 진행되었음을 알 수 있다.

채점 기준	
상	해당 지역의 토지 이용 및 산업 구조 변화 두 가지를 모두 바르게 서술한 경우
하	해당 지역의 토지 이용 변화 또는 산업 구조 변화 중 한 가지만 바르게 서술한 경우

04 그래프를 보면 1975년 이후 우리나라의 가구당 구성원 수는 지속적으로 감소하고 있으며, 1인 가구 비율은 지속적으로 높아지고 있음을 알 수 있다.

알찬 선지 분석

ㄱ. ✕ 가구당 구성원 수가 감소하고 1인 가구 비율이 증가하면서 인간 소외 현상은 심화되었다.

ㄴ. ◎ 가구당 구성원 수가 감소한 것과 1인 가구 비율이 증가한 것을 통해 대가족의 비율은 감소하고 핵가족의 비율은 증가했음을 알 수 있다.

ㄷ. ◎ 도시화가 진행되면서 1인 가구 비율은 증가하고 특정한 목적의식을 가지고 모인 간접적인 인간관계인 2차적 인간관계를 형성하는 행동 양식이 확산되었다.

ㄹ. ✕ 1인 가구 비율이 늘어나고 가구당 구성원 수가 감소한 것을 통해 결혼과 자녀 출산을 가족 구성의 필수 조건으로 인식하지 않는 경향이 나타났음을 유추할 수 있다.

05 그림의 (가)는 도시화가 진행되기 이전의 모습으로 하천이 곡류하는 것을 볼 수 있으며, (나)는 도시화 이후 모습으로 높은 빌딩이 세워지고, 하천을 직선화하는 직강 공사가 이루어진 것을 알 수 있다.

알찬 선지 분석

ㄱ. ◎ 도시화가 진행된 (나) 시기에는 녹지 공간이 감소하고 콘크리트나 아스팔트로 포장된 시가지 면적이 넓어지면서 열섬 현상이 나타난다. 따라서 (나) 시기는 (가) 시기보다 연평균 기온이 높다.

ㄴ. ✕ 도시화가 진행된 (나) 시기는 도시화 이전인 (가) 시기보다

생물종의 다양성이 낮다.

ㄷ. ◎ 도시화가 진행된 (나) 시기에는 지표가 콘크리트나 아스팔트로 포장된 면적이 늘어나고 빗물이 땅속으로 스며들지 못하는 불투수 면적도 함께 늘어난다. 이로 인해 강우 시 빗물이 토양층 속으로 잘 흡수되지 못하고 하천 유량이 갑자기 불어난다. 따라서 (나) 시기는 (가) 시기보다 강우 시 하천 유량 변화가 크다.

ㄹ. ✕ 도시화가 진행된 (나) 시기에는 지표 포장 면적과 불투수 면적이 함께 증가하여, 강우 시 빗물이 땅속으로 스며들지 못하고 하천에 집중된다. 따라서 (나) 시기는 (가) 시기보다 강우 시 하천의 최고 수위 도달 시간이 빠르며, 이는 도시 홍수의 원인이 된다.

06 자료의 (가)는 주거 지역이 상업 지역보다 넓게 분포하며 주거 기능이 발달한 지역이다. (나)는 주거 지역보다 상업 지역이 넓게 분포하며 상업 및 업무 기능이 발달한 지역이다. 서울 지도의 A는 도시의 중심부에 위치하며 상업 및 업무 기능이 발달한 도심이며, B는 도시의 외곽에 위치하며 주거 기능이 발달한 지역이다. 따라서, (가)는 B, (나)는 A이다.

알찬 선지 분석

① ✕ 도심에 해당하는 A(나)는 주거 기능이 발달한 외곽 지역인 B(가)보다 주거 지역의 범위가 좁다.

② ✕ 주거 기능이 발달한 외곽 지역(B)은 출근 시간대 많은 인구가 직장으로 이동하므로 상업 및 업무 기능이 발달한 도심(A)보다 출근 시간대 유입 인구가 적다.

③ ✕ 주거 기능이 발달한 B(가)는 도심에 위치하여 접근성이 높은 A(나)보다 상업 지역의 평균 지가가 낮다.

④ ◎ 도시의 중심부에 위치한 A(나)는 도시의 외곽 지역인 B(가)보다 시가지가 발달한 시기가 이르다.

⑤ ✕ 주거 지역이 넓게 분포하는 (가)는 도시의 외곽 지역인 B이며, 상업 지역이 넓게 분포하는 (나)는 도시의 중심부인 A이다.

07 산업화·도시화로 물질적으로 풍요롭고 편리한 삶을 살 수 있게 되었지만, 한정된 도시 공간에 많은 사람이 집중하면서 기반 시설 부족 등의 도시 문제가 발생하였다.

알찬 선지 분석

① ◎ (가) 다양한 도시 문제가 발생하는 가장 근본적인 원인은 한정된 도시 공간에 지나치게 많은 인구와 기능이 집중되기 때문이다.

② ◎ (나) 많은 사람의 집중으로 주택이 부족해지고 낙후된 주택이 증가하는 주택 문제가 발생하며 이를 해결하기 위해서는 도시 재생 사업 등을 통해 주택 공급을 늘리고 낙후된 정주 환경을 개선해야 한다.

③ ✕ (다) 많은 사람과 기능이 집중되면서 각종 오염 물질의 배출이 늘어나고 녹지 공간이 감소하며 환경 문제가 발생한다. 이를 해결하기 위해서는 온실가스, 오폐수 배출 및 처리 기준을 강화할 필요가 있다.

④ ◐ (라) 산업화와 도시화로 산업 구조가 변화하면서 실업이 증가하고 노사 갈등이 심화되는 노동 문제가 발생한다. 이를 해결하기 위해서는 고용 보험, 비정규직 보호법, 최저 임금제 등의 사회 복지 제도를 확충할 필요가 있다.

⑤ ◐ (마) 주민 간 상호 배려하고 협력하는 공동체 문화를 조성하면 타인에 대한 무관심과 이기주의 문제를 해결할 수 있다.

08 제시된 자료는 산업화와 도시화로 인한 변화 양상과 문제점에 대한 형성 평가 답안이다. 도시화가 진행되면서 직업이 세분화되고 전문화되었으므로, 첫 번째 설명은 맞는 설명(○)이다. 산업화·도시화로 인구와 기능이 도시로 집중되었으며, 촌락은 인구 감소에 따른 노동력 부족과 경제활동 위축 등의 문제가 나타났다. 이로 인해 도시와 촌락 간 경제 및 생활 수준 격차는 더욱 커졌다. 따라서 두 번째 설명은 맞는 설명(○)이다. 도시화·산업화로 직장이 세분화되고 이웃과의 소통이 줄어들면서 공동체보다 개인을 중시하는 사고관이 확대되었다. 따라서 세 번째 설명은 틀린 설명(×)이다. 따라서 세 설명에 모두 옳게 응답한 학생은 을이다.

09 대도시가 도시 외곽의 농촌 지역보다 기온이 높은 열섬 현상이 나타나고 있다.

`알찬 선지 분석`

ㄱ. ✕ 건물 사이에 바람길이 조성되면 공기의 흐름이 원활해져 열섬 현상을 완화할 수 있다.

ㄴ. ✕ 생태 공원 등의 녹지 면적을 확대하면 콘크리트나 아스팔트로 포장된 면적이 감소하고 열섬 현상을 완화할 수 있다.

ㄷ. ◉ 에어컨 실외기나 난방 기구, 자동차 배기가스에서 나오는 인공열은 열섬 현상의 원인이 된다.

ㄹ. ◉ 콘크리트 건축물이나 아스팔트 도로는 낮 동안 받은 열을 흡수하였다가 밤에 조금씩 방출하며, 이는 열섬 현상의 원인이 된다.

10 제시된 글에서는 교통 혼잡 비용이 우리나라 국내 총생산의 약 3.6%를 차지하고, 매년 약 10%씩 증가하고 있음을 설명하고 있다.

`채점 기준`

상	교통 문제 해결 방안 두 가지를 모두 바르게 서술한 경우
하	교통 문제 해결 방안을 한 가지만 바르게 서술한 경우

11 지도는 서울에서 경기도를 연결하는 수도권 광역 급행 철도(GTX) 노선을 나타내고 있다. 수도권 내 교통망이 발달하면서 나타나는 변화를 추론하는 문항이다.

`알찬 선지 분석`

ㄱ. ✕ 수도권 광역 급행 철도 건설로 서울의 접근성이 더욱 높아지고 서울의 상업 및 업무 기능이 더 강화될 수 있다.

ㄴ. ✕ 서울의 상업 및 업무 기능이 확대되면서 주거 기능의 교외화가 나타나 서울의 인구가 경기로 분산될 것이다.

ㄷ. ◉ 수도권 광역 급행 철도(GTX) 노선이 개설되면 정차역 일대에 유동 인구가 증가하고 상업 기능이 활성화될 것이다.

ㄹ. ◉ 교통 발달로 서울에서 경기로 이주하는 인구수가 많아지고, 경기에서 서울로 출퇴근 또는 통학하는 인구수 또한 증가할 것이다.

12 제시된 글은 편지에서 전보, 유선 전화기에서 스마트폰으로 통신 기술이 발달하는 과정을 설명한 것이다. 통신 기술이 발달하면서 많은 정보를 문자, 음성, 사진, 영상 등의 다양한 형태로 실시간 전송이 가능해졌고 경제활동의 공간적 제약은 작아졌다. 또한 다양한 매체를 활용한 가상 공간의 교류가 활발해지고 비대면 인간관계를 맺는 경우가 많아졌다. 그리고 누리 소통망, 동영상 공유 플랫폼 등을 통해 개인의 정치적 의견을 표출할 수 있는 기회가 커졌고 전자 민주주의의 실현 가능성도 높아졌다. 이에 해당하는 것은 그림의 C이다.

13 제시된 글은 선박을 운항할 때 이용되는 선박 평형수로 나타나는 환경 문제가 무엇인지 묻고 있는 문항이다. 배가 출발할 때 선박 평형수로 수중 생물과 박테리아 등이 유입되며, 도착하는 항구에서 평형수와 함께 수중 생물과 박테리아가 배출된다. 이때 외래종의 유입과 이로 인한 생태계 교란이 나타난다.

`채점 기준`

상	외래종의 유입과 생태계 교란을 모두 바르게 서술한 경우
하	외래종 유입과 생태계 교란 중 한 가지만 바르게 서술한 경우

14 그림의 (가)는 18세기의 1차 산업 혁명, (나)는 19~20세기 초의 2차 산업 혁명, (다)는 20세기 후반의 3차 산업 혁명, (라)는 21세기 초반의 4차 산업 혁명을 모식적으로 나타낸 것이다.

`알찬 선지 분석`

ㄱ. ✕ (가)는 증기 기관 중심의 기계화 혁명으로 사람과 동물이 하던 일들을 기계로 대체할 수 있게 되었다.

ㄴ. ✕ (나)는 전기 에너지 기반의 대량 생산 혁명으로 자동화 시스템을 통해 상품을 대량 생산할 수 있게 되었다.

ㄷ. ◉ (다)는 컴퓨터와 인터넷 기반의 디지털 혁명으로 지식과 정보를 활용한 디지털 사회로 전환되었다.

ㄹ. ◉ (라)는 인공지능 기반의 지능화 및 초연결화 시대로 세계의 모든 제품과 서비스가 네트워크로 연결되고 사물이 지능화하여 우리 생활에 많은 변화가 나타날 것으로 예상된다.

15 A는 대면 접촉의 비율이 상대적으로 높은 산업 사회이며,

나머지 B는 정보 사회이다. (가)에는 산업 사회(A)가 정보 사회(B)보다 상대적으로 낮게 나타나는 지표가 들어갈 수 있다.

알찬 선지 분석

ㄱ. ✘ A는 대면 접촉의 비율이 상대적으로 높은 산업 사회, B는 대면 접촉의 비율이 상대적으로 낮은 정보 사회이다.

ㄴ. ✘ 산업 사회(A)보다 정보 사회(B)에서 개인이 정치적 의견을 표출할 수 있는 경로가 다양하다. 정보 사회(B)는 동영상 공유 플랫폼, 누리 소통망 등을 통해 개인의 정치적 의견을 표출할 수 있는 기회가 많다.

ㄷ. ◉ 정보 사회(B)는 산업 사회(A)보다 유연 근무제, 선택적 시간 근무 등의 실현 가능성이 높고 재택 및 원격 근무의 비율이 높다.

ㄹ. ◉ (가)에는 정보 사회(B)가 산업 사회(A)보다 높게 나타나는 지표가 들어가야 한다. '쌍방향 매체 활용 비율'은 정보 사회(B)가 산업 사회(A)보다 높으므로, (가)에는 '쌍방향 매체 활용 비율'이 들어갈 수 있다.

16 제시된 글은 교통 발달과 정보통신기술의 발달이 미친 긍정적인 영향과 부정적인 영향에 관한 것이다.

알찬 선지 분석

ㄱ. ✘ 교통의 발달(㉠)로 지역 간 접근성이 향상되고 여가 활동 및 경제활동의 공간적 제약은 작아졌으며 이로 인해 지역 간 교류가 활발해졌다.

ㄴ. ◉ 교통 발달로 일어난 생태환경의 변화(㉡)로 교통로 건설에 따른 야생 동물의 이동 통로 단절, 동물 찻길 사고, 외래종의 유입에 따른 생태계 교란 등이 있다.

ㄷ. ✘ 전자 상거래의 활성화(㉢)로 물건 구매 활동의 시공간적 제약이 작아졌다.

ㄹ. ◉ 정보화로 인한 다양한 문제(㉣)로 정보 격차, 노동 시장의 양극화, 사이버 범죄와 사생활 침해, 디지털 중독 등이 있다.

17 장애인 A씨와 고령층이 키오스크 주문에 어려움을 겪는 것은 일반 국민과 정보 취약 계층 간 디지털 기기 및 정보의 소유와 접근성 등에서 차이가 발생하는 정보 격차의 사례이다.

① ◉ 정보 격차는 일반 국민과 디지털 소외 계층 간 디지털 기기 및 정보의 소유와 접근성, 역량 측면에서 차이가 나타나는 현상이며, 제시된 글에서 장애인 A씨는 정보 격차로 불편함을 겪고 있다. 이러한 정보 격차는 경제·사회적 불평등을 더욱 심화시킬 수 있다.

② ✘ 디지털 중독 문제는 사람들이 스마트폰 등 디지털 기기에 지나치게 의존하는 현상이다.

③ ✘ 사생활 침해는 노출된 개인 정보를 유출하고 악용하여 발생하는 사회문제이다.

④ ✘ 사이버 범죄는 가상 공간의 익명성을 이용한 사이버 폭력이

나 해킹, 사이버 금융 범죄, 사이버 저작권 침해 등을 말한다.

⑤ ✘ 노동 시장의 양극화는 고용 안정성, 임금 등의 분포가 중간 부분에서 양쪽 극단으로 이동하는 현상이다.

18 자료는 사이버 렉카라는 용어를 설명하고 있으며 이들이 조회수를 올리기 위해 유명인의 개인 정보를 유포하는 문제가 발생하고 있음을 지적하고 있다. 이처럼 개인 정보가 정보화 기기에 노출되고 이를 악용하는 사례가 늘어나는 것은 사생활 침해 문제이다.

채점 기준

상	사생활 침해와 이에 관한 해결책을 모두 바르게 서술한 경우
하	사생활 침해만 쓴 경우

19 자료는 지역 조사의 단계를 나타낸 것이다. ○○시 전통 시장 상권 변화에 관한 지역 조사를 진행할 때 각 단계에 맞는 사례를 찾는 문항이다. 지역 조사는 지역 조사 계획 수립, 지역 정보 수집, 지역 정보 분석 및 종합, 보고서 작성의 순서로 이루어진다. ㄱ. 인터넷 지도를 통해 전통 시장의 위치를 파악하는 것은 인터넷을 이용한 정보 수집으로 실내 조사에 해당한다. ㄴ. 전통 시장 방문객의 거주지와 평균 이용 횟수 등을 통계 지도로 표현하는 것은 지역 정보 분석 단계에 해당한다. ㄷ. 전통 시장을 방문하여 거주지와 이용 횟수 등에 관한 설문 조사를 실시하는 것은 야외 조사에 해당한다.

20 어느 지역의 토지 면적 변화를 통해 이 지역의 변화를 추론하는 문항이다. 이 지역의 밭과 논, 임야의 면적은 감소하였으며, 주택 용지와 공장 용지, 도로의 면적은 증가하였다.

알찬 선지 분석

① ✘ 밭과 논의 면적이 모두 감소한 것으로 보아 이 지역의 경지 면적 비율은 감소했을 것이다.

② ✘ 공장 용지의 면적이 증가한 것으로 보아 이 지역의 제조업 종사자 수는 증가했을 것이다.

③ ✘ 주택 용지의 면적이 증가한 것으로 보아 이 지역의 총인구가 증가하고 초등학교 학생 수도 함께 증가했을 것이다.

④ ◉ 도로 면적이 증가한 것으로 보아 교통이 발달하고 주변 지역과의 접근성이 높아졌을 것이다.

⑤ ✘ 주택 용지가 증가한 것으로 보아 전입 인구가 전출 인구보다 많아지고 총인구가 증가했을 것이다.

www.mirae-n.com

학습하다가 이해되지 않는 부분이나 정오표 등의 궁금한 사항이 있나요?
미래엔 홈페이지에서 해결해 드립니다.

교재 내용 문의
나의 교재 문의 | 자주하는 질문 | 기타 문의

교재 정답 및 정오표
정답과 해설 | 정오표

교재 학습 자료
MP3

Contact Mirae-N
www.mirae-n.com
(우)06532 서울시 서초구 신반포로 321
1800-8890

실력 상승 문제집

파사쥬

대표 유형과 실전 문제로 내신과 수능을
동시에 대비하는 실력 상승 실전서

국어	국어, 문학, 독서
영어	기본영어, 유형구문, 유형독해, 20회 듣기모의고사, 25회 듣기 기본 모의고사
수학	수학Ⅰ, 수학Ⅱ, 확률과 통계, 미적분

수능 완성 문제집

수능 주도권

핵심 전략으로 수능의 기선을 제압하는
수능 완성 실전서

국어영역	문학, 독서, 언어와 매체, 화법과 작문
영어영역	독해편, 듣기편
수학영역	수학Ⅰ, 수학Ⅱ, 확률과 통계, 미적분

수능 기출 문제집

N기출

수능N 기출이 답이다!

국어영역	공통과목_문학, 공통과목_독서, 선택과목_화법과 작문, 선택과목_언어와 매체
영어영역	고난도 독해 LEVEL 1, 고난도 독해 LEVEL 2, 고난도 독해 LEVEL 3
수학영역	공통과목_수학Ⅰ+수학Ⅱ 3점 집중, 공통과목_수학Ⅰ+수학Ⅱ 4점 집중, 선택과목_확률과 통계 3점/4점 집중, 선택과목_미적분 3점/4점 집중, 선택과목_기하 3점/4점 집중

N기출 모의고사

수능의 답을 찾는 우수 문항 기출 모의고사

수학영역	공통과목_수학Ⅰ+수학Ⅱ, 선택과목_확률과 통계, 선택과목_미적분

미래엔 교과서 연계 도서

미래엔 교과서 자습서

교과서 예습 복습과 학교 시험 대비까지
한 권으로 완성하는 자율학습서

[2022 개정]

국어	공통국어1, 공통국어2*
영어	공통영어1, 공통영어2
수학	공통수학1, 공통수학2, 기본수학1, 기본수학2
사회	통합사회1, 통합사회2*, 한국사1, 한국사2*
과학	통합과학1, 통합과학2
제2외국어	중국어, 일본어
한문	한문

*2025년 상반기 출간 예정

[2015 개정]

국어	문학, 독서, 언어와 매체, 화법과 작문, 실용 국어
수학	수학Ⅰ, 수학Ⅱ, 확률과 통계, 미적분, 기하
한문	한문Ⅰ

미래엔 교과서 평가 문제집

학교 시험에서 자신 있게
1등급의 문을 여는 실전 유형서

[2022 개정]

국어	공통국어1, 공통국어2*
사회	통합사회1, 통합사회2*, 한국사1, 한국사2*
과학	통합과학1, 통합과학2

*2025년 상반기 출간 예정

[2015 개정]

국어	문학, 독서, 언어와 매체

Mirae N 에듀

고등학교
사회·과학
학습 비법을
제대로 전수한다!

결국 관건은 실전!

실전에서 잘 써먹을 수 있는
핵심 개념과 필수 유형으로 구성했습니다.

미래엔이 PICK한 개념과 유형으로 실력 PEAK에 도달하세요.

필수 개념 픽! 꼭 알아야 할 핵심 개념과 필수 자료를 체계적으로 익히기
필수 유형 픽! 내신부터 수능까지 필수 유형을 단계별로 훈련하기
필수 기출 픽! 꼭 익혀야 하는 필수 기출은 완벽하게 해결하기

내신과 수능을 다 잡는 **필수 개념 기본서**

엔픽

사회   통합사회1, 통합사회2*,
　　　　한국사1, 한국사2*

과학   통합과학1, 통합과학2,
　　　　물리학*, 화학*, 생명과학*, 지구과학*

*2025년 상반기 출간 예정